同济大学浙江学院出版基金资助

高等院校经管类通用财经系列教材

简明经济法教程

主　编　樊宏涛　罗文波
副主编　凌立勤　张其秀

上海财经大学出版社

前 言

经济法是 CPA 和会计职称的考试课程，对于财会专业的学生和从业人员而言，其重要性毋庸置疑。除应试之外，各高校为财会专业设置经济法课程的目的在于：培养财会人员的法律精神和法律思维；培养财会人员应用法律解决问题的能力。由于财会工作属于经济活动的范畴，是市场经济中不可或缺的重要环节，按照一般理解，从业人员必须具有经济类法律知识，因此，长久以来，在我国财会类专业的培养体系中，经济法课程从未缺席。然而，财会专业的从业人员仅仅需要经济类法律知识吗？其他法律知识是否需要，是否需要了解系统的、专业的法学知识体系，以培养法律思维和法律精神？编者认为，对于财会从业人员而言，需要具备较为专业的法律精神和法律思维，不仅需要熟悉经济类法律知识，还需要学习与职业关系密切的其他重要法律知识；经济法这一概念从未涵盖上述法律知识，与其说是经济法不如说是民商法更为贴切。随着部门法划分的逐渐明确以及法学学科的不断发展，“经济法”这一概念的法学意义已经被特定化为与民商法相并列的经济法律部门以及与其相对应的经济法学学科，而不再是“调整经济关系的法”或“与经济相关的法”这样的表面含义。严格地讲，“经济法”这一名称已经不能完全涵盖本教材的内容，因为从部门法意义上看，本教材不仅包括经济法相关制度，而且还包括民商法相关制度。但是，考虑到本教材的名称一直沿用，已约定俗成，且本教材也不是学术意义上的教材，因此继续使用“经济法”的名称。[①] 以上是注册会计师考试辅导教材中关于教材名称的解释，显然，大纲的制定者已经意识到了经济法这一概念的变迁，沿用经济法这一名称更多地是为了尊重传统或者说是为了方便。虽然从严谨和科学的角度出发，

① 经济法．中国注册会计师协会．中国财政经济出版社，2016.

这一“将错就错”的做法是值得商榷的，但是并不符合两大学科所共同追求的严谨精神。然而，考虑到修正名称的成本，本教材仍沿用了“经济法”这一名称，仅在前言中予以强调和说明。

本教材的编写正是建立在充分认识各高校为财会专业设置经济法课程的深层次目的的基础之上，即培养财会人员的法律精神和法律思维，培养财会人员应用法律解决问题的能力。本教材主要适用于商科尤其是财会类专业学生及企业管理人员。教材突出“应用型”之特色，同时兼顾拓展性，既可作为上述人员的“普法”教材，也可作会计职称考试、CPA 考试应试的入门教材。在内容遴选上，教材坚持了“应用型”原则，参考了国内高校商科专业的培养计划，以及各类畅销经济法教材（含 CPA 及会计职称考试用书）的内容及体系，选取了诸多应用性较强的法律制度，剔除了部分与国内商科专业培养计划重复较多或应用性不强的内容。教材并非法律知识、法律条文的简单堆砌，而是关注理论，注重“讲解”，充分考虑到法学知识的理论深度和难度。教材从“应用型”出发，采用了案例教学法，设置了导入案例，基本以最高人民法院指导案例展开每章的内容。此外，本书在编写过程中恰逢《中华人民共和国民法典》颁布，这在我国法治化进程中具有里程碑意义，我们也对相关内容进行了更新。

本教材由同济大学浙江学院组织编写，为同济大学浙江学院重点教改项目（张其秀主持）的成果之一，也有部分企业人员的指导和参与。樊宏涛、罗文波任主编，凌立勤、张其秀任副主编，其中第一章、第二章、第六章、第十二章由樊宏涛编写，第三章、第四章由顾雅君编写，第五章、第七章、第八章、第九章由罗文波编写，第十章由钱伟编写，第十一章由任明明（恒大旅游集团海花岛运营总公司人力资源副总经理）编写，第十三章由王斌（北京隆安律师事务所上海分所合伙人）编写。

由于编者水平有限，对于书中的疏漏和失当之处，恳请读者批评指正。

编 者

2020 年 6 月于嘉兴南湖畔

目　录

第一章　通用法律基础知识

导入案例

河南洛阳种子案

2001年5月22日，汝阳公司与伊川公司签订了一份合同，约定由伊川公司为其繁殖玉米种子。2003年初，汝阳公司以伊川公司没有履约为由将其起诉至洛阳市中级人民法院，请求赔偿。双方对案件事实不存在争议。双方的分歧主要在赔偿损失的计算方法上。原告主张适用《种子法》，以"市场价"计算赔偿数额；被告则要求适用《河南省农作物种子管理条例》，以"政府指导价"计算。

2003年5月27日，承办该案的李慧娟在院审委会的同意下，下发"2003洛民初字"第26号判决书，支持了原告的主张，判令伊川公司按市场价格进行赔偿。判决书中写道："《种子法》实施后，玉米种子的价格已由市场调节，《河南省农作物种子管理条例》作为法律位阶较低的地方性法规，其与《种子法》相抵触的条(款)自然无效。"判决后，双方都提出了上诉。

同年10月18日，河南省人大常委会办公厅下发了《关于洛阳市中级人民法院在民事审判中违法宣告省人大常委会通过的地方性法规有关内容无效问题的通报》，要求河南省高院对洛阳市中院的"严重违法行为作出认真、严肃的处理，对直接责任人和主管领导依法作出处理"。省人大认为，李慧娟无权以法官身份宣布地方性法规无效，洛阳市中院的判决违反了《宪法》；人大是立法机关，法院是执法机关，主要任务是适用法律，法律的修改和废止是人大职权范围的事情，所以不管是否冲突，法院都无权宣布法规有效还是无效。随后，洛阳市中院党组根据要求作出决定，撤销判决书签发人——民事庭副庭长的职务和李慧娟的审判长职务，免去李慧娟的助理审判员。10月21日，河南省高级法院在一份对全省下发的通报中称，"个别干警人民代表大会制度意识淡薄，政治业务素质不高。……无论案件具体情况如何，均不得在判决书中认定地方法规的内容无效。"

2004年3月30日，最高人民法院发出《关于河南省汝阳县种子公司与河南省伊川县种子公司玉米种子代繁合同纠纷一案请示的答复》认为：根据《立法法》第七十九条规定："法律的效力高于行政法规、地方性法规、规章，行政性法规的效力高于地方性法规、规章"；《中华人民共和国合同法》解释(一)第四条规定："合同法实施以后，人民法院确认合同无效应当以全国人大及其常委会制定的法律和国务院制定的行政性法规为依据，不得以地方性法规和行政规章为依据”，人民法院在审理案件过程中，认为地方性法规与法律、行政法规的规定不一致，应当适用法律、行政法规的相关规定。4月1日，河南省人大常委会通过《河南省实施〈中华人民共和国种子法〉实施办法》，办法自7月1日起施行。《河南省农作物种子管理条例》同时废止。

第一节　法是什么

一、法的定义

广义的法是指所有与规制和约束有关的现象和规则，既包括由国家机关制定的实定法，又包括自然法意义上的理想之法、应然之法，甚至团体组织中的规则也可以被称为法。

狭义的法，是与法律相对照的，专指自然法，即社会中的价值观念，永恒的、普遍有效的正义原则和道德公理。

广义的法律是指法律的整体，即由国家制定的规范性法律文件的总和，包括作为根本法的宪法，全国人大及其常务委员会制定的法律，国务院制定的行政法规，地方国家权力机关制定的地方性法规，国务院各部委制定的行政规章，省级人民政府制定的地方性规章等。

狭义的法律是指拥有立法权的国家机关根据法定权限，依照法定程序所制定的规范性法律文件，即由全国人民代表大会及其常务委员会制定的法律。在我国法学辞书中或一些法学著述中，通常又把广义的“法律”称为“法”，而将狭义的“法律”仍称为“法律”。

根据通说，法是指由国家制定或认可并依靠国家强制力保证实施的、反映由特定社会物质生活条件所决定的统治阶级意志，规定权利义务，以确认保护和发展对统治阶级有利的社会关系和社会秩序为目的的行为规范体系。

二、法的特征

(1)法是由一定物质生活条件所决定的统治阶级意志的体现；

(2)法是由国家制定或认可的行为规范；

(3)法是由国家强制力保证实施的行为规范；

(4)法是调整人的行为和社会关系的行为规范；

(5)法是调整社会关系参加者的权利和义务的规范。

法并不是唯一的社会规范，道德、宗教规范以及风俗习惯等也在规范人的行为、调整社会关系方面发挥着重要作用；并非所有的社会关系均属于法律关系，有些社会关系不属于法律关系（如友谊关系、师生关系等）。

三、法律规范

法律规范，是指由国家制定或认可的，反映国家意志的，具体规定权利义务及法律后果的行为准则。规范一般可分为技术规范和社会规范两大类。法律规范是社会规范的一种。技术规范指规定人们支配和使用自然力、劳动工具、劳动对象的行为规则。在当前技术发展极端复杂的情况下，没有技术规范就不可能进行生产，违反技术规范就可能造成严重的后果，如导致生产者残废或死亡，引起爆炸、火灾和其他灾害等。技术规范与作为社会规范之一的法律规范既有区别又有密切的关系，法律规范可以规定有关人员负有遵守和执行技术规范的义务，并确定违反技术规范的法律责任；技术规范则成为法律规范所规定的义务的具体内容，具体可以从以下角度对法律规范进行分类（参见表1－1）。

第一，按照法律规范的内容不同，法律规范可以分为授权性规范（可以干什么）和义务性规范（必须干什么）。其中，义务性规范可分为命令性规范（必须要干什么）和禁止性规范（必须不要干什么）。授权性规范的立法语言表达式为“可以……”“有权……”“享有……权利”等；命令性规范的立法语言表达式为“应当……”“必须……”“有……义务”等；禁止性规范的立法语言表达式为“不得……”“禁止……”等。

第二，按照法律规范对人们行为规定或者限定的范围或者程度的不同，法律规范可以分为强行性规范（义务性规范）和任意性规范（授权性规范）。

第三，按照法律规范内容的确定性程度不同，法律规范可以分为确定性规范与非确定性规范。其中，非确定性规范包括委任性规范（只有指示，要国家机关确定内容）与准用性规范（有大体内容，但是没有具体内容，适用的时候要参照别的法规）。譬如，《反垄断法》第九条规定：“国务院反垄断委员会的组成和工作规则由国务院规定。”此规定属于委任性规范。《民法典》第六百五十六条规定：“供用水、供用气、供用热力合同，参照适用供用电合同的有关规定。”此规定属于准用性规范。

表1－1　　法律规范的种类

<table>
<tr><th>分类标准</th><th colspan="2">类别</th><th>基本含义</th></tr>
<tr><td rowspan="3">根据法律规范为主体提供行为模式的方式进行区分</td><td colspan="2">授权性规范</td><td>“可以……”“有权……”“享有……权利”</td></tr>
<tr><td rowspan="2">义务性规范</td><td>命令性规范</td><td>“应（当）……”“（必）须……”“有……义务”</td></tr>
<tr><td>禁止性规范</td><td>“不得……”“禁止……”</td></tr>
<tr><td rowspan="2">根据法律规范是否允许当事人进行自主调整，及按照自己的意愿设定权利和义务的标准进行区分</td><td colspan="2">强行性规范</td><td>不允许任意变动和伸缩</td></tr>
<tr><td colspan="2">任意性规范</td><td>在法定范围内允许行为人自行确定其权利义务的具体内容（包括“完全自由”和“有限自由”）</td></tr>
</table>

续表

<table>
<tr><th>分类标准</th><th>类别</th><th colspan="2">基本含义</th></tr>
<tr><td rowspan="3">根据法律规范内容的确定性程度进行区分</td><td>确定性规范</td><td colspan="2">内容已经完备明确，无须再援引或参照其他规范来确定其内容</td></tr>
<tr><td rowspan="2">非确定性规范</td><td>委任性规范</td><td>只规定某种概括性指示，具体内容由有关国家机关通过相应途径或程序加以确定。例如“国务院反垄断委员会的组成和工作规则由国务院规定”</td></tr>
<tr><td>准用性规范</td><td>规定可以援引或参照其他有关规定内容。例如“供用水、供用气、供用热力合同，参照供用电合同的有关规定”</td></tr>
</table>

四、法律渊源

(一)法律渊源概述

法的渊源一词在中外法学著述中是一个有种种诠释、包括多种含义而并非特指某一确定含义的概念。它可以指法的实质渊源，即法是根源于社会物质生活条件还是神的意志、君主意志或人民意志；可以指法的形式渊源，即法的各种具体表现形式，如宪法、法律、法规；可以指法的效力渊源，即法产生于立法机关还是其他主体，产生于什么样的立法机关或其他主体；可以指法的材料渊源，即形成法的材料来源于成文法还是来源于政策、习惯、宗教、礼仪、道德、典章或理论、学说；等等。但无论中西方法学著述对法的渊源的解说，有一点是共同的，就是认为法的渊源主要指法的效力来源，亦即根据法的效力来源不同对法所做的基本分类。在我国，法的渊源的含义的规范化表述，是指由不同国家机关制定、认可和变动的，具有不同法的效力或地位的各种法的形式。法律渊源即法律的来源，是指国家机关、公民和社会组织为寻求行为的根据而获得具体法律的来源。我国的法律渊源均表现为制定法，或者叫成文法，并不包括判例，即无需遵循先例。

(二)我国的法律渊源

(1)宪法(具有最高的法律效力)。由“全国人民代表大会”制定、修改。

(2)法律(仅次于宪法)。由“全国人民代表大会及其常委会”制定、修改。①基本法律：由“全国人大”制定(基本法律只能由全国人大制定，且一般由全国人大修改，但闭会期间可以由全国人大常委会修改)。②一般法律：由“全国人大常委会”制定(一般法律的制定和修改权都在全国人大常委会)。

(3)法规。①行政法规(仅次于宪法、法律)：由“国务院”制定。②地方性法规(不得与宪法、法律和行政法规相抵触)：由“地方人大及其常委会”制定。

(4)规章。①部门规章:由“国务院部委及其直属机构”制定(部门规章依据:法律;国务院的行政法规、决定、命令)。②地方政府规章:由“省级和较大的市人民政府”制定(地方政府规章依据:法律;行政法规;地方性法规)。

(5)司法解释:由“最高人民法院、最高人民检察院”制定。

(6)国际条约和协定。

(三)我国法律渊源的效力层级

宪法是我国的根本大法,一切法律、行政法规、地方性法规、自治条例和单行条例、规章都不得同宪法相抵触。不同的法律形式的制定机关及其效力等级或者位阶是不同的,譬如,宪法＞法律＞行政法规＞地方性法规＞同级地方政府规章,宪法＞法律＞行政法规＞部门规章。根据《立法法》的规定,自治条例和单行条例依法对地方性法规作变通规定的,在本自治地方适用自治条例和单行条例的规定。地方性法规与部门规章之间对同一事项的规定不一致,不能确定如何适用时,由国务院提出意见,国务院认为应当适用地方性法规的,应当决定在该地方适用地方性法规的规定;认为应当适用部门规章的,应当提请全国人民代表大会常务委员会裁决。部门规章之间对同一事项的规定不一致时,由国务院裁决。

表 1—2　我国的法律渊源

种　类		制定机关	效力层级
宪法		全国人民代表大会	具有最高效力的根本大法
法律	基本法律	全国人民代表大会	效力仅次于宪法
	一般法律	全国人大常委会	
法规	行政法规	国务院	效力仅次于宪法和法律
	地方性法规	有地方立法权的地方人大及其常委会	不得与宪法、法律和行政法规相抵触,仅在本辖区内适用
规章	地方政府规章	有地方立法权的地方人民政府	依据法律、行政法规和本级及上级地方性法规制定
	部门规章	国务院各部、委员会、中国人民银行、审计署和具有行政管理职能的直属机构	—
司法解释		最高人民法院、最高人民检察院	—
国际条约和协定		—	—

全国人民代表大会每届任期五年,每年举行一次会议。在全国人大闭会期间,作为全国人民代表大会的常设机关,全国人大常委会可对“基本法律”进行部分补充和修改,

但是不得同该法律的基本原则相抵触。全国人大常委会负责解释法律,其作出的法律解释同法律具有同等效力,最高人民法院和最高人民检察院的解释如果有原则性的分歧,报请全国人民代表大会常务委员会解释或决定。

(四)《立法法》的新规定

2015年3月15日,第十二届全国人民代表大会第三次会议通过全国人民代表大会关于修改《中华人民共和国立法法》的决定,修改后的《立法法》立即生效。

《立法法》对地方立法权作出了新的规定:

第一,省、自治区、直辖市的人民代表大会及其常务委员会根据本行政区域的具体情况和实际需要,在不同宪法、法律、行政法规相抵触的前提下,可以制定地方性法规。设区的市的人民代表大会及其常务委员会根据本市的具体情况和实际需要,在不同宪法、法律、行政法规和本省、自治区的地方性法规相抵触的前提下,可以对城乡建设与管理、环境保护、历史文化保护等方面的事项制定地方性法规,法律对设区的市制定地方性法规的事项另有规定的,从其规定。

第二,省、自治区、直辖市人民政府和省、自治区人民政府所在地的市、经济特区所在地的市、国务院批准的较大的市人民政府,可以就执行法律、行政法规、地方性法规的规定而需要制定规章的事项以及属于本行政区域的具体行政管理事项,制定地方政府规章。设区的市、自治州的人民政府限于"城乡建设与管理、环境保护、历史文化保护等方面的事项"有权制定地方政府规章。

《立法法》还对行政立法权作出了相关规定:

第一,行政法规可以就下列事项作出规定:为执行法律的规定需要制定行政法规的事项;属于宪法规定的国务院行政管理职权的事项。

第二,部门规章规定的事项应当属于执行法律或者国务院的行政法规、决定、命令的事项。

第三,严格限制行政权侵害公民权的相关规定:没有法律或国务院的行政法规、决定、命令的依据,部门规章不得设定减损公民、法人和其他组织权利或增加其义务的规范,不得增加本部门的权力或减少本部门的法定职责;没有法律、行政法规、地方性法规的依据,地方政府规章不得设定减损公民、法人和其他组织权利或增加其义务的规范。

第二节　法律关系

一、法律关系的概念

法律关系是根据法律规范产生的,以主体之间的权利与义务为内容的特殊的社会关系(如合同关系、夫妻关系)。法律关系包括三个要素:主体、内容和客体。并非所有的社会关系均属于法律关系。法律关系是以相应法律规范的存在为前提的,没有法律规范就不可能产生相应的法律关系。例如,同学关系、恋人关系,因不存在相应的法律规范,也就不存在相应的法律关系。

二、法律关系的构成

(一)主体

(1)公民(自然人)。既包括本国公民,也包括居住在一国境内或者在境内活动的外国公民和无国籍人。

(2)法人和其他组织。法人包括机关法人、事业单位法人、社会团体法人和企业法人;其他组织是指不具有法人地位,但是可以以自己名义从事法律活动的主体(如分公司、个人独资企业、合伙企业等)。

(3)国家。国家可以直接以自己的名义参与国内法律关系(如发行国债)。

(二)内容

法律关系的内容是权利和义务。从本质上看,权利是指法律保护的某种利益。从行为方式的角度看,它表现为要求权利相对人可以怎样行为,必须怎样行为或不得怎样行为。义务人指人们必须履行的某种责任,它表现为必须怎样行为和不得怎样行为两种方式。在法律调整状态下,权利是受法律保障的利益,其行为方式表现为意志和行为的自由。义务则是对法律所要求的意志和行为的限制,以及利益的付出。权利和义务是法律调整的特有机制,是法律行为区别于道德行为最明显的标志,也是法律和法律关系内容的核心。

(三)客体

1. 物

物(如土地、机器设备)是物权法律关系的客体。

2. 行为

给付行为是债权法律关系(包括但不限于合同之债)的客体,如旅客运输合同的客体并非旅客,而是运送旅客的行为;保管合同的客体并非保管物,而是保管行为。

3. 人格利益

人格利益(如公民的肖像、名誉、人身)是人身权法律关系的客体,也是诸多行政、刑事法律关系的客体。

4. 智力成果

智力成果(如文学艺术作品、科学著作、科学发明)是知识产权法律关系的客体。

三、(民事)法律关系主体的权利能力和行为能力

权利能力,对于自然人而言,意味着其不仅仅是生物意义上的人,而且属于法律意义

上的人。例如,古时候的奴隶,属于生物意义上的人,而非法律意义上的人,不享有权利能力。虽然奴隶制度已经被消灭,但权利能力作为一个法律概念仍然被保留了下来。公民和法人要成为法律关系的主体,必须具备权利能力。法律关系的主体要自己参与法律活动,必须具备相应的行为能力。此处的权利能力和行为能力是在民事法律关系中界定的。

(一)法人

法人的权利能力和行为能力在法人成立时同时产生,至法人终止时同时消灭。法人的行为能力则通过其法定代表人实现。

(二)自然人

自然人从出生时起至死亡时止具有民事权利能力,自然人的民事权利能力一律平等。胎儿尚未出生,不具有民事权利能力;植物人尚未死亡,仍具有民事权利能力;公民死亡后,依法仍继续享有某些权利(如著作署名权),但不代表已经死亡的公民仍有民事权利能力。

1. 民事权利能力

自然人从出生时起至死亡时止具有民事权利能力。

2. 民事行为能力

具有民事权利能力不一定具有民事法律行为能力。法律一般以年龄和精神、智力状况作为判断和确定其民事法律行为能力的依据。

(1)无民事法律行为能力人:不满8周岁的未成年人(<8周岁)或者“不能”辨认自己行为的精神病人;

(2)限制民事法律行为能力人:8周岁以上(≥8周岁)的未成年人或者“不能完全”辨认自己行为的精神病人;

(3)完全民事法律行为能力人:18周岁以上(≥18周岁)的成年人。

16周岁以上不满18周岁的公民,以自己的“劳动收入”为主要生活来源的,视为完全民事法律行为能力人。

四、法律事实(法律关系的变动原因)

法律事实是法律关系形成、变更和消灭的前提条件,它是法律规范与法律关系联系的中介。所谓法律事实,就是法律规范所规定的、能够引起法律关系产生、变更和消灭的客观情况和现象。

依是否以人的意志为转移作标准,可以将法律事实大体上分为两类,即法律事件和法律行为。

第一,事件(与当事人的意志无关),能导致一定法律关系产生、变更或者消灭:人的出生与死亡;自然灾害与意外事件;时间的经过。

第二，行为：法律行为（以行为人的意思表示为要素的行为，如订立合同）；事实行为（与意思表示无关的行为，如创作行为、侵权行为）。

譬如，甲公司和乙公司因订立有效合同（法律行为）而发生合同关系（法律关系）；因甲公司对乙公司的侵权行为（事实行为），甲公司应当对乙公司承担民事赔偿责任；因甲死亡（事件），其继承人乙继承了房屋的所有权；诉讼时效期间届满（时间的经过）属于法律事实中的“事件”。

第二章　基本民事法律制度

导入案例

甲因资金周转困难，打算出售自家珍藏的一幅名画。乙早就仰慕此画，听说此事后立即联系甲。因双方在价格问题上一直谈不拢，同时也没有其他人联系甲，于是甲主动提出降价20万元出售。乙表示接受，但为保险起见，乙要求甲提供鉴定书。甲于是找到业内知名鉴定大师丙。丙经鉴定后认为是赝品，但丙与乙素来不睦，于是丙将此画鉴定为真品，而甲对此并不知情。乙于是买下此画，直到一年后才无意中得知该画为赝品，遂要求甲退画还款。

《民法总则》针对法律行为主体之间的欺诈和第三人欺诈分别作出了规定。该法第一百四十八条、第一百四十九条规定："一方以欺诈手段，使对方在违背真实意思的情况下实施的民事法律行为，受欺诈方有权请求人民法院或者仲裁机构予以撤销。""第三人实施欺诈行为，使一方在违背真实意思的情况下实施的民事法律行为，对方知道或者应当知道该欺诈行为的，受欺诈方有权请求人民法院或者仲裁机构予以撤销。"从上述规定来看，第三人欺诈的构成要件是：第一，第三人实施了告知虚假情况，或者隐瞒真实情况的行为；第二，行为人因第三人的欺诈行为陷入错误；第三，行为人实施的民事法律行为违背真实意思。案例中乙因丙出具虚假鉴定意见，使乙误认为画作为真品，故而购买此画，属于第三人欺诈的情形。

我国《民法典》将于2021年1月1日起施行，这一立法活动具有里程碑意义。未来，《民法总则》《收养法》《担保法》《合同法》《物权法》《侵权责任法》等法律制度将同时废止，以下关于基本民事法律制度的具体规定主要源自《民法典》。

第一节　民事法律行为

一、民事法律行为概述

《民法典》第一百三十三条规定，民事法律行为是指民事主体通过意思表示设立、变更、终止民事法律关系的行为。民事法律行为包括有效的民事法律行为、无效的民事法律行为、可撤销的民事法律行为和效力待定的民事法律行为。

民事法律行为可以采用书面形式、口头形式或者其他形式；法律、行政法规规定或者当事人约定采用特定形式的，应当采用特定形式。

民事法律行为可分为单方民事法律行为、双方民事法律行为和多方民事法律行为。民事法律行为可以基于双方或者多方的意思表示一致成立，也可以基于单方的意思表示成立。单方民事法律行为，是指根据一方当事人的意思表示而成立的民事法律行为（如委托代理的撤销、债务的免除、无权代理的追认、订立遗嘱等）。双方民事法律行为，是指两个当事人之间意思表示一致而成立的民事法律行为。多方民事法律行为，是指三个以上（≥3）的当事人意思表示一致而成立的民事法律行为。

有效的民事法律行为，应同时具备三个条件：

（1）行为人具有相应的民事行为能力；

（2）意思表示真实；

（3）不违反法律、行政法规的强制性规定，不违背公序良俗。

二、无效的民事法律行为

（一）概述

无效民事法律行为指已经成立的民事法律行为，严重欠缺民事法律行为的生效要件，因而自始、绝对、确定、当然、永久地不按照行为人设立、变更、终止民事法律关系的意思表示发生预期效力的民事法律行为。《民法总则》第一百五十五条规定：无效的或者被撤销的民事法律行为自始没有法律约束力。其含义是：

（1）自始无效。无效民事法律行为之无效，自行为开始起发生，该行为之意思，从开始起就不被法律所认可。

（2）当然无效。即无效民事法律行为，无需任何人主张，也不待法院或仲裁机构宣告，即无效。该行为无效不以主张、确认和宣告为要件。

（3）意思无效。无效民事法律行为之无效，是指当事人意思不发生效力，而不是说没有任何法律效力。

如果该无效行为满足侵权行为、不当得利或其他损害赔偿的法律要件时，仍得发生侵权、不当得利等法律规范所规定的效力。无效民事法律行为之无效，是意思表示无效，而不是该行为完全没有法律效力。

（二）无效民事法律行为的分类

（1）无民事法律行为能力人实施的民事法律行为无效。无民事法律行为能力人必须由其法定代理人代理实施民事法律行为，其“独立实施”的民事法律行为肯定无效（即使是纯获利益的民事法律行为或者与其年龄、智力相适应的民事法律行为也属于无效行为)。

(2)违背公序良俗的民事法律行为无效。

(3)行为人与相对人恶意串通,损害他人合法权益的民事法律行为无效。

(4)行为人与相对人以虚假的意思表示实施的民事法律行为,即通谋虚伪行为无效。

(5)违反"法律、行政法规"的强制性规定的民事法律行为无效,但是该强制性规定不导致该民事法律行为无效的除外。如果民事法律行为违反的是法律、行政法规强制性规定中的"效力性规范",则民事法律行为无效。如果民事法律行为违反的是法律、行政法规强制性规定中的"管理性规范",并不导致该民事法律行为无效。

(三)无效民事法律行为的法律后果

第一,无效的或者被撤销的民事法律行为自始没有法律约束力。

第二,民事法律行为部分无效,不影响其他部分效力的,其他部分仍然有效。

第三,民事法律行为无效、被撤销或者确定不发生效力后,行为人因该行为取得的财产,应当予以返还;不能返还或者没有必要返还的,应当折价补偿。有过错的一方应当赔偿对方由此所受到的损失;各方都有过错的,应当各自承担相应的责任。法律另有规定的,依照其规定。

三、可撤销的民事法律行为

(一)概述

可撤销的民事法律行为是指民事法律行为虽已成立并生效,但因意思表示不真实,可以因行为人撤销权的行使,使其自始不发生效力的民事法律行为。可撤销的民事法律行为在被撤销前,已发生效力。可撤销的民事法律行为,原为可变更、可撤销,《民法典》修订了其命名,去掉了"可变更"这一说法,保留为"可撤销的民事法律行为"。对于"可变更"这三个字的删除,蕴含着深刻的法律考量。其一,从逻辑上有效避免了公权力对私法领域的不当干预,力图从"契约自由"时代步入"契约正义"时代;其二,从立法目的上,赋予当事人撤销权已经可以达到法律救济其权益的目的,变更权显得并无必要;其三,从司法技术上,在当事人拥有可变更以及可撤销权时,几乎都会行使撤销权而不去进行变更,所以变更权在司法实践中就失去了现实意义,作用微乎其微。

(二)可撤销的民事法律行为与无效民事法律行为的区别

(1)可撤销的民事法律行为(亦称"相对无效的民事法律行为")在撤销前已经生效,在被撤销之前,其法律效果可以对抗除撤销权人以外的任何人。而无效的民事法律行为在法律上当然无效、自始无效。

(2)可撤销的民事法律行为的撤销,应由撤销权人申请,人民法院不主动干预。而对无效民事法律行为的确认,不以当事人的意志为转移,司法机关和仲裁机构可以在诉讼或者仲裁过程中主动宣告其无效。

(3)可撤销的民事法律行为的撤销权人拥有选择权,可以选择撤销该行为,也可以通过承认的表示使撤销权归于消灭。可撤销的民事法律行为一经撤销,则视同无效的民事法律行为,其效力溯及于行为的开始,即自行为开始时无效。无效的民事法律行为则自始无效、绝对无效。

(4)可撤销的民事法律行为,其撤销权的行使有时间限制。而无效的民事法律行为自始无效、绝对无效、当然无效,不存在此种限制。

(三)可撤销的民事法律行为的种类

1. 重大误解

基于重大误解实施的民事法律行为,行为人有权请求人民法院或者仲裁机构予以撤销。基于重大误解而为行为的当事人,对于因撤销民事法律行为而导致的相对人的损失,应当承担赔偿责任。

2. 显失公平

一方利用对方处于危困状态、缺乏判断能力等情形,致使民事法律行为成立时显失公平的,受损害方有权请求人民法院或者仲裁机构予以撤销。在民事法律行为"成立之后"发生的情势变化,导致双方利益显失公平的,不属于显失公平的民事法律行为,而应当按照诚实信用原则处理。

3. 欺诈

欺诈是指当事人一方故意编造虚假情况或者隐瞒真实情况,使对方陷入错误而为违背自己真实意思表示的行为。

(1)一方以欺诈手段,使对方在违背真实意思的情况下实施的民事法律行为,受欺诈方有权请求人民法院或者仲裁机构予以撤销。

(2)第三人实施欺诈行为,使一方在违背真实意思的情况下实施的民事法律行为,对方知道或者应当知道该欺诈行为的,受欺诈方有权请求人民法院或者仲裁机构予以撤销。

4. 胁迫

一方或者第三人以胁迫手段,使对方在违背真实意思的情况下实施的民事法律行为,受胁迫方有权请求人民法院或者仲裁机构予以撤销。

胁迫既可以来自民事法律行为的相对人,也可以来自第三人,其法律效果一样,均导致民事法律行为的可撤销。

对于第三人欺诈,只有相对人"知道或者应当知道"时才可以撤销;对于第三人胁迫,无论相对人是否"知道或者应当知道",均可撤销。

(四)撤销权的除斥期间

除斥期间,又称"预定期间""预备期间",是指法律规定的某种民事权利有效存续的期间。可撤销民事法律行为的除斥期间分为主观标准和客观标准,以主观标准衡量除斥期间是一年，一年期限届满，撤销权丧失。以客观标准衡量除斥期间为五年，五年是最长期间，五年期限届满，撤销权彻底丧失。《民法典》第一百五十二条规定，有下列情形之一的，撤销权消灭：

(1)当事人自知道或者应当知道撤销事由之日起一年内、重大误解的当事人自知道或者应当知道撤销事由之日起九十日内没有行使撤销权；

(2)当事人受胁迫，自胁迫行为终止之日起一年内没有行使撤销权；

(3)当事人知道撤销事由后明确表示或者以自己的行为表明放弃撤销权；

(4)当事人自民事法律行为发生之日起五年内没有行使撤销权的，撤销权消灭。

表 2—1 可撤销民事法律行为撤销权消灭的情形

<table>
<tr><th>类型</th><th>撤销权人</th><th colspan="2">撤销权的消灭</th></tr>
<tr><td>重大误解</td><td>双方当事人</td><td>自知道或者应当知道撤销事由之日起 3 个月内没有行使撤销权</td><td rowspan="4">(1)当事人知道撤销事由后明确表示或以自己的行为表明放弃撤销权
(2)自民事法律行为发生之日起 5 年内没有行使撤销权</td></tr>
<tr><td>显失公平</td><td>受害方</td><td rowspan="2">自知道或者应当知道撤销事由之日起 1 年内没有行使撤销权</td></tr>
<tr><td>欺诈</td><td>受害方</td></tr>
<tr><td>胁迫</td><td>受害方</td><td>自胁迫行为终止之日起 1 年内没有行使撤销权</td></tr>
</table>

四、效力待定的民事法律行为

(一)概述

效力待定的民事法律行为，是指民事法律行为成立时尚未生效，须经权利人追认才能生效的民事法律行为。追认的意思表示自到达相对人时生效。一旦追认，则民事法律行为自成立时起生效；如果权利人拒绝追认，则民事法律行为自成立时起无效。效力待定民事行为具有如下特征：

(1)效力待定的民事法律行为是已经成立的民事法律行为，但欠缺法定有效要件。法定有效要件的欠缺表现为当事人缺乏民事行为能力、代理权限或处分能力，民事行为的其他要件均具备。

(2)效力待定的民事法律行为成立时有效还是无效处于不确定状态，即民事行为既可能发生法律效力，也可能不发生法律效力。

(3)效力待定的民事法律行为是否发生法律效力，有待于其他行为或事实的确认。

(二)效力待定的民事法律行为的分类

1. 限制民事行为能力人实施的民事法律行为

(1)限制民事行为能力人实施的纯获利益的民事法律行为或者与其年龄、智力、精神健康状况相适应的民事法律行为有效；实施的其他民事法律行为经法定代理人同意或者追认后有效。

(2)相对人可以催告法定代理人自收到通知之日起1个月内予以追认。法定代理人未作表示的,视为拒绝追认。民事法律行为被追认前,善意相对人有撤销的权利。撤销应当以通知的方式作出。

2. 狭义的无权代理行为

(1)行为人没有代理权、超越代理权或者代理权终止后,仍然实施代理行为,未经被代理人追认的,对被代理人不发生效力。

(2)相对人的催告权和撤销权相对人可以催告被代理人自收到通知之日起1个月内予以追认。被代理人未作表示的,视为拒绝追认。行为人实施的行为被追认前,善意相对人有撤销的权利。撤销应当以通知的方式作出。被代理人已经开始履行民事法律行为中设定的义务的,视为对民事法律行为的追认。无论相对人是否善意均可行使催告权;只有善意相对人才可以行使撤销权。追认权在性质上属于形成权,仅凭被代理人的单方面意思表示就可以使效力待定的合同转化为有效合同;撤销权属于形成权,但催告权不属于形成权。

(3)行为人实施的行为未被追认的:①善意相对人有权请求行为人履行债务或者就其受到的损害请求行为人赔偿,但是赔偿的范围不得超过被代理人追认时相对人所能获得的利益。②相对人知道或者应当知道行为人无权代理的,相对人和行为人按照各自的过错承担责任。

五、附条件和附期限的民事法律行为

(一)附条件的民事法律行为

附条件的民事法律行为,是指附有决定该行为效力发生或者消灭条件的民事法律行为。条件类型分为延缓条件与解除条件。延缓条件,又称生效条件,是限制民事法律行为效力发生,使法律行为只有当约定的事实出现时,才发生效力的条件。解除条件,是限制民事法律行为效力的存续,使已发生效力的民事法律行为在条件实现时终止的条件。

(1)附延缓条件的民事法律行为,自条件成就时生效。

(2)附解除条件的民事法律行为,自条件成就时失效。

(3)附条件的民事法律行为,当事人为自己的利益不正当地阻止条件成就的,视为条件已成就;不正当地促成条件成就的,视为条件不成就。

所附条件,可以是自然现象、事件,也可以是人的行为,但应当具备下列特征:①必须是将来发生的事实;②必须是将来不确定的事实;③条件应当是双方当事人约定的;④条件必须合法。所附条件应当是双方当事人约定的,如果是法律规定的特定民事法律行为的生效条件,不属于此处所谓的“条件”。

（二）附期限的民事法律行为

期限是民事法律行为意思表示的组成部分，可以用来决定民事法律行为效力发生或存续的时间。当事人根据交易的实际情况，在设定权利义务关系时，可以在意思表示中设定一定的日期或期间，用该时间来决定权利义务发生或者存续。期限须属将来事实，已经发生的事实不能被设定为期限；期限须属必成事实，即其发生为确定的事实。不可能发生的事实（如千年以后赠与），不能被设定为期限。

附期限的民事法律行为是指当事人在法律行为中设定一定的期限，并将期限的到来作为民事法律行为效力的发生或消灭的依据的民事法律行为。

（1）附生效期限的民事法律行为，自期限届至时生效。

（2）附终止期限的民事法律行为，自期限届满时失效。

第二节　代理制度

一、概述

代理是指代理人以被代理人（又称本人）的名义，在代理权限内与第三人（又称相对人）实施民事行为，其法律后果直接由被代理人承受的民事法律制度。代理人在代理权限范围内实施代理行为。代理人以被代理人的名义进行代理行为。代理主要是实施民事法律行为。被代理人对代理人的行为承担民事责任。

代理有以下基本特征：

（1）代理行为是能够引起民事法律后果的民事法律行为。

（2）代理人一般应以被代理人的名义从事代理行为。

（3）代理人在代理权限范围内独立为意思表示。

（4）代理行为的法律后果直接归属于被代理人。

依照法律规定、当事人约定或者民事法律行为的性质，应当由本人亲自实施的民事法律行为，不得代理。如立遗嘱、结婚等民事法律行为不得代理。

执行法人或者非法人组织工作任务的人员，就其职权范围内的事项，以法人或者非法人组织的名义实施民事法律行为，对法人或者非法人组织发生效力。法人或者非法人组织对执行其工作任务的人员职权范围的限制，不得对抗善意相对人。

以代理权产生根据的不同分为委托代理、法定代理。委托代理，又称意定代理，即代理人依照被代理人授权进行的代理。法定代理，是根据法律的规定而直接产生的代理关系，主要是为保护无民事行为能力人和限制民事行为能力人的合法权益而设定，如父母对未成年子女的代理。委托代理中的授权行为是一种单方民事法律行为，仅凭被代理人一方的意思表示，即可发生授权的效果。被代理人的授权行为，既可以向代理人进行，也可以向相对人进行，二者效力相同。

二、代理与相关概念的区别

（一）代理与委托

第一，行使权利的名义不同。代理是代理人在代理权限内以被代理人名义进行民事活动，其法律效果直接对被代理人发生效力；在委托中，受托人既可以以委托人的名义活动，也可以以自己的名义活动。

第二，从事的事务不同。代理涉及的行为以意思表示为要素，故代理的一定是民事法律行为；委托不要求以“意思表示”为要素，因此委托从事的行为可以是纯粹的事务性行为，如整理资料、打扫卫生等。

第三，代理涉及三方当事人，即被代理人、代理人、第三人；委托则属于双方当事人之间的关系，即委托人、受托人。

（二）代理与代表

第一，代表人是法人的法人机关，代表人与法人是同一个民事主体；代理人与被代理人是两个民事主体间的关系，是两个独立的民事主体。

第二，代表人实施民事法律行为就是法人实施民事法律行为，因此不存在效力归属问题；代理人从事的法律行为不是被代理人的法律行为，只是其效力归属于被代理人。

（三）代理与行纪

第一，行纪是以行纪人自己的名义实施法律行为；代理是以被代理人的名义实施法律行为。

第二，行纪的法律效果先由行纪人承受，然后通过其他法律关系（如委托合同）转给委托人；代理的法律效果直接归属被代理人享有。

（四）代理与传达

第一，传达人的任务仅在于忠实传达委托人已经决定的意思表示，在传达中自己不进行意思表示，也不得以自己的意思改变委托人的意思。而在代理关系中，要由代理人向第三人进行直接、独立的意思表示，以自己的意志决定意思表示的内容和民事行为的生效与否。

第二，在代理关系中，不要求本人必须具有民事行为能力；而在传达关系中，要求本人必须具有完全民事行为能力，否则，不能产生可以由传达人代为传达的意思。

第三，我国法律规定代理人必须具有完全民事行为能力，而作为传达人，即使为限制民事行为能力人甚至是无行为能力人均无不可。

第四，身份行为不可代理，必须由本人亲自实施，但可以借助传达人传递意思表示。

三、无权代理

（一）概述

无权代理有广义和狭义之分。广义的无权代理包括：狭义无权代理；越权代理和代理权终止后的代理；表见代理。狭义的无权代理是指未经他人委托授权，又没有法律上的根据，也没有经人民法院或指定单位的指定，而冒用他人的名义实施民事行为。这三种无权代理形式相互之间既有相同点又有差异。第一种和第二种的区别是：前者是根本不存在代理权，后者是代理人本来有代理权，只是超越了代理权限或者代理关系已终止。但它们的效力均是处于待定状态。第二种和第三种的区别是：前者效力待定，后者系有效代理，但两者都不是根本没有代理权，它们或者是超越了代理权限，或者是代理权已终止，或者是有某些事实足以表明行为人有代理权。无权代理有效与否，法律不仅要考虑本人的利益，还要考虑善意相对人的利益。所以，法律对无权代理区别对待：对于表见代理，趋向于保护相对人，定为有效代理；对表见代理以外的狭义无权代理，赋予本人追认权，故狭义无权代理属于效力未定之行为。所谓狭义无权代理，是指行为人不仅没有代理权，也没有使第三人信其有代理权的表征，而以本人的名义所为之代理。

（二）狭义无权代理的法律后果

第一，追认权、催告权、撤销权。追认是本人接受无权代理之行为效果的意思表示。《民法典》第一百七十一条规定："相对人可以催告被代理人自收到通知之日起三十日内予以追认。被代理人未作表示的，视为拒绝追认。行为人实施的行为被追认前，善意相对人有撤销的权利。撤销应当以通知的方式作出。行为人实施的行为未被追认的，善意相对人有权请求行为人履行债务或者就其受到的损害请求行为人赔偿。但是，赔偿的范围不得超过被代理人追认时相对人所能获得的利益。相对人知道或者应当知道行为人无权代理的，相对人和行为人按照各自的过错承担责任。"

第二，行为人之无权代理行为如确实是为"本人之利益计算"，且符合无因管理法律要件时，在本人与行为人之间可构成无因管理之债；反之，如造成本人损害的，在本人与行为人之间发生损害赔偿之债。

四、表见代理

（一）概述

如前所述，表见代理是广义无权代理的一种，是指行为人没有代理权、超越代理权或者代理权终止后，仍然实施代理行为，相对人有理由相信行为人有代理权的，代理行为有效。

相对人有理由相信无权代理人具有代理权的情形包括但不限于：(1)被代理人对第三人表示已将代理权授予无权代理人，而实际并未授权；(2)无权代理人持有被代理人的介绍信或者盖有印章的空白合同书，使得第三人相信其有代理权；(3)代理关系终止后被代理人未采取必要的措施而使第三人仍然相信行为人有代理权，并与之进行民事法律行为。

(二)表见代理的效果

(1)被代理人。表见代理对于被代理人来说，产生与有权代理一样的效果。被代理人不得以无权代理为由进行抗辩，主张代理行为无效。

(2)相对人。表见代理对于相对人来说，既可以主张其为狭义无权代理，也可以主张其为表见代理。相对人如果主张狭义无权代理，则相对人可以行使善意相对人的撤销权，从而使得整个代理行为归于无效。

第三节 诉讼时效的基本理论

一、概述

诉讼时效期间是指权利人请求人民法院保护其民事权利的法定期间。诉讼时效期间的经过，不影响债权人提起诉讼，即不丧失起诉权(人民法院应当受理)。但是，债权人起诉后，如果债务人主张诉讼时效的抗辩，人民法院在确认诉讼时效届满的情况下，应驳回其诉讼请求，即债权人丧失胜诉权。人民法院不得主动适用诉讼时效的规定。当事人未提出诉讼时效抗辩，人民法院不应对诉讼时效问题进行释明及主动适用诉讼时效的规定进行裁判。当事人在一审期间未提出诉讼时效抗辩，在二审期间提出的，人民法院不予支持；但其基于新的证据能够证明对方当事人的请求权已过诉讼时效期间的情形除外。诉讼时效期间届满并不消灭实体权利(债权人的债权并不消灭)。诉讼时效期间届满后，义务人同意履行的，不得以诉讼时效期间届满为由抗辩；义务人已自愿履行的，不得请求返还。

诉讼时效具有强制性，当事人对诉讼时效利益的预先放弃无效。诉讼时效的期间、计算方法以及中止、中断的事由由法律规定，当事人约定无效。

二、诉讼时效的适用

根据《民法典》的规定，下列请求权不适用诉讼时效的规定：

(1)请求停止侵害、排除妨碍、消除危险；

(2)不动产物权和登记的动产物权的权利人请求返还财产；

(3)请求支付抚养费、赡养费或者扶养费；

(4)依法不适用诉讼时效的其他请求权。

以下债权请求权，不得提出诉讼时效抗辩：

(1)支付存款本金及利息请求权;

(2)兑付国债、金融债券以及向不特定对象发行的企业债券本息请求权;

(3)基于投资关系产生的缴付出资请求权;

(4)其他依法不适用诉讼时效规定的债权请求权。

三、诉讼时效期间与除斥期间的区别

(一)适用对象不同

(1)诉讼时效主要适用于债权请求权;

(2)除斥期间一般适用于形成权(如追认权、解除权、撤销权等)。

(二)可以援用的主体不同

(1)诉讼时效必须由当事人主张后,人民法院才能审查,人民法院不能主动援用;

(2)除斥期间无论当事人是否主张,人民法院均应当主动审查。

(三)法律效力不同

(1)诉讼时效期间届满只是导致胜诉权的消灭,实体权利并不消灭;

(2)除斥期间届满,实体权利消灭。

(四)期间性质不同

(1)诉讼时效期间是可变期间,可以因主、客观原因中断、中止或者延长;

(2)除斥期间是不变期间,不适用中断、中止和延长的规定。

四、诉讼时效期间的种类和起算

(一)诉讼时效期间的种类

1. 普通诉讼时效期间

向人民法院请求保护民事权利的诉讼时效期间为 3 年。法律另有规定的,依照其规定。

根据《民法典》的规定,因国际货物买卖合同和技术进出口合同争议提起诉讼或者申请仲裁的期限为 4 年。

2. 最长诉讼时效期间

诉讼时效期间自权利人知道或者应当知道权利受到损害以及义务人之日起计算。但是,自权利受到损害之日起超过 20 年的,人民法院不予保护;有特殊情况的,人民法院可以根据权利人的申请决定延长。

(二)诉讼时效期间的起算

(1)诉讼时效期间自权利人知道或者应当知道权利受到损害以及义务人之日起计算。法律另有规定的,依照其规定。

(2)无民事行为能力人或者限制民事行为能力人对其法定代理人的请求权,诉讼时效期间自该法定代理终止之日起计算。

(3)未成年人遭受性侵害的损害赔偿请求权的诉讼时效期间，自受害人年满18周岁之日起计算。

(4)附条件或者附期限的债的请求权，从条件成就或者期限届满之日起计算。

(5)约定有履行期限的债的请求权，从清偿期限届满之日起计算；当事人约定同一债务分期履行的，诉讼时效期间从最后一期履行期限届满之日起计算。

(6)未约定履行期限或者履行期限约定不明确的债的请求权，依照《民法典》的规定可以确定履行期限的，诉讼时效期间从履行期限届满之日起计算；不能确定履行期限的，诉讼时效期间从债权人要求债务人履行义务的宽限期届满之日起计算，但债务人在债权人第一次向其主张权利之时明确表示不履行义务的，诉讼时效期间从债务人明确表示不履行义务之日起计算。

(7)请求他人不作为的债权请求权，应当自权利人知道义务人违反不作为义务时起计算。合同约定一方当事人保守秘密，诉讼时效期间自债权人知道义务人泄密(即违反了不作为义务)之日起计算。

(8)国家赔偿的诉讼时效的起算，自国家机关及其工作人员行使职权时的行为被依法确认为违法之日起计算。

五、诉讼时效的中止

诉讼时效的中止，指在诉讼时效期间的最后6个月内，因不可抗力或者其他障碍不能行使请求权的，诉讼时效中止。从中止时效的原因消除之日起，诉讼时效期间继续计算。自中止时效的原因消除之日起满6个月，诉讼时效期间届满。

在诉讼时效期间的最后6个月内，因下列障碍，不能行使请求权的，诉讼时效中止：

(1)不可抗力；

(2)无民事行为能力人或者限制民事行为能力人没有法定代理人，或者法定代理人死亡、丧失民事行为能力、丧失代理权；

(3)继承开始后未确定继承人或者遗产管理人；

(4)权利人被义务人或者其他人控制；

(5)其他导致权利人不能行使请求权的障碍。

六、诉讼时效的中断

诉讼时效的中断，是指在诉讼时效进行中，因发生一定的法定事由，致使已经经过的诉讼时效期间统归无效，待该法定事由消除后，诉讼时效期间重新起算的制度。

诉讼时效的中断事由如下：

第一，基本规定有下列情形之一的，诉讼时效中断，从中断、有关程序终结时起，诉讼时效期间重新计算：

(1)权利人向义务人提出履行请求；

(2)义务人同意履行义务；

(3)权利人提起诉讼或者申请仲裁；

(4)与提起诉讼或者申请仲裁具有同等效力的其他情形。

第二，权利人向义务人提出履行请求，具有下列情形之一的，应当认定"当事人一方提出要求"：

(1)当事人一方向对方当事人直接送交主张权利文书，对方当事人在文书上签字、盖章或者虽未签字、盖章但能够以其他方式证明该文书到达对方当事人的。

(2)当事人一方以发送信件或者数据电文方式主张权利，信件或者数据电文到达或者应当到达对方当事人的。

(3)当事人一方为金融机构，依照法律规定或者当事人约定从对方当事人账户中扣收欠款本息的。

(4)当事人一方下落不明，对方当事人在国家级或者下落不明的当事人一方住所地的省级有影响的媒体上刊登具有主张权利内容的公告的，但法律和司法解释另有特别规定的，适用其规定。

(5)权利人对同一债权中的部分债权主张权利，诉讼时效中断的效力及于剩余债权，但权利人明确表示放弃剩余债权的情形除外。

第三，义务人同意履行义务。义务人作出分期履行、部分履行、提供担保、请求延期履行等承诺或者行为，均属于义务人同意履行义务的行为。义务人通过一定的方式向权利人作出愿意履行义务的意思表示(如提供担保)，作为权利人信赖该意思表示而不行使请求权，不能说是怠于行使权利，因此也构成诉讼时效的中断。

第四，权利人提起诉讼或者申请仲裁：

(1)当事人一方向人民法院提交起诉状或者口头起诉的，诉讼时效从提交起诉状或者口头起诉之日起中断。

(2)权利人向人民调解委员会以及其他依法有权解决相关民事纠纷的国家机关、事业单位、社会团体等社会组织提出保护相应民事权利的请求，诉讼时效从提出请求之日起中断。

(3)权利人向公安机关、人民检察院、人民法院报案或者控告，请求保护其民事权利的，诉讼时效从其报案或者控告之日起中断。

(4)上述机关决定不立案、撤销案件、不起诉的，诉讼时效期间从权利人知道或者应当知道不立案、撤销案件、不起诉之日起重新计算。

第五，下列事项与提起诉讼或者申请仲裁具有同等的中断效力：

(1)申请支付令；

(2)申请破产、申报破产债权；

(3)为主张权利而申请宣告义务人失踪或者死亡；

(4)申请诉前财产保全、诉前临时禁令等诉前措施；

(5)申请强制执行；

(6)申请追加当事人或者被通知参加诉讼；

(7)在诉讼中主张抵销。

第六，诉讼时效中断的其他情形：

(1)对于连带债权人、连带债务人中的一人发生诉讼时效中断效力的事由，应当认定对其他连带债权人、连带债务人也发生诉讼时效中断的效力。

(2)债权人提起代位权诉讼的，应当认定对债权人的债权和债务人的债权均发生诉讼时效中断的效力。

(3)债权转让的，应当认定诉讼时效从债权转让通知到达债务人之日起中断。

(4)债务承担情形下，构成原债务人对债务承认的，应当认定诉讼时效从债务承担意思表示到达债权人之日起中断。债权转让只要转让通知到达债务人处即发生中断效力，债务承担则需要原债务人认可债务的存在方可发生中断效力。

第三章　合伙企业法

导入案例

1. 某有限合伙企业在经营期间吸收有限合伙人甲入伙。甲入伙前，合伙企业对乙负债10万元。甲入伙后，该合伙企业继续亏损，甲遂要求退伙，获其他合伙人一致同意。在此期间，该合伙企业欠丙货款20万元。甲退伙后，合伙企业又向丁借款20万元。后合伙企业解散，上述债务均未清偿。

分析：对于合伙企业对乙的债务，甲应承担有限责任，新入伙的有限合伙人对入伙前合伙企业的债务，以其认缴的出资额为限承担责任；对于合伙企业对丙的债务，甲应承担有限责任，退伙的有限合伙人对基于其退伙前原因发生的合伙企业债务，以退伙时取回的财产为限承担责任。

2. 甲、乙、丙共同出资设立一特殊的普通合伙制的律师事务所。2010年5月，乙从事务所退出，丁加入事务所成为新合伙人。2010年8月，法院认定甲在2009年的某项律师业务中存在重大过失，判决事务所向客户赔偿损失。

分析：在特殊的普通合伙企业中，一个合伙人或者数个合伙人在执业活动中因故意或者重大过失造成合伙企业债务的，应当承担无限责任或者无限连带责任（甲应以其全部个人财产承担无限责任），其他合伙人以其在合伙企业中的财产份额为限承担责任（乙应以其退出时在事务所中的实际财产份额为限承担赔偿责任，丙和丁应以其在事务所中的财产份额为限承担赔偿责任）。

第一节　普通合伙企业

合伙企业有普通合伙企业和有限合伙企业之分。普通合伙企业，是指由普通合伙人组成，除法律另有规定外，合伙人对合伙企业债务依法承担无限连带责任的一种合伙企业；有限合伙企业由普通合伙人和有限合伙人组成，普通合伙人对合伙企业债务承担无限连带责任，有限合伙人以其认缴的出资额为限对合伙企业债务承担责任。如无特殊说明，我们所说的合伙企业一般是指普通合伙企业。

一、普通合伙企业的设立条件

第一，有符合规定的合伙人。

(1)数量：2个以上。

(2)资格：①合伙人可以是具有完全民事行为能力的自然人，也可以是法人或者其他组织；②国有独资公司、国有企业、上市公司以及公益性的事业单位、社会团体不得成为普通合伙人。

第二，有书面合伙协议。

(1)合伙协议应当依法由全体合伙人协商一致，以书面形式订立。

(2)修改或者补充合伙协议，应当经全体合伙人一致同意，但合伙协议另有约定的除外。

第三，有合伙人认缴或者实际缴付的出资。

(1)合伙人可以用货币、实物、知识产权、土地使用权或者其他财产权利出资，普通合伙人也可以用劳务出资。

(2)评估：①合伙人以实物、知识产权、土地使用权或者其他财产权利出资，需要评估作价的，可以由全体合伙人协商确定，也可以由全体合伙人委托法定评估机构评估；②普通合伙人以劳务出资的，其评估办法由全体合伙人协商确定，并在合伙协议中载明。

(3)以非货币财产出资的，依照法律、行政法规的规定，需要办理财产权转移手续的，应当依法办理。

第四，有合伙企业的名称(应当标明“普通合伙”)和生产经营场所。

第五，办理设立登记；合伙企业的营业执照签发日期，为合伙企业成立日期。

二、企业的财产与合伙人的财产份额

(一)合伙企业的财产

第一，合伙企业的财产包括：

(1)全体合伙人认缴的出资(合伙企业的原始财产)；

(2)以合伙企业名义取得的收益；

(3)合伙企业依法取得的其他财产。

第二，合伙企业的财产具有独立性和完整性。

(1)合伙企业的财产独立于合伙人，合伙人对合伙企业财产权益的表现形式，仅是依照合伙协议所确定的财产收益份额或者比例。

(2)合伙人在合伙企业清算前，不得请求分割合伙企业的财产；但法律另有规定的除外。

(3)合伙人在合伙企业清算前私自转移或者处分合伙企业的财产的，合伙企业不得以此对抗善意第三人。

(二)普通合伙人的财产份额转让与出质

第一,普通合伙人财产份额对外转让。

(1)除合伙协议另有约定外,普通合伙人向合伙人以外的人转让其在合伙企业中的全部或者部分财产份额时,须经其他合伙人一致同意。

(2)普通合伙人向合伙人以外的人转让其在合伙企业中的财产份额的,在同等条件下,其他合伙人有优先购买权,但合伙协议另有约定的除外。

(3)合伙人以外的人依法受让合伙人在合伙企业中的财产份额的,经修改合伙协议方成为合伙企业的合伙人。

第二,内部转让。

普通合伙人之间转让在合伙企业中的全部或者部分财产份额时,应当通知其他合伙人。

第三,出质。

普通合伙人以其在合伙企业中的财产份额出质的,须经其他合伙人一致同意;未经其他合伙人一致同意,其行为无效,由此给善意第三人造成损失的,由行为人依法承担赔偿责任。

三、合伙事务的执行

(一)合伙事务执行的形式

第一,合伙事务可以由全体普通合伙人共同执行。

第二,委托一个或者数个普通合伙人执行。

(1)按照合伙协议的约定或者经全体合伙人决定,也可以委托一个或者数个普通合伙人对外代表合伙企业,执行合伙事务。

(2)委托一个或者数个合伙人执行合伙事务的,其他合伙人不再执行合伙事务。

(3)并非所有的合伙事务都可以委托给部分合伙人决定;除合伙协议另有约定外,合伙企业的下列事项应当经全体普通合伙人一致同意:①改变合伙企业的名称;②改变合伙企业的经营范围、主要经营场所的地点;③处分合伙企业的不动产;④转让或者处分合伙企业的知识产权和其他财产权利;⑤以合伙企业名义为他人提供担保;⑥聘任合伙人以外的人担任合伙企业的经营管理人员。

(二)合伙人在执行合伙事务中的权利

第一,普通合伙人对执行合伙事务享有同等的权利。

第二,执行合伙事务的合伙人对外代表(而非代理)合伙企业。

(1)由部分合伙人执行合伙企业事务的,只有受委托执行合伙企业事务的那一部分合伙人有权对外代表合伙企业;由于特别授权在单项合伙事务上有执行权的合伙人,依照授权范围可以对外代表合伙企业。

(2)内部限制。合伙企业对合伙人执行合伙事务以及对外代表合伙企业权利的限制,不得对抗善意第三人。

第三,不执行合伙事务的合伙人有权监督执行事务合伙人执行合伙事务的情况。

第四,合伙人有查阅合伙企业会计账簿等财务资料的权利。

第五,异议权。

(1)普通合伙人分别执行合伙事务的,执行事务合伙人可以对其他合伙人执行的事务提出异议。

(2)提出异议时,应当暂停该项事务的执行;如果发生争议,依照合伙企业法律制度规定的决议办法作出决定。

(3)受委托执行合伙事务的合伙人不按照合伙协议或者全体合伙人的决定执行事务的,其他合伙人可以决定撤销该委托。

(三)合伙人在执行合伙事务中的义务

(1)报告。由一个或者数个合伙人执行合伙事务的,执行事务合伙人应当定期向其他合伙人报告事务执行情况以及合伙企业的经营和财务状况,其执行合伙事务所产生的收益归合伙企业,所产生的费用和亏损由合伙企业承担。

(2)从事相竞争的业务。普通合伙人不得(绝对不得,没有例外)自营或者同他人合作经营与本合伙企业相竞争的业务。

(3)与本企业交易。除合伙协议另有约定或者经全体合伙人一致同意外,普通合伙人不得同本合伙企业进行交易。

(4)合伙人在执行合伙事务过程中,不得为了自己的私利,损害其他合伙人的利益,也不得与其他人恶意串通,损害合伙企业的利益。

(四)合伙事务执行的决议办法

(1)《合伙企业法》对合伙企业的表决办法另有规定的,按规定执行。

(2)没有法定要求的情况:①合伙人对合伙企业有关事项作出决议,按照合伙协议约定的表决办法办理。②合伙协议未约定或者约定不明确的,实行合伙人一人一票并经全体合伙人过半数通过的表决办法。

(五)合伙企业的损益分配

(1)合伙企业的利润分配、亏损分担,按照合伙协议的约定办理;合伙协议未约定或者约定不明确的,由合伙人协商决定;协商不成的,由合伙人按照实缴出资比例分配、分担;无法确定出资比例的,由合伙人平均分配、分担。

(2)合伙协议不得约定将全部利润分配给部分普通合伙人或者由部分普通合伙人承担全部亏损。

(六)非合伙人参与经营管理

(1)除合伙协议另有约定外,经全体合伙人一致同意,可以聘任合伙人以外的人担任合伙企业的经营管理人员。

(2)被聘任的合伙企业的经营管理人员应当在合伙企业授权范围内履行职务;被聘任的合伙企业的经营管理人员,超越合伙企业授权范围履行职务,或者在履行职务过程中因故意或者重大过失给合伙企业造成损失的,依法承担赔偿责任。

四、合伙企业债务和合伙人个人债务的清偿

(一)普通合伙企业的债务清偿

第一,合伙企业对其债务,应先以其全部财产进行清偿。

第二,合伙企业不能清偿到期债务的,普通合伙人承担无限连带责任。

(1)当合伙企业的全部财产不足以偿付到期债务时,债权人可以根据自己的清偿利益,请求全体普通合伙人中的一人或数人承担全部清偿责任,也可以按照自己确定的清偿比例向各合伙人分别追索。

(2)合伙人之间约定的分担比例对债权人没有约束力。普通合伙人不得以其出资份额大小、合伙协议有特别约定、合伙企业债务另有担保人或者自己已偿付所承担的份额等理由,拒绝向债权人承担该责任。

第三,普通合伙人由于承担无限连带责任,清偿数额超过规定的亏损分担比例(约定——协商——实缴——平均)的,有权按照合伙企业的亏损分担规则向其他普通合伙人追偿。

(二)普通合伙人个人债务的清偿

第一,不得"代位",不得"抵销"。合伙人发生与合伙企业无关的债务,相关债权人不得以其债权抵销其对合伙企业的债务,也不得代位行使合伙人在合伙企业中的权利。

第二,可以"收益",可以"强执"。

(1)合伙人的自有财产不足清偿其与合伙企业无关的债务的,该合伙人可以以其从合伙企业分取的收益用于清偿。

(2)强制执行财产份额:①债权人也可以依法请求人民法院强制执行该合伙人在合伙企业中的财产份额用于清偿;②人民法院强制执行普通合伙人的财产份额时,应当通知全体合伙人,其他合伙人有优先购买权;其他合伙人未购买,又不同意将该财产份额转让给他人的,依法为该合伙人办理退伙结算,或者削减该合伙人相应财产份额的结算。

五、入伙

第一,新普通合伙人入伙,除合伙协议另有约定外,应当经全体合伙人一致同意,并依法订立书面入伙协议。

第二，新入伙的普通合伙人对入伙前合伙企业的债务承担无限连带责任。

第三，新入伙的普通合伙人与原合伙人享有同等权利，承担同等责任。如果原合伙人愿意以更优越的条件吸引新合伙人入伙，或者新合伙人愿意以较为不利的条件入伙，也可以在入伙协议中另行约定。

六、退伙

（一）退伙的原因

退伙类型及具体情形如表3－1所示：

表3－1　退伙类型及具体情形

类　型		具体情形
自愿退伙 （主动）	协议退伙	合伙协议约定合伙期限的，在合伙企业存续期间，有下列情形之一的，合伙人可以退伙： (1)合伙协议约定的退伙事由出现 (2)经全体合伙人一致同意 (3)发生合伙人难以继续参加合伙的事由 (4)其他合伙人严重违反合伙协议约定的义务
	通知退伙	同时满足下列条件： (1)合伙协议未约定合伙企业的经营期限 (2)合伙人的退伙不给合伙企业的事务执行造成不利影响 (3)提前30天通知其他合伙人
法定退伙 （被动）	当然退伙	(1)作为合伙人的自然人死亡或者被依法宣告死亡 (2)普通合伙人个人丧失偿债能力 (3)作为合伙人的法人或者其他组织依法被吊销营业执照、责令关闭、撤销，或者被宣告破产 (4)法律规定或者合伙协议约定合伙人必须具有相关资格而丧失该资格 (5)合伙人在合伙企业中的全部财产份额被人民法院强制执行 (6)普通合伙人被依法认定为无民事行为能力人或者限制民事行为能力人的，经其他合伙人一致同意，可以依法转为有限合伙人，普通合伙企业依法转为有限合伙企业；其他合伙人未能一致同意的，该无民事行为能力或者限制民事行为能力的合伙人退伙
	除名	合伙人有下列情形之一的，经其他合伙人一致同意，可以决议将其除名： (1)未履行出资义务 (2)因故意或者重大过失给合伙企业造成损失 (3)执行合伙事务时有不正当行为 (4)发生合伙协议约定的事由

（二）退伙的生效

第一，当然退伙，以退伙事由实际发生之日为退伙生效日。

第二，除名。

(1)对合伙人的除名决议应当书面通知被除名人，被除名人接到除名通知之日，除名生效，被除名人退伙。

(2)被除名人对除名决议有异议的，可以自接到除名通知之日起 30 日内，向人民法院起诉。

(三)退伙的效果

第一，继承。

(1)普通合伙人死亡或者被依法宣告死亡的，对该合伙人在合伙企业中的财产份额享有合法继承权的继承人，要取得该合伙企业普通合伙人的资格，应当满足下列条件：①合法继承人愿意；②除非合伙协议另有约定，否则应当经全体合伙人一致同意；③满足相应的资格要求：法定/约定、积极/消极。

(2)普通合伙人的继承人为无民事行为能力人或者限制民事行为能力人的，经全体合伙人一致同意，可以依法成为有限合伙人，普通合伙企业依法转为有限合伙企业；全体合伙人未能一致同意的，合伙企业应当将被继承合伙人的财产份额退还该继承人。

第二，退伙结算。

(1)合伙人退伙，除财产份额被依法继承外，其他合伙人应当与该退伙人按照退伙时的合伙企业财产状况进行结算，退还退伙人的财产份额。

(2)退伙人对给合伙企业造成的损失负有赔偿责任的，相应扣减其应当赔偿的数额。

(3)普通合伙人退伙时，合伙企业财产少于合伙企业债务的，退伙人应当依法分担亏损。

第三，退伙的普通合伙人对基于其退伙前的原因发生的合伙企业债务，应当承担无限连带责任。

七、合伙企业的解散与清算

第一，原因。

(1)合伙期限届满，合伙人决定不再经营；

(2)合伙协议约定的解散事由出现；

(3)全体合伙人决定解散；

(4)合伙人已不具备法定人数满 30 天；

(5)合伙协议约定的合伙目的已经实现或者无法实现；

(6)依法被吊销营业执照、责令关闭或者被撤销；

(7)法律、行政法规规定的其他原因(如有限合伙企业仅剩有限合伙人的，应当解散)。

第二，清算人。

(1)清算人由全体合伙人担任。

(2)经全体合伙人过半数同意,可以自合伙企业解散事由出现后15日内指定一个或者数个合伙人,或者委托第三人担任清算人。

(3)自合伙企业解散事由出现之日起15日内未确定清算人的,合伙人或者其他利害关系人可以申请人民法院指定清算人。

第三,通知、公告以及申报债权的时间。

(1)清算人自被确定之日起10日内将合伙企业解散事项通知债权人,并于60日内在报纸上公告。

(2)债权人应当自接到通知书之日起30日内,未接到通知书的自公告之日起45日内,向清算人申报债权。

第四,清偿顺序。

(1)清算费用;

(2)合伙企业职工工资、社会保险费用和法定补偿金;

(3)缴纳所欠税款;

(4)清偿债务;

(5)分配剩余财产(约定——协商——实缴——平均)。

第五,清算期间,合伙企业存续,但不得开展与清算无关的经营活动。

第六,合伙企业注销后,原普通合伙人对合伙企业存续期间的债务仍应承担无限连带责任。

第七,合伙企业依法被宣告破产的,普通合伙人对合伙企业债务仍应承担无限连带责任。

第二节　特殊的普通合伙企业

特殊的普通合伙企业,属于广义普通合伙企业中的一种,法律对特殊的普通合伙企业未作出特殊规定之处,适用对一般普通合伙企业的规定。

一、特殊的责任承担规则

一个合伙人或者数个合伙人在执业活动中因故意或者重大过失造成合伙企业债务的,应当承担无限责任或者无限连带责任,其他合伙人以其在合伙企业中的财产份额为限承担责任。

合伙人在执业活动中因故意或者重大过失造成的合伙企业债务,以合伙企业财产对外承担责任后,该合伙人应当按照合伙协议的约定对给合伙企业造成的损失承担赔偿责任。

二、其他特殊之处

（一）特殊的领域

特殊的普通合伙企业，是指以专业知识和专门技能为客户提供有偿服务的专业服务机构。

（二）特殊的名称

特殊的普通合伙企业名称中应当标明“特殊普通合伙”字样。

（三）特殊的风险

特殊的普通合伙企业应当（从其经营收益中提取一定比例资金）建立执业风险基金、办理职业保险；执业风险基金用于偿付合伙人执业活动造成的债务；执业风险基金应当单独立户管理。

第三节　有限合伙企业

有限合伙企业，是指由有限合伙人和普通合伙人共同组成，普通合伙人对合伙企业债务承担无限连带责任，有限合伙人以其认缴的出资额为限对合伙企业债务承担责任的合伙组织。在法律适用时，如果法律对有限合伙企业有特殊规定，适用特殊规定；没有特殊规定的，适用有关普通合伙企业及其合伙人的一般规定。

一、设立

（一）合伙人

(1)有限合伙企业由 2 个以上 50 个以下合伙人设立，但法律另有规定的除外。

(2)有限合伙企业至少应当有 1 个普通合伙人；有限合伙企业仅剩有限合伙人的应当解散；有限合伙企业仅剩普通合伙人的，应当转为普通合伙企业。

(3)国有独资公司、国有企业、上市公司以及公益性的事业单位、社会团体不得成为普通合伙人，但可以成为有限合伙人。

（二）名称

有限合伙企业名称中应当标明“有限合伙”字样。

（三）出资

普通合伙人可以劳务出资，但有限合伙人不得以劳务出资。

（四）强制补缴

有限合伙人应当按照合伙协议的约定按期足额缴纳出资；未按期缴纳的，应当承担补缴义务，并对其他合伙人承担违约责任。

二、经营

(一)合伙事务的执行

(1)有限合伙企业由普通合伙人执行事务,有限合伙人不得执行事务;有限合伙企业执行事务合伙人可以要求在合伙协议中确定执行事务的报酬及报酬提取方式。

(2)有限合伙人的下列行为,不视为执行合伙事务:

①参与决定普通合伙人入伙、退伙;

②对企业的经营管理提出建议;

③参与选择承办有限合伙企业审计业务的会计师事务所;

④获取经审计的有限合伙企业财务会计报告;

⑤对涉及自身利益的情况,查阅有限合伙企业财务会计账簿等财务资料;

⑥在有限合伙企业中的利益受到侵害时,向有责任的合伙人主张权利或者提起诉讼;

⑦执行事务合伙人怠于行使权利时,督促其行使权利或者为了本企业的利益以自己的名义提起诉讼;

⑧依法为本企业提供担保。

(3)第三人有理由相信有限合伙人为普通合伙人并与其交易的,该有限合伙人对该笔交易承担与普通合伙人同样的责任。有限合伙人未经授权以有限合伙企业名义与他人进行交易,给有限合伙企业或者其他合伙人造成损失的,该有限合伙人应当承担赔偿责任。

(二)利润分配

有限合伙企业不得将全部利润分配给部分合伙人,但合伙协议另有约定的除外。

(三)与本企业交易

有限合伙人可以与本有限合伙企业进行交易,但合伙协议另有约定的除外。

(四)从事相竞争业务

有限合伙人可以自营或者同他人合作经营与本有限合伙企业相竞争的业务,但合伙协议另有约定的除外。

(五)财产份额

1. 出质

有限合伙人可以将其在有限合伙企业中的财产份额出质,但合伙协议另有约定的除外。

2. 转让

有限合伙人可以按照合伙协议的约定向合伙人以外的人转让其在有限合伙企业中的财产份额,但应当提前30日通知其他合伙人。

3. 强制执行

人民法院强制执行有限合伙人的财产份额时,应当通知全体合伙人;在同等条件下,其他合伙人有优先购买权。

三、重大变化

（一）当然退伙

有限合伙人出现下列情形之一时当然退伙:

(1)作为有限合伙人的自然人死亡或者被依法宣告死亡;

(2)作为有限合伙人的法人或者其他组织依法被吊销营业执照、责令关闭、撤销,或者被宣告破产;

(3)法律规定或者合伙协议约定有限合伙人必须具有相关资格而丧失该资格;

(4)有限合伙人在合伙企业中的全部财产份额被人民法院强制执行。

（二）丧失民事行为能力

作为有限合伙人的自然人在有限合伙企业存续期间丧失民事行为能力的,其他合伙人不得因此要求其退伙。

（三）继承

作为有限合伙人的自然人死亡、被依法宣告死亡或者作为有限合伙人的法人及其他组织终止时,其继承人或者权利承受人可以依法取得该有限合伙人在有限合伙企业中的资格。

（四）责任

(1)普通合伙人对有限合伙企业债务承担无限连带责任,有限合伙人以其认缴的出资额为限对合伙企业债务承担责任。

(2)新入伙的有限合伙人对入伙前有限合伙企业的债务,以其认缴的出资额为限承担责任。

(3)有限合伙人退伙后,对基于其退伙前原因发生的有限合伙企业债务,以其退伙时从有限合伙企业中取回的财产承担责任。

（五）转变

(1)除合伙协议另有约定外,普通合伙人转变为有限合伙人,或者有限合伙人转变为普通合伙人,应当经全体合伙人一致同意。

(2)有限合伙人转变为普通合伙人的,对其作为有限合伙人期间有限合伙企业发生的债务承担无限连带责任。普通合伙人转变为有限合伙人的,对其作为普通合伙人期间合伙企业发生的债务承担无限连带责任。

四、普通合伙人与有限合伙人的区别

表 3—2　　普通合伙人与有限合伙人的区别

	普通合伙人	有限合伙人
劳务出资	√	×
国有独资公司、国有企业、上市公司以及公益性的事业单位、社会团体	×	√
事务执行	(1)可以依法执行合伙企业事务，对外代表合伙企业 (2)合伙企业对合伙人执行合伙事务以及对外代表合伙企业权利的限制，不得对抗善意第三人	(1)不执行合伙事务，不得对外代表有限合伙企业 (2)“入退提议会计所，获报查账诉担保”不视为执行事务 (3)第三人有理由相信有限合伙人为普通合伙人并与其交易的，该有限合伙人对该笔交易承担与普通合伙人同样的责任
对外转让财产份额	除合伙协议另有约定外，须经其他合伙人一致同意	可以按照合伙协议的约定对外转让财产份额，但应当提前 30 日通知其他合伙人
财产份额出质	普通合伙人以其在合伙企业中的财产份额出质的，须经其他合伙人一致同意	有限合伙人可以将其在有限合伙企业中的财产份额出质，但是合伙协议另有约定的除外
与本企业交易	除合伙协议另有约定或者经全体合伙人一致同意外，普通合伙人不得同本合伙企业进行交易	有限合伙人可以同本有限合伙企业进行交易，但是合伙协议另有约定的除外
从事相竞争的业务	普通合伙人不得自营或者同他人合作经营与本合伙企业相竞争的业务	有限合伙人可以自营或者同他人合作经营与本有限合伙企业相竞争的业务，但是合伙协议另有约定的除外
利润分配	合伙协议不得约定将全部利润分配给部分普通合伙人	有限合伙企业不得将全部利润分配给部分合伙人，但是合伙协议另有约定的除外
个人丧失偿债能力	当然退伙	无须退伙
丧失民事行为能力	经其他合伙人一致同意，可以依法转为有限合伙人，普通合伙企业依法转为有限合伙企业；其他合伙人未能一致同意的，该无民事行为能力或者限制民事行为能力的合伙人只能退伙	无须退伙

续表

	普通合伙人	有限合伙人
继承	继承人要继承普通合伙人资格应当满足下列条件:(1)继承人愿意;(2)除非合伙协议另有约定,否则应当经全体合伙人一致同意;(3)满足相应的资格要求	无论其继承人是否具备完全民事行为能力,都可以依法取得有限合伙人的资格
新入伙人的责任	对入伙前合伙企业的债务承担无限连带责任	对入伙前有限合伙企业的债务,以其认缴的出资额为限承担责任
退伙人的责任	对基于其退伙前原因发生的合伙企业债务,承担无限连带责任	对基于其退伙前原因发生的有限合伙企业债务,以其退伙时从有限合伙企业中取回的财产承担责任
合伙人的性质转变	普通合伙人转变为有限合伙人的,对其作为普通合伙人期间合伙企业发生的债务承担无限连带责任	有限合伙人转变为普通合伙人的,对其作为有限合伙人期间有限合伙企业发生的债务承担无限连带责任

第四章　公司法

导入案例

西安市大华餐饮有限责任公司(以下简称大华公司)成立于1990年4月5日。2004年5月,大华公司由国有企业改制为有限责任公司,宋文军系大华公司员工,出资2万元成为大华公司的自然人股东。大华公司章程第三章"注册资本和股份"第十四条规定:"公司股权不向公司以外的任何团体和个人出售、转让。公司改制一年后,经董事会批准后可在公司内部赠予、转让和继承。持股人死亡或退休经董事会批准后方可继承、转让或由企业收购,持股人若辞职、调离或被辞退、解除劳动合同的,人走股留,所持股份由企业收购……"第十三章"股东认为需要规定的其他事项"下第六十六条规定:"本章程由全体股东共同认可,自公司设立之日起生效。"该公司章程经大华公司全体股东签名通过。2006年6月3日,宋文军向公司提出解除劳动合同,并申请退出其所持有的公司的2万元股份。2006年8月28日,经大华公司法定代表人赵来锁同意,宋文军领到退出股金款2万元整。2007年1月8日,大华公司召开2006年度股东大会,大会应到股东107人,实到股东104人,代表股权占公司股份总数的93%,会议审议通过了宋文军、王培青、杭春国三位股东退股的申请并决议"其股金暂由公司收购保管,不得参与红利分配"。后宋文军以大华公司的回购行为违反法律规定,未履行法定程序且公司法规定股东不得抽逃出资等,请求依法确认其具有大华公司的股东资格。

裁判结果

西安市碑林区人民法院于2014年6月10日作出(2014)碑民初字第01339号民事判决,判令:驳回原告宋文军要求确认其具有被告西安市大华餐饮有限责任公司股东资格之诉讼请求。一审宣判后,宋文军提出上诉。西安市中级人民法院于2014年10月10日作出了(2014)西中民四终字第00277号民事判决书,驳回上诉,维持原判。终审宣判后,宋文军仍不服,向陕西省高级人民法院申请再审。陕西省高级人民法院于2015年3月25日作出(2014)陕民二审字第00215号民事裁定,驳回宋文军的再审申请。

裁判理由

法院生效裁判认为:通过听取再审申请人宋文军的再审申请理由及被申请人大华公司的答辩意见,本案的焦点问题如下:(1)大华公司的公司章程中关于“人走股留”的规定,是否违反了《中华人民共和国公司法》(以下简称《公司法》)的禁止性规定,该章程是否有效;(2)大华公司回购宋文军股权是否违反《公司法》的相关规定,大华公司是否构成抽逃出资。

针对第一个焦点问题,首先,大华公司章程第十四条规定:“公司股权不向公司以外的任何团体和个人出售、转让。公司改制一年后,经董事会批准后可以在公司内部赠与、转让和继承。持股人死亡或退休经董事会批准后方可继承、转让或由企业收购,持股人若辞职、调离或被辞退、解除劳动合同的,人走股留,所持股份由企业收购。”依照《公司法》第二十五条第二款“股东应当在公司章程上签名、盖章”的规定,有限公司章程系公司设立时全体股东一致同意并对公司及全体股东产生约束力的规则性文件,宋文军在公司章程上签名的行为,应视为其对前述规定的认可和同意,该章程对大华公司及宋文军均产生约束力。其次,基于有限责任公司封闭性和人合性的特点,由公司章程对公司股东转让股权作出某些限制性规定,系公司自治的体现。在本案中,大华公司进行企业改制时,宋文军之所以成为大华公司的股东,其原因在于宋文军与大华公司具有劳动合同关系,如果宋文军与大华公司没有建立劳动合同关系,宋文军则没有成为大华公司股东的可能性。同理,大华公司章程将是否与公司具有劳动合同关系作为取得股东身份的依据继而作出“人走股留”的规定,符合有限责任公司封闭性和人合性的特点,亦系公司自治原则的体现,不违反《公司法》的禁止性规定。第三,大华公司章程第十四条关于股权转让的规定,属于对股东转让股权的限制性规定而非禁止性规定,宋文军依法转让股权的权利没有被公司章程所禁止,大华公司章程不存在侵害宋文军股权转让权利的情形。综上,本案一、二审法院均认定大华公司章程不违反《公司法》的禁止性规定,应为有效的结论正确,宋文军的这一再审申请理由不能成立。

针对第二个焦点问题,《公司法》第七十四条所规定的异议股东回购请求权具有法定的行使条件,即只有在“公司连续五年不向股东分配利润,而公司在该五年连续盈利,并且符合本法规定的分配利润条件的;公司合并、分立、转让主要财产的;公司章程规定的营业期限届满或者章程规定的其他解散事由出现,股东会会议通过决议修改章程使公司存续的”三种情形下,异议股东有权要求公司回购其股权,对应的是公司是否应当履行回购异议股东股权的法定义务。而本案属于大华公司是否有权基于公司章程的约定及与宋文军的合意而回购宋文军股权,对应的是大华公司是否具有回购宋文军股权的权利,二者性质不同,《公司法》第七十四条不能适用于本案。在本案中,宋文军于 2006 年 6 月 3 日向大华公司提出解除劳动合同申请并于同日手书《退股申请》,提出“本人要求全额退股，年终盈利与亏损与我无关”，该《退股申请》应视为其真实意思表示。大华公司于2006年8月28日退还其全额股金款2万元，并于2007年1月8日召开股东大会审议通过了宋文军等三位股东的退股申请，大华公司基于宋文军的退股申请，依照公司章程的规定回购宋文军的股权，程序并无不当。另外，《公司法》所规定的抽逃出资专指公司股东抽逃其对于公司出资的行为，公司不能构成抽逃出资的主体，宋文军的这一再审申请理由不能成立。综上，裁定驳回再审申请人宋文军的再审申请。

公司是一种企业形式。根据我国《公司法》的规定，公司是依照《公司法》在中国境内设立的，以营利为目的的企业法人。在我国，公司有两种，分别是有限责任公司和股份有限公司。其中有限责任公司简称有限公司，一人公司、国有独资公司均为有限责任公司；股份有限公司简称为股份公司，上市公司都是股份有限公司。无论是有限责任公司还是股份有限公司，均有“有限”二字，即股东以认缴的出资额或者股份为限对公司的债务承担有限责任。

我国《公司法》于1994年开始实施，是为了规范公司的组织和行为，保护公司、股东和债权人的合法权益，维护社会经济秩序，促进社会主义市场经济的发展而制定的法律，目前共经历了四次修改。现行《公司法》为2018年10月26日第四次修正后的版本。

第一节 公司的法人人格

一、公司法人财产权

(一)公司法人财产权

公司是企业法人，有独立的法人财产，享有法人财产权；公司以其全部财产对公司的债务承担责任。

(二)对公司行使法人财产权的限制

1. 对外投资的限制

(1)公司章程对投资总额及单项投资的数额有限额规定的，不得超过规定的限额。

(2)公司向其他企业投资，按照公司章程的规定由董事会或者股东(大)会决议。

2. 担保的限制

(1)公司章程对担保的总额或者单项担保的数额有限额规定的，不得超过规定的限额。

(2)为股东或者实际控制人提供担保。①公司为公司股东或者实际控制人提供担保的，必须经股东会或者股东大会决议。②接受担保的股东或者受实际控制人支配的股东不得参加表决；该项表决由出席会议的其他股东所持表决权的过半数(>1/2)通过。

(3)公司为他人(非股东或实际控制人，也非公司自身)提供担保，按照公司章程的规定由董事会或者股东(大)会决议。

3. 借款的限制

(1)除非公司章程有特别规定或者经股东(大)会的批准同意,公司的董事、经理不得擅自将公司资金借贷给他人。

(2)股份有限公司不得直接或者通过子公司向董事、监事、高级管理人员提供借款。

二、股东的有限责任与公司法人人格否认

(一)股东的有限责任

有限责任公司的股东以其认缴的出资额为限对公司承担责任;股份有限公司的股东以其认购的股份为限对公司承担责任。

(二)法人人格否认

1. 基本法条

公司股东不得滥用公司法人独立地位和股东有限责任损害公司债权人的利益;公司股东滥用公司法人独立地位和股东有限责任,逃避债务,严重损害公司债权人利益的,应当对公司债务承担连带责任。

2. 我国审判实践中,在特定法律关系中不承认公司法人独立地位的常见理由

(1)纵向人格混同:公司与其股东在财产、业务、人员等方面混同。

一人有限责任公司的股东不能证明公司财产独立于股东自己财产的,应当对公司债务承担连带责任。

(2)横向人格混同:受同一母公司或者控制人控制的数个公司在财产、业务、人员等方面混同。

(3)公司清偿能力不正常降低,公司沦为股东欺诈债权人或向债权人转嫁风险的工具。例如股东不履行出资义务、抽逃出资、转移资产导致公司丧失清偿能力,或者拒不履行清算义务致使债权人丧失受偿机会。

3. 法人人格否认的法律后果

法院否认公司法人独立地位并非彻底否定其法人资格,而是在某一具体法律关系中产生下列法律后果:

(1)公司行为被视为股东的行为,股东对公司行为负责(也即在个案中否定了股东的有限责任)。

(2)公司与其他公司被视为同一法律主体,公司财产亦用于清偿其他公司债务。例如,当关联公司存在人格混同,严重损害债权人利益时,关联公司共同对外部债务承担连带责任。

第二节　公司的设立

一、公司的设立方式

股份有限公司可以采取发起设立或者募集设立方式设立，有限责任公司只能采取发起设立方式设立。

二、发起人

（一）一般规定

1. 发起人

为设立公司而签署公司章程、向公司认购出资或者股份并履行公司设立职责的人，应当认定为公司的发起人。

2. 人数

（1）设立股份有限公司发起人为 2 人以上 200 人以下，其中须有半数以上的发起人在中国境内有住所。

（2）有限责任公司由 50 个以下的股东出资设立，允许设立 1 人有限责任公司。

3. 发起人与公司章程的制定

（1）制订。①股份有限公司由发起人制订公司章程；采用募集方式设立的须经创立大会通过。②有限责任公司由设立公司的股东共同制订章程；一人有限责任公司的公司章程由股东制定；国有独资公司章程由国有资产监督管理机构制定，或者由董事会制订报国有资产监督管理机构批准。

（2）约束力。公司章程对公司、股东、董事、监事、高级管理人员均具有约束力。

4. 公司设立失败时，发起人应承担的责任

（1）外部责任。①公司不能成立时，对设立行为所产生的债务和费用，由发起人承担连带责任。②对认股人已缴纳的股款，发起人负返还股款并加算银行同期存款利息的连带责任。

（2）发起人内部的责任。①如果部分发起人承担责任后，请求其他发起人分担的，人民法院应当判令其他发起人按照约定的责任承担比例分担责任；没有约定责任承担比例的，按照约定的出资比例分担责任；没有约定出资比例的，按照均等份额分担责任。②因部分发起人的过错导致公司未成立，其他发起人主张其承担设立行为所产生的费用和债务的，人民法院应当根据过错情况，确定过错一方的责任范围。

5. 发起人对公司设立阶段合同的责任

（1）以发起人名义订立的合同。①发起人为设立公司以自己名义订立的合同，对相

对人而言，合同中载明的主体是发起人，所以原则上应当由发起人承担合同责任(不论公司最终是否成立)。②如果公司成立后予以确认，或者公司已经实际享有合同权利或者履行合同义务，合同相对人有权请求公司承担责任，否则应由订立合同的发起人承担责任。

(2)以设立中公司名义订立的合同。①发起人以设立中公司名义对外签订合同，公司成立后合同相对人有权请求公司承担合同责任。②公司成立后有证据证明发起人是为自己利益而签订该合同，且合同相对人对此是明知的，该合同责任不应当由成立后的公司承担，而应由发起人承担。如果合同相对人不知道发起人是为自己的利益而订立合同，即为善意，则仍由公司承担合同责任。

6. 发起人因履行设立职责而引发的侵权赔偿

(1)发起人因履行公司设立职责造成他人损害，公司成立后受害人有权请求公司承担侵权赔偿责任；

(2)公司未成立，受害人有权请求全体发起人承担连带赔偿责任；

(3)公司或者无过错的发起人承担赔偿责任后，可以向有过错的发起人追偿。

(二)募集设立股份有限公司的特殊要求

1. 募集设立失败的情形

(1)发行的股份超过招股说明书规定的截止期限尚未募足；

(2)发行股份的股款缴足后，发起人在30日内未召开创立大会；

(3)创立大会决议不设立公司。

2. 发起人连带承担向认股人返还股款本息的责任

除公司设立失败外，股份有限公司的股东不得抽回其股本；但公司不能成立时，对认股人已缴纳的股款，(发起人)负返还股款并加算银行同期存款利息的连带责任。

3. 对股份有限公司发起人出资的特殊要求

(1)股份有限公司在发起人认购的股份募足前不得向他人募集股份。

(2)以募集方式设立股份有限公司的，发起人认购的股份不得少于公司股份总数的35%，但法律、行政法规另有规定的，从其规定。

4. 创立大会

(1)募集方式设立公司的，发起人应当在足额缴纳股款、验资证明出具之日后30日内召开公司创立大会。

(2)创立大会应当有代表股份总数过半数的发起人、认股人出席方可举行。

(3)创立大会必须经出席会议的认股人所持表决权过半数通过的事项，包括但不限于通过公司章程、选举董事会成员和监事会成员、作出不设立公司的决议。

(4)董事会应于创立大会结束后30日内，依法向公司登记机关申请设立登记。

三、股东出资制度

（一）出资数额与出资期限

1. 认缴制

(1)股份有限公司采取发起设立方式设立的，注册资本为在公司登记机关登记的全体发起人认购的股本总额。

(2)有限责任公司的注册资本为在公司登记机关登记的全体股东认缴的出资额。

2. 实缴制

股份有限公司采取募集设立方式设立的，注册资本为在公司登记机关登记的实收股本总额。

除法律、行政法规和国务院决定另有规定外，有限责任公司和发起设立的股份公司实行“认缴制”，以全体股东“认缴的出资额”或“认购的股本总额”为注册资本；募集设立的股份公司仍实行“实缴制”，以公司“实收股本总额”为注册资本。同时，除法律、行政法规和国务院决定另有规定外，一般性地取消了注册资本最低限额要求、首次出资比例要求、实缴出资的期限要求、货币出资的比例要求以及强制验资制度。

（二）出资方式

1. 一般规定

(1)股东可以用货币出资，也可以用实物、知识产权、土地使用权等可以用货币估价并可以依法转让的非货币财产作价出资；但法律、行政法规规定不得作为出资的财产除外。

(2)股东不得以劳务、信用、自然人姓名、商誉、特许经营权或者设定担保的财产等作价出资。

2. 以境内公司的股权出资的具体规定

(1)以股权出资的，该股权应当权属清楚、权能完整、依法可以转让。

(2)不得用作出资的股权：①已被设立质权；②股权所在公司章程约定不得转让；③法律、行政法规或者国务院决定规定，股权所在公司股东转让股权应当报经批准而未经批准；④法律、行政法规或者国务院决定规定不得转让的其他情形。

（三）履行出资义务的基本要求

1. 货币出资

以货币出资的，应当将货币出资足额存入公司在银行开设的账户。

2. 非货币财产出资

(1)以非货币财产出资的，应当依法办理其财产权的转移手续；

(2)非货币财产出资的作价方式：评估作价或协商一致作价。

根据 2014 年修订的《公司注册资本登记管理规定》，登记机关不再要求非货币出资一律要经过“具有评估资格的资产评估机构评估作价”。也就是说,对非货币财产的评估作价,可以由股东协商一致确认。

四、未尽出资义务

(一)认定

1. 非货币财产出资未经评估的处理

(1)先评估,后认定。出资人以非货币财产出资,未依法评估作价,公司、其他股东或者公司债权人请求认定出资人未履行出资义务的,人民法院应当委托具有合法资格的评估机构对该财产评估作价;评估确定的价额显著低于公司章程所定价额的,人民法院应当认定出资人未依法全面履行出资义务。

(2)评估时点。除当事人另有约定外,出资人以符合法定条件的非货币财产出资后,因市场变化或者其他客观因素导致出资财产贬值,公司、其他股东或者公司债权人无权请求该出资人承担补足出资责任。

2. 非货币财产出资财产权利未切实转移

(1)已交付,未办理权属变更。

①应变更。出资人以房屋、土地使用权或者需要办理权属登记的知识产权等财产出资,已经交付公司使用但未办理权属变更手续,公司、其他股东或者公司债权人主张认定出资人未履行出资义务的,人民法院应当责令当事人在指定的合理期间内办理权属变更手续;在前述期间内办理了权属变更手续的,人民法院应当认定其已经履行了出资义务。

②自实际交付财产时即可享受相应的股东权利。出资人主张自其实际交付财产给公司使用时享有相应股东权利的,人民法院应予支持。

(2)已办理权属变更,但未交付:应交付,实际交付后方可享有股东权利。出资人以房屋、土地使用权或者需要办理权属登记的知识产权等财产出资,已经办理权属变更手续但未交付给公司使用,公司或者其他股东有权主张其向公司交付,并在实际交付之前不享有相应股东权利。

3. 股东对所出资的非货币财产不享有完全的处分权

(1)以划拨土地使用权或以设定权利负担的土地使用权出资:先补正,后认定。出资人以划拨土地使用权出资,或者以设定权利负担的土地使用权出资,公司、其他股东或者公司债权人主张认定出资人未履行出资义务的,人民法院应当责令当事人在指定的合理期间内办理土地变更手续或者解除权利负担;逾期未办理或者未解除的,人民法院应当认定出资人未依法全面履行出资义务。

(2)以不享有处分权的财产出资。出资人以不享有处分权的财产出资,当事人之间对于出资行为效力产生争议的,人民法院可以参照《民法典》“善意取得制度”的规定予以认定。

4. 以违法犯罪所得的货币出资

以贪污、受贿、侵占、挪用等违法犯罪所得的货币出资后取得股权的,司法机关对违法犯罪行为予以追究、处罚时,应当采取拍卖或者变卖的方式处置其股权。

(二)未尽出资义务的法律责任

1. 责任范围

股东未尽出资义务时,该笔出资所产生的利息损失也属于股东等责任人的赔偿范围。

2. 未尽出资义务的股东应当承担的责任与抗辩

(1)补足责任。股东未履行或者未全面履行出资义务的:①公司或者其他股东有权请求其向公司依法全面履行出资义务。②公司债权人有权请求其在未出资本息范围内对公司债务不能清偿的部分承担补充赔偿责任;未履行或者未全面履行出资义务的股东已经承担上述责任,其他债权人无权提出相同请求。

(2)违约责任。股东不按照规定缴纳出资的,除应当向公司足额缴纳外,还应当向已按期足额缴纳出资的股东承担违约责任。

(3)股东权利的限制。①股东未履行或者未全面履行出资义务,公司可以根据公司章程或者股东会决议对其利润分配请求权、新股优先认购权、剩余财产分配请求权等股东权利作出相应的合理限制。②有限责任公司的股东(完全)未履行出资义务,经公司催告缴纳,其在合理期间内仍未缴纳出资,公司有权以股东会决议解除该股东的股东资格。公司解除股东资格的,应当及时办理法定减资程序或者由其他股东或者第三人缴纳相应的出资。

(4)抗辩。①公司股东未履行或者未全面履行出资义务,公司或者其他股东请求其向公司全面履行出资义务或者返还出资,被告股东以诉讼时效为由进行抗辩的,人民法院不予支持。②公司债权人的债权未过诉讼时效期间,依照规定请求未履行或者未全面履行出资义务的股东承担赔偿责任,被告股东以出资义务超过诉讼时效期间为由进行抗辩的,人民法院不予支持。公司股东不得以其为名义股东进行抗辩;公司股东如果属于被冒名出资,有权以被冒名为由进行抗辩。

3. 其他责任人

(1)涉及设立出资。①股东在公司设立时未履行或者未全面履行出资义务,发起人(与后加入的股东无关,与公司董事、高管无关)与该股东承担连带责任,但公司发起人承担责任后,可以向该股东追偿。②发起人股东的这一资本充实责任是法定责任,不得以发起人协议的约定、公司章程规定或股东会决议免除。

(2)涉及增资出资。股东在公司增资时未履行或者未全面履行出资义务,公司、其他股东或者公司债权人有权请求未尽忠实和勤勉义务的董事、高级管理人员(与发起人无关、与监事无关)承担相应的责任;董事、高级管理人员承担责任后,可以向被告股东追偿。

4. 未尽出资义务即转让股权的处理

有限责任公司的股东未履行或者未全面履行出资义务即转让股权,受让人对此知道或者应当知道的:

(1)公司有权请求该股东履行出资义务、受让人对此承担连带责任;

(2)公司债权人依照规定对该股东提起承担补充赔偿责任的诉讼,有权同时请求该受让人对此承担连带责任。

(3)受让人承担连带责任后,向该未履行或者未全面履行出资义务的股东追偿的,人民法院应予支持;当事人另有约定的除外。

(三)抽逃出资

1. 抽逃出资的认定

公司成立后,公司、股东或者公司债权人以相关股东的行为符合下列情形之一且损害公司权益为由,请求认定该股东抽逃出资的,人民法院应予支持:

(1)通过虚构债权债务关系将其出资转出;

(2)制作虚假财务会计报表虚增利润进行分配;

(3)利用关联交易将出资转出;

(4)其他未经法定程序将出资抽回的行为(包括将出资款项转入公司账户验资后又转出的行为)。

2. 责任

(1)对抽逃出资的股东,公司或者其他股东有权请求其向公司返还出资本息,协助抽逃出资的其他股东(不论是否为发起人)、董事、高级管理人员(不包括监事)或者实际控制人对此承担连带责任。

(2)公司债权人有权请求抽逃出资的股东在抽逃出资本息范围内对公司债务不能清偿的部分承担补充赔偿责任,协助抽逃出资的其他股东、董事、高级管理人员或者实际控制人对此承担连带责任;抽逃出资的股东已经承担上述责任,其他债权人提出相同请求的,人民法院不予支持。

五、公司设立的行政手续

(一)前置营业许可

(1)设立许可,是指公司的设立本身就须事先获得政府主管部门许可。例如,设立证券公司应得到证券监管部门的许可;设立保险公司须获得保险监管部门的许可。

(2)项目许可,是指公司仅就经营范围内的某个或若干营业项目申请政府许可。例如,公司有烟草经营项目的,须事先获得国家烟草管理部门批准;生产经营易燃易爆物品,经营刻字、印刷、复印等营业的,须经公安机关审批。

(3)有些行政许可是有数量限制的,称为特别许可;无数量限制的称为普通许可。

(二)设立登记

公司的登记机关现为各级市场监管局。登记事项如下:

1. 公司的登记事项

(1)名称;

(2)住所;

(3)法定代表人姓名;

(4)注册资本;

(5)公司类型;

(6)经营范围;

(7)营业期限;

(8)有限责任公司股东或者股份有限公司发起人的姓名或名称。

2. 名称预先核准

(1)预先核准的公司名称保留期为6个月。

(2)预先核准的公司名称在保留期内不得用于从事经营活动,不得转让。

3. 申请人

(1)设立有限责任公司,应当由全体股东指定的代表或者共同委托的代理人向公司登记机关申请设立登记。

(2)设立国有独资公司,应当由国务院或者地方人民政府授权的本级人民政府国有资产监督管理机构作为申请人,申请设立登记。

(3)设立股份有限公司,应当由董事会向公司登记机关申请设立登记。以募集方式设立股份有限公司的,应当于创立大会结束后30日内向公司登记机关申请设立登记。

4. 成立日期

公司营业执照的签发日期为公司成立日期。

第三节　公司的组织机构

一、公司组织机构概述

公司的组织机构包括股东(大)会、董事会、监事会及高级管理人员。

(1)一人有限责任公司、国有独资公司、中外合资经营企业、中外合作经营企业(法人制)不设立股东会。

(2)股东人数较少或者规模较小的有限责任公司,可以设1名执行董事,不设立董事会,执行董事可以兼任公司经理。

(3)股东人数较少或者规模较小的有限责任公司,可以设 1～2 名监事,不设立监事会。

可以不设会的公司性质上均属于有限责任公司,股份有限公司应当“三会”健全。

二、公司董事、监事、高级管理人员制度

(一)高级管理人员的范围

高级管理人员,是指公司的(总)经理、副(总)经理、财务负责人、上市公司董事会秘书和公司章程规定的其他人员。

(二)有下列情形之一的,不得担任公司的董事、监事、高级管理人员

(1)无民事行为能力或者限制民事行为能力。

(2)因贪污、贿赂、侵占财产、挪用财产或者破坏社会主义市场经济秩序,被判处刑罚,执行期满未逾 5 年;或者因犯罪被剥夺政治权利,执行期满未逾 5 年。

(3)担任破产清算的公司、企业的董事或者厂长、经理,对该公司、企业的破产负有个人责任的,自该公司、企业破产清算完结之日起未逾 3 年。

(4)担任因违法被吊销营业执照、责令关闭的公司、企业的法定代表人,并负有个人责任的,自该公司、企业被吊销营业执照之日起未逾 3 年。

(5)个人所负数额较大的债务到期未清偿。

值得注意的是,董事、高级管理人员不得兼任监事。

(三)忠实义务

1. 忠实义务的内涵

公司董事、监事、高级管理人员不得利用职权收受贿赂或者其他非法收入,不得侵占公司的财产。公司董事、高级管理人员不得有下列行为:

(1)挪用公司资金;

(2)将公司资金以其个人名义或者以其他个人名义开立账户存储;

(3)违反公司章程的规定,未经股东(大)会或者董事会同意,将公司资金借贷给他人或者以公司财产为他人提供担保;

(4)违反公司章程的规定或者未经股东(大)会同意,与本公司订立合同或者进行交易;

(5)未经股东(大)会同意,利用职务便利为自己或者他人谋取属于公司的商业机会,自营或者为他人经营与所任职公司同类的业务;

(6)接受他人与公司交易的佣金归为已有;

(7)擅自披露公司秘密;

(8)违反对公司忠实义务的其他行为。

表4－1　各类与本企业交易和从事相竞争的业务限制的区别

	与本企业交易	从事相竞争的业务
普通合伙人	除合伙协议另有约定或者经全体合伙人一致同意，普通合伙人不得同本合伙企业进行交易	普通合伙人不得自营或者同他人合作经营与本合伙企业相竞争的业务（绝对不得）
有限合伙人	有限合伙人可以同本有限合伙企业进行交易；但是，合伙协议另有约定的除外	有限合伙人可以自营或者同他人合作经营与本有限合伙企业相竞争的业务；但是，合伙协议另有约定的除外
公司董事、高管	不得违反公司章程的规定或者未经股东（大）会同意，与本公司订立合同或者进行交易	不得未经股东（大）会同意，自营或者为他人经营与所任职公司同类的业务

2. 违反忠实义务的法律后果

公司董事、高级管理人员违反上述规定所得的收入应当归公司所有，给公司造成损失的，应当承担赔偿责任。

（四）勤勉义务

（1）商业判断规则。公司管理者在执行公司职务时应当勤勉尽责；但只要公司管理者在决策时没有利益冲突，是在当时掌握的信息和认知条件下作出的诚实、善意的决策，即使该决策事后被证明是失败的，也不能追究其责任。

（2）公司董事、监事、高级管理人员执行公司职务时违反法律、行政法规或者公司章程规定，给公司造成损失的，应当承担赔偿责任。

（3）公司股东（大）会要求董事、监事、高级管理人员列席会议的，董事、监事、高级管理人员应当列席并接受股东的质询。

三、公司的权力机构

（一）股份有限公司股东大会

1. 一般职权

（1）决定公司的经营方针和投资计划。

（2）选举和更换非由职工代表担任的董事、监事，决定有关董事、监事的报酬事项。

（3）审议相关报告、方案：①审议批准董事会或者执行董事的报告；②审议批准监事会或者监事的报告；③审议批准公司的年度财务预算方案、决算方案；④审议批准公司的利润分配方案和弥补亏损方案。

（4）决议重大事项：①对公司增加或者减少注册资本作出决议；②对发行公司债券作出决议；③对公司合并、分立、解散、清算或者变更公司形式作出决议；④修改公司章程。

（5）公司章程规定的其他职权。

2. 上市公司股东大会的特别职权(包括但不限于)

(1)对公司聘用、解聘会计师事务所作出决议。公司聘用、解聘承办公司审计业务的会计师事务所,依照公司章程的规定,由股东会、股东大会或者董事会决定。

(2)审议批准变更募集资金用途事项。

(3)审议股权激励计划。

(4)审议上市公司应当由股东大会审议的对外担保事项:①单笔担保额超过最近一期经审计净资产10%的担保;②上市公司在1年内购买、出售重大资产或者担保金额达到或超过公司资产总额30%的;③上市公司及其控股子公司的对外担保总额,达到或超过最近一期经审计净资产50%以后提供的任何担保;④为资产负债率超过70%的担保对象提供的担保;⑤对股东、实际控制人及其关联方提供的担保;⑥由董事会审批的对外担保,但出席董事会的无关联关系董事人数不足3人的;⑦公司章程规定的其他事项。

3. 年会

(1)股东大会年会应当每年召开一次。

(2)上市公司的年度股东大会应当于上一会计年度结束后的6个月内召开。

4. 临时股东大会

有下列情形之一的,应当在2个月内召开临时股东大会:

(1)董事人数不足5人或者公司章程所定人数的2/3时;

(2)公司未弥补的亏损达实收股本总额的1/3时;

(3)单独或者合计持有公司10%以上股份(不计优先股)的股东请求时;

(4)董事会认为必要时;

(5)监事会提议召开时;

(6)公司章程规定的其他情形。

5. 召集机关和主持人

股东大会会议由董事会召集,董事长主持;董事长不能或者不履行职务的,由副董事长主持;副董事长不能或者不履行职务的,由半数以上董事共同推举一名董事主持。董事会不能或者不履行召集股东大会会议职责的,监事会应当及时召集和主持;监事会不召集和主持的,连续90日以上单独或者合计持有公司10%以上股份的股东可以自行召集和主持。

6. 通知

(1)通知时间:①年会:会议召开20日前通知各股东。②临时股东大会:会议召开15日前通知各股东。③发行无记名股票的公司:会议召开30日前公告会议召开的时间、地点和审议事项。

(2)股东大会不得对向股东通知中未列明的事项作出决议。

7. 临时提案权

单独或者合计持有公司3%以上股份(不计优先股)的股东,可以在股东大会召开10日前提出临时提案并书面提交董事会;董事会应当在收到提案后2日内通知其他股东,并将该临时提案提交股东大会审议。

8. 表决

(1)表决权的计算:股东出席股东大会会议,所持每一股份有一表决权。

(2)普通决议。股东大会对普通事项作出决议,必须经出席会议的股东所持表决权过半数(>1/2)通过。

(3)特别决议:必须经出席会议的股东所持表决权2/3以上(≥2/3)通过。采用特别决议通过的事项包括:①修改公司章程;②增加或减少注册资本;③公司合并、分立、解散;④变更公司形式;⑤上市公司:在1年内购买、出售重大资产或者担保金额超过公司资产总额30%的,应当由股东大会作出决议,并经出席会议的股东所持表决权的2/3以上通过。

(4)累积投票制:①股东大会选举董事或者监事时选用;控股股东控股比例在30%以上的上市公司,应当采用累积投票制。②每一股份拥有与应选董事或监事人数相同的表决权。某股东享有的表决权=应选董事或监事人数×所持股份数。

9. 会议记录签名

股东大会应当对所议事项的决定作成会议记录,主持人、出席会议的董事应当在会议记录上签名。

(二)有限责任公司股东会

1. 职权

(1)有限责任公司股东会的职权与股份有限公司股东大会的一般职权相同。

(2)有限责任公司股东会对于职权范围内的事项,股东以书面形式一致表示同意的,可以不召开股东会会议,直接作出决定,并由全体股东在决定文件上签名、盖章。

2. 会议类型及频率

(1)定期会议。由公司章程规定。

(2)临时会议。下列主体提议时,有限责任公司应当在2个月内召开临时股东会会议:①代表1/10以上表决权的股东;②1/3以上的董事;③监事会或者不设监事会的公司的监事。

3. 召集和主持

(1)首次股东会会议:由出资最多的股东召集和主持。

(2)以后的股东会会议:①总思路:董事会——监事会——代表1/10以上表决权的股东;②董事会内部主持人的确定思路:董事长——副董事长——半数以上董事推举一名董事。

4. 通知

召开股东会会议，应当于会议召开 15 日以前通知全体股东，但公司章程另有规定或者全体股东另有约定的除外。

5. 表决

(1)表决权的计算：股东会会议由股东按照出资比例行使表决权，但公司章程另有规定的除外。

此处“出资比例”是指实缴出资比例，还是认缴出资比例，法无明文规定，应由公司章程确定或者股东在表决前商定。

(2)特别决议：必须经代表(全体)2/3 以上表决权的股东通过。采用特别决议通过的事项包括：①修改公司章程；②增加或减少注册资本；③公司合并、分立、解散；④变更公司形式。

公司为股东或实际控制人提供担保的，接受担保的股东或者受实际控制人支配的股东不得参加表决，该项表决由出席会议的其他股东所持表决权的过半数通过。

(3)普通决议：《公司法》未规定通过普通决议所需要的表决权数。通常，公司章程会规定这类普通决议须经代表(全体股东)半数以上或者过半数表决权的股东通过。

6. 记录签名

出席会议的股东应当在会议记录上签名。

四、公司的执行机构

(一)股份有限公司的董事会

1. 组成

(1)人数：股份有限公司董事会成员应为 5～19 人。

(2)职工代表：股份有限公司董事会可以有职工代表，职工代表由职工代表大会、职工大会或者其他形式民主选举产生。

表 4—2　　公司职工代表

<table>
<tr><th></th><th>董事会</th><th>监事会</th></tr>
<tr><td>有限责任公司</td><td>(1)应当有：①两个以上的国有企业或者其他两个以上的国有投资主体投资设立的有限责任公司；②国有独资公司。
(2)可以有：其他有限责任公司</td><td rowspan="2">(1)应当有：职工代表的比例不得低于 1/3</td></tr>
<tr><td>股份有限公司</td><td>可以有</td></tr>
</table>

上市公司董事会成员中应当至少 1/3 为独立董事。

(3)董事任期由公司章程规定，但每届任期不得超过 3 年(≤3 年)；董事任期届满，连选可以连任。

(4)董事会设董事长一人，可以设副董事长；股份有限公司的董事长和副董事长由董事会以全体董事的过半数选举产生。

(5)上市公司董事会可以按照股东大会的决议设立战略、审计、提名、薪酬与考核等专门委员会；专门委员会成员全部由董事组成，其中审计、提名、薪酬与考核委员会中独立董事应占多数并担任召集人，审计委员会中至少应有一名独立董事是会计专业人士。

2. 职权

(1)4 项独立职权：①决定公司的经营计划和投资方案；②决定公司内部管理机构的设置；③决定聘任或者解聘公司经理及其报酬事项，并根据经理的提名决定聘任或者解聘公司副经理、财务负责人及其报酬事项；④制定公司的基本管理制度。

(2)6 项附属职权：①召集股东大会会议，并向股东大会报告工作；②执行股东大会的决议；③制订公司的年度财务预算方案、决算方案；④制订公司的利润分配方案和弥补亏损方案；⑤制订公司增加或者减少注册资本以及发行公司债券的方案；⑥制订公司合并、分立、解散、变更公司形式的方案。

(3)公司章程规定的其他职权。

3. 会议类型及频率

(1)定期会议：每年度至少召开两次会议。

(2)临时董事会会议：①提议主体：代表 1/10 以上表决权的股东；1/3 以上董事；监事会。②董事长应当自接到提议后 10 日内召集和主持董事会会议。有限责任公司代表 1/10 以上表决权的股东、1/3 以上的董事、监事会或者不设监事会的公司监事提议召开临时股东会的，应当在 2 个月内召开。

4. 股份有限公司董事会会议的通知

(1)定期会议：会议召开 10 日前通知全体董事和监事。

(2)临时会议：董事会召开临时会议，可以另定召集董事会的通知方式和通知时限。

5. 召开条件

董事会会议应有过半数的董事出席方可举行。

6. 决议规则

(1)表决权的计算：一人一票。

(2)股份有限公司董事会作出决议必须经全体董事的过半数通过。

(3)股份有限公司董事会会议应当由董事本人出席，董事因故不能出席的，可以书面委托其他董事代为出席，委托书中应载明授权范围。

(4)上市公司董事会实行关联表决权排除制度。①上市公司董事与董事会会议决议事项所涉及的企业有关联关系的，不得对该项决议行使表决权，也不得代理其他董事行使表决权。②该董事会会议由过半数的无关联关系董事出席即可举行，董事会会议所作决议须经无关联关系董事过半数通过。③出席董事会的无关联关系董事不足 3 人的，应将该事项提交上市公司股东大会审议。

7. 会议记录

(1)出席会议的董事应当在会议记录上签名。

(2)赔偿责任。董事会的决议违反法律、行政法规或者公司章程、股东大会决议，致使公司遭受严重损失的，参与决议的董事对公司负赔偿责任；但经证明在表决时曾表明异议并记载于会议记录的，该董事可以免除责任。

8. 经理

(1)股份有限公司设经理；

(2)经理由董事会决定聘任或者解聘，公司董事会可以决定由董事会成员兼任经理；

(3)经理列席董事会会议；

(4)上市公司的总经理必须专职，总经理在集团等控股股东单位不得担任除董事以外的其他职务。

(二)有限责任公司董事会的特殊规定

(1)有限责任公司董事会的成员应为 3～13 人。

(2)股东人数较少或者规模较小的有限责任公司，可以设 1 名执行董事，不设立董事会，执行董事的职权与董事会相当。

(3)有限责任公司董事会设董事长一人，可以设副董事长；董事长、副董事长的产生办法由公司章程规定。

(4)除另有规定外，有限责任公司董事会的议事方式和表决程序由公司章程规定。

(5)有限责任公司可以设经理(选设)，由董事会决定聘任或者解聘。

五、上市公司独立董事制度

(一)任职条件

1. 基本任职条件(包括但不限于)

(1)根据法律、行政法规及其他有关规定，具备担任上市公司董事的资格。

(2)具有 5 年以上法律、经济或者其他履行独立董事职责所必需的工作经验。

2. 下列人员不得担任独立董事

(1)在上市公司或者其附属企业任职的人员及其直系亲属、主要社会关系。

(2)直接或间接持有上市公司已发行股份 1%以上或者是上市公司前 10 名股东中的自然人股东及其直系亲属。

(3)在直接或间接持有上市公司已发行股份 5%以上的股东单位或者在上市公司前 5 名股东单位任职的人员及其直系亲属。

(4)最近 1 年内曾经具有前 3 项所列举情形的人员。

（5）为上市公司或者其附属企业提供财务、法律、咨询等服务的人员。

（6）公司章程规定的其他人员。

（7）中国证监会认定的其他人员。

（二）独立董事的特别职权

（1）独立董事行使特别职权应当取得全体独立董事的 1/2 以上同意；如相关提议未被采纳或特别职权不能正常行使，上市公司应将有关情况予以披露。

（2）特别职权的范围：①重大关联交易应由独立董事认可后，提交董事会讨论。重大关联交易，是指上市公司拟与关联人达成的总额高于 300 万元或高于上市公司最近经审计净资产值的 5%的关联交易。②向董事会提议聘用或解聘会计师事务所。③向董事会提请召开临时股东大会。④提议召开董事会。⑤独立聘请外部审计机构和咨询机构。⑥可以在股东大会召开前公开向股东征集投票权。

（三）独立意见

（1）独立董事应当对上市公司的以下重大事项向董事会或股东大会发表独立意见：①提名、任免董事；②聘任或解聘高级管理人员；③公司董事、高级管理人员的薪酬；④上市公司的股东、实际控制人及其关联企业对上市公司现有或新发生的总额高于 300 万元或高于上市公司最近经审计净资产值的 5%的借款或其他资金往来，以及公司是否采取有效措施回收欠款；⑤独立董事认为可能损害中小股东权益的事项；⑥公司章程规定的其他事项。

（2）如有关事项属于需要披露的事项，上市公司应当将独立董事的意见予以公告，独立董事出现意见分歧无法达成一致时，董事会应将各独立董事的意见分别披露。

（四）其他规定

1. 独立董事人数

上市公司董事会成员中应当至少 1/3 为独立董事。

2. 提名

上市公司董事会、监事会、单独或者合并持有上市公司已发行股份 1%以上的股东可以提出独立董事候选人，并经股东大会选举决定。

3. 任期

独立董事每届任期与该上市公司其他董事任期相同，任期届满，连选可以连任，但是连任时间不得超过 6 年。

4. 撤换、免职与辞职

（1）独立董事如果连续 3 次未出席董事会会议，应由董事会提请股东大会予以撤换。

（2）独立董事在任期届满前不得无故被免职；提前免职的，上市公司应将其作为特别披露事项予以披露，被免职的独立董事认为公司的免职理由不当的，可以作出公开的声明。

(3)辞职。①独立董事在任期届满前可以提出辞职;②独立董事辞职应向董事会提交书面辞职报告,对任何与其辞职有关或其认为有必要引起公司股东和债权人注意的情况进行说明;③如因独立董事辞职导致公司董事会中独立董事所占的比例低于规定的最低要求时,该独立董事的辞职报告应当在下任独立董事填补其缺额后生效。

5. 不能成为股权激励计划的激励对象

股权激励计划的激励对象可以包括上市公司的董事、监事、高级管理人员、核心技术(业务)人员,以及公司认为应当激励的其他员工,但不应包括独立董事。

六、公司的监督机构

(一)股份有限公司监事会

1. 组成

(1)人数:成员不得少于 3 人。

(2)监事会应当包括职工代表,其中职工代表的比例不得低于 1/3。

(3)董事、高级管理人员不得兼任监事。

(4)主席的产生:监事会设主席一人,可以设副主席;监事会主席和副主席由全体监事过半数选举产生。

(5)任期。监事的任期每届为 3 年,任期届满,连选可以连任。

2. 职权

(1)监督职权。①检查公司财务;②对董事、高级管理人员执行公司职务的行为进行监督,对违反法律、行政法规、公司章程或者股东会决议的董事、高级管理人员提出罢免的建议;③当董事、高级管理人员的行为损害公司的利益时,要求董事、高级管理人员予以纠正;④依照《公司法》的规定,对董事、高级管理人员提起诉讼。

(2)提议权。①提议召开临时股东大会会议,在董事会不履行法律规定的召集和主持股东大会会议职责时召集和主持股东大会会议;②向股东大会会议提出提案。

(3)监事可以列席董事会会议,并对董事会决议事项提出质询或者建议。

(4)监事会行使职权所必需的费用,由公司承担。

(5)监事会发现公司经营情况异常,可以进行调查;必要时,可以聘请会计师事务所等协助其工作,费用由公司承担。

3. 会议类型及频率

股份有限公司监事会会议应当每 6 个月至少召开 1 次;监事可以提议召开临时监事会会议。

4. 监事会决议

监事会决议应当经半数以上(≥1/2)监事通过。

5. 记录签名

出席会议的监事应当在会议记录上签名。

(二)有限责任公司监事会的特殊规定

(1)股东人数较少或者规模较小的有限责任公司,可以设1～2名监事,不设立监事会。

(2)有限责任公司监事会设主席一人,由全体监事过半数选举产生。

(3)有限责任公司监事会每年度至少召开一次会议,监事可以提议召开临时监事会会议。

第四节　股　权

一、股权确认

(一)基本规定

(1)记载于股东名册的股东,可以依股东名册主张行使股东权利。

(2)出资人未在公司登记机关登记的,不得对抗善意第三人。

(二)名义股东与实际出资人

1. 名义股东与实际出资人之间的关系

(1)实际出资人与名义股东因投资权益的归属发生争议,实际出资人有权以其实际履行了出资义务为由向名义股东主张权利。

(2)名义股东不得以公司股东名册记载、公司登记机关登记为由否认实际出资人的权利。

2. 实际出资人"显名"的程序

实际出资人未经公司其他股东半数以上同意,请求公司变更股东、签发出资证明书、记载于股东名册、记载于公司章程并办理公司登记机关登记的,人民法院不予支持。

3. 名义股东对股权的无权处分与第三人的善意取得

(1)名义股东将登记于其名下的股权转让、质押或者以其他方式处分,实际出资人以其对于股权享有实际权利为由,请求认定处分股权行为无效的,第三人有权依法主张善意取得该股权。

(2)名义股东处分股权造成实际出资人损失,实际出资人请求名义股东承担赔偿责任的,人民法院应予支持。

4. 未履行出资义务时的责任承担

(1)对外。公司债权人以登记于公司登记机关的股东未履行出资义务为由,请求其对公司债务不能清偿的部分在未出资本息范围内承担补充赔偿责任,股东无权以其仅为名义股东而非实际出资人为由进行抗辩。

(2)内部责任。名义股东在承担相应的赔偿责任后,有权向实际出资人追偿。

5. 冒用他人名义出资

冒用他人名义出资并将该他人作为股东在公司登记机关登记的,冒名登记行为人应当承担相应责任;公司、其他股东或者公司债权人无权以未履行出资义务为由,请求被冒名者承担补足出资责任或者对公司债务不能清偿部分的赔偿责任。

(三)一股二卖

(1)股权转让后尚未向公司登记机关办理变更登记,原股东将仍登记于其名下的股权转让、质押或者以其他方式处分,受让股东以其对于股权享有实际权利为由,请求认定处分股权行为无效的,如果第三方构成善意取得,可以获得该股权;否则,原股东处分股权的行为无效。

(2)原股东处分股权造成受让股东损失,受让股东请求原股东承担赔偿责任、对于未及时办理变更登记有过错的董事、高级管理人员或者实际控制人承担相应责任的,人民法院应予支持;受让股东对于未及时办理变更登记也有过错的,可以适当减轻上述董事、高级管理人员或者实际控制人的责任。

二、股东权利

(一)概述

股东权利可以分为参与管理权和资产收益权,具体体现为表决权、选举权和被选举权、依法转让出资额或者股份的权利、知情权、建议和质询权、新股优先认购权、股利分配请求权、提议召开临时股东(大)会和自行召集的权利、临时提案权、异议股东股份回购请求权、申请法院解散公司的权利、公司剩余财产的分配请求权等。

(二)股东知情权

1. 查阅范围

(1)有限责任公司股东有权查阅、复制公司章程、股东会会议记录、董事会会议决议、监事会会议决议和财务会计报告;有限责任公司股东还有权要求查阅公司会计账簿。

(2)股份有限公司股东有权查阅公司章程、股东名册、公司债券存根、股东大会会议记录、董事会会议决议、监事会会议决议、财务会计报告。

2. 有限责任公司股东请求查阅会计账簿的程序

(1)查阅股东应当向公司提出书面请求,说明目的。

(2)公司可以依法拒绝查阅,但应自股东提出书面请求之日起 15 日内书面答复股东并说明理由。

(3)公司拒绝提供查阅时,股东可以请求人民法院要求公司提供查阅。

(三)增资优先认缴权

(1)有限责任公司新增资本时,股东有权优先于股东以外的人,按照实缴的出资比例认缴出资;但全体股东约定不按照出资比例优先认缴出资的除外。

(2)股份有限公司发行新股,股东大会应当对"向原有股东发行新股的种类及数额"作出决议。有限责任公司股东的优先认缴权是法定权利,而股份有限公司股东则并不当然享有新股优先认购权。

(四)股利分配请求权(分红权)

(1)有限责任公司的股东按照实缴的出资比例分取红利,但全体股东约定不按照出资比例分取红利的除外。

(2)股份有限公司分配利润,按照股东持有的股份比例分配,但股份公司章程规定不按照持股比例分配的除外。

三、股东代表诉讼与股东直接诉讼

1. 股东代表诉讼

(1)内部人员给公司造成损失

①"董事、高级管理人员"侵犯公司利益。股东(有限责任公司的股东、股份有限公司连续180日以上单独或者合计持有公司1%以上股份的股东)可以书面请求监事会或不设监事会的有限责任公司的监事向人民法院提起诉讼。如果监事会收到股东的书面请求后拒绝提起诉讼,或者自收到请求之日起30日内未提起诉讼,或者情况紧急、不立即提起诉讼将会使公司利益受到难以弥补的损害的,股东有权为了公司的利益以自己的名义直接向人民法院提起诉讼。

②"监事"侵犯公司利益。股东(有限责任公司的股东、股份有限公司连续180日以上单独或者合计持有公司1%以上股份的股东)可以书面请求董事会或不设董事会的有限责任公司的执行董事向人民法院提起诉讼。如果董事会收到股东的书面请求后拒绝提起诉讼,或者自收到请求之日起30日内未提起诉讼,或者情况紧急、不立即提起诉讼将会使公司利益受到难以弥补的损害的,股东有权为了公司的利益以自己的名义直接向人民法院提起诉讼。

(2)公司以外的他人侵犯公司利益

股东(有限责任公司的股东、股份有限公司连续180日以上单独或者合计持有公司1%以上股份的股东),可以书面请求董事会或者监事会向人民法院提起诉讼。如果董事会、监事会收到股东的书面请求后拒绝提起诉讼,或者自收到请求之日起30日内未提起诉讼,或者情况紧急、不立即提起诉讼将会使公司利益受到难以弥补的损害的,股东有权为了公司的利益以自己的名义直接向人民法院提起诉讼。

2. 股东直接诉讼

公司董事、高级管理人员违反法律、行政法规或者公司章程的规定,损害股东利益的,股东可以依法向人民法院提起诉讼。

表 4—3　股东代表诉讼和股东直接诉讼

	侵害对象	侵权人	程序	起诉股东资格	名义
代表诉讼	侵害公司利益	董事、高管	监事会——股东	(1)有限责任公司:股东 (2)股份有限公司:连续 180 日以上单独或合计持有公司 1%以上股份的股东	以股东自己的名义起诉
		监事	董事会——股东		
		公司以外的他人	董事会或者监事会——股东		
直接诉讼	侵害个别股东利益	董事、高管	股东直接提起	权利受侵害的股东	

四、股东(大)会、董事会决议的效力

(一)决议的形式

(1)决议依表决规则作出之时即告成立,无法定形式。

(2)会议记录只是证明决议存在的书面证据,而非决议的法定形式。即便没有合格的会议记录,其他证据(如决议过程的录像)也可以证明会议作出了决议。

(3)公司章程可以对决议的形式作出规定。

(二)决议不成立或者不存在

如果决议从来就未成立或存在过(例如,当事人虚构或伪造决议),无所谓有效抑或无效,而应认定为决议不成立或者不存在。

(三)决议无效

(1)公司股东会或者股东大会、董事会的决议内容违反法律、行政法规的无效。

(2)决议对其民事权利构成影响的利害关系人(包括公司股东、董事、监事及与决议内容有直接利害关系的公司高级管理人员、职工、债权人等)都有资格提起公司决议无效之诉。

(四)决议的撤销

(1)股东会或者股东大会、董事会的会议召集程序、表决方式违反法律、行政法规或者公司章程,或者决议内容违反公司章程的,股东可以自决议作出之日起 60 日内,请求人民法院撤销。

(2)股东提起撤销决议之诉的,人民法院可以应公司的请求,要求股东提供相应担保。

(3)“自决议作出之日起 60 日”期限属于除斥期间,超过该期间,股东即丧失诉权。

(五)变更登记

公司根据股东会或者股东大会、董事会决议已办理变更登记的,人民法院宣告该决议无效或者撤销该决议后,公司应当向公司登记机关申请撤销变更登记。

五、解散公司诉讼

(一)适用情形

单独或者合计持有公司全部股东表决权 10%以上的股东,有下列事由之一,公司继续存续会使股东利益受到重大损失,通过其他途径不能解决,提起解散公司诉讼,人民法院应当受理:

(1)公司持续 2 年以上无法召开股东会或者股东大会,公司经营管理发生严重困难的;

(2)股东表决时无法达到法定或者公司章程规定的比例,持续 2 年以上不能作出有效的股东会或者股东大会决议,公司经营管理发生严重困难的;

(3)公司董事长期冲突,并且无法通过股东会或者股东大会解决,公司经营管理发生严重困难的;

(4)经营管理发生其他严重困难,公司继续存续会使股东利益受到重大损失的情形。

"公司经营管理发生严重困难"的侧重点在于公司管理方面存有严重内部障碍,如股东会机制失灵、无法就公司的经营管理进行决策等,不应片面理解为公司资金缺乏、严重亏损等经营性困难。

(二)是否受理

(1)股东以知情权、利润分配请求权等权益受到损害,或者公司亏损、财产不足以偿还全部债务,以及公司被吊销企业法人营业执照未进行清算等为由,提起解散公司诉讼的,人民法院不予受理。

(2)股东提起解散公司诉讼,同时又申请人民法院对公司进行清算的,人民法院对其提出的清算申请不予受理;人民法院可以告知原告,在人民法院判决解散公司后,依法自行组织清算或者另行申请人民法院对公司进行清算。

(3)人民法院判决驳回解散公司诉讼请求后,提起该诉讼的股东或者其他股东又以同一事实和理由提起解散公司诉讼的,人民法院不予受理。

(三)调解

(1)当事人协商同意由公司或者股东收购股份,或者以减资等方式使公司存续,且不违反法律、行政法规强制性规定的,人民法院应予支持;当事人不能协商一致使公司存续的,人民法院应当及时判决。

(2)经人民法院调解公司收购原告股份的,公司应当自调解书生效之日起 6 个月内将股份转让或者注销;在股份转让或者注销之前,原告不得以公司收购其股份为由对抗公司债权人。

六、股权转让

(一)股份有限公司股份转让

股份有限公司的股份以自由转让为原则,以法律限制为例外。

1. 1年内不得转让的情形

(1)发起人持有的本公司股份,自公司成立之日起1年内不得转让;但因司法强制执行、继承、遗赠、依法分割财产等导致股份变动的除外。

(2)公司公开发行股份前已发行的股份,自公司股票在证券交易所上市交易之日起1年内不得转让;但因司法强制执行、继承、遗赠、依法分割财产等导致股份变动的除外。

(3)公司董事、监事、高级管理人员所持本公司股份自公司股票上市交易之日起1年内不得转让;但因司法强制执行、继承、遗赠、依法分割财产导致股份变动的除外。

2. 董事、监事、高级管理人员

(1)在任职期间每年转让的股份不得超过其所持有本公司股份总数的25%,但上市公司董事、监事和高级管理人员所持股份不超过1 000股的,可一次全部转让,不受上述转让比例的限制。

(2)离职后半年内,不得转让其所持有的本公司股份。

(3)因司法强制执行、继承、遗赠、依法分割财产导致股份变动的不受上述限制。

(4)在下列期间不得买卖本公司股份:①上市公司定期报告公告前30日内;②上市公司业绩预告、业绩快报公告前10日内;③自可能对本公司股票交易价格产生重大影响的重大事项发生之日或在决策过程中,至依法披露后2个交易日内;④证券交易所规定的其他期间。

(二)有限责任公司的股权转让

1. 内部转让

(1)公司章程另行规定的,按章程规定处理。

(2)公司章程没有另行规定的,有限责任公司的股东之间可以相互转让其全部或者部分股权(无须通知、无须征求意见)。

2. 外部转让

(1)公司章程另行规定的,按章程规定处理。

(2)公司章程没有另行规定的,股东向股东之外的人转让股权,应当经其他股东过半数同意;股东应就其股权转让事项书面通知其他股东征求同意。

(3)同意。①明确表示同意;②其他股东自接到书面通知之日起满30日未答复的,视为同意转让;③其他股东半数以上不同意转让的,不同意的股东应当购买该转让的股权;不购买的,视为同意转让(而非解除股东资格、退还出资)。

(4)优先购买权。经股东同意转让的股权,在同等条件下,其他股东有优先购买权;

两个以上股东主张行使优先购买权的，协商确定各自的购买比例；协商不成的，按照转让时各自的出资比例行使优先购买权。

3. 股权转让的程序

(1)公司内部股东之间股权转让的，出让方与受让方签订股权转让协议，完成股权转让后，公司应当注销原股东的出资证明书，向受让股东重新签发出资证明书，由公司相应修改(不须股东会表决)公司章程和股东名册中有关股东及其出资额的记载。

(2)股东向股东之外的人转让股权的，除了新股东要提交主体资格证明或自然人身份证明外，其他手续与股东之间转让股权的手续相同。

4. 强制转让

人民法院依照强制执行程序转让股东的股权时，应当通知公司及全体股东，其他股东在同等条件下有优先购买权；其他股东自人民法院通知之日起满 20 日不行使优先购买权的，视为放弃优先购买权。

5. 有限责任公司股东资格的继承

在公司章程没有另外规定的情况下，自然人股东死亡后，其合法继承人可以直接继承股东资格。

七、股权回购

(一)股份有限公司的股份回购

(1)股份回购的适用范围及程序，如表 4－4 所示。

表 4—4　股份回购的适用范围及程序

情　形	程　序
减少公司注册资本	(1)经股东大会决议 (2)公司收购本公司股份后，应当自收购之日起 10 日内注销
与持有本公司股份的其他公司合并	(1)经股东大会决议 (2)公司收购本公司股份后，应当在 6 个月内转让或者注销
将股份奖励给本公司职工	(1)经股东大会决议 (2)收购的本公司股份，不得超过本公司已发行股份总额的 5％ (3)用于收购的资金应当从公司税后利润中支付 (4)所收购的股份应当在 1 年内转让给职工 (5)上市公司董事会就股权激励方案形成相关决议的，构成重大事件，上市公司应当及时履行信息披露义务 (6)股权激励计划的激励对象可以包括上市公司的董事、监事、高级管理人员、核心技术(业务)人员，以及公司认为应当激励的其他员工，但不应包括独立董事

续表

情　形	程　序
股东因对股东大会作出的公司合并、分立决议持有异议,要求公司收购其股份的	公司收购本公司股份后,应当在6个月内转让或者注销

(2)公司不得接受以本公司的股票作为质押权的标的。

(3)公司持有的本公司股份不享有表决权,不得分配利润。

(二)有限责任公司股东异议股权回购

(1)有下列情形之一的,对股东会该项决议投反对票的股东可以请求公司按照合理的价格收购其股权:①公司连续5年不向股东分配利润,而公司该5年连续盈利,并且符合法律规定的分配利润条件的;②公司合并、分立、转让主要财产的;③公司章程规定的营业期限届满或者章程规定的其他解散事由出现,股东会会议通过决议修改章程使公司存续的。

(2)程序。自股东会会议决议通过之日起60日内,股东与公司不能达成股权收购协议的,股东可以自股东会会议决议通过之日起90日内向人民法院提起诉讼,要求公司回购股权。

第五节　公司法的其他问题

一、一人有限责任公司

1. 股东资格

(1)一人有限责任公司的股东是一个自然人或者一个法人。

(2)一个自然人只能投资设立一个一人有限责任公司,禁止其设立多个一人有限责任公司,而且该一人有限责任公司不能投资设立新的一人有限责任公司。

2. 组织机构

一人有限责任公司不设股东会;法律规定的股东会职权由股东行使,当股东行使相应职权作出决定时,应当采用书面形式,并由股东签字后置备于公司。

3. 审计

一人有限责任公司应当在每一会计年度终了时编制财务会计报告,并经会计师事务所审计。

4. 法人人格否认

一人有限责任公司的股东不能证明公司财产独立于股东自己财产的,应当对公司债务承担连带责任。

二、国有独资公司的组织机构

1. 股东会

国有独资公司不设股东会，由国有资产监督管理机构行使股东会职权。

2. 董事会

(1)国有独资公司的董事会中必须包括职工代表，职工代表由职工代表大会选举产生；其他董事由国有资产监督管理机构委派。

(2)设董事长1人，可以设副董事长；董事长、副董事长由国有资产监督管理机构从董事会成员中指定。

(3)国有独资公司设经理，由董事会聘任或者解聘。

3. 监事会

(1)国有独资公司的监事会成员不得少于5人，其中职工代表的比例不得低于1/3。

(2)监事会成员中的非职工代表由国有资产监督管理机构委派，但监事会中的职工代表由职工代表大会选举产生。

(3)监事会主席由国有资产监督管理机构从监事会成员中指定。

(4)国有独资公司监事会的职权范围小于普通有限责任公司的监事会。

三、公司的形态转化

(1)有限责任公司变更为股份有限公司的，折合的实收股本总额不得高于公司净资产额。

(2)公司变更前的债权、债务由变更后的公司承继。

四、公司的财务与会计

1. 财务会计报告

(1)编制：公司财务会计报告应由董事会编制，并对其真实性、完整性和准确性负责。

(2)验证：①公司应当在每一个会计年度终了时编制财务会计报告，并依法经会计师事务所审计。股份有限公司在公开发行证券时披露的财务会计报告必须经过审计，年度财务会计报告也必须经过审计。非上市公众公司的年度财务会计报告应当经会计师事务所审计。一人有限责任公司应当在每一个会计年度终了时编制财务会计报告，并经会计师事务所审计。②公司聘用、解聘承办公司审计业务的会计师事务所，依照公司章程的规定，由股东(大)会或者董事会决定。在上市公司中“对公司聘用、解聘会计师事务所作出决议”是股东大会的职权。

(3)公示：①有限责任公司应当按照公司章程规定的期限将财务会计报告提交股东。

②股份有限公司的财务会计报告应当在召开股东大会年会的20日前置备于本公司，供股东查阅；公开发行股票的股份有限公司必须公告其财务会计报告。

2. 利润分配

(1)分配顺序：①弥补以前年度的亏损，但不得超过税法规定的弥补期限；②缴纳所得税；③弥补在税前利润弥补亏损之后仍存在的亏损；④提取法定公积金；⑤提取任意公积金；⑥向股东分配利润。

(2)公司股东会、股东大会或者董事会违反规定，在公司弥补亏损和提取法定公积金之前向股东分配利润的，股东必须将违反规定分配的利润退还公司。

(3)公司持有的本公司股份不得分配利润。

3. 盈余公积金

(1)盈余公积金是从公司税后利润中提取的公积金，分为法定公积金和任意公积金。

(2)法定公积金：①法定公积金按照税后利润的10%提取；②当法定公积金累计额为注册资本的50%以上时可以不再提取；③用法定公积金转增资本时，转增后留存的法定公积金不得少于转增前注册资本的25%。

(3)任意公积金：任意公积金的提取比例没有限制，用任意公积金转增资本时，不受25%的限制。

4. 资本公积金

(1)资本公积金是直接由资本原因形成的公积金，股份有限公司以超过股票票面金额的发行价格发行股份所得的溢价款以及国务院财政部门规定列入资本公积金的其他收入，应当列为公司资本公积金。

(2)资本公积金不得用于弥补亏损。

五、公司合并

1. 合并的方式

(1)法定合并(包括吸收合并和新设合并)。

(2)其他可以达到吸收合并效果的并购手段：①以现金购买资产方式的并购(资产并购)；②以股权购买资产方式的并购(资产并购)；③以现金购买股权方式的并购(股权并购)；④以股权购买股权方式的并购(股权并购)。

2. 法定合并的程序

(1)签订合并协议。

(2)编制资产负债表及财产清单。

(3)参与合并的公司各自作出合并决议。

(4)通知债权人。①公司应当自作出合并决议之日起10日内通知债权人，并于30日内在报纸上公告。②债权人自接到通知书之日起30日内，未接到通知书的自公告之日起45日内可以要求公司清偿债务或者提供相应的担保。

(5)依法向公司登记机关办理相应的变更登记、注销登记、设立登记。

3. 债权债务的承继

(1)公司合并时,合并各方的债权、债务,应当由合并后存续的公司或者新设的公司承继。

(2)企业进行吸收合并时,公告通知了债权人,企业吸收合并后,债权人就被合并企业原资产管理人(出资人)隐瞒或遗漏的企业债务起诉合并方的:①如债权人在公告期内申报过该笔债权,则合并方应承担责任;合并方在承担民事责任后,可再行向被合并企业原资产管理人(出资人)追偿;②如债权人在公告期内未申报过该笔债权,则合并方不承担民事责任。人民法院可告知债权人另行起诉被合并企业原资产管理人(出资人)。

(3)企业吸收合并或新设合并后,被合并企业应当办理而未办理工商注销登记,债权人起诉被合并企业的,法院应根据企业合并后的具体情况,告知债权人追加责任主体,并判令责任主体承担民事责任。

六、公司分立

(一)法定分立的特点

(1)包括派生分立和新设分立两种形式。

(2)股东持有的股权变化不需要该股东的同意。

(3)新设分立时,消灭的公司不需要经过解散清算程序。

(4)当公司派生分立导致原公司资本减少时,原公司减资不需要经过法定的减资程序。

(二)分立决议和异议股权回购

(1)有限责任公司的股东会对公司分立作出决议时,必须经代表2/3以上表决权的股东通过。

(2)股份有限公司的股东大会对公司分立作出决议时,必须经出席会议的股东所持表决权的2/3以上通过。

对于股东(大)会通过的合并、分立决议,表决时投反对票的股东有权请求公司按照合理的价格收购其股权。

(三)通知债权人

公司应当自作出分立决议之日起10日内通知债权人,并于30日内在报纸上公告,没有赋予债权人请求公司清偿债务或提供相应担保的权利。

(四)债权债务的承继

(1)当事人订立合同后分立的,除债权人和债务人另有约定的以外,由分立的法人或者其他组织对合同的权利和义务享有连带债权,承担连带债务。

(2)债权人向分立后的企业主张债权,分立时对原企业的债务承担有约定,并经债权人认可的,按照当事人约定处理;企业分立时对原企业债务承担无约定或约定不明,或虽有约定但债权人不予认可的,分立后的企业应当承担连带责任。但是,分立的企业在承担连带责任后,各分立的企业间对原企业债务承担有约定的,按约定处理,没有约定或约定不明的,按分立时的资产比例分担。

七、公司增资

新增资本无论由原股东还是原股东以外的人投入,都属于出资,适用公司设立时股东出资或认股的规范。

公司增资通常包含以下步骤:

(1)公司董事会制定和提出增资方案。

(2)公司就增资形成股东会或股东大会决议,有限公司股东会的该项决议须经代表2/3以上表决权的股东通过,股份公司股东大会的该项决议须经出席会议的股东所持表决权的2/3以上通过;决议应依章程规定,对原有股东是否享有及如何行使增资优先认缴权或者新股优先认购权作出相应安排。

(3)公司通常与增资入股者订立“增资协议”“新股认购协议”或类似协议。

(4)履行可能的批准程序,例如涉及国有股权时,须经国有资产管理部门批准。

(5)修订公司章程,包括修订注册资本、股东名单、股东出资额等条款。该项修改章程的股东会或股东大会决议,通常与第二步中的增资决议合并或同时做出。

(6)增资入股者依约缴纳其认缴的出资或认购的股份。

(7)办理相应的公司登记变更手续,包括变更注册资本、变更股东登记事项、提交修订后的公司章程或公司章程修正案。

八、公司减资

(1)减资决议。①有限责任公司的股东会对公司减少注册资本作出决议时,必须经代表2/3以上表决权的股东通过。②股份有限公司的股东大会对公司减少注册资本作出决议时,必须经出席会议的股东所持表决权的2/3以上通过。

(2)公司应当编制资产负债表和财产清单。

(3)通知与申报。①公司应当自作出减少注册资本决议之日起10日内通知债权人,并于30日内在报纸上公告。②债权人自接到通知书之日起30日内,未接到通知书的自公告之日起45日内可以要求公司清偿债务或者提供相应的担保。

(4)实施减资的具体方法。①返还出资或股金,即将股东已缴付的出资财产或股金部分或者全部返还股东;②减免出资义务,即部分或全部免除股东已认缴但未实缴的出资数额;③缩减股权或股份,是指在公司因亏损而减资时,不向股东返还出资或股金,注销股东的一部分股权或股份。将已发行股份合并，例如二股合为一股，也可达到缩减股份的目的。

(5)公司减少注册资本的，应当自公告之日起 45 日后向公司登记机关办理变更登记。

九、公司的解散和清算

(一)概述

解散、清算期间，公司的权利能力与行为能力：

(1)公司解散事由发生后，仍然具有法人资格，可以自己的名义开展与清算相关的活动，直到清算完毕并注销后才消灭其主体资格。

(2)公司在清算期间的行为限制：①清算期间，公司不再从事新的经营活动，仅限于清理公司已经发生但尚未了结的事务，包括清偿债务、实现债权以及处理公司内部事务。②在清算组成立前，由原公司法定代表人代表公司进行诉讼；清算组成立后，由清算组负责人代表公司参加诉讼，而且应当以公司名义进行。③清算期间，公司财产在未按照法定程序清偿前，不得分配给股东。

除公司因(法定)合并或者分立而解散不必进行清算外，公司解散必须经过法定的清算程序。

(二)公司解散的原因

(1)公司章程规定的营业期限届满或者公司章程规定的其他解散事由出现；

(2)股东会或者股东大会决议解散；

(3)因公司合并、分立需要解散；

(4)依法被吊销营业执照、责令关闭或者被撤销；

(5)人民法院依法予以解散。

(三)清算义务人及其责任

(1)清算义务人，是指有义务组织公司清算的人，包括有限责任公司的股东、股份有限公司的董事和控股股东。

(2)怠于清算。①清算义务人未在法定期限内成立清算组，导致公司财产贬值、流失、毁损或者灭失的，应当在造成损失范围内对公司债务承担赔偿责任。②清算义务人怠于履行清算义务或其他义务，导致公司主要财产、账册、重要文件等灭失，无法进行清算的，应当对公司债务承担连带责任。③如果上述情形是由公司的实际控制人造成的，则该实际控制人应对公司债务承担相应的民事责任。

(3)恶意处置公司财产。公司解散后，公司清算义务人、公司实际控制人如果恶意处置公司财产给债权人造成损失，或者未经依法清算，以虚假的清算报告骗取公司登记机关办理法人注销登记，则清算义务人、实际控制人应当对公司债务承担相应赔偿责任。

(4)内部责任。清算义务人对外承担连带责任,其中一人或者数人对外承担民事责任后,可以主张其他人按照过错大小分担责任。

(四)清算组

1. 自行清算

(1)公司应当在解散事由出现之日起 15 日内成立清算组,开始清算。

(2)有限责任公司的清算组由股东组成。

(3)股份有限公司的清算组由董事或者股东大会确定的人员组成。

2. 指定清算

(1)在下列情况下,债权人可以向人民法院申请指定清算组进行清算:①公司解散逾期(解散事由出现之日起 15 日)不成立清算组进行清算的;②虽然成立清算组但故意拖延清算的;③违法清算可能严重损害债权人或者股东利益的。

债权人未提起清算申请的,公司股东有权申请人民法院指定清算组对公司进行清算。

(2)人民法院受理公司清算案件,清算组成员可以从下列人员或者机构中产生:①公司股东、董事、监事、高级管理人员;②依法设立的会计师事务所、律师事务所、破产清算事务所等社会中介机构;③依法设立的会计师事务所、律师事务所、破产清算事务所等社会中介机构中具备相关专业知识并取得执业资格的人员。

(3)人民法院组织清算的,清算组应当自成立之日起 6 个月内清算完毕。因特殊情况无法在 6 个月内完成清算的,清算组应当向人民法院申请延长。

3. 清算组的职权

(1)清理公司财产,分别编制资产负债表和财产清单;

(2)通知、公告债权人;

(3)处理与清算有关的公司未了结的业务;

(4)清缴所欠税款以及清算过程中产生的税款;

(5)清理债权、债务;

(6)处理公司清偿债务后的剩余财产;

(7)代表公司参与民事诉讼活动。

(五)清算程序

1. 通知、公告债权人

清算组应当自成立之日起 10 日内书面通知债权人,并于 60 日内在全国或者公司注册登记地省级有影响的报纸上公告。

2. 债权申报

(1)申报期间。债权人应当自接到通知书之日起 30 日内,未接到通知书的自公告之日起 45 日内,向清算组申报其债权。

(2)在申报债权期间,清算组不得对债权人进行清偿。

(3)公司清算时,债权人对清算组核定的债权有异议的,可以要求清算组重新核定。清算组不予重新核定,或者债权人对重新核定的债权仍有异议,债权人以公司为被告向人民法院提起诉讼请求确认的,人民法院应予受理。

(4)补充申报。①债权人在规定的期限内未申报债权,在公司清算程序终结前补充申报的,清算组应予登记;②债权人补充申报的债权,可以在公司尚未分配财产中依法清偿;③公司尚未分配财产不能全额清偿,债权人有权主张股东以其在剩余财产分配中已经取得的财产予以清偿,但债权人因重大过错未在规定期限内申报债权的除外。

3. 清算方案

(1)公司自行清算的,清算方案应当报股东(大)会决议确认;

(2)人民法院组织清算的,清算方案应当报人民法院确认;

(3)未经确认的清算方案,清算组不得执行。

4. 股东的剩余财产分配请求权

公司财产在分别支付清算费用、职工的工资、社会保险费用和法定补偿金,缴纳所欠税款,清偿公司债务后的剩余财产,有限责任公司按照股东的出资比例分配;股份有限公司按照股东持有的股份比例分配(如果该股份公司发行了优先股,应当优先向优先股股东支付未派发的股息和公司章程约定的清算金额)。

第五章　合同法

导入案例

2010 年 9 月 6 日，冉某、张某（乙方）与某公司（甲方）签订《商品房买卖合同》，合同约定：冉某、张某购买某公司某楼盘二期房屋一套，房屋总成交价 366 180 元。交房条件为甲方应当在 2011 年 12 月 10 日前，依照有关规定，将已进行建设工程竣工验收备案登记的商品房交付乙方使用。逾期交付的违约责任约定为：逾期超过 60 日后，乙方要求继续履行合同的，合同继续履行，自本合同约定的最后交付期限的第二天起至实际交付之日止，甲方按日向乙方支付已付房价款万分之三的违约金，并于该商品房交付之日起 30 日内向乙方支付违约金。合同签订后，冉某、张某依约向某公司支付了全部购房款。合同履行过程中，某公司在未取得建设工程竣工验收备案登记的情况下，将一期工程竣工验收备案证的复制件粘贴到质量保证书和使用说明书上，于 2011 年 12 月 10 日将房屋交付给冉某、张某。经向有关部门核查，冉某、张某所购房屋竣工验收备案登记日期为 2012 年 5 月 28 日。冉某、张某认为开发商采取欺骗手段交房违约，按照合同约定应赔偿违约金，遂起诉至法院。重庆市第四中级人民法院二审审理后认为开发商部分违约，遂判决开发商承担 80% 的违约责任，支付冉某、张某违约金 14 940.14 元。

本案争议焦点是：开发商以欺诈方式交房但未造成购房者实际损失的是否应当承担违约责任？诚实守信是市场经济活动的一项基本原则。《民法通则》第四条规定，民事活动应当遵循自愿、公平、等价有偿、诚实信用的原则。第一百零六条规定，公民、法人违反合同或者不履行其他义务的，应当承担民事责任。《合同法》第五条规定，当事人应当遵循公平原则确定各方的权利和义务。第六十条规定，当事人应当按照约定全面履行自己的义务。当事人应当遵循诚实信用原则，根据合同的性质、目的和交易习惯履行通知、协助、保密等义务。第一百零七条规定，当事人一方不履行合同义务或者履行合同义务不符合约定的，应当承担继续履行、采取补救措施或者赔偿损失等违约责任。第一百一十四条规定，当事人可以约定一方违约时应当根据违约情况向对方支付一定数额的违约金，也可以约定因违约产生的损失赔偿额的计算方法。

本案中，虽然涉案商品房最后通过了竣工验收，房屋质量也是合格的，并且开发商迟延取得竣工验收备案登记证并未实际影响购房人接收商品房后对房屋的占有、使用、收益和处分，即购房人实际上并没有损失。但是，作为开发商采取欺诈的方式交付房屋，侵犯了购房人的知情选择权。法院依法判决开发商承担逾期交房的违约责任，既可以维护买房人的合法权益，又可以给开发商以警示，有利于促进开发商增强法治意识，遵守市场经济规则，在全社会弘扬诚信原则，减少纷争的产生。因此，法院判决开发商部分违约，承担80%的责任比较合理。

第一节　合同法律制度概述

根据《民法典》的规定，自2021年1月1日起，《中华人民共和国合同法》废止，我国现行合同法主要为《民法典》的第三编——合同。

一、合同的概念和分类

合同是指平等主体的自然人、法人、其他组织之间设立、变更、终止民事权利义务关系的协议。

按照不同的标准可以将合同划分成不同的类型，主要有以下分类：

(1)以法律、法规是否对其名称作出明确规定为标准，分为有名合同和无名合同。

(2)按照除双方意思表示一致外，是否尚需交付标的物才能成立为标准，分为诺成合同与实践合同。

(3)按照法律、法规是否要求具备特定形式和手续为标准，分为要式合同和不要式合同。

(4)按照双方是否互负给付义务为标准，分为双务合同和单务合同。

(5)以合同相互间的主从关系为标准，分为主合同与从合同。

二、合同法的调整范围和基本原则

(一)合同法的调整范围

合同法，即有关合同的法律规范的总称，是调整平等主体之间商品交换关系的法律规范的总称。

合同法调整的范围包括：(1)平等主体之间的民事关系。(2)法人、其他组织之间的经济合同关系，同时还包括自然人之间的买卖、租赁、借贷、赠与等合同关系。(3)在政府机关参与的合同中，政府机关作为平等的主体与对方签订合同时适用《民法典》第三编——合同之规定。(4)其他法律对合同另有规定的，依照其规定；其他法律没有明文规定的，适用《民法典》第三编——合同之规定。

（二）合同法的基本原则

合同法的基本原则是合同当事人在履行合同的过程中应当遵守的基本准则，也是人民法院、仲裁机构在审理、仲裁合同纠纷时应当遵循的原则。我国合同法的基本原则为：平等原则；自愿原则；公平原则；诚实信用原则；遵守法律，不得损害社会公共利益原则。其中诚实信用原则是合同法的“帝王原则”。

第二节　合同的订立

合同的订立是指两个或两个以上的当事人，依法就合同的主要条款经过协商一致达成协议的法律行为。合同当事人可以是自然人，也可以是法人或者其他组织，但都应当具有与订立合同相应的民事权利能力和民事行为能力。当事人也可以依法委托代理人订立合同。

一、合同订立的形式

《民法典》规定，当事人订立合同有书面形式、口头形式和其他形式。

（一）书面形式

书面形式是指合同书、信件和数据电文（包括电报、电传、传真、电子数据交换和电子邮件）等可以有形地表现所藏内容的形式。法律、行政法规规定采用书面形式的，应当采用书面形式。当事人约定采用书面形式的，应当采用书面形式。

（二）口头形式

口头形式是指当事人双方就合同内容面对面或以通信设备交谈达成的协议。

（三）其他形式

除了书面形式和口头形式，合同还可以其他形式成立。法律没有列举具体的“其他形式”，但可以根据当事人的行为或者特定情形推定合同的成立。这种形式的合同可以称为默示合同，指当事人未用语言或文字明确表示意见，而是根据当事人的行为表明其已经接受或在特定的情形下推定成立的合同。

二、合同订立的方式

根据《民法典》规定，当事人采取要约、承诺方式订立合同。

（一）要约

要约是一方当事人以缔结合同为目的，向对方当事人提出合同条件，希望对方当事人接受的意思表示。发出要约的当事人称为要约人，要约所指向的对方当事人则称为受要约人。

1. 要约应具备的条件

(1)要约须由要约人向特定相对人作出意思表示。要约必须经过相对人的承诺才能成立合同,因此要约必须是要约人向相对人发出的意思表示。相对人一般为特定的人,但在特殊情况下,对不特定的人作出但不妨碍要约所达目的时,相对人也可以是不特定人。

(2)要约的内容必须具有足以使合同成立的主要条件,包括主要条款,如标的数量、质量、价款或者报酬、履行期限、地点和方式等,一经受要约人承诺,合同即可成立。

(3)要约须表明经受要约人承诺,要约人即受该意思表示约束。要约是一种法律行为,要约人发出的要约的内容必须能够表明:如果对方接受要约,合同即告成立。

2. 要约邀请

要约邀请是希望他人向自己发出要约的意思表示。要约邀请与要约不同,要约是一个一经承诺就成立合同的意思表示,而要约邀请的目的则是邀请他人向自己发出要约,一旦他人发出要约,要约邀请人则处于一种可以选择是否接受对方要约的承诺人地位。要约邀请处于合同的准备阶段,没有法律约束力。

3. 要约生效时间

要约自到达受要约人时生效。要约到达受要约人,并不是指要约一定实际送达受要约人或者其代理人手中,要约只要送达受要约人通常的地址、住所或者其他能够控制的现实或虚拟空间(如信箱或邮箱等),即为送达。

4. 要约的效力

要约一经生效,要约人即受到要约的约束,不得随意撤销或对要约加以限制、变更和扩张。受要约人在要约生效时即取得承诺的权利,即取得了依其承诺而成立合同的法律地位,所以受要约人可以承诺,也可以不承诺。

5. 要约的撤回、撤销与失效

(1)要约撤回是指要约在发出后,生效前,要约人使要约不发生法律效力的意思表示。

(2)要约撤销是指要约人在要约生效后、受要约人承诺前,使要约丧失法律效力的意思表示。法律规定了两种不得撤销要约的情形:①要约人确定了承诺期限或者以其他形式明示要约不可撤销;②受要约人有理由认为要约是不可撤销的,并已经为履行合同做了准备工作。

(3)要约失效是指要约丧失法律效力,即要约人与受要约人均不再受其约束,要约人不再承担接受承诺的义务,受要约人也不再享有通过承诺使合同得以成立的权利。《民法典》规定了要约失效的情形:①拒绝要约的通知到达要约人。②要约人依法撤销要约。③承诺期限届满,受要约人未作出承诺。④受要约人对要约的内容做出实质性变更。有关合同标的、数量、质量、价款或者报酬、履行期限、履行地点和方式、违约责任和解决争议方法等内容的变更,是对要约内容的实质性变更。受要约人由此作出的意思表示为反要约，反要约是一个新的要约。提出反要约就是对原要约的拒绝，使原要约失去效力，原要约人不再受该要约的约束。

(二)承诺

承诺是受要约人同意要约的意思表示。

1. 承诺应当具备的条件

(1)承诺必须由受要约人作出。

(2)承诺必须向要约人作出。

(3)承诺的内容必须与要约的内容一致。

(4)承诺必须在承诺期限内作出。

2. 承诺的方式

承诺应当以通知的方式作出，通知的方式可以是口头的，也可以是书面的。一般来说，如果法律或要约中没有规定必须以书面形式表示承诺，当事人就可以口头形式表示承诺。

3. 承诺的期限

承诺应当在要约确定的期限内到达要约人。要约以信件或者电报作出的，承诺期限自信件载明的日期或者电报交发之日开始计算。信件未载明日期的，自投寄该信件的邮戳日期开始计算。要约以电话、传真等快速通信方式作出的，承诺期限自要约到达受要约人时开始计算。

要约没有确定承诺期限的，承诺应当依照下列规定到达：(1)要约以对话方式作出的，应当即时作出承诺，但当事人另有约定的除外；(2)要约以非对话方式作出的，承诺应当在合理期限内到达。

受要约人超过承诺期限发出承诺的，除要约人及时通知受要约人该承诺有效的以外，为新要约。

4. 承诺的生效

承诺通知到达要约人时生效。承诺不需要通知的，根据交易习惯或者要约的要求作出承诺的行为时生效。采用数据电文形式订立合同的，承诺到达的时间同上述要约到达时间的规定相同。

承诺也可以撤回。承诺的撤回是指受要约人阻止承诺发生法律效力的意思表示。撤回承诺的通知应当在承诺通知到达要约人之前或者与承诺通知同时到达要约人。

受要约人对要约的内容作出实质性变更的，为新要约。承诺对要约的内容作出非实质性变更的，除要约人及时表示反对或者要约表明承诺不得对要约的内容作出任何变更的以外，该承诺有效，合同的内容以承诺的内容为准。

三、合同格式条款

(一)格式条款的概念

格式条款是当事人为了重复使用而预先拟订，并在订立合同时未与对方协商的条款。当事人采用格式条款订立合同时，提供格式条款的一方应当遵循公平原则确定当事人之间的权利和义务。

(二)对格式条款适用的限制

1. 提供格式条款一方的义务

提供格式条款的一方应当遵循公平原则确定当事人之间的权利和义务，并采取合理的方式提请对方注意免除或者限制其责任的条款，按照对方的要求，对该条款予以说明。

提供格式条款的一方对格式条款中免除或者限制其责任的内容，在合同订立时采用足以引起对方注意的文字、符号、字体等特别标识，并按照对方的要求对该格式条款予以说明的，人民法院应当认定符合《民法典》所要求的“采取合理的方式”。提供格式条款一方对已尽合理提示及说明义务承担举证责任。

2. 格式条款无效的情形

根据《民法典》第四百九十七条的规定，有下列情形之一的，该格式条款无效：具有本法第一编第六章第三节和本法第五百零六条规定的无效情形；提供格式条款一方不合理地免除或者减轻其责任、加重对方责任、限制对方主要权利；提供格式条款一方排除对方主要权利。

3. 对格式条款的解释

对格式条款的理解发生争议的，应当按照通常理解予以解释。对格式条款有两种以上解释的，应当作出不利于提供格式条款一方的解释；格式条款和非格式条款不一致的，应当采用非格式条款。

四、合同成立的时间和地点

(一)合同成立的时间

一般来说，合同谈判成立的过程，就是要约、新要约、更新的要约直到承诺的过程。一般情况下，承诺作出生效后合同即告成立，当事人于合同成立时开始享有合同权利、承担合同义务。但在一些特殊情况下，合同成立的具体时间依不同情况而定：

(1)当事人采用合同书形式订立合同的，自双方当事人签字或者盖章时合同成立，当事人在合同书上按手印的，认定其具有与签字或者盖章同等的法律效力。在签字或者盖章之前，当事人一方已经履行主要义务并且对方接受的，该合同成立。

(2)当事人采用信件、数据电文等形式订立合同的，可以在合同成立之前要求签订确认书，签订确认书时合同成立。

(3)当事人以直接对话方式订立的合同,承诺人的承诺生效时合同成立;法律、行政法规规定或者当事人约定采用书面形式订立合同,当事人未采用书面形式但对方已经履行主要义务并且对方接受的,该合同成立。

(4)当事人签订要式合同的,以法律、法规规定的特殊形式要求完成的时间为合同成立时间。

(二)合同成立的地点

一般来说,承诺生效的地点为合同成立的地点,但在特殊情况下,合同可以有不同的成立地点:

(1)采用数据电文形式订立合同的,收件人的主营业地为合同成立的地点,没有主营业地的,其经常居住地为合同成立的地点。

(2)当事人采用合同书、确认书形式订立合同的,双方当事人签字或者盖章的地点为合同成立的地点。双方当事人签字或者盖章不在同一地点的,人民法院应当认定最后签字或者盖章的地点为合同成立地点。

(3)合同需要完成特殊的约定或法律形式才能成立的,以完成合同的约定形式或法定形式的地点为合同的成立地点。

(4)当事人对合同的成立地点另有约定的,按照其约定。采用书面形式订立合同,合同约定的成立地点与实际签字或者盖章地点不符的,应当认定约定的地点为合同成立地点。

五、缔约过失责任

缔约过失责任是指当事人在订立合同过程中,因故意或过失致使合同未成立、未生效、被撤销或无效,给他人造成损失应承担的损害赔偿责任。

《民法典》规定,在订立合同过程中有下列情形之一,给对方造成损失,应当承担损害赔偿责任:(1)假借订立合同,恶意进行磋商;(2)故意隐瞒与订立合同有关的重要事实或者提供虚假情况;(3)当事人泄露或不正当地使用在订立合同过程中知悉的商业秘密;(4)有其他违背诚实信用原则的行为。

第三节 合同的效力

一、合同的生效

根据合同类型的不同,分别规定了合同不同的生效时间:

(1)依法成立的合同,原则上自成立时生效。

(2)法律、行政法规规定应当办理批准、登记等手续生效的,自批准、登记时生效。

(3)当事人对合同的效力可以附条件或附期限,附生效条件的合同,自条件成就时生效。附解除条件的合同,自条件成就时失效。当事人为自己的利益不正当地阻止条件成就的,视为条件已成就;不正当地促成条件成就的,视为条件不成就。附生效期限的合同,自期限届至时生效。附终止期限的合同,自期限届满时失效。

二、效力待定合同

合同依效力层次可分为有效合同、效力待定合同、可撤销合同和无效合同。由于无效合同与可撤销合同在民事法律行为部分已有详细解述,此处不再进行分析。

效力待定合同是指合同订立后尚未生效,须经权利人追认才能生效的合同。追认的意思表示自到达相对人时生效,合同自订立时起生效。效力待定合同主要包括以下几种情形:

(1)限制民事行为能力人超出自己的行为能力范围与他人订立的合同,为效力待定合同。经法定代理人追认后,该合同有效。但限制民事行为能力人订立的纯获利益的合同或者是与其年龄、智力、精神健康状况相适应的合同有效,不必经法定代理人追认。对于此类效力待定合同,相对人可以催告法定代理人在一个月内予以追认。法定代理人未作表示的,视为拒绝追认。合同被追认之前,善意相对人有撤销的权利。撤销应当以通知的方式作出。

(2)行为人没有代理权、超越代理权或者代理权终止后以被代理人名义订立的合同,为效力待定合同。未经被代理人追认,该合同对被代理人不发生效力,由行为人承担责任。相对人可以催告被代理人在一个月内予以追认。被代理人未作表示的,视为拒绝追认。合同被追认之前,善意相对人有撤销的权利。撤销应当以通知的方式作出。

第四节 合同的履行

一、合同履行的规则

(一)当事人就有关合同内容约定不明确时的履行规则

合同生效后,当事人就质量、价款或者报酬、履行地点等内容没有约定或者约定不明确的,可以协议补充;不能达成补充协议的,按照合同有关条款或者交易习惯确定;仍不能确定的,适用下列规定:

(1)质量要求不明确的,按照国家标准、行业标准履行;没有国家标准、行业标准的,按照通常标准或者符合合同目的的特定标准履行。

(2)价格或者报酬不明确的,按照订立合同时履行地的市场价格履行;依法应当执行政府定价或者政府指导价的,按照规定履行。

(3)履行地点不明确,给付货币的,在接受货币一方所在地履行;交付不动产的,在不动产所在地履行;其他标的在履行义务一方所在地履行。

(4)履行期限不明确的,债务人可以随时履行,债权人也可以随时要求履行,但应当给对方必要的准备时间。

(5)履行方式不明确的,按照有利于实现合同目的的方式履行。

(6)履行费用的负担不明确的,由履行义务方负担。

(二)涉及第三人的合同履行

1. 向第三人履行的合同

向第三人履行的合同又称利他合同,指双方当事人约定,由债务人向第三人履行债务,第三人直接取得债权的合同。

债务人向第三人履行的合同的法律效力为:

(1)第三人可以向债务人请求履行。第三人请求权的取得以其明确向债务人表示接受该权利时发生。

(2)债务人未向第三人履行债务或者履行债务不符合约定的,应当向债权人承担违约责任。

(3)债务人对于合同债权人可行使的一切抗辩权,对该第三人均可行使。

(4)因向第三人履行债务增加的费用,除双方当事人另有约定外,由债权人承担。

2. 由第三人履行的合同

由第三人履行的合同又称第三人负担的合同,指双方当事人约定债务由第三人履行的合同,该合同必须征得第三人同意。该合同以债权人、债务人为合同双方当事人,第三人不是合同的当事人。

由第三人履行的合同的法律效力为:

(1)第三人不履行债务或履行债务不符合约定的,债务人应当向债权人承担违约责任。

(2)债权人请求第三人履行债务时,债务人对于债权人的一切抗辩,第三人均可行使。

(3)第三人向债权人履行债务所增加的费用,除合同另有约定外,一般由债务人承担。

二、抗辩权的行使

抗辩权是指在双务合同中,一方当事人在对方不履行或履行不符合约定时,依法对抗对方要求或否认对方权利主张的权利。抗辩权分为同时履行抗辩权、后履行抗辩权和不安抗辩权三种。

（一）同时履行抗辩权

《合同法》规定，当事人互负债务，没有先后履行顺序的，应当同时履行。一方在对方履行之前有权拒绝其履行要求；一方在对方履行债务不符合约定时，有权拒绝其相应的履行要求。

1. 同时履行抗辩权行使的条件

(1)双方因同一双务合同互负债务。

(2)双方债务已届清偿期。

(3)行使抗辩权之当事人互负债务没有先后履行顺序。

(4)须对方当事人未履行或未适当履行合同债务。

2. 同时履行抗辩权的效力

同时履行抗辩权只是暂时阻止对方当事人请求权的行使，而不是永久地终止合同。当对方当事人完全履行了合同义务，同时履行抗辩权即告消灭，主张抗辩权的当事人就应当履行自己的义务。当事人因行使同时履行抗辩权致使合同迟延履行的，迟延履行责任由对方当事人承担。

（二）后履行抗辩权

后履行抗辩权是指合同当事人互负债务，有先后履行顺序，先履行一方未履行的，后履行一方有权拒绝其履行要求。先履行一方履行债务不符合约定的，后履行一方有权拒绝其相应的履行要求。

1. 后履行抗辩权行使的条件

(1)当事人基于同一双务合同，互负债务。

(2)当事人的履行有先后顺序。

(3)应当先履行的当事人未履行合同或不适当履行合同。

(4)后履行抗辩权的行使人是履行义务顺序在后的一方当事人。

2. 后履行抗辩权的效力

后履行抗辩权不是永久性的，它的行使只是暂时阻止了当事人请求权的行使。先履行一方的当事人如果完全履行了合同义务，则后履行抗辩权消灭，后履行当事人就应当按照合同约定履行自己的义务。

（三）不安抗辩权

不安抗辩权，是指当事人互负债务，有先后履行顺序的，先履行的一方有确切证据证明另一方丧失履行债务能力时，在对方没有履行或者没有提供担保之前，有拒绝自己履行的权利。规定不安抗辩权是为了切实保护当事人的合法权益，防止借合同进行欺诈，促使对方履行义务。

1. 不安抗辩权行使的条件

(1)当事人基于同一双务合同，互负债务；

(2)当事人的履行有先后顺序；

(3)不安抗辩权的行使人是履行义务顺序在先的一方当事人；

(4)后履行合同的一方当事人有丧失或可能丧失履行债务能力的情形；

(5)后履行合同的一方当事人未履行或提供担保。

2. 不安抗辩权适用的情形

应当先履行债务的当事人，有确切证据证明对方有下列情形之一的，可以中止履行：

(1)经营状况严重恶化；

(2)转移财产、抽逃资金，以逃避债务；

(3)丧失商业信誉；

(4)丧失或可能丧失履行债务能力的其他情形。

先履行合同义务的当事人应当有证据证明对方不能履行合同或者有不能履行合同的可能性，没有确切证据而行使不安抗辩权，造成对方损失的，应当承担违约责任。

3. 不安抗辩权的效力

(1)中止履行，即应当先履行债务的当事人中止先为履行。应当先履行债务的当事人行使中止权时，应当及时通知对方，以免给对方造成损害，也便于对方在接到通知后，提供相应的担保，使合同得以履行。如果对方当事人恢复了履行能力或提供了相应的担保后，先履行一方当事人"不安"的原因清除，应当恢复合同的履行。

(2)解除合同。中止履行合同后，如果对方在合理期限内未恢复履行能力并且未提供适当担保的，中止履行合同的一方可以解除合同。

三、保全措施

(一)代位权

《民法典》规定，因债务人怠于行使其到期债权，对债权人造成损害的，债权人可以向人民法院请求以自己的名义代位行使债务人的债权，但该债权专属于债务人自身的除外。

代位权的行使需满足以下条件：

(1)债务人对第三人享有合法债权。

(2)债务人怠于行使其债权，如果债务人已经行使了权利，即使不尽如人意，债权人也不能行使代位权。

(3)债务人不履行其对债权人的到期债务，又不以诉讼方式或仲裁方式向其债务人主张其享有的到期债权，致使债权人的到期债权未能实现。

(4)债务人的债务已到期，债务人已怠于迟延履行，如果债务人的债务未到履行期或履行期间未届满的，债权人不能行使代位权。

(5)债务人的债权不是专属于债务人自身的债权。专属于债务人自身的债权是指基于扶养关系、抚养关系、赡养关系、继承关系产生的给付请求权和劳动报酬、退休金、养老金、抚恤金、安置费、人寿保险、人身伤害赔偿请求权等权利。

代位权的行使范围以债权人的债权为限，否则对超出部分人民法院不予支持。债权人行使代位权的必要费用，由债务人负担。债权人向次债务人（即债务人的债务人）提起的代位权诉讼，经人民法院审理后认定代位权成立的，由次级债务人向债权人履行清偿义务，债权人与债务人、债务人与次债务人之间相应的债权、债务关系即予消灭。在代位权诉讼中，债权人胜诉的，诉讼费由次债务人负担，从实现的债权中优先支付。

（二）撤销权

《民法典》规定，因债务人放弃其到期债权或者无偿转让财产，对债权人造成损害的，债权人可以请求人民法院撤销债务人的行为。债务人以明显不合理的低价转让财产，对债权人造成损害，并且受让人知道该情形的，债权人也可以请求人民法院撤销债务人的行为。

所谓"明显不合理的低价"，人民法院应当以交易当地一般经营者的判断，并参考交易当时交易地的物价部门指导价或者市场交易价，结合其他相关因素综合考虑予以确认。转让价格达不到交易时交易地的指导价或者市场交易价70%的，一般可以视为明显不合理的低价；对转让价格高于当地指导价或者市场交易价30%的，一般可以视为明显不合理的高价。债务人以明显不合理的高价收购他人财产，人民法院可以根据债权人的申请，参照《民法典》有关规定予以撤销。

引起撤销权发生的要件是债务人有损害债权人债权的行为发生，主要指债务人以赠与、免除等行为处分其财产，包括放弃到期债权、无偿转让财产或以明显不合理的低价转让财产。无偿行为不论第三人善意、愿意取得，均可撤销；有偿转让行为，以第三人的恶意取得为要件，若第三人主观上无恶意，则不能撤销其善意取得的行为。债务人放弃其未到期的债权或者放弃债权担保，或者故意延长到期债权的履行期，对债权人造成损害，债权人依照《民法典》有关规定提起撤销权诉讼的，人民法院应当支持。

债权人行使撤销权应以自己的名义，向被告住所地人民法院提起诉讼，请求法院撤销债务人因处分财产而危害债权的行为。撤销权的行使范围以债权人的债权为限，债权人行使撤销权的必要费用由债务人承担。债务人、第三人的行为被撤销的，其行为自始无效。第三人应向债务人返还财产或折价补偿。

撤销权自债权人知道或者应当知道撤销事由之日起1年内行使。自债务人的行为发生之日起5年内没有行使撤销权的，该撤销权消灭。

第五节　合同的担保

一、合同担保概论

(一)担保的概念及方式

根据《民法典》的规定,担保的方式包括保证、抵押、质押、留置和定金五种方式。其中,保证属于人的担保,定金属于金钱担保,其余为物的担保。第三人为债务人向债权人提供担保的,可以要求提供反担保。反担保人可以是债务人,也可以是债务人之外的其他人。反担保方式可以是债务人提供的抵押或者质押,也可以是其他人提供的保证、抵押或者质押。

(二)担保合同的性质

担保合同是主债权债务合同的从合同,主债权债务合同有效,担保合同有效;主债权债务合同无效,担保合同无效,但法律另有规定的除外。

(三)担保合同的无效

(1)国家机关和以公益为目的的事业单位、社会团体违反法律规定提供担保的,担保合同无效。

(2)以法律、法规禁止流通的财产或者不可转让的财产设定担保的,担保合同无效。

(四)担保合同无效的法律责任

《民法典》规定,担保合同被确认无效后,债务人、担保人、债权人有过错的,应当根据其过错各自承担相应的民事责任。

(1)主合同有效而担保合同无效,债权人无过错的,担保人与债务人对主合同债权人的经济损失,承担连带赔偿责任;债权人、担保人有过错的,担保人承担民事责任的部分,不应超过债务人不能清偿部分的1/2。

(2)主合同无效而导致担保合同无效,担保人无过错的,担保人不承担民事责任;担保人有过错的,担保人承担民事责任的部分,不应超过债务人不能清偿部分的1/3。

(3)担保人因无效担保合同向债权人承担赔偿责任后,可以向债务人追偿,或者在承担赔偿责任的范围内,要求有过错的反担保人承担赔偿责任。担保人可以根据承担赔偿责任的事实对债务人或者反担保人另行提起诉讼。

(4)主合同解除后,担保人对债务人应当承担的民事责任仍应承担担保责任。但是,担保合同另有约定的除外。

二、保证

(一)保证和保证人

1. 保证

保证是指第三人为债务人的债务履行作担保，由保证人和债权人约定，当债务人不履行债务时，保证人按照约定履行债务或者承担责任的行为。

2. 保证人

根据《民法典》的规定，具有代为清偿债务能力的法人、其他组织或者自然人，可以作保证人。

不具有完全代偿能力的法人、其他组织或者自然人，以保证人身份订立保证合同后，又以自己没有代偿能力要求免除保证责任的，人民法院不予支持。

国家机关、学校、幼儿园、医院等以公益为目的的事业单位、社会团体，企业法人的分支机构、职能部门，不得作保证人。但是，在经国务院批准为使用外国政府或者国际经济组织贷款进行转贷的情况下，国家机关可以作保证人；企业法人的分支机构有法人书面授权的，可以在授权范围内提供保证。

企业法人的分支机构未经法人书面授权或者超出授权范围提供保证的，保证合同无效或超出授权范围的部分无效，债权人和企业法人有过错的，应当根据其过错各自承担相应的民事责任，债权人无过错的，由企业法人承担民事责任，企业法人的分支机构经法人书面授权提供保证的，如果法人的书面授权范围不明，法人的分支机构应当对保证合同约定的全部债务承担保证责任；企业法人的分支机构提供的保证无效后应当承担赔偿责任的，由分支机构经营管理的财产承担；企业法人的分支机构经营管理的财产不足以承担保证责任的，由企业法人承担民事责任。

企业法人的职能部门提供保证的，保证合同无效。债权人知道或者应当知道保证人为企业法人的职能部门的，因此造成的损失由债权人自行承担；债权人不知保证人为企业法人的职能部门，由此造成的损失，由债权人和保证人根据其过错各自承担相应的民事责任。

法人或者其他组织的法定代表人、负责人超越权限订立的担保合同，包括保证合同，除相对人知道或者应当知道其超越权限的以外，该代表行为有效。

（二）保证合同和保证方式

1. 保证合同

保证人与债权人应当以书面形式订立保证合同，保证的内容在保证合同中加以确定，保证人与债权人可以就单个主合同分别订立保证合同，也可以协议在最高债权额限度内就一定期间连续发生的借款合同或者某项商品交易合同订立一个保证合同。

依据相关司法解释的规定，在以下两种情况下，保证合同也成立：第三人单方以书面形式向债权人出具担保书，债权人接受且未提出异议的；主合同中虽然没有保证条款，但是，保证人在主合同上以保证人的身份签字或者签章的。

保证合同应当包括以下内容：被保证的主债权（即主合同债权，下同）种类、数额；债务人履行债务的期限；保证的方式；保证担保的范围；保证的期间；以及双方认为需要约定的其他事项。保证合同不完全具备上述规定内容的,可以补正。

2. 保证方式

保证的方式有一般保证和连带责任保证两种。

(1)一般保证。当事人在保证合同中约定,在债务人不能履行债务时,由保证人承担保证责任的,为一般保证。

一般保证的保证人享有先诉抗辩权。所谓先诉抗辩权,是指在主合同纠纷未经审判或者仲裁,并就债务人财产依法强制执行仍不能履行债务前,对债权人可拒绝承担保证责任。

有下列情形之一的,保证人不得行使先诉抗辩权:①债务人住所变更,致使债权人要求其履行债务发生重大困难的,如债务人下落不明、移居境外,且无财产可供执行;②人民法院受理债务人破产案件,中止执行程序的;③保证人以书面形式放弃先诉抗辩权的。

(2)连带责任保证。当事人在保证合同中约定保证人与债务人对债务承担连带责任的,为连带责任保证。

连带责任保证的债务人在主合同规定的债务履行期届满没有履行债务的,债权人可以要求债务人履行债务,也可以要求保证人在其保证范围内承担保证责任。

当事人对保证方式没有约定或者约定不明确的,按照连带责任保证承担保证责任。注意的是,作为保证方式的连带责任保证与共同保证形式之一的连带保证不应混淆。同一债务有两个或两个以上保证人的,为共同保证。连带共同保证的保证人以其相互之间约定各自承担的份额对抗债权人的,人民法院不予支持。

已经承担保证责任的保证人,有权向债务人追偿,或者要求承担连带责任的其他保证人清偿其应当承担的份额。连带共同保证的保证人承担保证责任后,向债务人不能追偿的部分,由各连带保证人按其内部约定的比例分担。没有约定的,平均分担。按份共同保证的保证人按照保证合同约定的保证份额承担保证责任后,在其履行保证责任的范围内对债务人行使追债权。

连带责任保证与连带保证是不同的:连带责任保证是保证的一种方式,是保证人与债务人之间的连带;而连带保证是共同保证的一种形式,是保证人之间的连带。连带保证的共同保证人在保证方式上同样可能承担的是一般保证或连带责任保证,如果承担的是一般保证,共同保证人同样享有先诉抗辩权;如果承担的是连带责任保证,当债务人到期不履行债务时,债权人才可以直接选择要求共同保证人承担连带责任。

(三)保证责任

1. 保证责任的范围

保证人在约定的保证担保范围内承担保证责任。当事人对保证担保的范围没有约定或者约定不明确的,保证人应当对全部债务承担责任。全部债务包括主债权及利息、违约金、损失赔偿金和实现债权的费用。

2. 主合同变更与保证责任承担

保证期间,债权人依法将主债权转让给第三人的,保证债权同时转让,保证人在原保证担保的范围内对受让人承担保证责任。但是,保证人与债权人事先约定仅对特定的债权人承担保证责任或者禁止债权转让的,保证人不再承担保证责任。

保证期间,债权人许可债务人转让债务的,应当取得保证人书面同意,保证人对未经同意转让的债务部分,不再承担保证责任。

保证期间,债权人与债务人对主合同数量、价款、币种、利率等内容做了变动;未经保证人同意的,如果减轻债务人债务的,保证人仍应当对变更后的合同承担保证责任;如果加重债务人债务的,保证人对加重的部分不承担保证责任。债权人与债务人对主合同履行期限做了变动,未经保证人书面同意的,保证期间为原合同约定的或者法律规定的期间。债权人与债务人协议变更主合同内容,但并未实际履行的,保证人仍应当承担保证责任。

主合同当事人双方协议以新贷偿还旧贷,除保证人知道或应当知道外,保证人不承担民事责任,但是新贷与旧贷系同一保证人的除外。

3. 保证担保与物的担保并存的保证责任

同一债权既有保证又有物的担保的,属于共同担保。根据《民法典》的规定,被担保的债权既有物的担保又有人的担保,债务人不履行到期债务或发生当事人约定的实现担保物权的情形,债权人应当按照约定实现债权;没有约定或者约定不明确,债务人自己提供物的担保的,债权人应当先就该物的担保实现债权;第三人提供物的担保的,债权人可以就物的担保实现债权,也可以要求保证人承担保证责任。提供担保的第三人承担担保责任后,有权向债务人追偿。

4. 保证责任承担的其他规定

一般保证的保证人在主债权履行期间届满后,向债权人提供了债务人可供执行财产的真实情况的,债权人放弃或者怠于行使权利致使该财产不能被执行,保证人可以请求人民法院在其提供可供执行财产的实际价值范围内免除保证责任。

保证合同中约定保证人代为履行非金钱债务的,如果保证人不能实际代为履行,对债权人因此造成的损失,保证人应当承担赔偿责任。

第三人向债权人保证监督支付专款专用的,在履行了监督支付专款专用的义务后,不再承担责任。未尽监督义务造成资金流失的,应当对流失的资金承担补充赔偿责任。

保证人对债务人的注册资金提供保证的,债务人的实际投资与注册资金不符或者抽逃转移注册资金的,保证人在注册资金不足或者抽逃转移注册资金的范围内承担连带保证责任。

5. 保证人的追债权

保证人承担保证责任后,有权向债务人追偿。

保证期间,人民法院受理债务人破产案件的,债权人既可以向人民法院申报债权,也可以向保证人主张权利。债权人申报债权后在破产程序中未受清偿的部分,保证人仍应当承担保证责任。债权人要求保证人承担保证责任的,应当在破产程序终结后 6 个月内提出。债权人知道或者应当知道债务人破产,既未申报债权也未通知保证人,致使保证人不能预先行使追偿权的,保证人在该债权在破产程序中可能受偿的范围内免除保证责任。人民法院受理债务人破产案件后,债权人未申报债权的,各连带共同保证的保证人应当作为一个主体申报债权,预先行使追偿权。

6. 保证责任的免除

有下列情形之一的,保证人不承担民事责任:

(1)主合同当事人双方串通,骗取保证人提供保证的。

(2)主合同债权人采取欺诈、胁迫等手段,使保证人在违背真实意思的情况下提供保证的。

(3)主合同债务人采取欺诈、胁迫等手段,使保证人在违背真实意思的情况下提供保证的,债权人知道或者应当知道欺诈、胁迫事实的。但债务人与保证人共同欺骗债权人,订立主合同和保证合同的,债权人可以请求人民法院予以撤销。因此给债权人造成损失的,由保证人与债务人承担连带赔偿责任。

(四)保证期间

保证期间,是指当事人约定或者法律规定的保证人承担保证责任的时间期限。保证人在与债权人约定的保证期间或者法律规定的保证期间内承担保证责任。

保证人与债权人约定保证期间的,按照约定执行。未约定的,保证期间为 6 个月。一般保证情况下,债权人有权自主债务履行期届满之日起 6 个月内对债务人提起诉讼或申请仲裁。在保证期间债权人未对债务人提起诉讼或者申请仲裁的,保证人免除保证责任;债权人已提起诉讼或者申请仲裁的,保证期间适用诉讼时效中断的规定。连带责任保证情况下,债权人有权自主债务履行期届满之日起 6 个月内要求保证人承担保证责任。

保证合同约定的保证期间早于或者等于主债务履行期限的,视为没有约定,保证期间为主债务履行期届满之日起 6 个月。

保证合同约定保证人承担保证责任直至主债务本息还清时为止等类似内容的,视为约定不明,保证期间为主债务履行期届满之日起 2 年。

主合同对主债务履行期限没有约定或者约定不明的,保证期间自债权人要求债务人履行义务的宽限期届满之日起计算。

保证人与债权人协议在最高债权限度内就一定期间连续发生的债权作保证,未约定保证期间的,保证人可以随时书面通知债权人终止保证合同,担保证人对于通知到债权人前所发生的债权,承担保证责任。最高额保证合同对保证期间没有约定或者约定不明的,如最高额保证合同约定有保证人清偿债务期限的,保证期间为清偿期限届满之日起6个月。没有约定债务清偿期限的,保证期间自最高额保证终止之日或自债权人收到保证人终止保证合同的书面通知到达之日起6个月。

(五)保证合同的诉讼时效

一般保证的债权人在保证期间届满前对债务人提起诉讼或者申请仲裁的,从判决或者裁决生效之日起开始计算保证合同的诉讼时效。连带责任保证的债权人在保证期间届满前要求保证人承担保证责任的,从债权人要求保证人承担保证责任之日起开始计算保证合同的诉讼时效。保证人对已经超过诉讼时效期间的债务承担保证责任或者提供保证的,又以超过诉讼时效为由抗辩的,人民法院不予支持。

一般保证中,主债务诉讼时效中断,保证债务诉讼时效中断。连带责任保证中,主债务诉讼时效中断,保证债务诉讼时效不中断。一般保证和连带责任保证中,主债务诉讼时效中止的,保证债务的诉讼时效同时中止。

保证人对债务人行使追债权的诉讼时效,自保证人向债权人承担责任之日起开始计算。

三、抵押

抵押是指为担保债务的履行,债务人或者第三人不转移财产的占有,将该财产抵押给债权人,债务人不履行到期债务或者发生当事人约定的实现抵押权的情形,债权人有权就该财产优先受偿。

债务人或者第三人为抵押人,债权人为抵押权人,提供担保的财产为抵押财产。

(一)抵押合同

设立抵押权,当事人应当采取书面形式订立抵押合同。抵押合同一般包括下列条款:(1)被担保债权的种类和数额;(2)债务人履行债务的期限;(3)抵押财产的名称、数量、质量、状况、所在地、所有权归属或者使用权归属;(4)担保的范围。

抵押合同对被担保的主债权种类、抵押财产没有约定或者约定不明,根据主合同和抵押合同不能补正或者无法推定的,抵押不成立。

抵押权人在债务履行期届满前,不得与抵押人约定债务人不履行到期债务时抵押财产归债权人所有。这种条款称为"流押条款"。如果当事人在抵押合同中约定了流押条款,则该条款无效。该条款的无效不影响抵押合同其他部分内容的效力。

(二)抵押财产

1. 可以设立抵押权的财产

根据《民法典》的规定,债务人或者第三人有权处分的下列财产可以抵押:(1)建筑物和其他土地附着物;(2)建设用地使用权;(3)以招标、拍卖、公开协商等方式取得的荒地等土地承包经营权;(4)生产设备、原材料、半成品、产品;(5)正在建造的建筑物、船舶、航空器;(6)交通运输工具;(7)法律、行政法规未禁止抵押的其他财产。抵押人可以将上述所列财产一并抵押。

2. 不得设立抵押权的财产

下列财产不得抵押:(1)土地所有权;(2)耕地、宅基地、自留地、自留山等集体所有的土地使用权,但法律规定可以抵押的除外;(3)学校、幼儿园、医院等以公益为目的的事业单位、社会团体的教育设施、医疗卫生设施和其他社会公益设施;(4)所有权、使用权不明或者有争议的财产;(5)依法被查封、扣押、监管的财产;(6)法律、行政法规规定不得抵押的其他财产。

3. 关于抵押财产的其他规定

建设用地使用权抵押后,该土地上新增的建筑物不属于抵押财产。该建设用地使用权实现抵押权时,应当将该土地新增的建筑物与建设用地使用权一并处分,但新增建筑物所得的价款,抵押权人无权优先受偿。

以土地承包经营权抵押的,或者以乡镇、村企业的厂房等建筑物占用范围内的建设用地使用权一并抵押的,实现抵押权后,未经法定程序,不得改变土地所有权的性质和土地用途。

(三)抵押登记

1. 以登记为生效要件的抵押

以建筑物和其他土地附着物,建设用地使用权,以招标、拍卖、公开协商等方式取得的荒地等土地承包经营权,正在建造的建筑物这四种财产设定抵押的,应当办理抵押登记,抵押权自登记之日起设立。

抵押登记记载的内容与抵押合同约定的内容不一致的,以登记记载的内容为准。以尚未办理权属证书的财产抵押的,只要当事人在一审法庭辩论终结前能够提供权利证书或者补办登记手续的,法院可以认定抵押有效。

2. 以登记为对抗要件的抵押

当事人以《民法典》规定的生产设备、原材料、半成品、产品、交通运输工具和正在建造的船、航空器抵押或其他动产设定抵押,抵押权自抵押合同生效时设立;未经登记,不得对抗善意第三人。

(四)抵押的效力

抵押担保的范围包括主债权及利息,违约金、损害赔偿金和实现抵押权的费用。抵押合同另有约定的,按照约定。

1. 抵押权对抵押物所生孳息及已存在租赁权的效力

债务人不履行到期债务或者发生当事人约定的实现抵押权的情形,致使抵押财产被人民法院依法扣押的,自扣押之日起抵押权人有权收取该抵押财产的天然孳息或者法定孳息,但抵押权人未通知应当清偿法定孳息的义务人的除外。孳息的清偿顺序为:(1)充抵收取孳息的费用;(2)主债权的利息;(3)主债权。

订立抵押合同前抵押财产已出租的,原租赁关系不受该抵押权的影响。抵押人将已抵押的财产出租时,如果抵押人未书面告知承租人该财产已抵押的,抵押人对出租抵押物造成承租人的损失承担赔偿责任;如果抵押人已书面告知承租人该财产已抵押的,抵押权实现造成承租人的损失,由承租人自己承担。抵押权设立后抵押财产出租的,该租赁关系不得对抗已登记的抵押权,即因租赁关系的存在致使抵押权实现时无人应买抵押物,或出价降低导致不足以清偿抵押债权等情况下,抵押权人有权主张租赁终止。

2. 抵押期间抵押物的转让

抵押期间,抵押人经抵押权人同意转让抵押财产的,应当将转让所得的价款向抵押权人提前清偿债务或者提存。转让的价款超过债权数额的部分归抵押人所有,不足部分由债务人清偿。抵押期间,抵押人未经抵押权人同意,不得转让抵押财产,但受让人代为清偿债务消灭抵押权的除外。抵押物依法被继承或者赠与的,抵押权不受影响。

3. 抵押权转移及消灭的从属性

抵押权不得与债权分离而单独转让或者作为其他债权的担保。债权转让的,担保该债权的抵押权一并转让,但法律另有规定或者当事人另有约定的除外。主债权未受全部清偿的,抵押权人可以就抵押物的全部行使其抵押权。主债权被分割或者部分转让的,各债权人可以就其享有的债权份额行使抵押权。主债务被分割或者部分转让的,抵押人仍以其抵押物担保数个债务人履行债务。但是,第三人提供抵押的,债权人许可债务人转让债务未经抵押人书面同意的,抵押人对未经其同意转让的债务,不再承担担保责任。

4. 抵押财产价值减少或毁损的处理

抵押人的行为足以使抵押财产价值减少的,抵押权人有权要求抵押人停止其行为。抵押财产价值减少的,抵押权人有权要求恢复抵押财产的价值。或者提供与减少的价值相应的担保。抵押人不恢复抵押财产的价值也不提供担保的,抵押权人有权要求债务人提前清偿债务。

在抵押物灭失、毁损或者被征用的情况下,抵押权人可以就该抵押物的保险金、赔偿金或者补偿金优先受偿。

抵押物灭失、毁损或者被征用的情况下,抵押权所担保的债权未届清偿期的,抵押权人可以请求人民法院对保险金、赔偿金或补偿金等采取保全措施。

5. 抵押权效力的其他规定

抵押物因附合、混合或者加工使抵押物的所有权为第三人所有的,抵押权的效力及于补偿金;抵押物所有人为附合物、混合物或者加工物的所有人的,抵押权的效力及于附合物、混合物或者加工物;第三人与抵押物所有人为附合物、混合物或者加工物的共有人的,抵押权的效力及于抵押人对共有物享有的份额。

抵押权设定前为抵押物的从物的,抵押权的效力及于抵押物的从物。但是,抵押物与其从物为两个以上的人分别所有时，抵押权的效力不及于抵押物的从物。

(五)抵押权的实现

1. 抵押权实现的条件、方式和程序

债务人不履行到期债务或者发生当事人约定的实现抵押权的情形，抵押权人可以与抵押人协议以抵押财产折价或者以拍卖、变卖该抵押财产所得的价款优先受偿。协议损害其他债权人利益的，其他债权人可以在知道或者应当知道撤销事由之日起1年内请求人民法院撤销该协议。

抵押权人与抵押人未就抵押权实现方式达成协议的，抵押权人可以请求人民法院拍卖、变卖抵押财产。抵押财产折价或者变卖的，应当参照市场价格。

抵押财产折价或者拍卖、变卖后，其价款超过债权数额的部分归抵押人所有，不足部分由债务人清偿。

抵押物折价或者拍卖、变卖所得的价款，当事人没有约定的，按下列顺序清偿：(1)实现抵押权的费用；(2)主债权的利息；(3)主债权。

抵押权人应当在主债权诉讼时效期间行使抵押权；未行使的，人民法院不予保护。

2. 抵押权的顺位及确定抵押权次序的规则

抵押权人可以放弃抵押权或者抵押权的顺位。抵押权人与抵押人可以协议变更抵押权顺位以及被担保的债权数额等内容，但抵押权的变更，未经其他抵押权人书面同意，不得对其他抵押权人产生不利影响。

债务人以自己的财产设定抵押，抵押权人放弃该抵押权、抵押权顺位或者变更抵押权的，其他担保人在抵押权人丧失优先受债权益的范围内免除担保责任，但其他担保人承诺仍然提供担保的除外。

同一财产向两个以上债权人抵押的，顺序在先的抵押权与该财产的所有权同属一人时，该财产的所有权人可以以其抵押权对抗顺序在后的抵押权。顺序在后的抵押权所担保的债权先到期的，抵押权人只能就抵押物价值超出顺序在先的抵押担保债权的部分受偿；顺序在先的抵押权所担保的债权先到期的，抵押权实现后的剩余价款应予提存，留待清偿顺序在后的抵押担保债权。

同一财产向两个以上债权人抵押的，拍卖、变卖抵押财产所得的价款依照下列规定清偿：(1)抵押权已登记的，按照登记的先后顺序清偿，顺序相同的，按照债权比例清偿；(2)抵押权已登记的先于未登记的受偿；(3)抵押权未登记的，按照债权比例清偿。

(六)最高额抵押

最高额抵押，是指为担保债务的履行，债务人或者第三人对一定期间内将要连续发生的债权提供担保财产的，债务人不履行到期债务或者发生当事人约定的实现抵押权的情形，抵押权人有权在最高债权额限度内就该担保财产优先受偿。

最高额抵押权设立前已经存在的债权，经当事人同意，可以转入最高额抵押担保的债权范围。

最高额抵押权所担保的债权范围，不包括抵押物因财产保全或者执行程序被查封后或债务人、抵押人破产后发生的债权。

1. 最高额抵押的特征

(1)抵押担保的是将来发生的债权，现在尚未发生；(2)抵押担保的债权额不确定，但设有最高限制额；(3)实际发生的债权是连续的、不特定的，即债权人并不规定对方实际发生债权的次数和数额；(4)债权人仅对抵押财产行使最高限度内的优先受偿权；(5)最高额抵押只需首次登记即可设立，即尽管最高额抵押权所担保的是一定期间内连续发生的债权，但无须每个新生债权都到登记部门办理抵押登记，只需办理首次抵押登记即可。

2. 最高额抵押权的转让及变更

最高额抵押担保的债权确定前，部分债权转让的，最高额抵押权不得转让，但当事人另有约定的除外。

最高额抵押担保的债权确定前，抵押权人与抵押人可以通过协议变更债权确定的期间、债权范围以及最高债权额，但变更的内容不得对其他抵押权人产生不利影响。

3. 最高额抵押权所担保的债权确定

有下列情形之一的，抵押权人的债权确定：(1)约定的债权确定期间届满；(2)没有约定债权确定期间或者约定不明确，抵押权人或者抵押人自最高额抵押权设立之日起满2年后请求确定债权；(3)新的债权不可能发生；(4)抵押财产被查封、扣押；(5)债务人、抵押人被宣告破产或者被撤销；(6)法律规定债权确定的其他情形。

最高额抵押权所担保的不特定债权，在特定后，债权已届清偿期的，最高额抵押权人可以根据普通抵押权的规定行使其抵押权。

抵押权人实现最高额抵押权时，如果实际发生的债权余额高于最高限额的，以最高限额为限，超过部分不具有优先受偿的效力；如果实际发生的债权余额低于最高限额的，以实际发生的债权余额为限对抵押物优先受偿。

(七)动产浮动抵押

动产浮动抵押是一种特别抵押，指抵押人以其现在和将来所有的财产为债权提供担保，在行使抵押权之前，该抵押财产可以自由流转经营，在约定或法定事由发生时，其价值才能确定的一种抵押。

《民法典》规定，经当事人书面协议，企业、个体工商户、农业生产经营者可以将现有的以及将有的生产设备、原材料、半成品、产品抵押。债务人不履行到期债务或者发生当事人约定的实现抵押权的情形，债权人有权就实现抵押权时的动产优先受偿。

抵押权人应当向抵押人住所地的工商行政管理部门办理登记。抵押权自抵押合同生效时设立；未经登记，不得对抗善意第三人。动产浮动抵押无论是否办理抵押登记，均不得对抗正常经营活动中已支付合理价款并取得抵押财产的买受人。

抵押财产自下列情形之一发生时确定：(1)债务履行期届满，债权未实现；(2)抵押人被宣告破产或者被撤销；(3)当事人约定的实现抵押权的情形；(4)严重影响债权实现的其他情形。

四、质押

质押分为动产质押和权利质押。

(一)动产质押

1. 动产质押的概念

动产质押是以动产作为标的物的质押，指为担保债务的履行，债务人或者第三人将其动产出质给债权人占有的，债务人不履行到期债务或者发生当事人约定的实现质权的情形，债权人有权就该动产优先受偿。

该债务人或者第三人为出质人，债权人为质权人，交付的动产为质押财产。

2. 质押合同

为设立质权，当事人应当采取书面形式订立质押合同，质押合同一般包括以下条款：(1)被担保债权的种类和数额；(2)债务人履行债务的期限；(3)质押财产的名称、数量、质量、状况；(4)担保的范围；(5)质押财产交付的时间。其中，质押担保的范围由当事人约定；当事人未约定的，质押担保范围包括主债权及利息、违约金、损害赔偿金、质物保管费用和实现质权的费用。

质押合同自成立时生效，质权自出质人交付质押财产时设立，即动产质权的设立以质物的交付为生效要件。

质权人在债务履行期届满前，不得与出质人约定债务人不履行到期债务时质押财产归债权人所有。这类条款称为“流质条款”。当事人在质押合同中约定流质条款的，流质条款无效，但不影响质押合同其他部分内容的效力及质权的设立。

3. 动产质押的效力

(1)债务人或者第三人未按质押合同约定的时间移交质物，因此给质权人造成损失的，出质人应当根据其过错承担赔偿责任。

(2)出质人代质权人占有质物的，质押合同不生效；质权人将质物返还给出质人后，以其质权对抗第三人的，人民法院不予支持。

(3)出质人以间接占有的财产出质的，质押合同自书面通知送达占有人时视为移交。占有人收到出质通知后，仍接受出质人的指示处分出质财产的，该行为无效。

(4)质押合同中对质押的财产约定不明，或者约定的出质财产与实际移交的财产不一致的，以实际交付占有的财产为准。

(5)质物有隐蔽瑕疵造成质权人其他财产损害的，应由出质人承担赔偿责任。但是，质权人在质物移交时明知质物有瑕疵而予以接受的除外。

(6)债务人以自己的财产出质，质权人放弃该质权的，其他担保人在质权人丧失优先受债权益的范围内免除担保责任，但其他担保人承诺仍然提供担保的除外。

4. 质权人对质物的权利和责任

质权人对质物的权利和责任体现在以下方面：

(1)质权人有权收取质押财产的孳息，但合同另有约定的除外。上述孳息应当先充抵收取孳息的费用。

(2)质权人在质权存续期间，未经出质人同意，擅自使用、处分质押财产，给出质人造成损害的，应当承担赔偿责任。

(3)质权人负有妥善保管质押财产的义务：因保管不善致使质押财产毁损、灭失的，应当承担赔偿责任。

质权人的行为可能使质押财产毁损、灭失的，出质人可以要求质权人将质押财产提存，或者要求提前清偿债务并返还质押财产。但质物提存费用由质权人负担，出质人提前清偿债权的，应当扣除未到期部分的利息。

(4)因不能归责于质权人的事由可能使质押财产毁损或者价值明显减少，足以危害质权人权利的，质权人有权要求出质人提供相应的担保；出质人不提供的，质权人可以拍卖、变卖质押财产，并与出质人通过协议将拍卖、变卖所得的价款提前清偿债务或者提存。

(5)质权人在质权存续期间，未经出质人同意转质，造成质押财产毁损、灭失的，应当向出质人承担赔偿责任。

5. 质权的实现

债务人履行债务或者出质人提前清偿所担保的债权的，质权人应当返还质押财产。债务人不履行到期债务或者发生当事人约定的实现质权的情形，质权人可以与出质人协议以质押财产折价，也可以就拍卖、变卖质押财产所得的价款优先受偿。质押财产折价或者变卖的，应当参照市场价格。

出质人可以请求质权人在债务履行期届满后及时行使质权；质权人不行使的，出质人可以请求人民法院拍卖、变卖质押财产。

出质人请求质权人及时行使质权，因质权人怠于行使权利造成损害的，由质权人承担赔偿责任。

质押财产折价或者拍卖、变卖后，其价款超过债权数额的部分归出质人所有，不足部分由债务人清偿。

为债务人质押担保的第三人，在质权人实现质权后，有权向债务人追偿。

(二)权利质押

1. 权利质押的概念

权利质押是指债务人或者第三人以其财产权利作为债权的担保，当债务人不履行债务时，债权人有权依照法律规定，以该财产权利折价或者以拍卖、变卖该财产权利的价款优先受偿。

根据《民法典》的规定，债务人或者第三人有权处分的下列权利可以出质：(1)汇票、支票、本票；(2)债券、存款单；(3)仓单、提单；(4)可以转让的基金份额、股权；(5)可以转让的注册商标专用权、专利权、著作权等知识产权中的财产权；(6)应收账款；(7)法律、行政法规规定可以出质的其他财产权利。

2. 以不同种类权利出质的法律规定

以汇票、支票、本票、债券、存款单、仓单、提单出质的，当事人应当订立书面合同。质权自权利凭证交付质权人时设立；没有权利凭证的，质权自有关部门办理出质登记时设立。汇票、支票、本票、债券、存款单、仓单、提单的兑现日期或者提货日期先于主债权到期的，质权人可以兑现或者提货，并与出质人协议将兑现的价款或者提取的货物提前清偿债务或者提存。

以基金份额、股权出质的，当事人应当订立书面合同。以基金份额、证券登记结算机构登记的股权出质的，质权自证券登记结算机构办理出质登记时设立；以其他股权出质的，质权自工商行政管理部门办理出质登记时设立。基金份额、股权出质后，不得转让，但经出质人与质权人协商同意的除外。出质人转让基金份额、股权所得的价款，应当向质权人提前清偿债务或者提存。

以注册商标专用权、专利权、著作权等知识产权中的财产权出质的，当事人应当订立书面合同。质权自有关主管部门办理出质登记时设立。知识产权中的财产权出质后，出质人不得转让或者许可他人使用，但经出质人与质权人协商同意的除外。出质人转让或者许可他人使用出质的知识产权中的财产权所得的价款，应当向质权人提前清偿债务或者提存。

以应收账款出质的，当事人应当订立书面合同。质权自信贷征信机构办理出质登记时设立。应收账款出质后，不得转让，但经出质人与质权人协商同意的除外。出质人转让应收账款所得的价款，应当向质权人提前清偿债务或者提存。

五、留置

(一)留置权的概念与要件

留置权是指债务人不履行到期债务，债权人可以留置已经合法占有的债务人的动产，并有权就该动产优先受偿。其中债权人为留置权人，占有的动产为留置财产，即留置物。

留置担保的范围包括主债权及利息、违约金、损害赔偿金、留置物保管费用和实现留置权的费用。

留置权适用的范围包括：因保管合同、运输合同、承揽合同以及法律规定可以留置的其他合同发生的债权,债务人不履行债务的,债权人有留置权。

债权人留置的动产,应当与债权属于同一法律关系,但企业之间留置的除外。留置财产为可分物的,留置财产的价值应当相当于债务的金额。当事人可以在合同中约定不得留置的物。法律规定或者当事人约定不得留置的动产,不得留置。

(二)留置权的实现

留置权人负有妥善保管留置财产的义务;因保管不善致使留置财产毁损、灭失的,应当承担赔偿责任。留置权人有权收取留置财产的孳息。孳息应当先充抵收取孳息的费用。

留置权人与债务人应当约定留置财产后的债务履行期间;没有约定或者约定不明确的,留置权人应当给债务人 2 个月以上履行债务的期间,但鲜活易腐等不易保管的动产除外。债务人逾期未履行的,留置权人可以与债务人协议以留置财产折价,也可以就拍卖、变卖留置财产所得的价款优先受偿。留置财产折价或者变卖的,应当参照市场价格。

债务人可以请求留置权人在债务履行期届满后行使留置权;留置权人不行使的,债务人可以请求人民法院拍卖、变卖留置财产。留置财产折价或者拍卖、变卖后,其价款超过债权数额的部分归债务人所有,不足部分由债务人清偿。

留置权人在债权未受全部清偿前,留置物为不可分物的,留置权人可以就其留置物的全部行使留置权。留置的财产为可分物的,留置物的价值应当相当于债务的金额。

同一动产上已设立抵押权或者质权,该动产又被留置的,留置权人优先受偿。留置权因下列原因而消灭:(1)留置权人对留置财产丧失占有。(2)留置物灭失、损毁而无代位物。(3)与留置物有同一法律关系的债权消灭。(4)债务人另行提供价值相当的担保并被债权人接受。(5)实现留置权。

六、定金

(一)定金的概念

定金是指合同当事人约定一方向对方给付一定数额的货币作为债权的担保。债务人履行债务后,定金抵作价款或者收回。给付定金的一方不履行约定债务的,无权要求返还定金;收取定金的一方不履行约定债务的,应当双倍返还定金。

定金应当以书面形式约定。具体形式可以是单独订立的书面的定金合同,也可以是当事人之间约定定金担保内容的信函、传真等,还可以是主合同中约定的定金条款。定金合同应记载定金的交付期限、数额和明确定金性质的定金罚则等必要事项。定金合同是实践性合同,从实际交付定金之日起生效。

当事人约定以交付定金作为订立主合同担保的,给付定金的一方拒绝订立主合同的,无权要求返还定金,收受定金的一方拒绝订立主合同的,应当双倍返还定金。当事人约定以交付定金作为主合同成立或者生效要件的,给付定金的一方未支付定金,但主合同已经履行或者已经履行主要部分的，不影响主合同的成立或者生效。

定金交付后，交付定金的一方可以按照合同的约定以丧失定金为代价而解除主合同，收受定金的一方可以双倍返还定金为代价而解除主合同。

当事人一方不完全履行合同的，应当按照未履行部分所占合同约定内容的比例，适用定金罚则。因当事人一方迟延履行或者有其他违约行为，致使合同目的不能实现，可以适用定金罚则。但法律另有规定或者当事人另有约定的除外。

因不可抗力、意外事件致使主合同不能履行的，不适用定金罚则。因合同关系以外第三人的过错，致使主合同不能履行的，运用定金罚则。受定金处罚的一方当事人，可以依法向第三人追偿。

（二）定金的数额

定金的数额由当事人约定，但不得超过主合同标的额的20%。当事人约定的定金数额超过主合同标的额20%的，超过的部分，人民法院不予支持。

实际交付的定金数额多于或者少于约定数额，视为变更定金合同；收受定金一方提出异议并拒绝接受定金的，定金合同不生效。

第六节　合同的变更和转让

一、合同的变更

合同的变更仅指合同内容的变更，是指合同成立后，当事人双方根据客观情况的变化，依照法律规定的条件和程序，经协商一致，对原合同内容进行修改、补充或者完善。合同的变更是在合同的主体不改变的前提下对合同内容的变更，合同性质并不改变。

（一）合同变更的要件

(1)当事人之间已存在合同关系。(2)合同内容发生了变化。(3)必须遵守法律的规定和当事人的约定。合同的变更可以依据法律的规定产生，当法律规定的情形出现时，合同内容可能发生变化，如遇有不可抗力导致债务不能履行时，合同可以延期履行。当事人约定变更合同有两种情形：一是由合同当事人达成变更合同的协议；二是当事人可以在订立合同时即约定，当某种特定情况出现时，当事人有权变更合同。

（二）合同变更的形式和程序

合同变更除法律规定的变更和人民法院依法变更外，主要是当事人协议变更。

合同变更适用《民法典》关于要约、承诺的规定，双方经协商取得一致，并采用书面形式。如原合同是经过公证、鉴证的，变更后的合同应报原公证、鉴证机关备案，必要时应对变更的事实予以公证、鉴证；如原合同按照法律、行政法规的规定是经过有关部门批准、登记的，变更后仍应报原批准机关批准、登记。合同变更后，变更后的内容就取代了原合同的内容，当事人应当按照变更后的内容履行合同，合同各方当事人均应受变更后的合同的约束。为了减少在合同变更时可能发生的纠纷，当事人对合同变更的内容约定不明确的，推定为未变更。合同变更的效力原则上仅对未履行的部分有效，对已履行的部分没有溯及力，但法律另有规定或当事人另有约定的除外。

二、合同的转让

合同的转让是指合同当事人一方将其合同的权利和义务全部或部分转让给第三人的行为。合同的转让仅指合同主体的变更，不改变合同约定的权利义务。

（一）合同权利转让

《民法典》规定，债权人可以将合同的权利全部或部分转让给第三人。这里转让权利的人称为让与人，接受权利的人称为受让人。合同权利全部转让的，原合同关系消灭，受让人取代原债权人的地位，成为新的债权人，原债权人脱离合同关系。合同权利部分转让的，受让人作为第三人加入合同关系中，与原债权人共同享有债权。债权人转让主权利时，附属于主权利的从权利也一并转让，受让人在取得债权时，也取得与债权有关的从权利，但该从权利专属于债权人自身的除外。下列三种情形，债权人不得转让合同权利：

（1）根据合同性质不得转让。一是根据当事人之间信任关系而发生的债权。如委托合同中委托人对受托人的信任。二是以选定的债权人为基础发生的合同权利。三是合同内容中包括了针对特定当事人的不作为义务。

（2）根据当事人约定不得转让。当事人在订立合同时，可以对权利的转让作出特别的约定，禁止债权人将权利转让给第三人。此种约定不得约束善意第三人，如果一方当事人违反约定，将合同权利转让给善意第三人，则善意第三人可以取得该项权利。

（3）依照法律规定不得转让。如《民法典》规定，最高额抵押权不得转让。

债权人转让权利无须经债务人同意，但应当通知债务人。未经通知，该转让对债务人不发生效力。债务人接到债权转让通知后，债权让与行为对债务人就生效，债务人应对受让人履行义务。如果债务人对让与人享有债权，并且债务人的债权先于转让的债权到期或同时到期的，债务人可以向受让人主张抵销。债务人对让与人的抗辩，可以向受让人主张。

（二）合同义务转移

债务人将合同的义务全部或者部分转移给第三人，应当经债权人同意；否则，债务人转移合同义务的行为对债权人不发生效力，债权人有权拒绝第三人向其履行，同时有权要求债务人履行义务并承担不履行或迟延履行合同的法律责任。

合同义务转移的法律后果：（1）新债务人成为合同一方当事人，如不履行或不适当履行合同义务，债权人可以向其请求履行债务或承担违约责任。（2）新债务人享有基于原合同关系的对抗债权人的抗辩权。《民法典》规定，债务人转移义务的，新债务人可以主张原债务人对债权人的抗辩。(3)从属于主债务的从债务,随主债务的转移而转移。(4)原第三人向债权人提供的担保,若担保人未明确表示继续承担担保责任,则担保责任因债务转移而消灭。

(三)合同权利义务的一并转让

合同关系的一方当事人将权利和义务一并转让时,除了应当征得另一方当事人的同意外,还应当遵守《民法典》有关转让权利和义务的规定。

(四)法人或其他组织合并或分立后债权债务关系的处理

《民法典》规定,当事人订立合同后合并的,由合并后的法人或者其他组织行使合同权利,履行合同义务。当事人订立合同后分立的,除债权人和债务人另有约定的以外,由分立的法人或者其他组织对合同的权利和义务享有连带债权,承担连带债务。

第七节　合同的权利义务终止

合同权利义务终止是指依法生效的合同,因具备法定情形和当事人约定的情形,合同债权、债务归于消灭,债权人不再享有合同权利,债务人也不必再履行合同义务,合同当事人双方终止合同关系,合同的效力随之消灭。

一、合同权利义务终止的具体情形

(一)债务已经按照约定履行

债务已经按照约定履行是指债务人按照约定的标的、质量、数量、价款或报酬、履行期限、履行地点和方式全面履行。

以下情况也属于合同按照约定履行:(1)当事人约定的第三人按照合同内容履行,产生债务消灭的后果。(2)债权人同意以他种给付代替合同原定给付。有时实际履行债务在法律上或者事实上不可能,如标的物灭失无法交付或者实际履行费用过高,这时经债权人同意,可以采用替代物履行的办法,达到债务消灭的目的。(3)当事人之外的第三人接受履行。当事人约定债务人向第三人履行,第三人已接受履行的,债务归于消灭。

(二)合同解除

合同解除是指合同有效成立后,因主、客观情况发生变化,使合同的履行成为不必要或不可能,根据双方当事人达成的协议或一方当事人的意思表示提前终止合同效力。当事人一方主张解除合同时,应当通知对方。合同自通知到达对方时解除。对方有异议的,可以请求人民法院或者仲裁机构确认解除合同的效力。合同解除有约定解除和法定解除两种情况。

1. 约定解除

当事人约定解除合同包括两种情况:

(1)协商解除。指合同生效后,未履行或未完全履行之前,当事人以解除合同为目的,经协商一致,订立一个解除原来合同的协议,使合同效力消灭的行为。

(2)约定解除权。解除权可以在订立合同时约定,也可以在履行合同的过程中约定,可以约定一方解除合同的权利,也可以约定双方解除合同的权利。

2. 法定解除

《民法典》规定,有下列情形之一的,当事人可以解除合同:(1)因不可抗力致使不能实现合同目的。只有不可抗力致使合同目的不能实现时,当事人才可以解除合同。(2)因预期违约解除合同。即在履行期限届满之前,当事人一方明确表示或者以自己的行为表明不履行主要债务的,对方当事人可以解除合同。(3)当事人一方迟延履行主要债务,经催告后在合理期限内仍未履行。(4)当事人一方迟延履行债务或者有其他违约行为致使不能实现合同目的。这种情形中的迟延履行因致使合同目的不能达到,债权人可不经催告直接解除合同。(5)法律规定的其他情形。

合同解除后尚未履行的,终止履行;已经履行的,根据履行情况和合同性质,当事人可以要求恢复原状、采取其他补救措施,并有权要求赔偿损失。合同的权利义务终止,不影响合同中结算和清理条款的效力。

(三)债务相互抵销

《民法典》规定,当事人互负到期债务,该债务的标的物种类、品质相同的,任何一方可以将自己的债务与对方的债务抵销,但依照法律规定或者按照合同性质不得抵销的除外。当事人主张抵销的,应当通知对方。通知自到达对方时生效。抵销不得附条件或者附期限。

按照有关法律规定,下列债务不能抵销:(1)按合同性质不能抵销。有些合同不实际履行就不能达到订立合同的目的。不作为债务、提供劳务的债务、与人身不可分离的债务,如抚恤金、退休金、人身损害赔偿债务等,均不得抵销。(2)按照约定应当向第三人给付的债务。如果双方当事人在订立合同时已约定债务人应向第三人履行义务,则债务人不得以对合同对方当事人享有债权而主张抵销该义务,否则将损害第三人的利益。(3)当事人约定不得抵销的债务。(4)因故意实施侵权行为产生的债务。这种债务是对被害人的赔偿,若允许抵销,则意味着可以用金钱补偿对债务人的人身和财产权利的任意侵犯,是有悖社会正义的。(5)法律规定不得抵销的其他情形。如法律禁止扣押和强制执行的债务。

(四)提存

提存是指由于债权人的原因,债务人无法向其交付合同标的物而将该标的物交给提存机关,从而消灭债务的制度。

《民法典》规定,有下列情形之一,难以履行债务的,债务人可以将标的物提存:(1)债权人无正当理由拒绝受领。如:在仓储合同中,存储期届满,仓单持有人不提取仓储物,保管人催告其在合理期限内提取货物后，逾期仍不提取的，保管人可以提存该货物。(2)债权人下落不明。包括债权人失踪，其财产尚无人代管、债权人不清、地址不详、无法查找等。(3)债权人死亡未确定继承人或者丧失民事行为能力未确定监护人。此时债权人的财产没有合法的管理人，债务人无法交付。(4)法律规定的其他情形。

标的物提存后，除债权人下落不明的以外，债务人应当及时通知债权人或者债权人的继承人、监护人。标的物不适于提存或者提存费用过高的，债务人依法可以拍卖或者变卖标的物，提存所得的价款。

提存期间，标的物的孳息归债权人所有。提存费用由债权人负担。标的物提存后，毁损、灭失的风险由债权人承担。债权人可以随时领取提存物，但债权人对债务人负有到期债务的，在债权人未履行债务或者提供担保之前，提存部门根据债务人的要求应当拒绝其领取提存物。

债权人领取提存物的权利，自提存之日起 5 年内不行使而消灭，提存物加除提存费用后归国家所有。

(五)免除

债务的免除是指合同没有履行或未完全履行，权利人放弃自己的全部或部分权利，从而使合同义务减轻或使合同终止的一种形式。

债权人免除债务人部分或者全部债务的，合同的权利义务部分或者全部终止。免除债权，债权的从权利如从属于债权的担保权利、利息权利、违约金请求权等也随之消灭。

(六)混同

混同，即债权债务同归于一人。例如由于甲、乙两企业合并。甲、乙企业之间原先订立的合同中的权利义务同归于合并后的企业，债权债务关系自然终止。《民法典》规定，债权和债务同归于一人的，合同的权利义务终止，但涉及第三人利益或法律另有规定的除外。如债权为他人权利质押的标的，债权债务即使同归于一人，债权也不消灭，否则将损害权利质权人的利益。

(七)法律规定或者当事人约定终止的其他情形(略)

第八节 违约责任

违约责任即违反合同的民事责任，是指合同当事人一方或双方不履行合同义务或者履行合同义务不符合约定时，依照法律规定或者合同约定所承担的法律责任。依法订立的有效合同对当事人双方来说，都具有法律约束力。如果不履行或者履行义务不符合约定，就要承担违约责任。

一、承担违约责任的形式

《民法典》规定，当事人一方不履行合同义务或者履行合同义务不符合约定的，应当承担继续履行、采取补救措施或者赔偿损失等违约责任。当事人一方明确表示或者以自己的行为表明不履行合同义务的，对方可以在履行期限届满之前要求其承担违约责任。

（一）继续履行

订立合同的目的是为了实现合同的约定，即实际履行合同。继续履行合同既是为了实现合同目的，又是一种违约责任。当事人一方未支付价款或者报酬的，对方可以要求其支付价款或者报酬。当事人一方不履行非金钱债务或者履行非金钱债务不符合约定的，对方可以要求履行，但有下列情形之一的除外：(1)法律上或者事实上不能履行。(2)债务的标的不适于强制履行或者履行费用过高。前者如以具有人身性质的劳务为债务的，后者指履行费用大大超过实际履行合同所能获得的利益。(3)债权人在合理期限内未要求履行。

（二）采取补救措施

当事人一方履行合同义务不符合约定的，应当按照当事人的约定承担违约责任。受损害方可以根据受损害的性质以及损失的大小，合理选择要求对方适当履行，如采取修理、更换、重作、退货、减少价款或者报酬等措施，也可以选择解除合同、中止履行合同、通过提存履行债务、行使担保债权等补救措施。

（三）赔偿损失

赔偿损失，是指当事人一方不履行合同义务或者履行合同义务不符合约定因而给对方造成损失的，依法或根据合同约定应承担赔偿对方当事人所受损失的责任。当事人一方不履行合同义务或者履行合同义务不符合约定的，在履行义务或者采取补救措施后，对方还有其他损失的，应当赔偿损失。当然，对方也可以不选择要求继续履行或采取补救措施，直接主张赔偿损失。损失赔偿额应相当于因违约所造成的损失，包括合同履行后可以获得的利益，但不得超过违反合同一方订立合同时预见到或者应当预见到的因违反合同可能造成的损失。

当事人一方违约后，对方应当采取适当措施防止损失的扩大；没有采取适当措施致使损失扩大的，不得就扩大的损失要求赔偿。当事人因防止损失扩大而支出的合理费用，由违约方承担。

（四）支付违约金

为了保证合同的履行，合同当事人可以约定一方违约时应当根据情况向对方支付一定数额的违约金，也可以约定因违约产生的损失赔偿额的计算方法。与损失赔偿相比，违约金的支付可以避免损失赔偿方式在适用中经常遇到的计算损失范围和举证的困难。

合同违约方支付违约金不足以弥补非违约方遭受的损失的，非违约方仍然可以向违约方请求赔偿损失。但原则上，非违约方获得的赔偿应与其实际受到的损失大致相当，所以，《民法典》及相关司法解释规定了如下的违约金调整情形：约定的违约金低于造成的损失的，当事人可以请求人民法院或者仲裁机构予以增加。当事人依法请求人民法院增加违约金的，增加后的违约金数额以不超过实际损失额为限。增加违约金以后，当事人又请求对方赔偿损失的，人民法院不予支持。

约定的违约金过分高于造成的损失的，当事人可以请求人民法院或者仲裁机构予以适当减少。当事人主张约定的违约金过高请求予以适当减少的，人民法院应当以实际损失为基础，兼顾合同的履行情况、当事人的过错程度以及预期利益等综合因素，根据公平原则和诚实信用原则予以衡量，并作出裁决。当事人约定的违约金超过造成损失 30% 的，一般可以认定为"过分高于造成的损失"。

当事人就迟延履行约定违约金的，违约方支付违约金后，还应当履行债务。在同一合同中，当事人既约定违约金，又约定定金的，一方违约时，对方可以选择适用违约金或者定金条款，即二者不能同时主张。

二、免责事由

《民法典》规定了三种免责事由：法定事由、免责条款、法律的特别规定。

（一）法定事由

根据《民法典》的规定，因不可抗力不能履行合同的，根据不可抗力的影响，部分或者全部免除责任，但法律另有规定的除外。当事人迟延履行后发生不可抗力的，不能免除责任。

当事人一方因不可抗力不能履行合同的，应当及时通知对方不能履行或不能完全履行合同的情况和理由，并在合理期限内提供有关机关的证明，证明不可抗力及其影响当事人履行合同的具体情况。

（二）免责条款

免责条款是指合同双方当事人在合同中约定，当出现一定的事由或条件时，可免除违约方的违约责任。

（三）法律的特别规定

在法律有特别规定的情况下，可以免除当事人的违约责任。如《民法典》规定，承运人对运输过程中货物的毁损、灭失承担损失赔偿责任，但承运人证明货物的毁损、灭失是因不可抗力、货物本身的自然性质或者合理损耗以及托运人、收货人的过错造成的，不承担损失赔偿责任。

第九节 主要合同

一、买卖合同

（一）买卖合同的概念及效力

1. 买卖合同的概念

买卖合同是出卖人转移标的物的所有权于买受人，买受人支付价款的合同。转移买卖标的物的一方为出卖人，即卖方；受领买卖标的物、支付价款的一方是买受人，即买方。买卖合同是诺成、双务、有偿合同，可以是要式的，也可以是不要式的。

2. 买卖合同的特殊成立方式及效力

(1)如果当事人之间没有书面合同，一方以送货单、收货单、结算单、发票等主张存在买卖合同关系，则人民法院应当结合当事人之间的交易方式、交易习惯以及其他相关证据，对买卖合同是否成立作出认定。

(2)当事人签订认购书、预订书、意向书、备忘录等预约合同，约定在将来一定期限内订立买卖合同，一方不履行订立买卖合同的义务，对方请求其承担预约合同违约责任或者要求解除预约合同并主张损害赔偿的，人民法院应予支持。

(3)当事人一方以出卖人在缔约时对标的物没有所有权或者处分权为由主张合同无效的，人民法院不予支持。

(4)人民法院在按照合同法的规定认定电子交易合同的成立及效力的同时，还应当适用《中华人民共和国电子签名法》的相关规定。

（二）买卖合同的标的物

《民法典》规定，出卖的标的物，应当属于出卖人所有或者出卖人有权处分。法律、行政法规禁止或者限制转让的标的物，依照其规定。

1. 标的物交付和所有权转移

(1)标的物为动产的，所有权自标的物交付时起转移；标的物为不动产的，所有权自标的物登记时起转移。

(2)标的物为数物，其中一物不符合约定的，买受人可以就该物解除，但该物与他物分离使标的物的价值显受损害的，当事人可以就数物解除合同。

(3)出卖人分批交付标的物的，出卖人对其中一批标的物不交付或者交付不符合约定，致使该批标的物不能实现合同目的的，买受人可以就该批标的物解除。

(4)标的物为无须以有形载体交付的电子信息产品，当事人对交付方式约定不明确，且依照法律规定仍不能确定的，买受人收到约定的电子信息产品或者权利凭证即为交付。

(5)买受人拒绝接收多交部分标的物的,可以代为保管多交部分标的物。买受人主张出卖人负担代为保管期间的合理费用的,人民法院应予支持。

买受人主张出卖人承担代为保管期间非因买受人故意或者重大过失造成的损失的,人民法院应予支持。

(6)出卖人仅以增值税专用发票及税款抵扣资料证明其已履行交付标的物义务,买受人不认可的,出卖人应当提供其他证据证明交付标的物的事实。

(7)出卖人就同一普通动产订立多重买卖合同,在买卖合同均有效的情况下,买受人均要求实际履行合同的,应当按照以下情形分别处理:先行受领交付的买受人请求确认所有权已经转移的,人民法院应予支持;均未受领交付,先行支付价款的买受人请求出卖人履行交付标的物等合同义务的,人民法院应予支持;均未受领交付,也未支付价款,依法成立在先合同的买受人请求出卖人履行交付标的物等合同义务的,人民法院应予支持。

(8)出卖人就同一船舶、航空器、机动车等特殊动产订立多重买卖合同,在买卖合同均有效的情况下,买受人均要求实际履行合同的,应当按照以下情形分别处理:先行受领交付的买受人请求出卖人履行办理所有权转移登记手续等合同义务的,人民法院应予支持。均未受领交付,先行办理所有权转移登记手续的买受人请求出卖人履行交付标的物等合同义务的,人民法院应予支持。均未受领交付,也未办理所有权转移登记手续,依法成立在先合同的买受人请求出卖人履行交付标的物和办理所有权转移登记手续等合同义务的,人民法院应予支持;出卖人将标的物交付给买受人之一,又为其他买受人办理所有权转移登记,受领交付的买受人请求将标的物所有权登记在自己名下的,人民法院应予支持。

2. 标的物毁损、灭失风险的承担

(1)标的物毁损、灭失的风险,在标的物交付之前由出卖人承担,交付之后由买受人承担。

(2)在标的物由出卖人负责办理托运,承运人系独立于买卖合同当事人之外的运输业者的情况下,如买卖双方当事人没有约定交付地点或者约定不明确,出卖人将标的物交付给第一承运人后,标的物毁损、灭失的风险由买受人承担。当事人另有约定的除外。

(3)出卖人根据合同约定将标的物运送至买受人指定地点并交付给承运人后,标的物毁损、灭失的风险由买受人负担。当事人另有约定的除外。

(4)出卖人按照约定或者依照法律规定将标的物置于交付地点,买受人违反约定没有收取的,标的物毁损、灭失的风险自违反约定之日起由买受人承担。

(5)出卖人出卖交由承运人运输的在途标的物,在合同成立时知道或者应当知道标的物已经毁损、灭失却未告知买受人,买受人主张出卖人负担标的物毁损、灭失的风险的,人民法院应予支持。

(6)出卖人按照约定未交付有关标的物的单证和资料的,不影响标的物毁损、灭失风险的转移。标的物毁损、灭失的风险由买受人承担的,不影响因出卖人履行债务不符合约定,买受人要求其承担违约责任的权利。

(7)当事人对风险承担没有约定,标的物为种类物,出卖人未以装运单据、加盖标记、通知买受人等可识别的方式清楚地将标的物特定于买卖合同,买受人主张不负担标的物毁损、灭失的风险的,人民法院应予支持。

(8)因标的物质量不符合要求,致使不能实现合同目的的,买受人可以拒绝接受标的物或者解除合同。

3. 标的物检验

(1)当事人对标的物的检验期间未作约定,买受人签收的送货单、确认单等载明标的物数量、型号、规格的,人民法院应当认定买受人已对数量和外观瑕疵进行了检验,但有相反证据足以推翻的除外。

(2)出卖人依照买受人的指示向第三人交付标的物,出卖人和买受人之间约定的检验标准与买受人和第三人之间约定的检验标准不一致的,人民法院应当以出卖人和买受人之间约定的检验标准为标的物的检验标准。

(3)出卖人交付标的物后,买受人应对收到的标的物在约定的检验期间内检验。没有约定检验期间的,应当及时检验。买受人在合理期间内未通知或者自标的物收到之日起 2 年内未通知出卖人的,视为标的物的数量或者质量符合约定。

在上述“检验期间”“合理期间”“2 年期间”经过后,买受人主张标的物的数量或者质量不符合约定的,人民法院不予支持。

出卖人自愿承担违约责任后,又以上述期间经过为由反悔的,人民法院不予支持。

4. 有关买卖合同标的物的其他规定

(1)出卖人就交付的标的物,负有保证第三人不得向买受人主张任何权利的义务,但买受人订立合同时知道或者应当知道第三人对买卖的标的物享有权利的,出卖人不承担该义务。

(2)出卖具有知识产权的计算机软件等标的物的,除法律另有规定或者当事人另有约定的以外,该标的物的知识产权不属于买受人。

(3)因标的物的主物不符合约定而解除合同的,解除合同的效力及于从物。因标的物的从物不符合约定被解除的,解除的效力不及于主物。

(三)买卖双方当事人的权责

1. 出卖人的权责

(1)出卖人应当履行向买受人交付标的物或者交付提取标的物的单证,并转移标的物所有权的义务。出卖人还应当按照约定或者交易习惯向买受人交付提取标的物单证以外的有关单证和资料,主要应当包括保险单、保修单、普通发票、增值税专用发票、产品合格证、质量保证书、质量鉴定书、品质检验证书、产品进出口检疫书、原产地证明书、使用说明书、装箱单等。

(2)出卖人应当按照约定的期限交付标的物。约定交付期间的,出卖人可以在该交付期间内的任何时间交付。没有约定标的物的交付期限或者约定不明确的,当事人可以协商达成补充协议;不能达成补充协议的,按照合同有关条款或交易习惯确定;如仍不能确定,出卖人就可以随时履行,买卖人也可以随时要求出卖人履行,但应当给对方必要的准备时间。

(3)出卖人应当按照约定的地点交付标的物。当事人没有约定交付地点或者约定不明确,可以协商达成补充协议;不能达成补充协议的,按照合同有关条款或交易习惯确定。仍不能确定的,适用下列规定:①标的物需要运输的,出卖人应当将标的物交付给第一承运人以运交给买受人,出卖人将标的物交付给第一承运人后,标的物毁损、灭失的风险由买受人承担;②标的物不需要运输,出卖人和买卖人订立合同时知道标的物在某一地点的,出卖人应当在该地点交付标的物;不知道标的物在某一地点的,应当在出卖人订立合同时的营业地交付标的物。

(4)出卖人应当按照约定的质量要求交付标的物。当事人对标的物的质量要求没有约定或者约定不明的,依照《民法典》有关规定执行。出卖人交付的标的物不符合质量要求的,买受人可以依照合同约定要求出卖人承担违约责任,对违约责任没有约定或约定不明,并不能达成补充协议或按有关条款或交易习惯确定的,买受人可以根据标的物的性质及损失的大小合理选择要求对方承担修理、更换、重作、退货、减少价款或者报酬等违约责任。

(5)出卖人应当按约定的包装方式交付标的物。对包装方式没有约定或者约定不明确的,依照《民法典》的规定仍不能确定的,应当按照通用的方式包装,没有通用方式的,应当采取足以保护标的物的包装方式。

(6)出卖人应保证标的物的价值或使用效果。买受人依约保留部分价款作为质量保证金,出卖人在质量保证期间未及时解决质量问题而影响标的物的价值或者使用效果,出卖人主张支付该部分价款的,人民法院不予支持。

(7)买受人在检验期间、质量保证期间、合理期间内提出质量异议,出卖人未按要求予以管理或者因情况紧急,买受人自行或者通过第三人修理标的物后,主张出卖人负担因此发生的合理费用的,人民法院应予支持。

(8)出卖人没有履行或者不当履行给付义务,致使买受人不能实现合同目的,买受人主张解除合同的,人民法院应当根据《民法典》第五百六十三条第四项的规定,予以支持。

(9)合同约定减轻或者免除出卖人对标的物的瑕疵担保责任,但出卖人故意或者因重大过失不告知买受人标的物的瑕疵,出卖人主张依约减轻或者免除瑕疵担保责任的,人民法院不予支持。

(10)买受人在缔约时知道或者应当知道标的物质量存在瑕疵,主张出卖人承担瑕疵担保责任的,人民法院不予支持,但买受人在缔约时不知道该瑕疵会导致标的物的基本效用显著降低的除外。

2. 买受人的权责

(1)买卖合同中买受人应当按照约定的数额支付价款。出卖人多交标的物的,买受人可以接收或者拒绝接收多交的部分。买受人接收多交部分的,按照合同的价格支付价款;买受人拒绝接收多交部分的,应当及时通知出卖人。标的物在交付之前产生的孳息,归出卖人所有,交付之后产生的孳息,归买受人所有。

(2)买受人应当按照约定的地点支付价款。对支付地点没有约定或者约定不明确的,可以协议补充;不能达成补充协议的,买受人应当在出卖人的营业地支付,但约定支付价款以交付标的物或者交付提取标的物单证为条件的,在交付标的物或者交付提取标的物单证的所在地支付。

(3)买受人应当按照约定的时间支付价款。对支付时间没有约定或者约定不明确的,可以协议补充;不能达成协议的,买受人应当在收到标的物或者提取标的物单证的同时支付。

(4)分期付款的买受人未支付到期价款的金额达到全部价款的1/3的,出卖人可以要求买受人支付全部价款或者解除合同。出卖人解除合同的,可以向买受人要求支付该标的物的使用费。

(5)标的物质量不符合约定,买受人依照《民法典》的规定要求减少价款的,人民法院应予支持。当事人主张以符合约定的标的物和实际交付的标的物按交付时的市场价值计算差价的,人民法院应予支持。

价款已经支付,买受人主张返还减价后多出部分价款的,人民法院应予支持。

(四)所有权保留

所有权保留是指在移转财产所有权的交易中,根据法律的规定或者当事人的约定,财产所有人将标的物移转给对方当事人占有,但仍保留其对该财产的所有权,待对方当事人支付合同价款或完成特定条件时,该财产的所有权才发生移转的一种法律制度。

当事人约定所有权保留,在标的物所有权转移前,买受人有下列情形之一,对出卖人造成损害,出卖人主张取回标的物的,人民法院应予支持:(1)未按约定支付价款的。(2)未按约定完成特定条件的。(3)将标的物出卖、出质或者作出其他不当处分的。买卖人已经支付标的物总价款的75%以上,出卖人主张取回标的物的,人民法院不予支持。

取回的标的物价值显著减少,出卖人要求买受人赔偿损失的,人民法院应予支持。出卖人取回标的物后,买受人在双方约定的或者出卖人指定的回赎期间内,消除出卖人取回标的物的事由,主张回赎标的物的,人民法院应予支持。

买受人在回赎期间内没有回赎标的物的,出卖人可以另行出卖标的物。

出卖人另行出卖标的物的，出卖所得价款依次扣除取回和保管费用、再交易费用、利息、未清偿的价金后仍有剩余的，应返还原买卖人；如有不足，出卖人要求原买受人清偿的，人民法院应予支持，但原买受人有证据证明出卖人另行出卖的价格明显低于市场价格的除外。

（五）试用买卖

试用买卖的买受人在试用期内已经支付一部分价款的，人民法院应当认定买受人同意购买，但合同另有约定的除外。

在试用期内，买受人对标的物实施出卖、出租、设定担保物权等非试用行为的，人民法院应当认定买受人同意购买。

买卖合同存在下列约定内容之一的，不属于试用买卖。买受人主张属于试用买卖的，人民法院不予支持：(1)约定标的物经过试用或者检验符合一定要求时，买受人应当购买标的物；(2)约定第三人经试验对标的物认可时，买受人应当购买标的物；(3)约定买受人在一定期间内可以调换标的物；(4)约定买受人在一定期间内可以退还标的物。

试用买卖的当事人没有约定使用费或者约定不明确，出卖人主张买受人支付使用费的，人民法院不予支持。

（六）商品房买卖合同

商品房买卖合同，是指房地产开发企业（出卖人）将尚未建成或者已竣工的房屋向社会销售并转移房屋所有权予买受人，买受人支付价款的合同，包括期房买卖合同和现房买卖合同。

1. 商品房销售广告的性质

商品房的销售广告和宣传资料为要约邀请，但是出卖人就商品房开发规划范围内的房屋及相关设施所作的说明和允诺具体确定，并对商品房买卖合同的订立以及房屋价格的确定有重大影响的，应当视为要约。

2. 商品房预售合同的效力

出卖人预售商品房，必须申领商品房预售许可证明。出卖人未取得商品房预售许可证明，与买受人订立的商品房预售合同，应当认定无效，但是在起诉前取得商品房预售许可证明的，可以认定有效。

3. 被拆迁人的优先权

拆迁人与被拆迁人按照所有权调换形式订立拆迁补偿安置协议，明确约定拆迁人以位置、用途特定的房屋对被拆迁人予以补偿安置，如果拆迁人将该补偿安置房屋另行出卖给第三人，被拆迁人请求优先取得补偿安置房屋的，应予支持。

4. 解除权的行使

(1)买受人因以下原因无法取得房屋，导致商品房买卖合同目的不能实现的，可以请求解除合同、返还已付购房款及利息、赔偿损失，并可以请求出卖人承担不超过已付购房款1倍的赔偿责任。第一，商品房买卖合同订立后，出卖人未告知买卖人又将该房屋抵押给第三人；第二，商品房买卖合同订立后，出卖人又将该房屋出卖给第三人。

(2)因房屋主体结构质量不合格不能交付使用，或者房屋交付使用后，房屋主体结构质量经核验确属不合格，买受人请求解除合同和赔偿损失的，应予支持。

(3)因房屋质量问题严重影响正常居住使用，买受人请求解除合同和赔偿损失的，应予支持。

(4)买受人因出卖人订立商品房买卖合同时具有下列情形，导致合同无效或者被撤销、解除的，可以请求返还已付购房款及利息、赔偿损失，并可以请求出卖人承担不超过已付购房款1倍的赔偿责任。第一，故意隐瞒没有取得商品房预售许可证明的事实或者提供虚假商品房预售许可证明；第二，故意隐瞒所售房屋已经抵押的事实；第三，故意隐瞒所售房屋已经出卖给第三人或者为拆迁补偿安置房屋的事实。

(5)出卖人交付使用的房屋套内建筑面积或者建筑面积与商品房买卖合同约定面积不符，合同有约定的，按照约定处理；合同没有约定或者约定不明确的，按照以下原则处理：第一，面积误差比绝对值在3%以内(含3%)，按照合同约定的价格据实结算，买受人请求解除合同的，不予支持；第二，面积误差比绝对值超出3%，买受人请求解除合同、返还已付购房款及利息的，应予支持。买受人同意继续履行合同，房屋实际面积大于合同约定面积的，面积误差比在3%以内(含3%)部分的房价款由买受人按照约定的价格补足，面积误差比超出3%部分的房价款由出卖人承担，所有权归买受人；房屋实际面积小于合同约定面积的，面积误差比在3%以内(含3%)部分的房价款及利息由出卖人返还买受人，面积误差比超过3%部分的房价款由出卖人双倍返还买受人。

(6)出卖人迟延交付房屋或者买受人迟延支付购房款，经催告后在3个月的合理期限内仍未履行，当事人一方请求解除合同的，应予支持，但当事人另有约定的除外。法律没有规定或者当事人没有约定，经对方当事人催告后，解除权行使的合理期限为3个月。对方当事人没有催告的，解除权应当在解除权发生之日起一年内行使，逾期不行使的，解除权消灭。

5. 商品房买卖中贷款合同的效力

因当事人一方原因未能订立商品房担保贷款合同并导致商品房买卖合同不能继续履行的，对方当事人可以请求解除合同和赔偿损失。因不可归责于当事人双方的事由未能订立商品房担保贷款合同并导致商品房买卖合同不能继续履行的，当事人可以请求解除合同，出卖人应当将收受的购房款本金及其利息或者定金返还买受人。

因商品房买卖合同被确认无效或者被撤销、解除，致使商品房担保贷款合同的目的无法实现，当事人请求解除商品房担保贷款合同的，应予支持。出卖人应当将收受的购房贷款和购房款的本金及利息分别返还给担保权人和买受人。

二、赠与合同

赠与合同是赠与人将自己的财产无偿给予受赠人,受赠人表示接受赠与的合同。赠与人必须有完全行为能力,对赠与物有处分权。赠与合同是一种单务、无偿合同。在附义务的赠与中,赠与人负有将其财产给付受赠人的义务,受赠人按照合同约定负有某种义务,但受赠人所负担的义务并非赠与人所负义务的对价,双方的义务并不是对应的,赠与人不能以受赠人不履行义务为抗辩。

(一)当事人的权利义务

如果赠与合同具有救灾、扶贫等社会公益、道德义务的性质,或者经过公证的赠与合同,赠与人不交付赠与的财产的,受赠人可以要求交付。

因赠与人故意或者重大过失致使赠与的财产毁损、灭失的,赠与人应当承担损害赔偿责任。

赠与的财产有瑕疵的,赠与人不承担责任。但附义务的赠与,赠与的财产有瑕疵的,赠与人在附义务的限度内承担与出卖人相同的责任。赠与人故意不告知瑕疵或者保证无瑕疵,造成受赠人损失的,应当承担损害赔偿责任。

赠与可以附义务。赠与附义务的,受赠人应当按照约定履行义务。

赠与人的经济状况显著恶化,严重影响其生产经营或者家庭生活的,可以不再履行赠与义务。

(二)赠与的撤销

赠与人在赠与财产的权利转移之前可以撤销赠与。但具有救灾、扶贫等社会公益、道德义务性质的赠与合同或者经过公证的赠与合同,不得撤销。即除了法定不得撤销的赠与合同外,赠与人在给付之前,可以任意撤销赠与;但对于已经给付或部分给付的,不得撤销。

另外,受赠人有下列法律规定的情形之一的,赠与人可以撤销赠与:(1)严重侵害赠与人或者赠与人的近亲属;(2)对赠与人有扶养义务而不履行;(3)不履行赠与合同约定的义务;(4)因受赠人的违法行为使赠与人死亡或者丧失民事行为能力的,赠与人的继承人或者法定代理人可以撤销赠与。赠与人的撤销权,自知道或者应当知道撤销原因之日起1年内行使。赠与人的继承人或者法定代理人的撤销权,自知道或者应当知道撤销原因之日起6个月内行使。撤销权人撤销赠与的,可以向受赠人要求返还赠与的财产。

三、借款合同

借款合同是借款人向贷款人借款,到期返还借款并支付利息的合同。

(一)当事人的权利义务

订立借款合同,借款人应当按照贷款人的要求提供与借款有关的业务活动和财务状况的真实情况以及相应的担保，并应当按照约定向贷款人定期提供有关财务会计报表等资料。贷款人按照约定可以检查、监督借款的使用情况。一方以欺诈、胁迫手段或者乘人之危，使对方在违背真实意思的情况下所形成的借贷关系，应认定为无效。借贷关系无效由债权人的行为引起的，只返还本金；由债务人的行为引起的，除返还本金外，还应参照银行同类贷款利率给付利息。

借款人还应当按照约定的期限返还借款。对借款期限没有约定或者约定不明确时，当事人可以协议补充；不能达成补充协议的，借款人可以随时返还，贷款人也可以催告借款人在合同期限内返还。但借款人可以在还款期限届满之前向贷款人申请展期，贷款人同意的，可以展期。贷款人未按照约定的日期、数额提供借款，造成借款人损失的，应当赔偿损失。借款人未按照约定的日期、数额收取借款的，应当按照约定的日期、数额支付利息。借款人未按照约定的借款用途使用借款的，贷款人可以停止发放借款，提前收回借款或者解除合同。

（二）借款利息的规定

借款的利息不得预先在本金中扣除。利息预先在本金中扣除的，应当按照实际借款数额返还借款并计算利息。借款人应当按照约定的期限支付利息，在借款人未按照约定的日期、数额收取借款的情况下，仍应当按照约定的日期、数额支付利息。对支付利息的期限没有约定或者约定不明确的，当事人可以协议补充，不能达成补充协议时，借款期间不满 1 年的，应当在返还借款时一并支付；借款期间 1 年以上的，应当在每届满 1 年时支付，剩余期间不满 1 年的，应当在返还借款时一并支付。自然人之间的借款合同对支付利息没有约定或者约定不明确的，视为不支付利息；约定支付利息的，借款的利率不得违反国家有关限制借款利率的规定。借款人未按照约定的期限返还借款的，应当按照约定或者国家有关规定支付逾期利息。借款人提前偿还借款的，除当事人另有约定的以外，应当按照实际情况的期间计算利息。

借贷双方约定的利率未超过年利率 24％，出借人请求借款人按照约定的利率支付利息的，人民法院应予支持。借贷双方约定的利率超过年利率 36％，超过部分的利息约定无效。借款人请求出借人返还已支付的超过年利率 36％部分的利息的，人民法院应予支持。借贷双方对前期借款本息结算后将利息计入后期借款本金并重新出具债权凭证，如果前期利率没有超过年利率 24％，重新出具的债权凭证载明的金额可认定为后期借款本金；超过部分的利息不能计入后期借款本金。约定的利率超过年利率 24％，当事人主张超过部分的利息不能计入后期借款本金的，人民法院应予支持。借款人在借款期间届满后应当支付的本息之和，不能超过最初借款本金与以最初借款本金为基数，以年利率 24％计算的整个借款期间的利息之和。出借人请求借款人支付超过部分的，人民法院不予支持。借贷双方对逾期利率有约定的，从其约定，但以不超过年利率 24％为限。未约定逾期利率或者约定不明的，人民法院可以区分不同情况处理：

(1)既未约定借期内的利率，也未约定逾期利率，出借人主张借款人自逾期还款之日起按照年利率6%支付资金占用期间利息的，人民法院应予支持；

(2)约定了借期内的利率但未约定逾期利率，出借人主张借款人自逾期还款之日起按照借期内的利率支付资金占用期间利息的，人民法院应予支持。

出借人与借款人既约定了逾期利率，又约定了违约金或者其他费用，出借人可以选择主张逾期利息、违约金或者其他费用，也可以一并主张，但总计超过年利率24%的部分，人民法院不予支持。没有约定利息但借款人自愿支付，或者超过约定的利率自愿支付利息或违约金，且没有损害国家、集体和第三人利益，借款人又以不当得利为由要求出借人返还的，人民法院不予支持，但借款人要求返还超过年利率36%部分的利息除外。借款人可以提前偿还借款，但当事人另有约定的除外。借款人提前偿还借款并主张按照实际借款期间计算利息的，人民法院应予支持。

四、租赁合同

(一)租赁合同概述

租赁合同是出租人将租赁物交付承租人使用、收益，承租人支付租金的合同。

租赁合同中租赁期限为6个月以上的，应当采用书面形式。当事人未采用书面形式的，视为不定期租赁。租赁期限不得超过20年。超过20年的，超过部分无效。租赁期届满，当事人可以续订租赁合同，但约定的租赁期限自续订之日起不得超过20年。

(二)当事人的权利义务

在租赁期间因占有、使用租赁物获得的收益，归承租人所有，但当事人另有约定的除外。

承租人未经出租人同意转租的，出租人可以解除合同。承租人无正当理由未支付或者迟延支付租金的，出租人可以要求承租人在合理期限内支付，承租人逾期不支付的，出租人可以解除合同。

出租人应当按照约定将租赁物交付承租人，并在租赁期间保持租赁物符合约定的用途。出租人应当履行租赁物的维修义务，但当事人另有约定的除外。承租人在租赁物需要维修时可以要求出租人在合理期限内维修。出租人未履行维修义务的，承租人可以自行维修，维修费用由出租人负担。因维修租赁物影响承租人使用的，应当相应减少租金或者延长租期。

因不可归责于承租人的事由，致使租赁物部分或者全部毁损、灭失的，承租人可以要求减少租金或者不支付租金；因租赁物部分或者全部毁损、灭失，致使不能实现合同目的的，承租人可以解除合同。

租赁物危及承租人的安全或者健康的，即使承租人订立合同时明知该租赁物质量不合格，承租人仍然可以随时解除合同。

承租人应当按照约定的方法或按照租赁物的性质使用租赁物，并应当妥善保管租赁物，如因保管不善造成租赁物毁损、灭失的，应当承担损害赔偿责任。承租人经出租人同意，可以对租赁物进行改善或增设他物，如未经出租人同意，出租人可以要求承租人恢复原状或赔偿损失。

承租人经出租人同意，还可以将租赁物转租给第三人，在这种情况下，承租人与出租人之间的租赁合同继续有效，第三人对租赁物造成损失的，承租人应当赔偿损失。

承租人应当按照约定的期限支付租金。对支付期限没有约定或约定不明确的，可以协议补充，不能达成补充协议的，按照合同有关条款或者交易习惯确定。仍不能确定的，租赁期间不满 1 年的，应当在租赁期间届满时支付；租赁期间 1 年以上的，应当在每届满 1 年时支付，剩余期间不满 1 年的，应当在租赁期间届满时支付。

租赁期间届满，承租人应当返还租赁物。返还的租赁物应当符合按照约定或者租赁物的性质使用后的状态。

租赁物在租赁期间发生所有权变动的，不影响租赁合同的效力。承租人继续使用租赁物，出租人没有提出异议的，原租赁合同继续有效，但租赁期限为不定期。

（三）房屋租赁合同

房屋租赁合同是指以不动产房屋为租赁标的物的租赁合同。

1. 房屋租赁合同的效力

出租人就未取得建设工程规划许可证或者未按照建设工程规划许可证的规定建设的房屋，与承租人订立的租赁合同无效。但在一审法庭辩论终结前取得建设工程规划许可证或者经主管部门批准建设的，人民法院应当认定有效。

出租人就未经批准或者未按照批准内容建设的临时建筑，与承租人订立的租赁合同无效。但在一审法庭辩论终结前经主管部门批准建设的，人民法院应当认定有效。

租赁期限超过临时建筑的使用期限，超过部分无效。但在一审法庭辩论终结前经主管部门批准延长使用期限的，人民法院应当认定延长使用期限内的租赁期间有效。

当事人以房屋租赁合同未按照法律、行政法规规定办理登记备案手续为由，请求确认合同无效的，人民法院不予支持。

当事人约定以办理登记备案手续为房屋租赁合同生效条件的，从其约定。但当事人一方已经履行主要义务，对方接受的除外。

房屋租赁合同无效，当事人请求参照合同约定的租金标准支付房屋占有使用费的，人民法院一般应予支持。

出租人就同一房屋订立数份租赁合同，在合同均有效的情况下，承租人均主张履行合同的，人民法院按照下列顺序确定履行合同的承租人：(1)已经合法占有租赁房屋的；(2)已经办理登记备案手续的；(3)合同成立在先的。

2. 房屋租赁合同的解除

发生下列情形之一,导致租赁房屋无法使用,承租人请求解除合同的,人民法院应予支持:(1)租赁房屋被司法机关或者行政机关依法查封的;(2)租赁房屋权属有争议的;(3)租赁房屋具有违反法律、行政法规关于房屋使用条件强制性规定情况的。

3. 承租人的优先权

出租人出卖出租房屋的,应当在出卖之前的合理期限内通知承租人,承租人享有以同等条件优先购买的权利。

(1)出租人出卖租赁房屋未在合理期限内通知承租人或者存在其他侵害承租人优先购买权的情形,承租人请求出租人承担赔偿责任的,人民法院应予支持。

(2)租赁房屋在租赁期间发生所有权变动,承租人请求房屋受让人继续履行原租赁合同的,人民法院应予支持。但租赁房屋具有下列情形或者当事人另有约定的除外:房屋在出租前已设立抵押权,因抵押权人实现抵押权发生所有权变动的;房屋在出租前已被人民法院依法查封的。

(3)具有下列情形之一,承租人主张优先购买房屋的,人民法院不予支持:房屋共有人行使优先购买权的;出租人将房屋出卖给近亲属,包括配偶、父母、子女、兄弟姐妹、祖父母、外祖父母、孙子女、外孙子女的;出租人履行通知义务后,承租人在 15 日内未明确表示购买的;第三人善意购买租赁房屋并已经办理登记手续的。

五、融资租赁合同

(一)融资租赁合同概述

融资租赁合同是出租人根据承租人对出卖人、租赁物的选择,向出卖人购买租赁物,提供给承租人使用,承租人支付租金的合同。融资租赁合同应当采用书面形式。

(二)当事人的权利义务

出租人根据承租人对出卖人、租赁物的选择订立的买卖合同,未经承租人同意,出租人不得变更与承租人有关的合同内容。

出租人应当保证承租人对租赁物的占有和使用,租赁物不符合约定或者不符合使用目的的,出租人不承担责任,但承租人依赖出租人的技能确定租赁物或者出租人干预选择租赁物的除外。出租人享有租赁物的所有权。

承租人破产的,租赁物不属于破产财产,出租人和承租人也可以约定租赁期间届满租赁物的归属。对租赁物的归属没有约定或者约定不明确的,可以协议补充,不能达成补充协议的,按照合同有关条款或者交易习惯确定。仍不能确定的,租赁物的所有权归出租人。

承租人享有与受领标的物有关的买受人的权利,承租人应当妥善保管、使用租赁物,履行占有租赁物期间的维修义务,承租人占有租赁物期间,租赁物造成第三人的人身伤害或者财产损害的,出租人不承担责任。

承租人应按照约定支付租金，经催告后在合理期限内仍不支付租金的，出租人可以要求支付全部租金；也可以解除合同，收回租赁物。

当事人约定租赁期间届满租赁物归承租人所有，承租人已经支付大部分租金，但无力支付剩余租金，出租人因此解除合同收回租赁物的，收回的租赁物的价值超过承租人欠付的租金以及其他费用的，承租人可以要求部分返还。

出租人、出卖人、承租人可以约定，出卖人不履行买卖合同义务的，由承租人行使索赔的权利。承租人行使索赔权利的，出租人应当协助。

六、承揽合同

承揽合同是承揽人按照定作人的要求完成工作，交付工作成果，定作人给付报酬的合同。承揽包括加工、定作、修理、复制、测试、检验等工作。

(一)承揽人的权利义务

承揽人应当以自己的设备、技术和劳力，完成主要工作，但当事人另有约定的除外。

承揽人将其承揽的主要工作交由第三人完成的，应当就该第三人完成的工作成果向定作人负责；未经定作人同意的，定作人也可以解除合同。承揽人可以将其承揽的辅助工作交由第三人完成。承揽人将其承揽的辅助工作交由第三人完成的，应当就该第三人完成的工作成果向定作人负责。

承揽人提供材料的，承揽人应当按照约定选用材料，并接受定作人检验。

承揽人发现定作人提供的图纸或者技术要求不合理的，应当及时通知定作人。因定作人怠于答复等原因造成承揽人损失的，应当赔偿损失。承揽人不得擅自更换定作人提供的材料，不得更换不需要修理的零部件。

承揽人应当妥善保管定作人提供的材料以及完成的工作成果，因保管不善造成毁损、灭失的，应当承担损害赔偿责任。

承揽人在工作期间，应当接受定作人必要的监督检验。定作人不得因监督检验妨碍承揽人的正常工作。承揽人完成工作的，应当向定作人交付工作成果，并提交必要的技术资料和有关质量证明。

承揽人应当按照定作人的要求保守秘密，未经定作人许可，不得留存复制品或者技术资料。

(二)定作人的权利义务

定作人提供材料的，定作人应当按照约定提供材料。承揽人对定作人提供的材料，应当及时检验，发现不符合约定时，应当及时通知定作人更换、补齐或者采取其他补救措施。

承揽工作需要定作人协助的，定作人有协助的义务。定作人不履行协助义务致使承揽工作不能完成的，承揽人可以催告定作人在合理期限内履行义务，并可以顺延履行期限;定作人逾期不履行的,承揽人可以解除合同。

定作人应当验收该工作成果。对于承揽人交付的工作成果不符合质量要求的,定作人可以要求承揽人承担修理、重作、减少报酬、赔偿损失等违约责任。

定作人应当按照约定的期限支付报酬。对支付报酬的期限没有约定或者约定不明确的,可以协议补充,不能达成补充协议的,按照合同有关条款或者交易习惯确定。仍不能确定的,定作人应当在承揽人交付工作成果时支付;工作成果部分交付的,定作人应当相应支付。

定作人未向承揽人支付报酬或者材料费等价款的,承揽人对完成的工作成果享有留置权,但当事人另有约定的除外。

定作人中途变更承揽工作的要求,造成承揽人损失的,应当赔偿损失。定作人可以随时解除承揽合同,造成承揽人损失的,应当赔偿损失。

七、建设工程合同

建设工程合同是承包人进行工程建设,发包人支付价款的合同。建设工程合同包括工程勘察、设计、施工合同。

建设工程合同应当采用书面形式。

(一)发包人的权利义务

发包人可以与总承包人订立建设工程合同,也可以分别与勘察人、设计人、施工人订立勘察、设计、施工承包合同。发包人不得将应当由一个承包人完成的建设工程肢解成若干部分发包给几个承包人。建设工程实行监理的,发包人应当与监理人采用书面形式订立委托监理合同。发包人与监理人的权利和义务以及法律责任,应当依照《民法典》委托合同以及其他有关法律、行政法规的规定。

发包人在不妨碍承包人正常作业的情况下,可以随时对作业进度、质量进行检查。因施工人的原因致使建设工程质量不符合约定的,发包人有权要求施工人在合理期限内无偿修理或者返工、改建。经过修理或者返工、改建后,造成逾期交付的,施工人应当承担违约责任。

建设工程竣工后,发包人应当根据施工图纸及说明书、国家颁发的施工验收规范和质量检验标准及时进行验收。验收合格的,发包人应当按照约定支付价款,并接收该建设工程。建设工程竣工经验收合格后,方可交付使用;未经验收或者验收不合格的,不得交付使用。

发包人未按照约定的时间和要求提供原材料、设备、场地、资金、技术资料的,承包人可以顺延工程日期,并有权要求赔偿停工、窝工等损失。

因发包人的原因致使工程中途停建、缓建的,发包人应当采取措施弥补或者减少损失,赔偿承包人因此造成的停工、窝工、倒运、机械设备调迁、材料和构件积压等损失和实际费用。因发包人变更计划，提供的资料不准确，或者未按照期限提供必需的勘察、设计工作条件而造成勘察、设计的返工、停工或者修改设计，发包人应当按照勘察人、设计人实际消耗的工作量增付费用。

发包人未按照约定支付价款的，承包人可以催告发包人在合理期限内支付价款。发包人逾期不支付的，除按照建设工程的性质不宜折价、拍卖的以外，承包人可以与发包人协议将该工程折价，也可以申请人民法院将该工程依法拍卖。建设工程的价款就该工程折价或者拍卖的价款优先受偿。

(二)承包人的权利义务

总承包人或者勘察、设计、施工承包人经发包人同意，可以将自己承包的部分工作交由第三人完成。第三人就其完成的工作成果与总承包人或者勘察、设计、施工承包人向发包人承担连带责任。承包人不得将其承包的全部建设工程转包给第三人或者将其承包的全部建设工程肢解以后以分包的名义分别转包给第三人。

禁止承包人将工程分包给不具备相应资质条件的单位。禁止分包单位将其承包的工程再分包。建设工程主体结构的施工必须由承包人自行完成。

勘察、设计的质量不符合要求或者未按照期限提交勘察、设计文件拖延工期，造成发包人损失的，勘察人、设计人应当继续完善勘察、设计，减收或者免收勘察、设计费并赔偿损失。

隐蔽工程在隐蔽以前，承包人应当通知发包人检查。发包人没有及时检查的，承包人可以顺延工程日期，并有权要求赔偿停工、窝工等损失。

因承包人的原因致使建设工程在合理使用期限内造成人身和财产损害的，承包人应当承担损害赔偿责任。

第六章 物权法

导入案例

甲房地产公司与乙公司就买卖房屋达成协议，双方签订了房屋购买合同，乙公司购买甲房地产公司面积为3 000平方米的写字楼，总价款为3 000万元。合同履行期届至，买方乙公司交付了价款，但比约定的清偿期迟延了10天。同时卖方甲房地产公司也依合同约定完成交付，将该楼盘移转给乙公司占有，并着手办理产权过户手续。在此期间，经交付已实际占有该房屋的乙公司因业务调整的需要，又将该房屋以每平方米11 000元的价格转让给第三人丙公司，双方订立了房屋买卖合同。丙公司在购买时到房地产登记部门查阅登记，登记机关告知该房产过户手续已经批准，正在办理中。丙公司便向乙公司支付了3 300万元总价款，并与乙公司完成了该房产的交付。至此，该房产已由第三人丙公司占有。其后，丙公司要求登记机关一次性将该房产过户登记到其名下。后由于甲公司了解到该楼盘所处地区将由政府规划开发为商业区，该处楼盘房价也将大幅升值，极具投资潜力。甲公司便以乙公司迟延10天支付房款为由宣告解除购房合同，并请求该房产的占有人丙公司返还房屋。该房屋的所有权归谁享有？

合同效力与物权变动的区分原则：

我国《民法典》规定，不动产物权的设立、变更、转让和消灭，经依法登记，发生效力；除法律另有规定的以外，未经登记，不发生效力。就本案而言，虽然第一个房屋买卖合同成立且生效，但是根据物权法的规定，乙公司并未取得房屋的所有权。

占有抗辩：

本案中，房屋所有权仍归属于甲公司，乙公司基于第一个有效合同而合法占有房屋，而后丙公司基于第二个合同而从乙公司处传来取得对该房屋的合法占有。这就产生了所有权与占有的冲突。

我国《民法典》对占有专门作了规定：“不动产或者动产被占有人占有的，权利人可以请求返还原物及其孳息，但应当支付善意占有人因维护该不动产或者动产支出的必要费用。”根据这一规定，即使占有人为“善意占有人”，权利人仍然可以对其行使返还原物及其孳息的请求权。就本案而言，甲公司仍然是争讼房屋的所有权人，因此有权请求该房产的占有人丙公司返还房屋。但是乙公司也享有请求甲公司履行房屋买卖合同、办理产权过户登记的权利，丙公司则可以请求乙公司履行合同义务，在乙公司取得所有权后要求乙公司办理产权过户手续。

第一节　物权法律制度概述

一、物权法律制度概况

我国《宪法》明确规定，我国实行社会主义市场经济。社会主义市场经济秩序建立的前提条件就是要求产权明晰，社会经济活动的主体在一定规则的约束下取得、占有、使用和获得收益，并得到国家强制力的保护。物权法就是规范这种财产关系的民事基本法律，是调整平等主体之间因物的归属和利用而发生的法律关系的法律总称。

根据《民法典》的规定，自2021年1月1日起，《中华人民共和国物权法》废止，我国现行物权法主要是《民法典》的第二编——物权。

二、物的概念与种类

物是物权的客体。《民法典》第一百一十五条规定："物包括不动产和动产。法律规定权利作为物权客体的，依照其规定。"

（一）物的概念

《民法典》中的物，仅指有体物，是除人的身体之外，能为人力所支配，独立满足人类社会生活需要的物。《民法典》规定之物有以下特点：

1. 有体性

物权法上的物指的是有体物，权利、行为、智力成果等均不是物权法上的物；但权利在特殊情况下，经法律规定可成为物权客体（如以股权质押）。

2. 可支配性

不能为人力所支配（如太阳、月亮、星星等）或不为人所需之物（如汽车尾气），因其不具有交易价值而不属于物权法上的物。

3. 在人的身体之外

人是权利主体，不能成为物权客体；但人体器官如脱离人的身体，则可以成为物。

（二）物的种类

1. 可替代物与不可替代物

动产可分为可替代物与不可替代物。交易客体为可替代物（如普通的可口可乐）时，可以同类物替代履行；不可替代物（如齐白石的字画，具有唯一性）一旦发生损害就只能转化为金钱赔偿。

2. 主物与从物

认定主物与从物的关系,必须同时具备两个条件:(1)二者在物理上互相独立;(2)二者存在主、从关系:A物脱离B物,不损害A物的独立用途,则A物为主物;B物脱离A物,丧失其本来的用途,则B物为从物。譬如:(1)房屋与窗户不属于主物、从物关系,因为窗户不具有物理独立性,只是房屋的组成部分;(2)鞋子与袜子均具有独立的经济用途,不属于主物、从物关系;(3)茶杯和杯盖属于主物、从物关系。

3. 原物与孳息

孳息是独立于原物的物,原物、孳息属于两个物(必须相互分离)。因此,尚在母牛身体里的小牛属于母牛的组成部分,不属于孳息;尚未与苹果树相分离的苹果,也不属于孳息。详细分类见表6—1。

表6—1　物的种类

分类		典型例子	法律意义
(1)	流通物	苹果	影响合同的效力、物权的变动(如买卖毒品的合同无效、受让方不能享有毒品所有权)
	限制流通物	黄金、文物、安眠药	
	禁止流通物	毒品、土地所有权	
(2)	动产	包括车辆、船舶、航空器等大型动产	物权变动规则、公示途径不同
	不动产	包括土地、海域以及房屋、林木等地上定着物	
(3)	可替代物	苹果、大米	交易客体为可替代物时,可以同类物替代履行;不可替代物一旦发生损害就只能转化为金钱赔偿
	不可替代物	齐白石的画	
(4)	消费(耗)物	粮食、金钱	消费物不可能在使用之后又原封不动地归还原所有者
	非消费(耗)物	房屋、汽车	
(5)	可分物	米、酒	可分物可以进行实物分割
	不可分物	牛、汽车	
(6)	主物	典型的从物如旅馆设置的家具、房间的钥匙、书的封套、汽车后箱中的备用胎、机器的维修工具等	在无法律特别规定或当事人特别约定时,从物的权利归属与主物一致
	从物		
(7)	原物	典型的孳息物如母鸡生的鸡蛋(天然孳息)、房屋产生的租金(法定孳息)	(1)天然孳息 ①当事人对天然孳息的取得有约定的,按约定取得;没有约定的,由所有权人取得 ②既有所有权人又有用益物权人的,由用益物权人取得,当事人另有约定的除外 (2)法定孳息 当事人有约定的,按照约定取得;没有约定或者约定不明确的,按照交易习惯取得

三、物权的概念与种类

（一）物权的概念

《民法典》第一百一十四条规定："物权是权利人依法对特定的物享有直接支配的排他的权利，包括所有权、用益物权和担保物权。"与债权（在债的关系中权利主体具备的能够要求义务主体为一定行为或不为一定行为的权利）相比，物权有以下特点：

1. 物权是支配权

各种具体物权的内容虽有所不同，但无论何种物权，均系对物的直接支配权。物权人得仅凭自己的意思，无须他人的意思或者行为的介入而对标的物实施占有、利用或者处分。对于物权而言，物权人实现其权利完全无须借助他人的积极协助，也无须依赖于他人的信用或者积极配合。例如，甲对其房屋享有所有权，甲自己对该房屋进行占有、使用，即可实现其所有权。

2. 物权是绝对权

物权的绝对权为其约束力及于一切人的权利。物权是最典型的绝对权，故又被称为"对世权"（即能够对一切人产生约束力的权利）。物权所具有的"绝对效力"，表现为物权人之外的一切人均受物权的约束，不得实施任何妨害物权人行使和实现其物权的不法行为。物权为对物的直接支配权，物权人对财产的静态支配，无须他人的积极协助，但他人应不以其行为破坏物权人支配财产的正常状态。

（二）物权的种类

1. 自物权和他物权

物权包括所有权、用益物权和担保物权。其中，所有权属于自物权，用益物权和担保物权则属于他物权。

2. 用益物权与担保物权

用益物权和担保物权均属限制物权。以使用他人之物为目的的物权，为用益物权，主要包括国有土地使用权、宅基地使用权、农村土地承包经营权等；以担保债权实现为目的的物权，为担保物权，包括抵押权、质权和留置权。用益物权针对的是物的使用价值，担保物权则针对物的交换价值。

3. 动产物权与不动产物权

动产物权是设定在动产之上的物权，如动产所有权、动产质权、留置权等；不动产物权则是设定于不动产之上的物权，如不动产所有权、土地使用权、不动产抵押权等。质权与留置权不得设于不动产之上。

4. 独立物权与从物权

能够独立存在的物权为独立物权，如所有权、建设用地使用权；从属于其他权利、不能独立存在的物权为从物权，如担保物权、地役权。

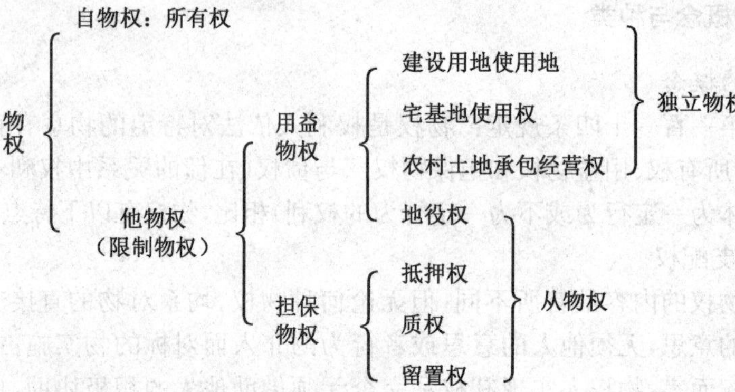

图 6－1　物权的种类

四、物权法的基本原则

（一）平等保护原则

《民法典》第二百零六条、二百零七条规定，国家实行社会主义市场经济，保障一切市场主体的平等法律地位和发展权利。国家、集体、私人的物权和其他权利人的物权受法律保护，任何单位和个人不得侵犯。这是《民法典》关于平等保护原则的基本表述。物权法的平等保护原则是指物权主体在法律地位上是平等的，其享有的所有权和其他物权在受到侵害以后，应当受到物权法的平等保护。平等保护原则是民法平等原则在物权法中的具体化。

（二）物权法定原则

《民法典》第一百一十六条规定，物权的种类和内容由法律规定。可见我国明确规定了物权法定原则。物权法定原则包括两个方面的内容：

1. 物权种类法定

即当事人不得自由创设法律未规定的新种类的物权。如我国的担保物权就只能是抵押、质押和留置三种。

2. 物权内容法定

即物权的方式、效力等内容都由法律明文规定，当事人不得在物权中自由创设新的内容。如法律规定动产质押必须移转占有，当事人就不能创设不移转占有的动产质押。

物权法的基本原则体现了物权与债权的基本区别。物权法定原则旨在限制当事人的物权创设自由，原因在于，物权具有绝对效力，如果允许当事人任意设置，可能不利于交易安全。债权则不同，其效力仅及于当事人自己，故不仅债权内容可由当事人自由设定，债权类型亦为开放，《民法典》所规定的 15 种有名合同仅具示例意义，在此之外，还存在大量合法的无名合同。

（三）一物一权原则

一物一权原则包括以下几项内容：(1)一个所有权的客体仅为一个独立物。根据一物一权原则，一个所有权的客体仅为一个独立物，集合物原则上不能成为一个所有权的客体，而应为多个所有权的客体。(2)一个独立物上只能存在一个所有权。所有权是一种最终支配权，这就要求一物之上只能存在一个所有权，而不能是多重所有。但是一物之上的所有人可以为多人，多人对一物享有所有权，并非多重所有权，所有权仍然是一个，只不过主体为多人。

根据一物一权原则，所有权的行使中必须遵循以下几个规则：(1)在按份共有中，各共有人虽依据其份额对财产享有相应的权利，承担相应的义务，但是份额本身并非单独的所有权。(2)一物之上可以存在数个物权，但各个物权之间不得相互矛盾。一物一权主要是指一物之上只能设定一个所有权，不是指一物之上不能设置多个物权，如在一物之上可以有多个抵押权的存在。(3)一物的某一部分不能成立单个的所有权，物只能在整体上成立一个所有权。

（四）公示、公信原则

1. 公示原则

所谓公示，是指物权的权利状态必须通过一定的公示方法向社会公开，使第三人在物权变动时，知道权利状态，维护交易安全。《民法典》第二百零八条规定，不动产物权的设立、变更、转让和消灭，应当依照法律规定登记。动产物权的设立和转让，应当依照法律规定交付。可见不动产的权利状态通过“登记”制度表示，而动产的权利状态则通过占有表示。

2. 公信原则

所谓公信，是指当物权依据法律规定进行了公示，即使该公示方法表现出来的物权存在瑕疵，对于信赖该物权存在并已从事物权交易的人，法律承认其法律效果，以保护交易安全。公信原则赋予公示的内容具有公信力。

第二节 物权变动

一、物权变动的含义与取得

（一）物权变动的含义

物权变动，是指物权的得失变更，包括物权的设立（如经登记设立不动产抵押权、因修建房屋而取得房屋所有权等）、变更（如因土地用途的变化，土地使用权的期限由 70 年变为 50 年等）、转让（如将房屋所有权转让给他人等）以及消灭（如房屋所有权因房屋毁损灭失而不复存在等)。

(二)物权的取得

物权的取得分为原始取得与继受取得两种。

1. 原始取得

所谓物权的原始取得,是指根据法律规定,最初取得财产的所有权或不依赖于原所有人的意志而取得财产的所有权,而非自他人之手继受而来。原始取得的方式有:劳动生产、先占、孳息、添附、善意取得、拾得遗失物、发现埋藏物等。例如,基于合法建造而取得房屋的所有权。先占,是指以"所有权人"的意思占有"无主动产"。先占人基于先占行为取得对无主动产的所有权,这是基于法律的直接规定,而非自他人之手继受而来,因此,先占属于物权的原始取得。

2. 继受取得

继受取得的典型形式是基于"法律行为"(如房屋买卖),也可基于法律行为之外的方式(如继承)。

判断物权取得属于原始取得还是继受取得,关键在于所取得的权利是否源自其前手。

二、物权变动的原因

(一)基于法律行为的物权变动

法律行为分为债权行为(负担行为)和物权行为(处分行为),债权行为不足以导致物权变动,物权行为直接导致物权变动。基于法律行为的物权变动应当公示,非基于法律行为的物权变动不必以公示为前提。

(二)非基于法律行为的物权变动

1. 基于事实行为

因合法建造、拆除房屋等事实行为设立或者消灭物权的,自事实行为成就时发生效力。

2. 基于法律规定

因继承或者受遗赠取得物权的,自继承或者受遗赠开始时(而非"登记或交付"时)发生效力。

3. 基于公法行为

因人民法院、仲裁委员会的法律文书或者人民政府的征收决定等,导致物权设立、变更、转让或者消灭的,自法律文书或者人民政府的征收决定等生效时发生效力。此处的"法律文书"必须具有直接改变原有物权关系的效力。如果法律文书内容是一方当事人向另一方履行,那么,让物权发生变动的,是当事人的履行行为而非判决本身。

人民法院、仲裁委员会的法律文书在分割共有不动产或者动产等案件中作出并依法生效的改变原有物权关系的判决书、裁决书、调解书，以及人民法院在执行程序中作出的拍卖成交裁定书、以物抵债裁定书，应当认定为导致物权设立、变更、转让或者消灭的人民法院、仲裁委员会的法律文书。

第三节　不动产的物权变动

《民法典》第二百零八条规定，不动产物权的设立、变更、转让和消灭，经依法登记，发生效力；未经登记，不发生效力，但法律另有规定的除外。根据这条规定，我国的不动产登记采用登记生效主义，即不动产的物权变动不仅需要当事人的法律行为或其他法律事实，还需要登记这个法律事实才能完成不动产物权的变动。如当事人订立了合法有效的房屋买卖合同后，只有依法办理了所有权转让登记以后，才能发生房屋所有权变动的法律后果。即使双方当事人支付了价款，交付了房屋，只要没有办理所有权变动的登记，则不能发生所有权变动的法律后果。至于该条规定“法律另有规定的除外”的情形主要有：

第一，依法属于国家所有的自然资源，所有权可以不登记。

第二，《民法典》规定的物权变动的特殊情况包括：(1)因人民法院、仲裁委员会的法律文书，人民政府的征收决定等，导致物权设立、变更、转让或者消灭的，自法律文书生效或者人民政府的征收决定等行为生效时发生效力。(2)因继承或者受遗赠取得物权的，自继承或者受遗赠开始时发生效力。(3)因合法建造、拆除房屋等事实行为设立和消灭物权的，自事实行为成就时发生效力。但上述三种情形的物权变动虽不以登记为要件，但获得权利的主体在处分该物权时，仍应当依法办理登记。未经登记，不发生物权效力。

第三，一些其他物权的变动不以登记为生效要件，而是以登记为对抗要件。这些情形具体包括：(1)土地承包经营权自土地承包经营权合同生效时设立。未经登记，不得对抗善意第三人。(2)地役权自地役权合同生效时设立。未经登记，不得对抗善意第三人。(3)已经登记的宅基地使用权转让或者消灭的，应当及时办理变更登记或者注销登记。从这条规定来看，宅基地使用权不以登记为生效要件。

不动产物权的登记地点、登记方式的具体规则是：

(1)登记地点。不动产登记，由不动产所在地的登记机构办理。

(2)登记簿与权属证书。根据《民法典》规定，不动产物权的设立、变更、转让和消灭，依照法律规定应当登记的，自记载于不动产登记簿时发生效力。

在办理完登记手续以后，登记机关发给不动产权属证书，不动产权属证书与不动产登记簿不一致的，除有证据证明不动产登记簿确有错误外，以不动产登记簿为准。

(3)更正登记与异议登记。更正登记是彻底地消除登记权利与真正权利不一致的状态，避免第三人依据不动产登记簿取得不动产登记簿上记载的物权。

根据《民法典》规定，权利人、利害关系人认为不动产登记簿记载的事项错误的，可以申请更正登记。不动产登记簿记载的权利人书面同意更正或者有证据证明登记确有错误的，登记机构应当予以更正。异议登记是利害关系人对不动产登记簿记载的权利提出异议并记入登记簿的行为，是在更正登记不能获得权利人同意后的补救措施。异议登记使得登记簿上所记载权利失去正确性推定的效力，因此异议登记后第三人不得主张基于登记而产生的公信力。同时法律为了避免不动产物权的效力不因异议登记而长期处于不稳定，法律要求异议登记申请人在异议登记之日起 15 日内起诉，不起诉的，则异议登记失效。另外，异议登记不当，造成权利人损害的，权利人可以向申请人请求损害赔偿。

(4)预告登记。《民法典》为了保障不动产买卖合同中买受人的合法权益，还就房屋买卖合同中的预告登记做了专门规定。《民法典》规定，当事人签订买卖房屋或者其他不动产物权的协议，为保障将来实现物权，按照约定可以向登记机构申请预告登记。预告登记后，未经预告登记的权利人同意，处分该不动产的，不发生物权效力。预告登记后，债权消灭或者自能够进行不动产登记之日起 3 个月内未申请登记的，预告登记失效。

(5)不动产买卖合同与登记。在不动产买卖中，买卖合同的效力与办理登记没有必然联系。《民法典》规定，与当事人之间订立有关设立、变更、转让和消灭不动产物权的合同，除法律另有规定或者合同另有约定外，自合同成立时生效；未办理物权登记的，不影响合同效力。

一、不动产物权变动的情形

《民法典》第二百零八条规定，不动产物权的设立、变更、转让和消灭，经依法登记，发生效力；未经登记，不发生效力，但法律另有规定的除外。根据这条规定，我国的不动产登记采用登记生效主义，即不动产的物权变动不仅需要当事人的法律行为或其他法律事实，还需要登记这个法律事实才能完成不动产物权的变动。具体而言，我国不动产物权变动有以下情形：

(一)登记生效

不动产物权的设立、变更、转让和消灭，经依法登记，发生效力；未经登记，不发生效力，但法律另有规定的除外。

房屋买卖、建设用地使用权的取得和转让以及不动产的抵押必须登记，登记生效。

当事人之间订立有关设立、变更、转让和消灭不动产物权的合同，除法律另有规定或者合同另有约定外，自合同成立时生效；未办理物权登记的，不影响合同的效力。

(二)登记对抗

(1)土地承包经营权自土地承包经营权合同生效时设立。未经登记，不得对抗善意第三人。

(2)地役权自地役权合同生效时设立。未经登记，不得对抗善意第三人。案例如下：

甲为了能在自己的房子里欣赏大海，便与相邻的乙约定：乙盖的楼房不得超过 2 米，作为补偿，甲每年支付给乙 1 000 万元。双方于 4 月 1 日签订了地役权合同，于 4 月 10 日办理了地役权登记手续。乙的土地属于供役地，甲的土地属于需役地。在本案中：①地役权自 4 月 1 日(而非 4 月 10 日)设立；②如果乙将其建设用地使用权转让给丁，由于地役权进行了登记，则甲可以向丁主张地役权；如果地役权未经登记，且丁属于不知情的善意第三人，则甲不能向丁主张地役权。

(三)非基于法律行为的物权变动

1. 基于事实行为

因合法建造、拆除房屋等事实行为设立或者消灭物权的，自事实行为成就时发生效力。

2. 基于法律规定

依法属于国家所有的自然资源，所有权可以不登记；因继承或者受遗赠取得物权的，自继承或者受遗赠开始时发生效力。

3. 基于公法行为

因人民法院、仲裁委员会的法律文书或者人民政府的征收决定，导致物权设立、变更、转让或者消灭的，自法律文书或者人民政府的征收决定生效时发生效力。非基于法律行为的物权变动虽不以登记为要件，但获得权利的主体在处分该物权时，仍应当依法办理登记。未经登记，不发生物权效力。

二、不动产登记制度

(一)不动产统一登记制度

2013 年 3 月 10 日，国务委员兼国务院秘书长马凯在作国务院机构改革和职能转变方案说明时指出，建立不动产统一登记制度，这样可以更好地落实《民法典》，保障不动产交易安全，有效保护不动产权利人的合法财产权。建立以公民身份证号码和组织机构代码为基础的统一社会信用代码等制度，从制度上加强和创新社会管理，并为预防和惩治腐败夯实基础。2013 年 11 月 20 日召开的国务院常务会议决定，整合不动产登记职责、建立不动产统一登记制度，由国土资源部负责指导监督全国土地、房屋、草原、林地、海域等不动产统一登记职责，基本做到登记机构、登记簿册、登记依据和信息平台"四统一"。

不动产原则上均需登记，需要登记的不动产物权包括：(1)集体土地使用权；(2)房屋等建筑物、构筑物所有权；(3)森林、林木所有权；(4)耕地、林地、草地等土地承包经营权；(5)建设用地使用权；(6)宅基地使用权；(7)海域使用权；(8)地役权；(9)抵押权；(10)法律规定需要登记的其他不动产权利。

值得注意的是，上述不动产物权均在登记之列，只不过登记的效力各有不同，有的非经登记不得生效(如建设用地使用权)，有的非经登记不得对抗善意第三人(如地役权)。

（二）不动产物权的登记地点及登记方式

1. 登记地点

不动产登记，由不动产所在地的登记机构办理。继国务院明确由国土资源部负责指导监督全国土地、房屋、草原、林地、海域等不动产统一登记职责后，国土资源部 2014 年 1 月 26 日表示，在该部地籍管理司加挂不动产登记局牌子，至此，国土资源部不动产登记局组建完毕。2014 年 5 月 7 日，国土资源部办公厅下发《关于在地籍管理司加挂不动产登记局牌子的通知》，在国土资源部地籍管理司加挂不动产登记局牌子，承担指导监督全国土地登记、房屋登记、林地登记、草原登记、海域登记等不动产登记工作的职责。

2. 登记簿与权属证书

根据《民法典》规定，不动产物权的设立、变更、转让和消灭，依照法律规定应当登记的，自记载于不动产登记簿时发生效力。

在办理完登记手续以后，登记机关发给不动产权属证书，不动产权属证书与不动产登记簿不一致的，除有证据证明不动产登记簿确有错误外，以不动产登记簿为准。

3. 更正登记与异议登记

更正登记是彻底地消除登记权利与真正权利不一致的状态，避免第三人依据不动产登记簿取得不动产登记簿上记载的物权。

根据《民法典》规定，权利人、利害关系人认为不动产登记簿记载的事项错误的，可以申请更正登记。不动产登记簿记载的权利人书面同意更正或者有证据证明登记确有错误的，登记机构应当予以更正。异议登记是利害关系人对不动产登记簿记载的权利提出异议并记入登记簿的行为，是在更正登记不能获得权利人同意后的补救措施。异议登记使得登记簿上所记载权利失去正确性推定的效力，因此异议登记后第三人不得主张基于登记而产生的公信力（不适用于善意取得）。同时法律为了避免不动产物权的效力不因异议登记而长期处于不稳定，法律要求异议登记申请人在异议登记之日起 15 日内起诉，不起诉的，则异议登记失效。另外，异议登记不当，造成权利人损害的，权利人可以向申请人请求损害赔偿。

4. 预告登记

《民法典》为了保障不动产买卖合同中买受人的合法权益，还就房屋买卖合同中的预告登记做了专门规定。《民法典》规定，当事人签订买卖房屋或者其他不动产物权的协议，为保障将来实现物权，按照约定可以向登记机构申请预告登记。预告登记后，未经预告登记的权利人同意，处分该不动产的，不发生物权效力。预告登记后，债权消灭或者自能够进行不动产登记之日起 3 个月内未申请登记的，预告登记失效。具有下列情形之一的，当事人可以申请预告登记：(1)预购商品房。(2)以预购商品房设定抵押。(3)房屋所有权转让、抵押。(4)法律、法规规定的其他情形。未经预告登记的权利人同意，转移不动产所有权，或者设定建设用地使用权、地役权、抵押权等其他物权的，应当认定其不发生物权效力。买卖不动产物权的协议被认定无效、被撤销、被解除，或者预告登记的权利人放弃债权的，应当认定为“债权消灭”。

5. 不动产买卖合同与登记

在不动产买卖中，买卖合同的效力与办理登记没有必然联系。《民法典》规定，与当事人之间订立有关设立、变更、转让和消灭不动产物权的合同，除法律另有规定或者合同另有约定外，自合同成立时生效；未办理物权登记的，不影响合同效力。

第四节　动产的物权变动

《民法典》第二百零八条规定，动产物权的设立和转让，自交付时发生效力，但法律另有规定的除外。根据此条规定，动产所有权的移转以交付为标准。故当事人虽然就动产所有权移转的问题达成了协议，但在尚未交付标的物以前，所有权并不移转。

一、非基于法律行为的物权变动

（一）基于事实行为

因合法建造（如汽车制造厂基于合法制造取得小汽车的所有权）等事实行为设立或者消灭物权的，自事实行为成就时发生效力。

（二）基于法律规定

因继承或者受遗赠取得物权的，自继承或者受遗赠开始时发生效力。

（三）基于公法行为

因人民法院、仲裁委员会的法律文书或者人民政府的征收决定，导致物权设立、变更、转让或者消灭的，自法律文书或者人民政府的征收决定生效时发生效力。

二、基于动产买卖的无权变动

（一）一般动产：交付生效

动产物权的设立和转让，自“交付”时发生效力，但法律另有规定的除外。

（二）特殊动产：交付生效＋登记对抗

船舶、航空器和机动车等物权的设立、变更、转让和消灭，未经登记，不得对抗善意第三人。对于船舶、航空器和机动车等动产，其所有权的移转仍以“交付”为要件，而不以登记为要件。但登记具有对抗效力，如果交付后没有办理过户登记，不得对抗善意第三人。

三、特殊的交付方式

在法律上，交付是指将物或提取标的物的凭证移转给他人占有的行为。交付通常指现实交付，即直接占有的移转。但除了现实交付以外，以下几种交付方式也可以发生与现实交付同样的法律效果。

(一)简易交付

简易交付是指动产物权设立和转让前,权利人已经先行占有该动产的,无需现实交付,物权在法律行为生效时发生变动效力。受让人已经占有动产的情况下,如受让人已经通过寄托、租赁、借用等方式实际占有了动产,则当双方当事人关于所有权转移的合意生效时,即完成标的物的交付,受让人取得直接占有。规定简易交付可以简化交易程序,节省交易费用。简易交付虽是一种观念交付,但是由于标的物已经由受让人实际占有,因此没有破坏动产物权基于交付而变动的规则。

(二)指示交付

指示交付,又称返还请求权的让与,是指让与动产物权的时候,如果让与人的动产由第三人占有,让与人可以将其享有的对第三人的返还请求权让与给受让人,以代替现实交付。《民法典》第二百二十七条规定了指示交付:动产物权设立和转让前,第三人依法占有该动产的,负有交付义务的人可以通过转让请求第三人返还原物的权利代替交付,指示交付作为一种观念交付,其实际交付没有发生。因此作为物权变动的公示不如简易交付。但由于指示交付在实践中多需要由让与人对第三人的指示,因此其公示效果能够得到肯定。

(三)占有改定

所谓占有改定,是指动产物权的让与人与受让人之间特别约定,标的物仍然由出让人继续占有。而受让人则取得对标的物的间接占有以代替标的物的现实交付。这样在双方达成物权让与合意时,视为已经交付。《民法典》第二百二十八条规定了指示交付:动产物权转让时,当事人又约定由出让人继续占有该动产的,物权自该约定生效时发生效力。例如:甲将其所有的书卖给乙,按照一般原则,必须当甲将其所有的书现实交付予乙,才能发生所有权的移转。但甲希望将该书阅读完毕,因此与乙协商要求借用,乙表示同意。这样乙仅仅取得一个间接占有,但交付在法律上已经完成。由于占有改定中标的物没有发生任何实际移转,物权变动也没有任何可以从外部认知的表征,因此占有改定在几种观念交付中公示效果最弱。

四、动产的抵押和质押

(一)质权:交付生效

以动产设定质押的,质权自“交付”时设立。质押合同是诺成合同,质物占有的转移不是质押合同的生效要件,而是质权的生效要件。

(二)抵押权:登记对抗

以动产设定抵押的,抵押权自抵押合同生效时设立。但未经登记,不得对抗善意第三人。以动产设定抵押时,无论是否办理了抵押登记,抵押权均自抵押合同生效之日起设立。只是未登记的,不能对抗善意第三人。

第五节 所有权

一、所有权概述

(一)所有权的概念及特征

所有权,是指所有人依法对自己的财产享有的占有、使用、收益和处分的权利。其法律特征表现如下:

1. 所有权具有完整性

所有权是完整的物权。所有权与其他物权区别的主要表现在于所有人对财产享有占有、使用、收益和处分的完整权利,而其他物权只是具有所有权的部分权能。但所有权人享有上述四个方面的权利,并不意味着所有人必须实际行使各项权能,他可以将四项权能中的一项或数项权能分离出去由他人享有并行使,从而更好地实现其意志和利益。

2. 所有权是一种绝对权

所有权的权利主体是特定的,作为特定权利主体的所有权人,他对权利的行使不需要任何其他人的协助,通过自己的行为,即可直接实现对其财产的占有、使用、收益与处分。所有权的义务主体是不特定的,所有人之外的任何不特定的民事主体都负有不作为的义务,都属于义务主体。

3. 所有权具有排他性

所有权可以依法排斥他人的非法干涉,不允许其他任何人加以妨碍或者侵害。而且所有权实行一物一权。任何财产只能有一个所有权。不能形成双重所有权,这也是所有权排他性的体现。

4. 所有权具有存续上的永久性

所有权因标的物的存在而永久存在,不能预定其存续期间。

(二)所有权的权能

所有权包括四项权能,即占有权、使用权、收益权、处分权。

1. 占有和占有权

占有,是指民事主体对财产的实际控制。占有权,就是民事主体对于财产的实际控制权。占有与占有权是两个不同的概念。占有强调一种事实状态,既可以是合法的,也可以是不合法的。而占有权则一定是基于合法占有所产生的权利。

2. 使用权

使用,是指民事主体按照财产的性能对其加以利用,以满足生产或生活的某种需要。使用权,就是民事主体对于财产的利用权。使用是为了实现物的使用价值,满足人们的需要，如公民驾驶自己的车辆等。

3. 收益权

收益，是指民事主体通过合法途径获取基于财产而产生的物质利益，包括孳息和利润。

4. 处分权

处分，是指民事主体在法律允许的范围内对财产进行的处置。

按照财产处置方式的不同，可把处分划分为事实上的处分与法律上的处分：事实上的处分，是指在生产或生活中直接消耗财产。其法律结果实质上是消灭了原财产的所有权，如消费粮食、用掉燃料等。法律上的处分，是指通过某种法律行为处置财产。其法律后果实质上是转移原财产的所有权，如出卖房屋等。

处分权是财产所有人最基本的权利，也是所有权的核心内容。

占有、使用、收益和处分，构成了完整的所有权的四项权能。财产所有人可以将这四项权能集于一身统一行使，也有权将这四项权能中的若干权能交由他人行使。在社会生活中，财产所有人正是通过这四项权能与自己不断分离和回复的方式，来实现生产和生活的特定目的。

(三)征收与征用

法人、其他组织及公民所有的财产不可侵犯，根据《宪法》的规定，国家只有在基于公共利益需要的时候，才能依法对私有财产进行征收或者征用。

1. 征收

征收是指国家为了公共利益的需要而依法强制取得原属于私人或者集体所有的所有权或者其他物权的行为。根据《民法典》规定，为了公共利益的需要，依照法律规定的权限和程序可以征收集体所有的土地和单位、个人的房屋及其他不动产。征收集体所有的土地，应当依法足额支付土地补偿费、安置补助费、地上附着物和青苗的补偿费等费用，安排被征地农民的社会保障费用，保障被征地农民的生活，维护被征地农民的合法权益。征收单位、个人的房屋及其他不动产，应当依法给予拆迁补偿，维护被征收人的合法权益；征收个人住宅的，还应当保障被征收人的居住条件。

2. 征用

征用是指国家为了公共利益的需要而依法强制取得原属于私人或者集体所有的财产的使用权的行为。《民法典》规定，因抢险、救灾等紧急需要，依照法律规定的权限和程序可以征用单位、个人的不动产或者动产。被征用的不动产或者动产使用后，应当返还被征用人。单位、个人的不动产或者动产被征用或者征用后毁损、灭失的，应当给予补偿。

征收与征用的主体都是国家，都是为了公共利益的需要，也均是强制性的。但是两者之间仍存在区别：(1)法律效果不同。征收是财产所有权发生了变化；征用是所有权没有变化，使用权暂时发生了变化。因此征用的结果，如果标的物没有灭失，则仍需要返还给权利人。而征收则不存在返还的问题。(2)适用对象不同。征收是针对土地、房屋等不动产，不包括动产；征用则不动产和动产均可适用。(3)适用条件不同。虽然征收和征用都是为了公共利益，但是征用还要求必须是为了抢险、救灾等紧急需要。

无论征收还是征用，除了适用于所有权外，还可以适用于用益物权，如土地承包经营权、建设用地使用权、宅基地使用权等权利。

二、国家所有权

(一)国家所有权的概念

国家所有权是国家对国有财产的占有、使用、收益和处分的权利。《民法典》规定，法律规定属于国家所有的财产，属于国家所有即全民所有。因此国家所有权是社会主义全民所有制在法律上的表现。

(二)国家所有权的行使

根据《民法典》的规定，国有财产的行使，除法律另有规定的以外，均由国务院代表国家行使所有权。当然在具体实施上，则由占有国有财产的各级国家机关和企事业单位行使：国家机关对其直接支配的不动产和动产，享有占有、使用以及依照法律和国务院的有关规定处分的权利。国家举办的事业单位对其直接支配的不动产和动产，享有占有、使用以及依照法律和国务院的有关规定收益、处分的权利。国家出资的企业，由国务院、地方人民政府依照法律、行政法规规定分别代表国家履行出资人职责，享有出资人权益。另外，未授权给公民、法人经营、管理的国家财产受到侵害的，不受诉讼时效的限制。

(三)国家所有权的客体范围

根据《民法典》第二百四十七条至第二百五十九条的规定，国家所有权的客体包括：(1)城市土地、矿藏、水流、海域；(2)野生动植物资源；(3)无线电频谱资源；(4)国防资产；(5)森林、山岭、草原、荒地、滩涂等自然资源，属于国家所有，但法律规定属于集体所有的除外；(6)法律规定属于国家所有的农村和城市郊区的土地及铁路、公路、电力设施、电信设施和油气管道等基础设施，属于国家所有；(7)法律规定属于国家所有的文物，属于国家所有。这些财产有的只能作为国家所有权的客体，不能成为集体组织或公民个人所有权的客体，如(1)至(4)项中的财产。根据《民法典》的规定，法律规定专属于国家所有的不动产和动产，任何单位和个人不能取得所有权。

三、业主的建筑物区分所有权

(一)概念

根据《民法典》规定，建筑物区分所有权由专有部分所有权、共有部分的权利以及因共同关系所产生的成员权三要素构成。故建筑物区分所有权为一种特别权利，应将专有所有权、共有权及成员权三个构成要素作为一个整体看待，权利人不得保留专有部分所有权而抵押其共有部分，也不得保留成员权而转让专有部分所有权与共有权。

建筑物区分所有权不同于传统的共有制度，其根本属性仍在于单独所有，共有部分及管理权部分均是为区分所有权服务的。因此建筑物区分所有权人在转让时，其他建筑物区分所有权人不得享有优先购买权。

(二)建筑物区分所有权的客体

区分所有权的客体包括区分所有部分和共有部分：区分所有部分是指通过物理方法所分割出的，兼具构造上和使用上独立性的一部分房屋。共有部分包括共用部分及附属物、共同设施等，它们都是建筑物区分所有权的客体。

1. 专有部分的所有权

根据《民法典》规定，业主对建筑物内的住宅、经营性用房等专有部分享有所有权，有权对专有部分占有、使用、收益和处理。业主行使专有部分所有权时，不得危及建筑物的安全，不得损害其他业主的合法权益。如业主对专有部分装修时，不得拆除房屋内的承重墙等。业主不得违反法律、法规以及管理规约，将住宅改变为经营性用房。业主将住宅改变为经营性用房的，除遵守法律以及管理规约外，应当经有利害关系的业主同意。

2. 共有部分的共有权

业主对专有部分以外的共有部分，如电梯、过道、楼梯、水箱、外墙面、水电气的主管线等享有共有的权利。根据《民法典》规定，共有部分包括：(1)建筑区划内的道路，属于业主共有，但属于城镇公共道路的除外。(2)建筑区划内的绿地，属于业主共有，但属于城镇公共绿地或者明示属于个人的除外。(3)建筑区划内的其他公共场所、公用设施和物业服务用户，属于业主共有。(4)占用业主共有的道路或者其他场地用于停放汽车的车位，属于业主共有。同时，为了解决车位紧张问题，法律还特别对开发商出售车位的权利进行了限制，即要求在建筑区划内规划用于停放汽车的车位、车库应当首先满足业主需要。

根据《民法典》规定，业主对专有部分以外的共有部分既享有权利，又承担义务。而且此项义务不得放弃。在转让专有部分所有权时，共有部分的共有权及共同管理权必须随之转移。

3. 共有部分的共同管理权

根据《民法典》规定，业主对专有部分以外的共有部分享有共同管理的权利。业主可以自行管理建筑物及其附属设施，也可以委托物业服务企业或者其他管理人管理。业主可以设立业主大会，选举业主委员会，制定或者修改业主大会议事规则和建筑物及其附属设施的管理规约，选举业主委员会和更换业主委员会成员，选聘和解聘物业服务企业或者其他管理人，筹集和使用建筑物及其附属设施的维修资金，改建和重建建筑物及其附属设施等。业主大会和业主委员会，对任意弃置垃圾、排放大气污染物或者噪声、违反规定饲养动物、违章搭建、侵占通道、拒付物业费等损害他人合法权益的行为，有权依照法律、法规以及管理规约，要求行为人停止侵害、消除危险、排除妨害、赔偿损失。《民法典》规定了业主共同行使权利的事项，其中大部分事项，如制定和修改业主会议议事规则、制定和修改建筑物及其附属设施的管理规约、选举业主委员会或者更换业主委员会成员、选聘和解聘物业服务机构或者其他管理人等事项经专有部分占建筑物总面积过半数的业主且占总人数过半数的业主同意即可。但是对于筹集和使用建筑物及其附属设施的维修资金和改建、重建建筑物及其附属设施的行为，则应当经专有部分占建筑物总面积 2/3 以上的业主且占总人数 2/3 以上的业主同意。

第六节　一物二卖

一、多重买卖合同的效力

出卖人就同一标的物订立多重买卖合同，合同均不具有《民法典》规定的无效情形，买受人因不能按照合同约定取得标的物的所有权，请求追究出卖人违约责任的，人民法院应予支持。订立买卖合同只是债权行为，债权行为的效力，是在当事人之间确立债权债务关系，并不导致标的物所有权的转移，在同一标的物上成立的多重买卖合同均可“有效”。但是，出卖人只能履行其中一项买卖合同，其他未能获得标的物所有权的买受人有权请求出卖人承担违约责任。根据《民法典》第一百五十四条的规定，如果双方当事人恶意串通，损害第三人利益的合同，则属于无效合同。

二、动产的一物二卖

(一)普通动产

出卖人就同一普通动产订立多重买卖合同，在买卖合同均“有效”的情况下，买受人均要求实际履行合同的：

(1)先行受领交付的买受人请求确认所有权已经转移的，人民法院应予支持；

(2)各买受人均未受领交付，先行支付价款的买受人请求出卖人履行交付标的物等合同义务的，人民法院应予支持；

(3)买受人均未受领交付，也未支付价款，依法成立在先合同的买受人请求出卖人履行交付标的物等合同义务的，人民法院应予支持。

{效力上，交付＞付款＞合同}

(二)特殊动产

出卖人就同一船舶、航空器、机动车等特殊动产订立多重买卖合同，在买卖合同均“有效”的情况下，买受人均要求实际履行合同的：

(1)先行受领交付的买受人请求出卖人履行办理所有权转移登记手续等合同义务的,人民法院应予支持;

(2)各买受人均未受领交付,先行办理所有权转移登记手续的买受人请求出卖人履行交付标的物等合同义务的,人民法院应予支持;

(3)出卖人将标的物交付给买受人之一,又为其他买受人办理所有权转移登记,已受领交付的买受人请求将标的物所有权登记在自己名下的,人民法院应予支持;

(4)各买受人均未受领交付,也未办理所有权转移登记手续,依法成立在先合同的买受人请求出卖人履行交付标的物和办理所有权转移登记手续等合同义务的,人民法院应予支持。

{效力上,交付>登记>合同。车船、飞机的效力顺序和付款没有关系。}

三、一房二卖

商品房买卖合同订立后,出卖人又将该房屋出卖给第三人的,由于出卖人的行为构成了欺诈,因此买受人可以在解除合同并赔偿损失的前提下,还可以要求出卖人承担不超过"已付房款"一倍的惩罚性赔偿金。请看以下案例:

4月1日,甲房地产开发商与乙签订商品房买卖合同,合同价款为200万元。4月10日,买受人乙先行付款80万元,甲于4月20日将该房屋交付给乙,但未办理产权过户登记手续。6月1日,甲、丙之间签订房屋买卖合同,甲将该房屋卖给不知情的丙,并于6月5日办理了产权过户登记手续。

在本案中:(1)甲、乙之间的买卖合同为有效合同(当事人之间订立有关设立、变更、转让和消灭不动产物权的合同,除法律另有规定或者合同另有约定外,自合同成立时生效;未办理物权登记的,不影响合同的效力);(2)如果该房屋4月22日遭雷击灭失,其风险由乙承担(标的物毁损、灭失的风险,在标的物交付之前由出卖人承担,交付之后由买受人承担,但法律另有规定或者当事人另有约定的除外);(3)甲、丙之间的房屋买卖合同为有效合同(于6月1日成立并生效),丙基于"过户登记"于6月5日依法取得该房屋的所有权;(4)乙不能取得该房屋的所有权,但乙可以提出解除合同并要求甲赔偿实际损失30万元;(5)乙还可以要求甲承担不超过80万元(已付房款)的惩罚性赔偿金;(6)如果乙当时申请了预告登记,则未经乙同意,甲不可能将该房屋过户登记给丙,但甲、丙之间的房屋买卖合同为有效合同,由于丙不能取得该房屋的所有权,丙有权基于该有效合同要求甲承担违约责任。

第七节　善意取得与拾得遗失物

所谓善意取得,是指动产占有人或者不动产的名义登记人将动产或者不动产不法转让给受让人以后，如果受让人善意取得财产，即可依法取得该财产所有权的法律制度。

一、善意取得的构成要件

（一）依“法律行为”转让所有权

善意取得只能在交易中发生，该交易所借助的手段是法律行为（如买卖合同）。其他非因法律行为而发生的物权变动，无论是基于事实行为、公法行为还是直接基于法律规定而变动，均不存在善意取得的问题。

（二）转让人“无处分权”

如果转让人对于所转让的标的物享有处分权，则适用正常的物权变动规则。善意取得制度旨在解决无权处分行为的有效性问题，因此必须以转让人无处分权为前提。

（三）受让人为“善意”第三人

是否善意的判断时点以“受让时”为准，如果受让人事后得知转让人无处分权的，不影响受让人的善意取得。“受让时”是指依法完成不动产物权转移登记或者动产交付之时。法律对不动产、动产物权的设立另有规定的，应当按照法律规定的时间认定当事人是否为善意。受让人受让不动产或者动产时，不知道转让人无处分权，且无重大过失的，应当认定受让人为善意。真实权利人主张受让人不构成善意的，应当承担举证证明责任。

（四）以“合理”的价格转让

受让人不仅需要支付对价，而且所支付的对价在市场交易中属于合理的范围。因此，受让人无偿或者以明显不合理的价格取得财产时，不适用善意取得制度。只要合同金额是一个合理的价格即可，不要求“已经付款”。

（五）动产的善意取得以“交付”为要件，不动产则以“登记”为要件

如果双方当事人仅仅达成合意，但动产尚未交付或者不动产尚未办理产权过户登记，则当事人之间只有债的法律关系，而没有形成物权法律关系，不能发生善意取得的效果。

（六）转让人基于真权利人的意思“合法占有”标的物

基于真权利人的意思而合法占有之物，称为委托物（如承租人基于和出租人之间的租赁合同合法占有租赁物）。相反，非基于真权利人的意思而占有之物称为脱手物（如遗失物、盗窃物）。因此，善意取得制度适用于委托物，不适用于遗失物、盗窃物，也就是前手必须合法占有该物品，才谈得上善意取得。

二、善意取得的法律效果

（一）所有权发生转移（直接法律效果）

善意受让人取得标的物的所有权，相应地，真权利人的所有权随之失去。

(二)赔偿请求权(间接法律效果)

真权利人有权向无权处分之转让人请求损害赔偿。

三、善意取得的适用范围

(1)动产、不动产均可适用善意取得制度。

(2)赃物、遗失物不适用善意取得制度,因为赃物、遗失物的前手不是合法占有。

(3)善意取得制度不仅仅适用于所有权,建设用地使用权、抵押权、质权、留置权等他物权也可以善意取得。出质人以其不具有所有权但合法占有的动产出质的,法律保护善意质权人的权利。善意质权人行使质权给动产所有人造成损失的,由出质人承担赔偿责任。如果债权人合法占有债务人交付的动产时,不知债务人无处分该动产的权利,债权人仍可以行使留置权。

四、拾得遗失物

遗失物,是指他人不慎丧失占有的动产。拾得遗失物指发现他人遗失物而予以占有的法律事实。根据《民法典》规定,拾得遗失物,应当返还权利人。拾得漂流物、发现埋藏物或者隐藏物的,同样适用关于遗失物的规则。其规则如下:

(1)拾得人"不能"取得遗失物的所有权。

(2)拾得遗失物后,拾得人应当及时通知权利人领取,或者送交公安等有关部门。有关部门收到遗失物,知道权利人的,应当及时通知其领取;不知道的,应当及时发布招领公告。遗失物自发布招领公告之日起 6 个月内无人认领的,归"国家"所有。

(3)拾得人享有费用偿还请求权,在遗失人发出悬赏广告时,归还失物的拾得人还享有悬赏广告所允诺的报酬请求权。拾得人在返还拾得物时,可以要求支付必要费用,但不得要求支付报酬。但遗失人发出悬赏广告,愿意支付一定报酬的,不得反悔。拾得人拒不返还遗失物时,按侵权行为处理,且拾得人不得要求支付必要费用,也无权请求权利人按照承诺履行义务。

五、遗失物的转让

(1)如果遗失物通过转让为他人所占有时,权利人有权向无处分权人请求损害赔偿,或者自知道或者应当知道受让人之日起 2 年内向受让人请求返还原物。

(2)如果受让人通过拍卖或者向具有经营资格的经营者购得该遗失物的,权利人请求返还原物时应当支付受让人所付的费用。权利人向受让人支付所付费用后,有权向无处分权人追偿。

第八节 共有与相邻关系

一、共有

(一)共有概述

财产的所有形式可分为单独所有和共有两种形式。社会以单独所有为原则,但人因生活在社会中,必然会与他人发生法律关系上的接触,从而产生两人以上共同所有的情形,故有规定共有制度的必要。但从物尽其用及自由处分的角度分析,共有远不如单独所有更有效率,因此在处理共有问题时,减少共有人甚至消灭共有往往是解决问题的标准。

所谓共有,是指某项财产由两个或两个以上的权利主体共同享有所有权。《民法典》确定的共有方式有按份共有和共同共有。共有的法律特征是:

(1)共有的主体是两个或两个以上的公民或法人。但是多数人共有一物,并非有多个所有权,只是一个所有权由多人共同享有。

(2)共有物在共有关系存续期间不能分割,不能由各个共有人分别对某一部分共有物享有所有权。每个共有人的权利属于整个共有财产。因此共有不是分别所有。

(3)在内容方面,共有人对共有物按照各自的份额享有权利并承担义务,或者平等地享有权利、承担义务。在处分共有财产时,必须由全体共有人协商,按照法律规定的方式决定。

(4)共有法律关系的权利内容只能是所有权,对于用益物权、担保物权及其他权利的共有,称之为准共有,只能是参照共有制度的相关规定。

(二)按份共有

按份共有,又称分别共有,是指两个或两个以上的共有人按照各自的份额分别对共有财产享有权利和承担义务。共有人对共有的不动产或者动产没有约定为按份共有或者共同共有,或者约定不明确的,除共有人具有家庭关系等外,视为“按份共有”。按份共有人对共有的不动产或者动产享有的份额,可以约定;没有约定或者约定不明确的,按照出资额确定;不能确定出资额的,视为等额享有。

按份共有人的权利义务如下:

(1)按份共有人按照预先确定的份额分别对共有财产享有占有、使用和收益的权利。但对共有财产的使用,应由全体共有人协商决定;按份共有人死亡以后,其份额可以作为遗产由继承人继承或受遗赠人获得。

(2)按份共有人有权自由处分自己的共有份额,无需取得其他共有人的同意,但是共有人将份额出让给共有人以外的第三人时,其他共有人在同等条件下有优先购买的权利。

(三)共同共有

共同共有是指两个或两个以上的公民或法人,根据某种共同关系而对某项财产不分份额地共同享有权利并承担义务。共同共有基于共同关系产生,以共同关系的存在为前提,包括《婚姻法》规定的夫妻共同财产、《继承法》上的遗产等。

共同共有中,共有人对共有财产不分份额地享有权利,对共有财产享有平等的占有、使用权。对共有财产的收益,不是按比例分配,而是共同享用。对共有财产的处分,必须征得全体共有人的同意。共同共有关系终止,才能确定份额,分割共有财产。因此较之于按份共有,共同共有人之间具有更密切的利害关系。

(四)共有物的处分及分割

1. 共有物的处分

根据《民法典》规定,按处分共有的不动产或者动产以及对共有的不动产或者动产作重大修缮的,应当经占份额 2/3 以上的按份共有人或者全体共同共有人同意,但共有人之间另有约定的除外。一个或几个共有人未经占份额 2/3 以上的按份共有人同意或者其他共同共有人同意,擅自处分共有财产的,其处分行为应当作为效力待定的民事行为处理。但第三人善意、有偿取得该财产的,应当维护第三人的合法权益,对其他共有人的损失,由擅自处分共有财产的人赔偿。根据法律规定或依据共有人之间的协议,可以由某个共有人代表或代理全体共有人处分共有财产。无权代表或代理的共有人擅自处分共有财产的,如果其他共有人明知而不提出异议,视为其同意。

2. 费用的承担

对共有物的管理费用以及其他负担,有约定的,按照约定;没有约定或者约定不明确的,按份共有人按照其份额负担,共同共有人共同负担。

3. 共有财产的分割

根据《民法典》规定,共有人可以协商确定分割方式。达不成协议,共有的不动产或者动产可以分割并且不会因分割减损价值的,应当对实物予以分割;难以分割或者因分割会减损价值的,应当对折价或者拍卖、变卖取得的价款予以分割。共有人分割所得的不动产或者动产有瑕疵的,其他共有人应当分担损失。根据这一规定,对共有财产的分割可以采取三种方式:协议分割、实物分割、变价分割或作价补偿。共有财产分割以后,共有关系归于消灭。不管是就原物进行分割还是变价分割,各共有人就分得财产取得单独的所有权。

(五)对内、对外关系

1. 按份共有

(1)对外。因共有的不动产或者动产产生的债权债务,在对外关系上,共有人享有连带债权、承担连带债务,但法律另有规定或者第三人知道共有人不具有连带债权债务关系的除外。

(2)对内。在共有人内部关系上,除共有人另有约定外,按份共有人按照份额享有债权、承担债务。因此,当对外承担债务的共有人所承担的债务超出其应当承担的份额时,有权向其他共有人追偿。对外承担连带责任、对内承担按份责任。

2. 共同共有

(1)对外。因共有的不动产或者动产产生的债权债务,在对外关系上,共有人享有连带债权、承担连带债务,但法律另有规定或者第三人知道共有人不具有连带债权债务关系的除外。

(2)内部。在共有人内部关系上,除共有人另有约定外,共同共有人共同享有债权、承担债务。对外承担连带责任、对内不分你我。

二、相邻关系

相邻关系是指两个或两个以上相互毗邻的不动产的所有人或使用人,在行使不动产的所有权或使用权时,因相邻各方应当给予便利和接受限制而发生的权利义务关系。主张相邻关系的当事人,既可以是不动产的所有人,也可以是不动产的使用人。

相邻关系产生的原因很多,种类复杂。主要的相邻关系有:

(一)因通行而产生的相邻关系

根据《民法典》规定,相邻一方因生产和生活上的需要,必须临时或长期通过对方使用的土地的,对方应当提供必要的方便。

(二)因用水、排水产生的相邻关系

根据《民法典》规定,不动产权利人应当为相邻权利人用水、排水提供必要的便利。对自然流水的利用,应当在不动产的相邻权利人之间合理分配。对自然流水的排放,应当尊重自然流向。

(三)因修建施工、防险发生的相邻关系

根据《民法典》规定,不动产权利人因建造、修缮建筑物以及铺设电线、电缆、水管、暖气和燃气管线等必须利用相邻土地、建筑物的,该土地、建筑物的权利人应当提供必要的便利,但不动产权利人不得危及相邻不动产的安全。

(四)因通风、采光而产生的相邻关系

根据《民法典》规定,相邻各方修建房屋和其他建筑物,必须与邻居保持适当距离,不得违反国家有关工程建设标准,不得妨碍邻居的通风和采光。

(五)因不可量物产生的相邻关系

不动产权利人不得违反国家规定弃置固体废物,排放大气污染物、水污染物、噪声、光、电磁波辐射等有害物质。

根据《民法典》规定,不动产的相邻权利人应当按照有利生产、方便生活、团结互助、

公平合理的原则，正确处理相邻关系。有法律规定的，依照法律规定处理；没有规定的，可以按照当地习惯。如果不动产权利人因用水、排水、通行、铺设管线等利用相邻不动产并造成损害的，应当给予赔偿。

第九节　用益物权

一、用益物权概述

根据《民法典》规定，用益物权是对他人所有的不动产或者动产，依法享有占有、使用和收益的权利。结合《民法典》的相关规定，用益物权包括：(1)土地承包经营权；(2)建设用地使用权；(3)宅基地使用权；(4)地役权；(5)准物权。具体包括海域使用权、探矿权、采矿权、取水权和使用水域、滩涂从事养殖、捕捞的权利。

与所有权、担保物权相比较，用益物权具有自己的特征：(1)用益物权以对标的物的使用、收益为主要内容，即注重物的使用价值，并以对物的占有为前提。这区别于担保物权注重物的交换价值的特点。而且担保物权中的抵押权不以物的占有为前提，质押权、留置权虽也要移转占有，但这种占有的目的在于权利保持和公示，而非在于标的物的使用。(2)用益物权除地役权外，均为主物权；担保物权为从物权。(3)用益物权是他物权、有期限物权，这一点区别于所有权。

二、承包经营权

承包经营权，是指由公民或集体组织，对国家所有或集体所有的土地、山岭、草原、荒地、滩涂、水面等，依照承包合同的规定而享有的占有、使用和收益的权利。

承包经营权通过订立承包合同方式确立，根据《民法典》规定，土地承包经营权自土地承包权合同生效时设立。根据《民法典》的规定，承包经营权的期限因为内容的不同而有不同：耕地的承包期为30年；草地的承包期为30年至50年；林地的承包期为30年至70年，特殊林木的林地承包期，经国务院林业行政主管部门批准可以延长。

在承包经营期限范围内，承包权人有权根据法律规定，采取转包、互换、转让等方式流转土地承包经营权，流转的期限不得超过承包期的剩余期限。如果采取互换、转让方式流转没有办理登记手续的，不得对抗善意第三人。通过招标、拍卖、公开协商等方式承包荒地等农村土地，依照农村土地承包法等法律和国务院的有关规定，其土地承包经营权可以转让、入股、抵押或者以其他方式流转。在承包期内，承包地被征收的，土地承包经营权人有权依照法律规定获得相应补偿。

三、建设用地使用权

(一)建设用地使用权的概念及范围

建设用地使用权,是指民事主体依法对国家所有的土地享有占有、使用和收益的权利。建设用地使用权是从国家土地所有权中分离出来的一项民事权利,独立于土地所有权而存在。建设用地使用权可以在土地的地表、地上或者地下分别设立。新设立的建设用地使用权,不得损害已设立的用益物权。根据《民法典》的规定,建设用地使用权人依法对国家所有的土地享有占有、使用和收益的权利,有权利用该土地建造建筑物、构筑物及其附属设施。

(二)建设用地使用权的取得

建设用地使用权的取得方式有出让、划拨等方式。其中划拨是无偿取得使用权的方式,因此法律严格限制以划拨方式设立建设用地使用权。以无偿划拨方式取得的建设用地使用权,除法律、行政法规另有规定外,没有使用期限的限制。《民法典》规定,凡是工业、商业、旅游、娱乐和商品住宅等经营性用地,都应当采取招标、拍卖等公开竞价的方式出让。

建设用地使用权取得必须向登记机构办理登记,登记是建设用地使用权生效的条件。

(三)建设用地使用权的流转

权利人取得建设用地的使用权后,除法律另有规定的以外,有权将建设用地使用权转让、互换、出资、赠与或者抵押。在转让、互换、出资或者赠与时,附着于该土地上的建筑物、构筑物及其附属设施一并处分。当建筑物、构筑物及其附属设施转让、互换、出资或者赠与时,该建筑物、构筑物及其附属设施占用范围内的建设用地使用权一并处分。因此,实际上建设用地使用权与附着在上面的建筑物所有权采取“房随地走、地随房走、房地一体”的流转规则。根据《民法典》第三百五十九条的规定:“住宅建设用地使用权期间届满的,自动续期。续期费用的缴纳或者减免,依照法律、行政法规的规定办理。”

以划拨方式取得土地使用权的,转让房地产时,应当按照国务院规定,报有批准权的人民政府审批。有批准权的人民政府准予转让的,应当由受让方办理土地使用权“出让”手续,并依照国家有关规定缴纳“土地使用权出让金”。当事人以无偿划拨的国有土地使用权设定抵押,抵押权实现时,对于拍卖所得,在依法缴纳土地出让金后,抵押权人才享有优先受偿权。出资人以“无偿划拨”的土地使用权出资,公司、其他股东或者公司债权人主张认定该出资人未履行出资义务的,人民法院应当责令当事人在指定的合理期间内办理土地变更手续;逾期未办理的,人民法院应当认定出资人未依法全面履行出资义务。

以有偿出让方式取得土地使用权的,出让的最高年限如下:(1)居住用地 70 年;(2)工业用地 50 年;(3)教育、科技、文化、卫生、体育用地 50 年;(4)商业、旅游、娱乐用地

40 年;(5)综合或者其他用地 50 年。

土地使用者通过转让方式取得的土地使用权,其使用年限为土地使用权出让合同规定的使用年限减去原土地使用者已使用年限后的剩余年限。住宅建设用地使用权期间届满的,自动续期。

以出让方式取得土地使用权的,转让房地产时,应当符合下列条件:(1)按照出让合同约定已经支付全部土地使用权出让金,并取得土地使用权证书;(2)按照出让合同约定进行投资开发,属于房屋建设工程的,完成开发投资总额的 25%以上,属于成片开发土地的,形成工业用地或者其他建设用地条件;(3)转让房地产时房屋已经建成的,还应当持有房屋所有权证书。

四、地役权

(一)地役权的概念及属性

地役权,是指土地上权利人(包括土地所有人、地上权人以及土地的承租人),为了自己使用土地的方便或者土地利用价值的提高,通过约定得以利用他人土地的权利。其中为他人土地利用提供便利的土地称为供役地,而享有地役权的土地称为需役地。与相邻关系不同,地役权中的供役地和需役地之间并不要求相邻。

与一般的用益物权不同,地役权具有从属性和不可分性。地役权的从属性,是就地役权与需役地的关系而言。具体表现为两个方面:(1)地役权不得与需役地相分离单独转让,不得单独设定抵押。(2)地役权不得与需役地的所有权或使用权相分离,作为其他权利的标的。以土地承包经营权、建设用地使用权等转让的,地役权一并转让,但合同另有约定的除外。以土地承包经营权、建设用地使用权等抵押的,在实现抵押权时,地役权一并转让。

所谓地役权的不可分性,是指地役权存在于需役地和供役地的全部,不能分割为各个部分或仅仅以一部分而单独存在。

根据《民法典》规定,地役权自地役权合同生效时设立。当事人要求登记的,可以向登记机构申请地役权登记;未经登记,不得对抗善意第三人。可见,我国对地役权的设定采用的是登记对抗主义。

(二)地役权的效力

(1)地役权人有利用供役地及从事必要附属行为的权利。根据《民法典》规定,地役权人有权依据合同约定的利用目的和方法利用供役地,同时尽量减少对供役地权利人物权的限制。

(2)地役权的期限由当事人约定。但不得超过土地承包经营权、建设用地使用权等用益物权的剩余期限。

(3)地役权与其他用益物权之间的关系。根据《民法典》规定,地役权与其他用益物权之间的平衡采取下列方式:①土地所有权人享有地役权或者负担地役权的,设立土地承包经营权、宅基地使用权时,该土地承包经营权人、宅基地使用权人继续享有或者负担已设立的地役权。②土地上已设立土地承包经营权、建设用地使用权、宅基地使用权等权利的,未经上述用益物权人同意,土地所有权人不得设立地役权。③需役地以及需役地上的土地承包经营权、建设用地使用权部分转让时,转让部分涉及地役权的,受让人同时享有地役权。④供役地以及供役地上的土地承包经营权、建设用地使用权部分转让时,转让部分涉及地役权的,地役权对受让人具有约束力。

(4)地役权的消灭。如果地役权人滥用地役权或者约定的付款期间届满后在合理期限内经两次催告未支付费用的,供役地权利人有权解除合同使得地役权消灭。

(三)地役权与相邻关系的区别

在实践中,地役权与相邻关系很容易混淆,两者之间的区别表现在以下几个方面:

(1)相邻关系实质上是相邻不动产所有人或使用人行使权利的延伸或限制,故相邻权不是一项独立的民事权利,更非独立的他物权。而地役权是一种物权,它是归属于需役地人的一种用益物权。

(2)两者的设立方式不同。相邻关系是法定的,不需要登记程序。地役权通常是由当事人各方通过合同约定设立,没有经过登记程序,不能对抗善意第三人。

(3)两者提供便利的内容不同。地役权的设立是为了使不动产权利人的权利得到更好的行使,是一个比较高的标准。而相邻关系则是为了达到使用的最低标准。

(4)相邻关系强调相邻,地役权不一定相邻。虽然地役权多发生在相邻不动产间,但也可以发生在不相邻的不动产间。

第十节　担保物权

一、抵押

(一)抵押的概念与特征

抵押,是指债务人或者第三人不转移对财产的占有,将该财产作为债权的担保。债务人不履行债务时,债权人有权依法以该财产折价或者以拍卖、变卖该财产的价款优先受偿。抵押中提供财产担保的债务人或者第三人为抵押人,债权人为抵押权人,提供担保的财产为抵押物。

抵押权作为担保物权的一种,具有以下特征:

1. 抵押权具有从属性

《民法典》规定,担保合同是主债权债务合同的从合同。主债权债务合同无效,担保合同无效,但法律另有规定的除外。抵押权也不例外。抵押权以主债成立为前提,随主债的转移而转移,并随主债的消灭而消灭。即具有成立、转移、消灭上的从属性。抵押权不得与债权分离而单独转让或者作为其他债权的担保。债权转让的,担保该债权的抵押权一并转让,但法律另有规定或者当事人另有约定的除外。

2. 抵押权具有不可分性

抵押权的不可分性是指债权的全部及部分的担保效力及于抵押物的全部及部分。即债权人可以就担保物的全部及部分行使其权利。具体表现为:(1)主债权未受全部清偿的,抵押权人可以就抵押物的全部行使其抵押权。(2)担保物一部分灭失,残存部分仍担保债权全部。抵押物被分割或者部分转让的,抵押权人就分割或转让后的抵押物行使抵押权。换言之,抵押物的全部,提供债权的各部分;抵押物的各部分,担保债权的全部。(3)主债务被分割或者部分转让的,抵押人仍以其抵押物担保数个债务人履行债务。但是,第三人提供抵押的,债权人许可债务人转让债务未经抵押人书面同意的,抵押人对未经同意转让的债务,不再承担担保责任。

3. 抵押权具有物上代位性

《民法典》规定,担保期间,担保财产毁损、灭失或者被征收等,担保物权人可以就获得的保险金、赔偿金或者补偿金等优先受偿。被担保债权的履行期未届满的,也可以提存该保险金、赔偿金或者补偿金等。

4. 抵押权不是移转标的物占有的担保物权

是否移转标的物的占有是抵押权与质权的重要区别。由于抵押权的设定不需要移转的公示方法,而必须采取登记或其他方法进行公示。

(二)抵押权的设定

1. 抵押权设定方式

抵押权的设定应当由双方当事人签订抵押合同。抵押合同应当采用书面形式,内容包括:被担保的主债权种类、数额;债务人履行债务的期限;抵押物的名称、数量、质量、状况、所在地、所有权权属或者使用权权属;抵押担保的范围;当事人认为需要约定的其他事项。抵押合同不具备上述内容的,可以由当事人补正。

抵押权人在债务履行期届满前,不得与抵押人约定债务人不履行到期债务时抵押财产归债权人所有。如果双方在合同中约定债务人不履行到期债务时,抵押财产归债权人所有,则此条款(流质条款)无效,流质条款无效不影响抵押合同其他条款的效力。我国法律绝对禁止流质条款,因为提前约定还不上钱就把东西给对方,这样的交易违背了公平,这是因为债务人处于经济地位上的劣势,很可能为经济上的困难所迫而愿意提供高价值的抵押财产担保较小的债权。

2. 抵押当事人

抵押当事人包括抵押人和抵押权人。抵押权人就是指债权人,因为抵押权是担保主债权而存在的,所以只有被担保的主债权中的债权人才能成为抵押权人。抵押人即抵押财产的所有人，既可能是债务人，也可能是第三人。由于设定抵押权在性质上属于处分财产的行为，因此抵押人必须对设定抵押的财产享有所有权或处分权。

3. 抵押物

抵押物又称为抵押财产，它是抵押权的标的物，是指抵押人用以设定抵押权的财产。(1)抵押物必须是可以转让的物，凡是法律禁止流通或强制执行的财产不得作为抵押物。(2)抵押标的物必须特定。如果抵押标的物没有约定或者约定不明，当事人可以对抵押合同进行补正。无法补正的，抵押合同不成立。(3)抵押权设定前为抵押物的从物的，抵押权的效力及于抵押物的从物。但是，抵押物与其从物为两个以上的人分别所有时，抵押权的效力不及于抵押物的从物。(4)抵押物因附合、混合或者加工使抵押物的所有权为第三人所有的，抵押权的效力及于补偿金；抵押物所有人为附合物、混合物或者加工物的所有人的，抵押权的效力及于附合物、混合物或者加工物；第三人与抵押物所有人为附合物、混合物或者加工物的共有人的，抵押权的效力及于抵押人对共有物享有的份额。(5)在共有关系中就共同财产设定抵押，法律规定：如果是按份共有，则按份共有人以其共有财产中享有的份额设定抵押；如果是共同共有，共同共有人应当征得其他共有人的同意才能设定抵押，否则抵押无效，但是其他共有人知道或者应当知道而未提出异议的视为同意。

根据《民法典》规定，可以作为抵押物的财产有：

(1)建筑物和其他土地附着物。地上定着物包括尚未与土地分离的农作物，但当事人以农作物和与其尚未分离的土地使用权同时抵押的，土地使用权部分的抵押无效。因为种植农作物的土地属于耕地的范畴，根据法律规定，不属于可以抵押的财产。

(2)建设用地使用权。对于建筑物和建设用地使用权的抵押，结合《民法典》的规定，要注意几点：第一，以建筑物抵押的，该建筑物占用范围内的建设用地使用权同时抵押。以建设用地使用权抵押的，应当将抵押时该国有土地上的房屋同时抵押。即"地随房走，房随地走。房地一体"。即使抵押人未依照前款规定一并抵押的，未抵押的财产视为一并抵押。第二，如果以城市房地产设定抵押的，土地上新增的房屋不属于抵押物。抵押权实现时，可以依法将该土地上新增的房屋与抵押物一同变价。但对新增房屋的变价所得，抵押权人无权优先受偿。第三，乡镇、村企业的建设用地使用权不得单独抵押。以乡镇、村企业的厂房等建筑物抵押的，其占用范围内的建设用地使用权一并抵押。

(3)以招标、拍卖、公开协商等方式取得的荒地等土地承包经营权。

(4)生产设备、原材料、半成品、产品。经当事人书面协议，企业、个体工商户、农业生产经营者可以将现有的以及将有的生产设备、原材料、半成品、产品抵押，债务人不履行到期债务或者发生当事人约定的实现抵押权的情形，债权人有权就实现抵押权时的动产优先受偿。但是特别需要注意的是，根据这条规定设定抵押的，不得对抗正常经营活动中已支付合理价款并取得抵押财产的买受人。

(5)正在建造的建筑物、船舶、航空器。

(6)交通运输工具。

(7)法律、行政法规未禁止抵押的其他财产。

抵押人可以将前面七项内容的财产一并抵押。

《民法典》不仅规定了可用于抵押的财产,而且还规定了不得用于抵押的财产。根据《民法典》的规定,下列财产不得抵押:

(1)土地所有权。在我国,土地归国家所有和集体所有,而不能为私人财产。土地所有权不得抵押,也就是不能以国家或集体所有的土地抵押。否则抵押合同无效。

(2)耕地、宅基地、自留地、自留山等集体所有的土地使用权。但是法律规定可以抵押的除外。这里的例外有两处:一是以招标、拍卖、公开协商等方式取得的荒地等土地承包经营权可以抵押。二是乡镇、村企业的建设用地使用权不得单独抵押。以乡镇、村企业的厂房等建筑物抵押的,其占用范围内的建设用地使用权一并抵押。故只能"地随房走",不能"房随地走",而且以这两种财产进行抵押的,在实现抵押权后,未经法定程序不得改变土地集体所有和土地用途。

(3)学校、幼儿园、医院等以公益为目的的事业单位、社会团体的教育设施、医疗卫生设施和其他社会公益设施。如果学校、幼儿园、医院等以公益为目的的事业单位、社会团体,以其教育设施、医疗卫生设施和其他社会公益设施以外的财产为自身债务设定抵押的,人民法院可以认定抵押有效。

(4)所有权、使用权不明或者有争议的财产。所有权、使用权不明或者有争议,无法确定是否有处分权,因此不得抵押。

(5)依法被查封、扣押、监管的财产。但是已经设定抵押的财产被采取查封、扣押等财产保全或者执行措施的,不影响抵押权的效力。

(6)法律、行政法规规定不得抵押的其他财产。如以法定程序确认为违法、违章的建筑物。

4. 抵押登记

抵押物登记的效力有两种情形:

(1)登记是抵押权的设立条件。根据《民法典》的规定,如果以建筑物和其他土地附着物,建设用地使用权,以招标、拍卖、公开协商等方式取得的荒地等土地承包经营权,正在建造的建筑物这四种财产设定抵押的,应当办理抵押物登记。抵押权自登记之日起设立。

以登记作为设立条件的抵押应当注意几点:第一,对上述财产进行抵押的,必须履行登记手续,才能设立抵押权。第二,抵押物登记记载的内容与抵押合同约定的内容不一致的,以登记记载的内容为准。第三,对上述财产设定抵押,如果当事人未办理登记,虽然抵押权没有设立,但是抵押合同已经生效。这是《物权法》规定与《担保法》规定不同的地方。第四，以尚未办理权属证书的财产抵押的，只要当事人在一审法庭辩论终结前能够提供权利证书或者补办登记手续的，法院可以认定抵押有效。

（2）登记为对抗第三人的效力。当事人以《民法典》规定的生产设备、原材料、半成品、产品，正在建造的船舶、航空器，交通运输工具设定抵押，或者以《民法典》规定的动产设定抵押，抵押权自抵押合同生效时设立。未经登记，不得对抗善意第三人。因此对这些财产是否进行抵押登记，完全由当事人决定。抵押权自抵押合同签订之日起设立，并对当事人产生拘束力。只是如果没有登记，不能对抗善意第三人。

（三）抵押权的效力

抵押权的效力主要体现为抵押关系当事人的权利义务：

1. 抵押人的权利

抵押人的权利主要有：

（1）抵押物的占有权。抵押设定以后，除法律和合同另有约定以外，抵押人有权继续占有抵押物，并有权取得抵押物的孳息。因此原则上抵押权的效力不及于抵押物的孳息。但是，根据《民法典》的规定，债务人不履行到期债务或者发生当事人约定的实现抵押权的情形，致使抵押财产被人民法院依法扣押的，自扣押之日起抵押权人有权收取该抵押财产的天然孳息或者法定孳息，但抵押权人未通知应当清偿法定孳息的义务人的除外。

（2）抵押人对抵押物的处分权。抵押设定以后，抵押人并不丧失对抵押物的所有权。抵押人有权将抵押物转让给他人，但抵押人处分财产的权利受到如下限制：第一，根据《民法典》规定，抵押期间，抵押人经抵押权人同意转让抵押财产的，应当将转让所得的价款向抵押权人提前清偿债务或者提存。转让的价款超过债权数额的部分归抵押人所有，不足部分由债务人清偿。抵押期间，抵押人未经抵押权人同意，不得转让抵押财产，但受让人代为清偿债务消灭抵押权的除外。因此抵押财产转让要生效是以抵押权人的同意为条件的。第二，如果抵押物未经登记的，则抵押权不能对抗善意第三人。因此给抵押权人造成损失的，由抵押人承担赔偿责任。第三，抵押物依法被继承或者赠与的，抵押权不受影响。

（3）抵押人对抵押物设定多项抵押的权利。抵押人可以就同一抵押物设定多个抵押权，但不得超出余额部分。在同一抵押物上有数个抵押权时，各个抵押权人应按照法律规定的顺序行使抵押权。

（4）抵押人对抵押物的收益权。抵押权设定以后，由于抵押物仍然归抵押人占有，因此抵押人有权将抵押物出租。这里需要注意抵押权与出租之间的关系：第一，如果抵押权设定在先，出租在后，抵押权实现后，租赁合同对受让人不具有约束力。抵押人将已抵押的财产出租时，如果抵押人未书面告知承租人该财产已抵押的，抵押人对出租抵押物造成承租人的损失承担赔偿责任；如果抵押人已书面告知承租人该财产已抵押的，抵押权实现造成承租人的损失，由承租人自己承担。第二，如果出租在先，抵押在后，租赁合同在有效期内对抵押物的受让人继续有效。

2. 抵押人的义务

抵押人的主要义务是妥善保管抵押物。根据《民法典》规定，抵押人的行为足以使抵押财产价值减少的，抵押权人有权要求抵押人停止其行为。抵押财产价值减少的，抵押权人有权要求恢复抵押财产的价值，或者提供与减少的价值相应的担保。抵押人不恢复抵押财产的价值也不提供担保的，抵押权人有权要求债务人提前清偿债务。

3. 抵押权人的权利

抵押权人的权利主要有：

(1)保全抵押物。在抵押期间，抵押权人虽未实际占有抵押物，但法律为了抵押权人的利益，赋予其保全抵押物的权利。如果抵押物受到抵押人或第三人的侵害，抵押权人有权要求停止侵害、恢复原状、赔偿损失。如果因抵押人的行为使抵押物价值减少，抵押权人有权要求抵押人恢复抵押物的价值，或者提供与减少的价值相当的担保。

(2)放弃抵押权或者变更抵押权的顺位。《民法典》规定，抵押权人可以放弃抵押权或者抵押权的顺位。抵押权人与抵押人可以协议变更抵押权顺位以及被担保的债权数额等内容。但抵押权的变更，未经其他抵押权人书面同意，不得对其他抵押权人产生不利影响。债务人以自己的财产设定抵押，抵押权人放弃该抵押权、抵押权顺位或者变更抵押权的，其他担保人在抵押权人丧失优先受偿权益的范围内免除担保责任，但其他担保人承诺仍然提供担保的除外。

(3)优先受偿权。在债务人不履行债务时，抵押权人有权以抵押财产折价或者以拍卖、变卖抵押物的价款优先于普通债权人受偿。抵押物折价或者拍卖、变卖该抵押物的价款不足清偿债权的，不足清偿的部分由债务人按普通债权清偿。

(四)抵押权的实现

根据《民法典》的规定，担保物权的担保范围包括主债权及其利息、违约金、损害赔偿金、保管担保财产和实现担保物权的费用。当事人另有约定的，按照约定。

《民法典》规定，债务人不履行到期债务或者发生当事人约定的实现抵押权的情形，抵押权人可以与抵押人协议以抵押财产折价或者以拍卖、变卖该抵押财产所得的价款优先受偿。协议损害其他债权人利益的，其他债权人可以在知道或者应当知道撤销事由之日起一年内请求人民法院撤销该协议。

抵押物折价或者拍卖、变卖所得的价款，当事人没有约定的，清偿顺序如下：(1)实现抵押权的费用。(2)主债权的利息。(3)主债权。抵押物不足清偿的债权由债务人清偿。

在抵押物灭失、毁损或者被征用的情况下，抵押权人可以就该抵押物的保险金、赔偿金或者补偿金优先受偿；如抵押权所担保的债权未届清偿期，抵押权人可以请求人民法院对其采取保全措施。

如果在同一物上并存数个抵押权或并存数个物权(包括一项抵押权),会产生优先受偿权的位序问题。关于优先受偿权位序,采取法定主义,由法律明确规定。

1. 多个抵押权并存时的清偿顺序

同一财产向两个以上债权人抵押的,拍卖、变卖抵押物所得的价款按照以下规定清偿:

(1)抵押权已登记的,按照登记的先后顺序清偿;顺序相同的,按照债权比例清偿。如果当事人同一天在不同的法定登记部门办理抵押物登记的,视为顺序相同。因登记部门的原因导致抵押物进行了连续登记的,以第一次登记的时间为准确定抵押顺序。

(2)抵押权已登记的先于未登记的受偿。

(3)抵押权未登记的,按照债权比例清偿。

(4)顺序在先的抵押权与该财产的所有权归属一人时,该财产的所有权人可以以其抵押权对抗顺序在后的抵押权。

(5)顺序在后的抵押权所担保的债权先到期的,抵押权人只能就抵押物价值超出顺序在先的抵押担保债权的部分受偿。

2. 与其他物权并存时的清偿顺序

当抵押权与其他物权并存时,也存在位序问题:

(1)抵押权与质权并存。同一财产法定登记的抵押权与质权并存时,抵押权人优先于质权人受偿。

(2)抵押权与留置权并存。同一财产抵押权与留置权并存时,留置权人优先于抵押权人受偿。

(3)抵押权与其他权利并存。如果同一财产有抵押权与《民法典》第八百零七条规定的优先受偿权并存时,《民法典》第八百零七条规定的优先受偿权优先于抵押权。

(五)浮动抵押

浮动抵押是抵押权设立时“抵押财产”尚未确定,最高额抵押则是抵押权设立时所担保的“债权额”尚未确定。

动产的浮动抵押。经当事人书面协议,企业、个体工商户、农业生产经营者可以将现有的以及将有的生产设备、原材料、半成品、产品抵押,债务人不履行到期债务或者发生当事人约定的实现抵押权的情形,债权人有权就实现抵押权时的动产优先受偿。

(1)浮动抵押仅限于特定的主体,即企业、个体工商户、农业生产经营者。

(2)浮动抵押仅限于动产。

(3)浮动抵押的抵押权自抵押合同生效时设立,未经登记,不得对抗善意第三人。

(4)浮动抵押即使已经登记,也不得对抗正常经营活动中已支付合理价款并取得抵押财产的买受人。

(5)抵押权的实现只能针对“确定”的财产,在下列情形发生时,应“确定”抵押财产:

①债务履行期限届满，债权未实现；②抵押人被宣告破产或者被撤销；③当事人约定的实现抵押权的情形；④严重影响债权实现的其他情形。

(六)最高额抵押

最高额抵押指为担保债务的履行，债务人或者第三人对一定期间内将要连续发生的债权提供担保财产的，债务人不履行到期债务或者发生当事人约定的实现抵押权的情形，抵押权人有权在最高债权额限度内就该担保财产优先受偿的情形。

最高额抵押权的设定不以已经存在的债权为前提，而是对将来发生的债作担保。根据《民法典》规定，最高额抵押权设立前已经存在的债权，经当事人同意，可以转入最高额抵押担保的债权范围。

《民法典》规定，最高额抵押担保的债权确定前，部分债权转让的，最高额抵押权不得转让，但当事人另有约定的除外。

《民法典》规定，抵押权人的债权在下列情况下确定：(1)约定的债权确定期间届满；(2)没有约定债权确定期间或者约定不明确，抵押权人或者抵押人自最高额抵押权设立之日起满两年后请求确定债权；(3)新的债权不可能发生；(4)抵押财产被查封、扣押；(5)债务人、抵押人被宣告破产或者被撤销；(6)法律规定债权确定的其他情形。抵押权人实现最高额抵押权时，如果实际发生的债权余额高于最高限额的，以最高限额为限，超过部分不具有优先受偿的效力；如果实际发生的债权余额低于最高限额的，以实际发生的债权余额为限对抵押物优先受偿。

二、质押

(一)质押概述

所谓质押，指债务人或者第三人将其动产或权利移交债权人占有，将该财产作为债的担保，当债务人不履行债务时，债权人有权依法以该财产变价所得优先受偿。

质押权是一种担保物权，因此同样具备担保物权的特征，即从属性、不可分性、物上代位性。但与抵押权相比，有一定的区别：(1)抵押的标的物既可以是动产也可以是不动产。质押的标的物则不包括不动产；质押分为动产质押和权利质押，用于质押的标的物可以是动产或者权利。(2)抵押权的设定不要求移转抵押物的占有；质权的设定必须移转占有。(3)由于抵押权设定不移转占有，因此抵押人可以继续对抵押物占有、使用、收益；由于质押移转标的物的占有，因此质押人虽然享有对标的物的所有权，但不能直接对质押物进行占有、使用、收益。

质押分为动产质押与权利质押。

(二)动产质押

动产质押，是以动产作为标的物的质押。

1. 动产质押的设定

设定动产质押，出质人和质权人应当以书面形式订立质押合同。根据《民法典》的规定，质押合同是诺成合同，并不以质物占有的移转作为合同的生效要件。质押合同的内容应当包括如下条款：被担保的主债权种类、数额；债务人履行债务的期限；质物的名称、数量、质量、状况；质押担保的范围；质物移交的时间；当事人认为需要认定的其他事项。质押合同不完全具备上述内容时，当事人可以事后补正，不能宣告合同无效。

质权自质物移交给质权人占有时设立。因此，只有出质人将出质的动产移交以债权人占有，债权人才能取得质权。在质押期间，质权人也必须控制抵押物的占有。对于动产质押中标的物移转占有要注意以下几点：

(1)标的物的占有移转不是动产质押合同的生效条件，但是质权设立的条件。

(2)债务人或者第三人未按质押合同约定的时间移交质物的，质权不成立，由此给质权人造成损失的，出质人应当根据其过错承担赔偿责任。

(3)出质人代质权人占有质物的，质权没有设立。

(4)因不可归责于质权人的事由而丧失对质物的占有，质权人可以向不当占有人请求停止侵害、恢复原状、返还质物。

(5)出质人以间接占有的财产出质的，书面通知送达占有人时视为移交。占有人收到出质通知后，仍接受出质人的指示处分出质财产的，该行为无效。

(6)质押合同中对质押的财产约定不明，或者约定的出质财产与实际移交的财产不一致的，以实际交付占有的财产为准。

和抵押合同一样，质权人在债务履行期届满前，不得与出质人约定债务人不履行到期债务时质押财产归债权人所有。如果违反该规定，则约定的“流质条款”无效，但不影响质押合同其他部分的效力。

根据《民法典》的规定，出质人与质权人可以协议设立最高额质权。最高额质权除适用动产质押的有关规定外，参照最高额抵押权的规定。

2. 动产质押的标的物

动产质押的标的物必须具备下列条件：(1)可让与性。法律禁止流通的物，不能作为质押的标的。(2)特定化。动产质押的标的物必须特定化。因此，如果将金钱以特户、封金、保证金等形式特定化后，也可以作为动产质押的标的物。(3)出质人有处分权。但出质人以其不具有所有权但合理占有的动产出质的，法律保护善意质权人的权利。善意质权人行使质权给动产所有人造成损失的，由出质人承担赔偿责任。

动产质权的效力及于质物的从物。但是从物未随同质物移交质权人占有的，质权的效力不及于从物。

3. 动产质押的效力

动产质押设立后，在主债务清偿以前，质权人有权占有质物，并有权收取质物所生的孳息。质权人收取孳息，并非取得孳息所有权，而是将孳息作为质押标的。

质权人在质权存续期间,为担保自己的债务,经出质人同意,以其所占有的质物为第三人设定质权的,应当在原质权所担保的债权范围之内,超过的部分不具有优先受偿的效力。转质权的效力优于原质权。

(三)权利质押

权利质押指以可转让的权利为标的物的质权。

根据《民法典》的规定,可以作为权利质押的权利有:(1)汇票、支票、本票;(2)债券、存款单;(3)仓单、提单;(4)可以转让的基金份额、股权;(5)可以转让的注册商标专用权、专利权、著作权等知识产权中的财产权;(6)应收账款;(7)法律、行政法规规定可以出质的其他财产权利。

权利质押因为设定质押的权利标的的不同,其生效条件也是不同的。

1. 有价证券的质押

以汇票、支票、本票、债券、存款单、仓单、提单出质的,当事人应当订立书面合同。质权自权利凭证交付质权人时设立。没有权利凭证的,质权自有关部门办理出质登记时设立。对于这类权利质押,注意几点:(1)必须在汇票、支票、本票上背书记载"质押"字样,否则不能对抗善意第三人。(2)以存款单出质的,签发银行核押后又受理挂失并造成存款流失的,应当承担民事责任。(3)以票据、债券、存款单、仓单、提单出质的,质权人再转让或者质押的无效。(4)汇票、支票、本票、债券、存款单、仓单、提单的兑现日期或者提货日期先于主债权到期的,质权人可以兑现或者提货,并与出质人协议将兑现的价款或者提取的货物提前清偿债务或者提存。

2. 可以转让的基金份额、股权的质押

根据《民法典》的规定,以基金份额、股权出质的,当事人应当订立书面合同。以基金份额、证券登记结算机构登记的股权出质的,质权自证券登记结算机构办理出质登记时设立;以其他股权出质的,质权自工商行政管理部门办理出质登记时设立。对于这类权利质押,注意以下几点:(1)必须是依法可以转让的基金份额、股票。而且质权的效力及于基金份额、股票的法定孳息。(2)以基金份额、证券登记结算机构登记的股权出质的,质权自证券登记结算机构办理出质登记时设立。基金份额、股权出质后,不得转让,但经出质人与质权人协商同意的除外。出质人转让基金份额、股权所得的价款,应当向质权人提前清偿债务或者提存。(3)以非由证券登记结算机构登记的股权出质的,质权自工商行政管理部门办理出质登记时设立。(4)根据财政部《关于上市公司国有股质押有关问题的通知》的规定,国有股东授权代表单位持有的国有股只限于为本单位及其全资或控股子公司提供质押,用于质押的国有股数量不得超过其所持该上市公司国有股总额的50%。

由于此类权利的质押是以可以转让为前提的,因此还应当符合《公司法》关于股权转让的相关规定。

3. 知识产权的质押

依法可以转让的商标专用权、专利权、著作权中的财产权可以质押。对于这类权利质押，注意以下几点：(1)知识产权的内容既包括财产权，也包括人身权，但设定质押的知识产权仅限于可以转让的财产权。以知识产权中的人身权设定质押无效。(2)设定质权后，未经质权人同意不得转让或者许可他人使用。未经许可转让或者许可他人使用，应当认定为无效。因此给质权人或者第三人造成损失的，由出质人承担民事责任。(3)以知识产权设定质押，应当向有关管理部门办理出质登记，才能使得质权生效。

4. 应收账款的质押

根据《民法典》的规定，以应收账款出质的，当事人应当订立书面合同。质权自信贷征信机构办理出质登记时设立。应收账款出质后，不得转让，但经出质人与质权人协商同意的除外。出质人转让应收账款所得的价款，应当向质权人提前清偿债务或者提存。公路桥梁、公路隧道或者公路渡口等不动产收益权实际上就是应收账款的一种。

5. 依法可以质押的其他权利

法律、行政法规规定可以出质的其他权利。

三、登记

登记在物权变动中的地位如表6—2所示。

表6—2　　　　登记在物权变动中的地位

动产	一般动产的所有权	交付生效
	船舶、航空器、机动车的所有权	交付生效、登记对抗
	动产的抵押权	登记对抗
	动产的质权	交付生效
不动产	房屋的所有权	登记生效
	房屋的抵押权	
	建设用地使用权的取得	
	建设用地使用权的抵押	
	土地承包经营权	登记对抗
	地役权	
权利质押	基金份额、股权的质押	登记生效
	知识产权的质押	
	应收账款的质押	
	票据、债券、存款单、仓单、提单的质押	交付(登记)生效

四、留置

留置权是指债权人合法占有债务人的动产，在债务人不履行到期债务时债权人有权依法留置该财产，并有权就该财产优先受偿的权利。

（一）留置权的特征

留置权具有如下特征：(1)留置权属于担保物权，因此具有担保物权的从属性、不可分性和物上代位性等担保物权的特征。(2)留置权属于法定的担保物权。留置权只有在符合法律规定的条件时产生，并非依当事人约定产生。但当事人可以通过合同约定排除留置权的适用。

（二）留置权的成立条件

留置权作为法定的担保物权必须符合法定的条件才能成立。留置权的成立条件是：(1)债权人占有债务人的动产。原则上动产应当属于债务人所有。但根据《民法典》的规定，留置权也可以善意取得，即如果债权人合法占有债务人交付的动产时，不知债务人无处分该动产的权利，债权人仍可以行使留置权。(2)占有的动产与债权属于同一法律关系，但法律另有规定的以外。《民法典》规定，债权人留置的动产，应当与债权属于同一法律关系，但企业之间留置的除外。从《民法典》的规定来看，我国留置权的适用范围大大扩大，一方面不再局限于特定的合同关系，其他的债权债务关系，如不当得利、无因管理等法律关系也可以产生留置权；另一方面，对于企业之间的留置权的行使，可以不以同一债权债务关系为要件。(3)债权已届清偿期且债务人未按规定期限履行义务。

（三）留置权的效力

留置权人在占有留置物期间内，除了留置物本身以外，留置权的效力还及于从物、孳息和代位物。根据《民法典》规定，留置的财产为可分物的，留置物的价值应当相当于债务的金额；留置物为不可分物的，留置权人可以就其留置物的全部行使留置权。

留置权的效力分两个层次：(1)留置标的物。债权人在其债权没有得到清偿时，有权留置债务人的财产，并给债务人确定一个履行期限。根据《民法典》的规定，该履行期限应当为两个月以上。(2)优先受偿。即债务人超过规定的期限仍不履行其债务时，留置权人可依法以留置物折价或拍卖、变卖所得价款优先受偿。留置财产折价或者拍卖、变卖后，其价款超过债权数额的部分归债务人所有，不足部分由债务人清偿。同一动产上已设立抵押权或者质权，该动产又被留置的，留置权人优先受偿。

第七章　破产法

导入案例

浙江南方石化工业有限公司等三家公司破产清算案

浙江南方石化工业有限公司(以下简称南方石化)、浙江南方控股集团有限公司、浙江中波实业股份有限公司系绍兴地区最早一批集化纤、纺织、经贸为一体的民营企业，三家公司受同一实际控制人控制。其中南方石化年产值20亿余元，纳税近2亿元，曾入选中国民营企业500强。由于受行业周期性低谷及互保等影响，2016年上述三家公司出现债务危机。2016年11月1日，浙江省绍兴市柯桥区人民法院(以下简称柯桥法院)裁定分别受理上述三家公司的破产清算申请，并通过竞争方式指定联合管理人。由于南方石化等三家公司单体规模大、债务规模大，难以通过重整方式招募投资人，但具有完整的生产产能、较高的技术能力，具备产业转型和招商引资的基础。据此，本案采取“破产不停产、招商引资”的方案，在破产清算的制度框架内，有效清理企业的债务负担，阻却担保链蔓延；后由政府根据地方产业转型升级需要，以招商引资的方式，引入战略性买家，实现“产能重整”。

三家企业共接受债权申报54.96亿元，裁定确认30.55亿元，临时确认24.41亿元。其中南方石化接受债权申报18.58亿元，裁定确认9.24亿元，临时确认9.34亿元。鉴于三家企业存在关联关系、主要债权人高度重合、资产独立、分散以及南方石化“破产不停产”等实际情况，柯桥法院指导管理人在充分尊重债权人权利的基础上，积极扩展债权人会议职能，并确定三家企业“合并开会、分别表决”的方案。2017年1月14日，柯桥法院召开南方石化等三家企业第一次债权人会议，高票通过了各项方案。2017年2月23日，柯桥法院宣告南方石化等三家企业破产。

2017年3月10日，破产财产进行网络司法拍卖，三家企业550亩土地、26万平方米厂房及相关石化设备等破产财产以6.88亿余元一次拍卖成交。根据通过的《破产财产分配方案》，职工债权获全额清偿，普通债权的清偿率达14.74%。破产财产买受人以不低于原工作待遇的方式接受员工，1 310余名员工中1 100余人留任，一线员工全部安置。本案从宣告破产到拍卖成交，仅用时54天；从立案受理到完成财产分配仅用时10个半月。本案是在清算程序中保留有效生产力，维持职工就业，实现区域产业整合和转型升级的典型案例。审理中，通过运用政府的产业和招商政策，利用闲置土地70余亩，增加数亿投入上马年产50万吨FDY差别化纤维项目，并通过托管和委托加工方式，确保"破产不停产"，维持职工就业；资产处置中，通过债权人会议授权管理人将三家企业资产可单独或合并打包，实现资产快速市场化处置和实质性的重整效果。此外，本案也是通过程序集约，以非实质合并方式审理的关联企业系列破产清算案件。对于尚未达到法人人格高度混同的关联企业破产案件，采取联合管理人履职模式，探索对重大程序性事项尤其是债权人会议进行合并，提高审理效率。

第一节　破产法律制度概述

一、破产与破产法的概念与特征

（一）破产的概念与特征

破产是指对丧失清偿能力的债务人，经法院审理，强制清算其全部财产，公平、有序地清偿全体债权人的法律制度。

破产清算是破产法的基本制度，它与民事执行制度的区别在于：

(1)破产程序中的债务人已丧失清偿能力，不能对债权人履行全部清偿义务，故须以破产方式解决对全体债权人的公平、有序清偿以及企业规范退出市场的问题。而民事执行程序中的债务人通常具有清偿能力，因拒不履行义务而需要强制执行。

(2)就债务清偿而言，破产清算是为全体债权人的利益而进行，属于债权的集体清偿程序。民事执行是为申请执行的个别债权人的利益进行的，属于债权的个别清偿程序。

(3)破产是对债务人财产等法律关系的全面清算，破产宣告后，破产人为企业法人的，清算完成后将终结其民事主体资格。而民事执行的范围则仅限于与所执行债务相关的财产，不涉及民事主体资格消灭问题。

（二）破产法的概念与特征

破产法是规定在债务人丧失清偿能力时，法院强制对其全部财产进行清算分配，公平、有序清偿债权人，或通过债务人与债权人会议达成的和解协议清偿债务，或进行企业重整，避免债务人破产的法律规范的总称。

二、破产法的适用范围

根据《企业破产法》第二条规定，其主体适用范围是所有的企业法人。合伙企业、农民专业合作社、资不抵债的民办学校、个人独资企业等进行清算也可以参照《企业破产法》。

第二节 破产申请与受理

一、破产原因

破产原因,也称破产界限,指认定债务人丧失清偿能力,当事人得以提出破产申请,法院据以启动破产程序的法律事实。破产原因也是和解与重整程序开始的原因,但重整程序开始的原因更为宽松,债务人在尚未发生破产原因但有明显丧失清偿能力可能时,也可以依法申请重整。

二、破产申请的提出

(一)提出破产申请的当事人

根据法律规定,债务人发生破产原因,可以向人民法院提出重整、和解或者破产清算申请。债务人不能清偿到期债务,债权人可以向人民法院提出对债务人进行重整或者破产清算的申请,但不能提出和解申请。

(二)破产案件的管辖

当事人的申请应向对破产案件有管辖权的人民法院提出。《企业破产法》规定,破产案件的地域管辖由债务人住所地人民法院管辖。债务人住所地指债务人的主要办事机构所在地。债务人主要办事机构所在地不明确、存在争议的,由其注册登记地人民法院管辖。人民法院之间因管辖权发生争议,由争议双方协商解决;协商解决不了的,报请它们的共同上级人民法院指定管辖。省、自治区、直辖市范围内因特殊情况需对个别企业破产案件的地域管辖作调整的,须经共同上级人民法院批准。金融机构、上市公司的破产与重整案件或者具有重大影响、法律关系复杂的破产案件,一般应由中级人民法院管辖。

(三)当事人提出破产申请时的举证责任

当事人向人民法院提出破产申请,应当提交破产申请书和有关证据。破产申请书应当载明下列事项:(1)申请人、被申请人的基本情况;(2)申请目的,即申请破产清算还是申请重整或和解;(3)申请的事实和理由;(4)人民法院认为应当载明的其他事项。

三、破产申请的受理

人民法院收到破产申请后,应当依法进行审查,及时作出是否受理破产案件的裁定。对于债权人、债务人等法定主体提出的破产申请材料,人民法院立案部门一律接收并出具书面凭证,然后进行形式审查。立案部门经审查认为申请人提交的材料符合法律规定的,应当场登记立案。不符合法律规定的,应予释明,并以书面形式一次性告知应当补充、补正的材料，补充、补正期间不计入审查期限。申请人按要求补充、补正的，应当登记立案。立案部门登记立案后，应及时将案件移送负责审理破产案件的审判业务部门。审判业务部门应当在5日内将立案及合议庭组成情况通知债务人及提出申请的债权人。

债务人对债权人提出的破产申请有异议的，应当自收到人民法院的通知之日起7日内向人民法院提出，并提交相关的证据材料。人民法院认为有必要的，可以组织债权人与债务人等利害关系人进行听证，听证会期间不计入法定受理期间。

人民法院应当自债务人提出异议期满之日起10日内裁定是否受理。除上述情形外，人民法院应当自收到破产申请之日起15日内裁定是否受理。有特殊情况需要延长受理案件期限的，经上一级人民法院批准，可以延长15日。

人民法院裁定受理破产申请的，应当将裁定自作出之日起5日内送达申请人。债权人提出申请的，人民法院应当自裁定作出之日起5日内送达债务人。债务人应当自裁定送达之日起15日内，向人民法院提交财产状况说明、债务清册、债权清册、有关财务会计报告以及职工工资的支付和社会保险费用的缴纳情况等有关材料。债务人违反法律规定，拒不向人民法院提交或者提交不真实的上述文件与情况说明的，应承担相应法律责任。

人民法院裁定不受理破产申请的，应当将裁定自作出之日起5日内送达申请人并说明理由。申请人对裁定不服的，可以自裁定送达之日起10日内向上一级人民法院提起上诉。

人民法院受理破产申请后至破产宣告前，经审查发现案件受理时债务人未发生破产原因的，可以裁定驳回申请。但是，由于债务人财产的市场价值发生变化导致其在案件受理后资产超过负债乃至破产原因消失的，不影响破产案件的受理与继续审理，人民法院不得裁定驳回申请，债务人如不愿意进行破产清算，可以通过申请和解、重整等方式清偿债务、结束破产程序。申请人对驳回申请裁定不服的，可以自裁定送达之日起10日内向上一级人民法院提起上诉。

人民法院裁定受理破产申请的，应当同时指定管理人，并在裁定受理破产申请之日起25日内通知已知债权人，并予以公告。通知和公告应当载明下列事项：(1)申请人、被申请人的名称或者姓名；(2)人民法院受理破产申请的时间；(3)申报债权的期限、地点和注意事项；(4)管理人的名称或者姓名及其处理事务的地址；(5)债务人的债务人或者财产持有人应当向管理人清偿债务或者交付财产的要求；(6)第一次债权人会议召开的时间和地点；(7)人民法院认为应当通知和公告的其他事项。

为保证破产程序顺利进行，自人民法院受理破产申请的裁定送达债务人之日起至破产程序终结之日，债务人的有关人员承担下列义务：(1)妥善保管其占有和管理的财产、印章和账簿、文书等资料；(2)根据人民法院、管理人的要求进行工作，并如实回答询问；(3)列席债权人会议并如实回答债权人的询问；(4)未经人民法院许可，不得离开住所地；

(5)不得新任其他企业的董事、监事、高级管理人员。所谓债务人的有关人员指企业的法定代表人;经人民法院决定,可以包括企业的财务管理人员和其他经营管理人员。债务人的有关人员违反法律规定,擅自离开住所地的,人民法院可以予以训诫、拘留,可以依法并处罚款。

人民法院受理破产申请后,管理人对破产申请受理前成立而债务人和对方当事人均未履行完毕的合同有权决定解除或者继续履行,并通知对方当事人。管理人决定解除或者继续履行合同,一般应当以保障债权人权益最大化为原则,但必要时也需兼顾公平原则。管理人自破产申请受理之日起两个月内未通知对方当事人,或者自收到对方当事人催告之日起 30 日内未答复的,视为解除合同。

破产申请受理后,有关债务人的民事诉讼只能向受理破产申请的人民法院提起。但是其他法律有特殊规定的应当除外,如当事人约定仲裁解决纠纷的,仍应当以仲裁方式解决。

四、执行案件移送破产审查

执行案件移送破产审查,简称“执转破”,是实现执行程序与破产程序衔接的重要措施。执行案件移送破产审查,应同时符合下列条件:(1)被执行人为企业法人;(2)被执行人或者有关被执行人的任何可执行案件的申请执行人书面同意将执行案件移送破产审查;(3)被执行人不能清偿到期债务,并且资产不足以清偿全部债务或者明显缺乏清偿能力。

执行部门应严格遵守执行案件移送破产审查的内部决定程序。承办人认为执行案件符合移送破产审查条件的,应提出审查意见,经合议庭评议同意后,由执行法院院长签署移送决定。基层人民法院拟将执行案件移送异地中级人民法院进行破产审查的,在作出移送决定前,应先报请其所在地中级人民法院执行部门审核同意。执行法院作出移送决定后,应当于 5 日内送达申请执行人和被执行人。申请执行人或被执行人对决定有异议的,可以在受移送法院破产审查期间提出,由受移送法院一并处理。

执行法院移送案件时,应当确保材料完备,内容、形式符合规定。执行法院作出移送决定后,应当向受移送法院移送下列材料:(1)执行案件移送破产审查决定书;(2)申请执行人或被执行人同意移送的书面材料;(3)执行法院采取财产调查措施查明的被执行人的财产状况,已查封、扣押、冻结财产清单及相关材料;(4)执行法院已分配财产清单及相关材料;(5)被执行人债务清单;(6)其他应当移送的材料。移送的材料不完备或内容错误,影响受移送法院认定破产原因是否具备的,受移送法院可以要求执行法院于 10 日内补齐、补正,该期间不计入受移送法院破产审查的期间。受移送法院需要查阅执行程序中的其他案件材料,或者依法委托执行法院办理财产处置等事项的,执行法院应予协助配合。

受移送法院的破产审判部，应当自收到移送的材料之日起 30 日内作出是否受理的裁定。受移送法院作出裁定后，应当在 5 日内送达申请执行人、被执行人，并送交执行法院。受移送法院裁定受理破产案件的，在此前的执行程序中产生的评估费、公告费、保管费等执行费用，可以参照破产费用的规定，从债务人财产中随时清偿。

执行法院收到受移送法院受理裁定后，应当于 7 日内将已经扣划到账的银行存款、实际扣押的动产、有价证券等被执行人财产移交给受理破产案件的法院或管理人。执行法院收到受移送法院受理裁定时，已通过拍卖程序处置且成交裁定已送达买受人的拍卖财产，通过以物抵债偿还债务且抵债裁定已送达债权人的抵债财产，已完成转账、汇款、现金交付的执行款，因财产所有权已经发生变动，不属于被执行人的财产，不再移交。

受移送法院做出不予受理或驳回申请裁定的，应当在裁定生效后 7 日内将接收的材料、被执行人的财产退回执行法院，执行法院应当恢复对被执行人的执行。受移送法院作出不予受理或驳回申请的裁定后，人民法院不得重复启动执行案件移送破产审查程序。申请执行人或被执行人以有新证据足以证明被执行人已经具备了破产原因为由，再次要求将执行案件移送破产审查的，人民法院不予支持。但是，申请执行人或被执行人可以直接向具有管辖权的法院提出破产申请。

受移送法院裁定宣告被执行人破产或裁定终止和解程序、重整程序的，应当自裁定作出之日起 5 日内送交执行法院，执行法院应当裁定终结对被执行人的执行。

受移送法院拒绝接收移送的材料，或者收到移送的材料后不按规定的期限作出是否受理裁定的，执行法院可函请受移送法院的上一级法院进行监督。上一级法院收到函件后应当指令受移送法院在 10 日内接收材料或作出是否受理的裁定。受移送法院收到上级法院的通知后，10 日内仍不接收材料或不作出是否受理裁定的，上一级法院可以径行对移送破产审查的案件行使管辖权。上一级法院裁定受理破产案件的，可以指令受移送法院审理。

第三节　管理人制度

一、管理人制度的一般理论

管理人是指破产案件受理后成立的，全面接管破产企业并负责破产财产的保管、清理、估价、处理和分配等破产清算事务的专门机构或人员。管理人概念有广义与狭义之分。狭义的管理人仅负责破产清算程序中的管理工作，所以又称破产管理人，如前述概念。广义的管理人则还在和解、重整程序中承担管理、监督工作。

作为债务人财产的管理人，必须具有独立的法律地位，在破产案件中与债权人、债务人等不存在可能影响其公正从事管理活动的利害关系，并具有相应的专业能力。为此，各国破产立法均规定由律师、注册会计师等具有专门知识与较高社会诚信力的专业人士担任管理人。

二、管理人的资格与指定

(一)管理人的资格

管理人可以由有关部门、机构的人员组成的清算组或者依法设立的律师事务所、会计师事务所、破产清算事务所等社会中介机构担任。人民法院根据债务人的实际情况，可以在征询有关社会中介机构的意见后，指定该机构具备相关专业知识并取得执业资格的人员担任管理人。有下列情形之一的，不得担任管理人:(1)因故意犯罪受过刑事处罚;(2)曾被吊销相关专业执业证书;(3)与本案有利害关系;(4)人民法院认为不宜担任管理人的其他情形。个人担任管理人的，应当参加执业责任保险。

2. 个人担任管理人问题

中介机构中具备相关专业知识并取得执业资格的个人，也可以担任管理人，但立法对哪些破产案件适合个人担任管理人未作明确界定。为利于统一执法，对于事实清楚、债权债务关系简单、债务人财产相对集中的企业破产案件，人民法院可以指定管理人名册中的个人为管理人。

3. 管理人的利害关系回避问题

社会中介机构、清算组成员有下列情形之一，可能影响其忠实履行管理人职责的，人民法院可以认定为利害关系:(1)与债务人、债权人有未了结的债权债务关系;(2)在人民法院受理破产申请前 3 年内，曾为债务人提供相对固定的中介服务;(3)现在是或者在人民法院受理破产申请前 3 年内曾经是债务人、债权人的控股股东或者实际控制人;(4)现在担任或者在人民法院受理破产申请前 3 年内曾经担任债务人、债权人的财务顾问、法律顾问;(5)人民法院认为可能影响其忠实履行管理人职责的其他情形。清算组成员的派出人员、社会中介机构的派出人员、个人管理人有下列情形之一，可能影响其忠实履行管理人职责的，可以认定为利害关系:(1)具有《最高人民法院关于审理企业破产案件指定管理人的规定》第二十三条规定情形;(2)现在担任或者在人民法院受理破产申请前 3 年内曾经担任债务人、债权人的董事、监事、高级管理人员;(3)与债权人或者债务人的控股股东、董事、监事、高级管理人员存在夫妻、直系血亲、三代以内旁系血亲或者近姻亲关系;(4)人民法院认为可能影响其公正履行管理人职责的其他情形。

(二)管理人的指定

清算组为管理人的，人民法院可以从政府有关部门、编入管理人名册的社会中介机构、金融资产管理公司中指定清算组成员，人民银行及金融监督管理机构可以按照有关法律和行政法规的规定派人参加清算组。

人民法院指定管理人时，应当同时根据中介机构或清算组的推荐，指定管理人负责人。社会中介机构或者清算组需要变更管理人负责人的,应当向人民法院申请更换。

管理人无正当理由,不得拒绝人民法院的指定。对管理人拒绝指定行为规定有相应处罚,可以决定停止其担任管理人 1 年至 3 年,或将其从管理人名册中除名。

社会中介机构管理人有下列情形之一的,人民法院可以根据债权人会议的申请或者依职权径行决定更换管理人:(1)执业许可证或者营业执照被吊销或者注销;(2)出现解散、破产事由或者丧失承担执业责任风险的能力;(3)与本案有利害关系;(4)履行职务时,因故意或者重大过失导致债权人利益受到损害;(5)社会中介机构或者个人有重大债务纠纷或者因涉嫌违法行为正被相关部门调查的。个人管理人有下列情形之一的,人民法院可以根据债权人会议的申请或者依职权径行决定更换管理人:(1)执业资格被取消、吊销;(2)与本案有利害关系;(3)履行职务时,因故意或者重大过失导致债权人利益受到损害;(4)失踪、死亡或者丧失民事行为能力;(5)因健康原因无法履行职务;(6)执业责任保险失效;(7)有本规定第二十六条规定的情形。清算组成员的派出人员、社会中介机构的派出人员参照适用前款规定。在更换管理人时,除竞争方式外,通常可以原指定方式进行。

三、管理人的报酬

管理人履行职责,付出劳动,应当获得合理的报酬。《企业破产法》第二十八条规定:“管理人的报酬由人民法院确定。”

管理人获得的报酬是纯报酬,不包括其因执行职务、进行破产管理工作中需支付的其他费用,如公告费用、变价财产费用等。人民法院应根据债务人最终清偿的财产价值总额,在以下比例限制范围内分段确定管理人报酬:(1)不超过 100 万元(含本数,下同)的,在 12%以下确定;(2)超过 100 万元至 500 万元的部分,在 10%以下确定;(3)超过 500 万元至 1 000 万元的部分,在 8%以下确定;(4)超过 1 000 万元至 5 000 万元的部分,在 6%以下确定;(5)超过 5 000 万元至 1 亿元的部分,在 3%以下确定;(6)超过 1 亿元至 5 亿元的部分,在 1%以下确定;(7)超过 5 亿元的部分,在 0.5%以下确定。担保权人优先受偿的担保物价值,不计入前款规定的财产价值总额。高级人民法院认为有必要的,可以参照上述比例在 30%的浮动范围内制定符合当地实际情况的管理人报酬比例限制范围,并通过当地有影响的媒体公告,同时报最高人民法院备案。

在上述规定中只规定了管理人报酬提取比例的上限,人民法院在具体确定或者调整管理人报酬方案时,应当考虑以下因素:(1)破产案件的复杂性;(2)管理人的勤勉程度;(3)管理人为重整、和解工作作出的实际贡献;(4)管理人承担的风险和责任;(5)债务人住所地居民可支配收入及物价水平;(6)其他影响管理人报酬的情况。

清算组中有关政府部门派出的工作人员参与工作的,不收取报酬。其他机构或人员的报酬根据其履行职责的情况确定。

管理人对担保物的维护、变现、交付等管理工作付出合理劳动的，有权向担保权人收取适当的报酬。管理人与担保权人就上述报酬数额不能协商一致的，人民法院应当参照本规定第二条规定的方法确定，但报酬比例不得超出该条规定限制范围的10%。

管理人经人民法院许可，可以聘用必要的工作人员。管理人执行职务的费用、报酬和聘用工作人员的费用为破产费用。为避免管理人重复计酬收费，必须对破产费用的支出加以限定。其中，最可能发生重复计酬问题的，是管理人聘请工作人员的费用，如不加控制，可能出现管理人将其工作全部聘请工作人员完成，并从破产财产中支付聘请工作人员的费用，而自己白拿报酬的现象。律师事务所、会计师事务所通过聘用本专业的其他社会中介机构或者人员协助履行管理人职责的，所需费用从其报酬中支付。破产清算事务所通过聘用其他社会中介机构或者人员协助履行管理人职责的，所需费用从其报酬中支付。管理人经人民法院许可聘用企业经营管理人员，或者管理人确有必要聘请其他社会中介机构或人员处理重大诉讼、仲裁、执行或审计等专业性较强工作，如所需费用需要列入破产费用的，应当经债权人会议同意。

人民法院受理破产申请后，应当对债务人可供清偿的财产价值和管理人的工作量作出预测，初步确定管理人的报酬方案，包括管理人报酬比例和收取时间等，并在方案确定后3日内书面通知管理人。

管理人应当在第一次债权人会议上报告管理人报酬方案内容。管理人、债权人会议对管理人报酬方案有不同意见，可以进行协商。双方就调整管理人报酬方案内容协商一致的，管理人应向人民法院书面提出具体的请求和理由，并附相应的债权人会议决议。人民法院经审查认为上述请求和理由不违反法律和行政法规强制性规定，且不损害他人合法权益的，应当按照双方协商的结果调整管理人报酬方案。

债权人会议对管理人报酬有异议，无法与管理人协商一致的，应当向人民法院书面提出具体的请求和理由。异议书应当附有相应的债权人会议决议。人民法院应当自收到债权人会议异议书之日起3日内通知管理人。管理人应当自收到通知之日起3日内作出书面说明。人民法院认为有必要的，可以举行听证会，听取当事人意见。人民法院应当自收到债权人会议异议书之日起10日内，就是否调整管理人报酬问题书面通知管理人、债权人委员会或者债权人会议主席。

人民法院确定管理人报酬方案后，可以根据破产案件和管理人履行职责的实际情况进行调整，并在调整方案确定后3日内书面通知管理人。管理人应当自收到上述通知之日起3日内，向债权人委员会或者债权人会议主席报告管理人报酬方案调整内容。

四、管理人的职责与责任

管理人应当勤勉尽责，忠实执行职务。根据《企业破产法》规定，管理人履行下列职责：(1)接管债务人的财产、印章和账簿、文书等资料；(2)调查债务人财产状况，制作财产状况报告;(3)决定债务人的内部管理事务;(4)决定债务人的日常开支和其他必要开支;(5)在第一次债权人会议召开之前,决定继续或者停止债务人的营业;(6)管理和处分债务人的财产;(7)代表债务人参加诉讼、仲裁或者其他法律程序;(8)提议召开债权人会议;(9)人民法院认为管理人应当履行的其他职责。

第四节 债务人财产

一、债务人财产的一般规定

(一)债务人财产的范围

债务人财产包括破产申请受理时属于债务人的全部财产,以及破产申请受理后至破产程序终结前债务人取得的财产。债务人财产在破产宣告后称为破产财产。据此规定,确定债务人财产范围的界定时点是破产申请受理时,而不是破产宣告时,已作为担保物的财产也属于债务人财产。这是新旧破产法对债务人财产范围规定的不同之处。

(二)债务人财产的收回

债务人的出资人尚未完全履行出资义务的,管理人应当要求该出资人缴纳所认缴的出资,而不受出资期限的限制。根据《公司法》规定,出资人是以认缴的而不是实缴的出资或股份对公司承担责任,所以在企业破产时,出资人必须立即缴纳所认缴的出资,而不受原出资期限是否已到的限制。管理人代表债务人提起诉讼,主张出资人向债务人依法缴付未履行的出资或者返还抽逃的出资本息,出资人以认缴出资尚未届至公司章程规定的缴纳期限或者违反出资义务已经超过诉讼时效为由抗辩的,人民法院不予支持。管理人依据公司法的相关规定代表债务人提起诉讼,主张公司的发起人和负有监督股东履行出资义务的董事、高级管理人员,或者协助抽逃出资的其他股东、董事、高级管理人员、实际控制人等,对股东违反出资义务或者抽逃出资承担相应责任,并将财产归入债务人财产的,人民法院应予支持。

债务人的董事、监事和高级管理人员利用职权从企业获取的非正常收入和侵占的企业财产,管理人应当追回。债务人有《企业破产法》第二条第一款规定的情形(即发生破产原因)时,债务人的董事、监事和高级管理人员利用职权获取的以下收入,人民法院应当认定为《企业破产法》第三十六条规定的非正常收入:(1)绩效奖金;(2)普遍拖欠职工工资情况下获取的工资性收入;(3)其他非正常收入。

管理人负有依法向次债务人、债务人的出资人等追收债务人财产的责任。债权人通过债权人会议或者债权人委员会,要求管理人依法向次债务人、债务人的出资人等追收债务人财产,管理人无正当理由拒绝追收的,债权人会议有权申请人民法院更换管理人,人民法院对其请求应予支持。管理人不予追收,个别债权人代表全体债权人提起相关诉讼,主张次债务人或者债务人的出资人等向债务人清偿或者返还债务人财产,或者依法申请合并破产的,人民法院应予受理。

在人民法院受理破产申请后,管理人可以通过清偿债务或者提供为债权人接受的担保,取回质物、留置物。管理人所作的债务清偿或者替代担保,在质物或者留置物的价值低于被担保的债权额时,以该质物或者留置物当时的市场价值为限。

二、破产撤销权与无效行为

撤销权是指管理人对债务人在破产案件受理前的法定期间内进行的欺诈逃债或损害公平清偿的行为,有申请法院撤销,并追回财产的权利。我国破产法上的无效行为则是针对当时《民法通则》《合同法》等规定的无效行为在破产程序中的表现特点作出的强制性规定,在法律上并无实质性新内容,只是为突出对破产欺诈行为的打击。

涉及债务人财产的下列行为无效:(1)为逃避债务而隐匿、转移财产的;(2)虚构债务或者承认不真实的债务的。

人民法院受理破产申请前一年内,涉及债务人财产的下列行为,管理人有权请求人民法院予以撤销:(1)无偿转让财产的;(2)以明显不合理的价格进行交易的;(3)对没有财产担保的债务提供财产担保的;(4)对未到期的债务提前清偿的;(5)放弃债权的。在具体理解与执行上,"无偿转让财产"行为中的"财产",既包括实物财产也包括财产性权利。破产申请受理前一年内债务人提前清偿的未到期债务,在破产申请受理前已经到期,管理人请求撤销该清偿行为的,人民法院不予支持。债务人对外享有债权的诉讼时效,自人民法院受理破产申请之日起中断。债务人无正当理由未对其到期债权及时行使权利,导致其对外债权在破产申请受理前一年内超过诉讼时效期间的,人民法院受理破产申请之日起重新计算上述债权的诉讼时效期间。

人民法院受理破产申请前6个月内,债务人存在不能清偿到期债务,并且资产不足以清偿全部债务或者明显缺乏清偿能力的情形,仍对个别债权人进行清偿的,管理人有权请求人民法院予以撤销。但是,个别清偿使债务人财产受益的除外。

债务人对债权人进行的以下个别清偿,管理人依据《企业破产法》第三十二条的规定请求撤销的,人民法院不予支持:(1)债务人为维系基本生产需要而支付水费、电费等的;(2)债务人支付劳动报酬、人身损害赔偿金的;(3)使债务人财产受益的其他个别清偿。

在破产清算程序终结后两年内,债权人可以行使破产撤销权或针对债务人的无效行为而追回财产。在此期间内追回的财产,应用于对全体债权人分配。在破产清算程序终结两年之后,债权人发现因无效行为而应追回的财产,或者可行使民法、合同法上的撤销权追回的财产时,仍可行使相应权利追回财产,但追回的财产一般不再按照破产法规定用于对全体债权人清偿,而是用于对追回财产的债权人个别清偿。

三、取回权

(一)一般取回权

人民法院受理破产申请后，债务人占有的不属于债务人的财产，该财产的权利人可以通过管理人取回。在重整程序中行使取回权应当符合事先约定的条件，而不适用合同加速到期予以返还等规定。债务人重整期间，权利人要求取回债务人合法占有的权利人的财产，不符合双方事先约定条件的，人民法院不予支持。但是，因管理人或者自行管理的债务人违反约定，可能导致取回物被转让、毁损、灭失或者价值明显减少的除外。

在通常情况下，一般取回权的行使只限于取回原物。如原物被违法转让，便需要根据不同具体情况确定相应的处理方法。《破产法司法解释(二)》第三十条、第三十一条规定："债务人占有的他人财产被违法转让给第三人，依据《民法典》第一百零六条的规定，第三人已善意取得财产所有权，原权利人无法取回该财产的，人民法院应当按照以下规定处理:(1)转让行为发生在破产申请受理前的，原权利人因财产损失形成的债权，作为普通破产债权清偿;(2)转让行为发生在破产申请受理后的，因管理人或者相关人员执行职务导致原权利人损害产生的债务，作为共益债务清偿。债务人占有的他人财产被违法转让给第三人，第三人已向债务人支付了转让价款，但依据《民法典》第一百零六条的规定未取得财产所有权，原权利人依法追回转让财产的，对因第三人已支付对价而产生的债务，人民法院应当按照以下规定处理:(1)转让行为发生在破产申请受理前的，作为普通破产债权清偿;(2)转让行为发生在破产申请受理后的，作为共益债务清偿。"

债务人占有的他人财产毁损、灭失，因此获得的保险金、赔偿金、代偿物尚未交付给债务人，或者代偿物虽已交付给债务人但能与债务人财产相区分的，权利人有权主张取回就此获得的保险金、赔偿金、代偿物，这就是代偿取回权。代偿取回权是对一般取回权制度的必要补充。代偿取回权行使的基本前提是，代偿物与债务人的其他财产能够加以区分。如果保险金、赔偿金等已经交付给债务人，且不能与债务人财产相区分，人民法院应当按照以下规定处理:(1)财产毁损、灭失发生在破产申请受理前的，权利人因财产损失形成的债权，作为普通破产债权清偿;(2)财产毁损、灭失发生在破产申请受理后的，因管理人或者相关人员执行职务导致权利人损害产生的债务，作为共益债务清偿。

管理人或者相关人员在执行职务过程中，因故意或者重大过失不当转让他人财产或者造成他人财产毁损、灭失，导致他人损害产生的债务作为共益债务，由债务人财产随时清偿不足弥补损失，权利人向管理人或者相关人员主张承担补充赔偿责任的，人民法院应予支持。

(二)出卖人取回权

人民法院受理破产申请时，出卖人已将买卖标的物向作为买受人的债务人发运，债务人尚未收到且未付清全部价款的，出卖人可以取回在运途中的标的物。但是，管理人可以支付全部价款，请求出卖人交付标的物。

买受人在破产申请受理时尚未付清货款，同时也没有收到货物，尚未取得货物的所有权。如不允许出卖人对尚属于自己的货物行使取回权，货物在管理人收到后被纳入破产财产，其未得到支付的货款便只能作为破产债权受偿，有失公平。为此，破产法特设立出卖人取回权。

（三）所有权保留买卖合同的处理

所有权保留买卖合同，是当事人约定买受人未履行支付价款或者其他义务，标的物的所有权属于出卖人的买卖合同。在所有权保留买卖合同的标的物所有权未依法转移给买受人前，一方当事人破产的，该买卖合同属于双方均未履行完毕的合同，管理人有权依法决定解除或者继续履行合同。

出卖人破产时，其管理人决定继续履行合同的，买受人应当按照原合同的约定支付价款或者履行其他义务。买受人未依约支付价款或者履行完毕其他义务，或者将标的物出卖、出质或者作出其他不当处分，给出卖人造成损害，出卖人、管理人依法主张取回标的物的，人民法院应予支持。但是，买受人已经支付标的物总价款75％以上或者第三人善意取得标的物所有权或者其他物权的除外。因上述原因出卖人未能取回标的物的，管理人有权依法主张买受人继续支付价款、履行完毕其他义务，以及承担相应的赔偿责任。

出卖人破产，其管理人决定解除合同的，有权依法要求买受人向其交付买卖标的物。买受人以其不存在未依约支付价款或者履行完毕其他义务，或者将标的物出卖、出质或者作出其他不当处分情形抗辩的，人民法院不予支持。买受人将买卖标的物交付出卖人管理人后，在合同履行中依法履行义务者，其已支付价款损失形成的债权作为共益债务清偿；买受人在合同履行中违反约定义务的，其上述债权作为普通破产债权清偿。

买受人破产，其管理人决定继续履行合同的，原合同中约定的买受人支付价款或者履行其他义务的期限在破产申请受理时视为到期，买受人管理人应当及时向出卖人支付价款或者履行其他义务。买受人管理人无正当理由未及时支付价款或者履行完毕其他义务，或者将标的物出卖、出质或者作出其他不当处分，给出卖人造成损害的，出卖人有权依法主张取回标的物；但买受人已支付标的物总价款75％以上或者第三人善意取得标的物所有权或者其他物权的除外。出卖人因上述情况未能取回标的物，有权主张买受人继续支付价款、履行完毕其他义务，以及承担相应赔偿责任。对因买受人未支付价款或者未履行完毕其他义务，以及买受人管理人将标的物出卖、出质或者作出其他不当处分导致出卖人损害产生的债务，作为共益债务清偿。

买受人破产，其管理人决定解除合同的，出卖人有权主张取回买卖标的物。出卖人取回买卖标的物的，买受人管理人有权主张出卖人返还已支付价款。取回的标的物价值明显减少给出卖人造成损失的，出卖人可从买受人已支付价款中优先予以抵扣，剩余部分返还给买受人；对买受人已支付价款不足以弥补出卖人标的物价值减损损失形成的债权,作为共益债务清偿。

四、抵销权

债权人在破产申请受理前对债务人负有债务的,可以向管理人主张抵销。债权人依据《企业破产法》第四十条的规定行使抵销权,应当向管理人提出抵销主张。管理人不得主动抵销债务人与债权人的互负债务,但抵销使债务人财产受益的除外。债权人应当在破产财产最终分配确定之前向管理人主张破产抵销。

管理人收到债权人提出的主张债务抵销的通知后,经审查无异议的,抵销自管理人收到通知之日起生效。管理人对抵销主张有异议的,应当在约定的异议期限内或者自收到主张债务抵销的通知之日起三个月内向人民法院提起诉讼。无正当理由逾期提起的,人民法院不予支持。管理人以下列理由提出异议的,人民法院不予支持:(1)破产申请受理时,债务人对债权人负有的债务尚未到期;(2)破产申请受理时,债权人对债务人负有的债务尚未到期;(3)双方互负债务标的物种类、品质不同。

为防止破产抵销权被当事人所滥用,损害他人利益,各国破产法对抵销权的行使均规定有禁止条款。债权人在破产申请受理前对债务人负有债务的,可以向管理人主张抵销。但是,有下列情形之一的,不得抵销:(1)债务人的债务人在破产申请受理后取得他人对债务人的债权的。(2)债权人已知债务人有不能清偿到期债务或者破产申请的事实,对债务人负担债务的;但是,债权人因为法律规定或者有破产申请一年前所发生的原因而负担债务的除外。(3)债务人的债务人已知债务人有不能清偿到期债务或者破产申请的事实,对债务人取得债权的;但是,债务人的债务人因为法律规定或者有破产申请一年前所发生的原因而取得债权的除外。

债权人以对债务人特定财产享有优先受偿权的债权进行抵销,因未损害其他债权人的利益,不受上述禁止规定的限制。

破产申请受理前6个月内,债务人存在不能清偿到期债务,并且资产不足以清偿全部债务或者明显缺乏清偿能力的情形,债务人与个别债权人以抵销方式对个别债权人清偿,其抵销的债权债务属于《企业破产法》第四十条第(二)(三)项规定的情形之一,管理人在破产申请受理之日起三个月内向人民法院提起诉讼,主张该抵销无效的,人民法院应予支持。

债务人的股东主张以下列债务与债务人对其负有的债务抵销,债务人管理人提出异议的,人民法院应予支持:(1)债务人股东因欠缴债务人的出资或者抽逃出资对债务人所负的债务;(2)债务人股东滥用股东权利或者关联关系损害公司利益对债务人所负的债务。

五、破产费用与共益债务

（一）破产费用

破产费用，是在破产程序中为全体债权人共同利益，因程序进行而支付的各项费用的总称。人民法院受理破产申请后发生的下列费用，为破产费用：(1)破产案件的诉讼费用；(2)管理、变价和分配债务人财产的费用；(3)管理人执行职务的费用、报酬和聘用工作人员的费用。

（二）共益债务

共益债务，是在破产程序中发生的应由债务人财产负担的债务的总称。人民法院受理破产申请后发生的下列债务，为共益债务：(1)因管理人或者债务人请求对方当事人履行双方未履行完毕的合同所产生的债务；(2)债务人财产受无因管理所产生的债务；(3)因债务人不当得利所产生的债务；(4)为债务人继续营业而应支付的劳动报酬和社会保险费用以及由此产生的其他债务；(5)管理人或者相关人员执行职务致人损害所产生的债务；(6)债务人财产致人损害所产生的债务。

（三）破产费用与共益债务的清偿

破产费用和共益债务由债务人财产随时清偿。债务人财产不足以清偿所有破产费用和共益债务的，先行清偿破产费用。债务人财产不足以清偿所有破产费用或者共益债务的，按照比例清偿。债务人财产不足以清偿破产费用的，管理人应当提请人民法院终结破产程序。人民法院应当自收到请求之日起 15 日内裁定终结破产程序，并予以公告。债务人财产虽然不足以支付所有破产费用，但是破产案件的债权人、管理人、债务人的出资人或者其他利害关系人愿意垫付相关费用的，经人民法院同意，破产程序可以继续进行。

在债权人或债务人等提出破产清算申请时，人民法院即发现破产人财产可能不足以支付破产费用、无财产可供分配的，应当先受理破产案件，在对此情况审查确认后作出破产宣告，同时作出终结破产程序的裁定，这样可使当事人的债务关系得以合法终结，使债务人企业依法规范退出市场。

第五节　破产债权

一、破产债权申报的一般规则

人民法院受理破产申请后，应当确定债权人申报债权的期限。债权申报期限自人民法院发布受理破产申请公告之日起计算，最短不得少于 30 日，最长不得超过 3 个月。在法律规定的期间内，人民法院可以根据案件的具体情况确定申报债权的期限。

债权人应当在人民法院确定的债权申报期限内向管理人申报债权，这是一般性规则，但是法律有特别规定的可以除外。债务人所欠职工的工资和医疗、伤残补助、抚恤费用，所欠的应当划入职工个人账户的基本养老保险、基本医疗保险费用，以及法律、行政法规规定应当支付给职工的补偿金，不必申报，由管理人调查后列出清单并予以公示。职工对清单记载有异议的，可以要求管理人更正；管理人不予更正的，职工可以向人民法院提起债权确认诉讼。据此，职工劳动债权是免申报的债权，这有助于更好地维护职工权益，避免出现因职工离职等情况而遗漏职工债权申报的现象。除此之外，其他债权如税收债权、社会保障债权以及对债务人特定财产享有担保权的债权均需依法申报。

未到期的债权，在破产申请受理时视为到期。附利息的债权自破产申请受理时起停止计息。无利息的债权，无论是否到期均以本金申报债权。附条件、附期限的债权和诉讼、仲裁未决的债权，债权人也可以申报。职工劳动债权计算到解除劳动合同时止，所有管理人接管企业后的一项重要工作，就是及时解除所有不必维持的劳动合同，避免给债权人扩大损失。

债权人申报债权时，应当书面说明债权的数额和有无财产担保，并提交有关证据。申报的债权是连带债权的，应当说明。连带债权人可以由其中一人代表全体连带债权人申报债权，也可以共同申报债权。

二、破产债权申报的特别规定

债务人的保证人或者其他连带债务人已经代替债务人清偿债务的，以其对债务人的求偿权申报债权；尚未代替债务人清偿债务的，以其对债务人的将来求偿权预先申报债权。允许保证人或连带债务人预先申报债权，是为避免在债务未到期时，债权人不参加破产清偿而待到期后再直接向保证人或连带债务人要求清偿，而保证人或连带债务人在履行保证或连带责任后却因破产人的破产财产分配程序已终结而无法行使其代位求偿权。但是，债权人已向管理人申报全部债权的，保证人或连带债务人不能再申报债权，否则就会出现债务人对一项破产债务向债权人和保证人或连带债务人作二次重复清偿，从而损害其他债权人的合法权益。这时，即使保证人或连带债务人履行了代偿义务，也不再具有代位求偿权。

人民法院受理债务人破产案件后，对于负连带责任的保证人，债权人有权直接要求其清偿保证债务，也可以先向进入破产程序的债务人追偿，然后再以未受偿的余额向保证人追偿。在债务追偿问题上，债权人享有向债务人或保证人追偿的选择权。债权人也可以同时向债务人和保证人追偿，债务人先做清偿的，相应减少保证人的保证责任；保证人先做清偿的，债权人将其申报的相应破产债权转移给保证人行使。负补充责任的保证人在债务人未破产的情况下，原可享有先诉抗辩权，但依据《担保法》第十七条第三款的规定，人民法院受理债务人破产案件，中止执行程序的，保证人不得行使先诉抗辩权。因此时债权人已不能通过对债务人财产的个别执行正常地先向债务人行使权利。据此，债权人便可以直接向负补充责任的保证人追偿。但是，破产案件受理时主债务未到期的，负补充责任的保证人并无提前履行保证责任的义务，仍应按照原保证合同的约定承担保证责任。破产程序终结前，已向债权人承担了保证责任的保证人，可以要求债务人向其转付已申报债权的债权人在破产程序中应得清偿部分。破产程序终结后，债权人就破产程序中未受清偿部分要求保证人承担保证责任的，应在破产程序终结后 6 个月内提出；保证人承担保证责任后，不得再向和解或重整后的债务人行使求偿权。

人民法院受理保证人破产案件的，保证人的保证责任不得因其破产而免除。保证债务已到期时，债权人可依保证合同的约定向保证人申报债权追偿。保证债务尚未到期的，可适用《企业破产法》第四十六条的规定，将其未到期之保证责任视为已到期，提前予以清偿。取消保证人的期限利益后，对负连带责任的保证人可以直接申报债权求偿。但对负补充责任的保证人的追偿，还存在先诉抗辩权的处理问题。这时如果继续维持负补充责任的保证人的先诉抗辩权，债权人必须待债务到期后先向债务人求偿，然后再向保证人求偿，但这时保证人的破产财产可能已经分配完毕，无异会变相免除保证责任。故为保障交易公平，实现权利设置之本意，这时应当取消保证人的先诉抗辩权。由于债权人尚未获得主债务人的清偿，申报债权时无法确定保证人应承担补充责任的范围，故可先以保证债权额的全部向保证人申报债权。在破产分配过程中，如债权人先获得债务人清偿，便应根据清偿结果相应调整其对保证人的破产债权额。如债权人先从保证人处获得清偿，应先行提存，待债权人在债务到期从债务人处行使受偿权利后，再确定保证人应否承担保证责任，并按保证人实际应承担补充责任的范围向债权人支付，余款由法院收回，分配给保证人的其他破产债权人。需要注意的是，保证人的补充责任应按破产债权数额而不是实际分配数额确定，否则便会不适当地扩大其责任范围，使保证人的补充责任变成连带责任。

管理人或者债务人依照破产法规定解除双方均未履行完毕的合同，对方当事人以因合同解除所产生的损害赔偿请求权申报债权，这时可申报的债权以实际损失为限，违约金不得作为破产债权申报。

债务人是委托合同的委托人，其破产案件被人民法院受理，受托人不知该事实，继续处理委托事务的，受托人以由此产生的请求权申报破产债权。如果受托人已知该事实，但为了债务人即全体债权人利益，在无法向管理人移交事务的紧急情况下继续处理委托事务的，受托人由此产生的请求权作为共益债务优先清偿。如果受托人已知委托人破产之事实，无必要地继续处理委托事务，不当增加委托费用与报酬数额的，由此而产生的债权，不得作为破产债权受偿。

债务人是票据的出票人，其破产案件被人民法院受理，该票据的付款人继续付款或者承兑的，付款人以由此产生的请求权申报债权。这一规定是为了维护票据作为无因证券的地位,保证票据的流通信用,保障付款人或承兑人的合法权益。虽然出票人已经破产,但该票据的付款人依据合同可能仍需要继续付款或者承兑,以维持票据信用,故由此产生的债权应作为破产债权。

三、破产债权的确认

债权人申报之债权需经审查确认后才能在破产程序中行使权利。债权审查的判断原则是,凡未经发生法律效力的法律文书所确认的债权,均应在审查确认之列;已经发生法律效力的法律文书所确认的债权,原则上不在审查确认之列,可直接列入债权确认表中,但确有证据证明该债权是虚构、不真实的,或依据破产法应做特殊调整的除外。

根据《企业破产法》规定,管理人收到债权申报材料后,应当登记造册,对申报的债权进行审查,并编制债权登记表。管理人必须将申报的债权全部登记在债权登记表上,不允许以其认为债权超过诉讼时效或不能成立等为由拒绝编入债权登记表。管理人进行实质审查后对各项债权的认定结果,如是否真实存在、是否超过诉讼时效等,应附在提交第一次债权人会议的债权登记表后,供核查使用。债权登记表和债权申报材料由管理人保存,供利害关系人查阅。

经核查后仍存在异议的债权,由人民法院裁定该异议债权是否列入债权确认表内。该项裁定无实体法律效力,不影响债权人等利害关系人提起债权确认诉讼的权利。人民法院裁定异议债权列入债权确认表的,异议人可以该债权人为被告提起债权确认诉讼。人民法院裁定异议债权不列入债权确认表,该债权人可以异议人为被告提起债权确认诉讼。

第六节 债权人会议

一、债权人会议的组成

(一)债权人会议的概念

我国破产程序中的债权人会议,是由所有依法申报债权的债权人组成,以保障债权人共同利益为目的,为实现债权人的破产程序参与权,讨论决定有关破产事宜,表达债权人意志,协调债权人行为的破产议事机构。

债权人会议依召集会议的方式进行活动,虽属于法定必设机关,但不是常设的机构,而是会议体机构。债权人会议仅为决议机关,虽享有法定职权,但本身无执行功能,其所作出的相关决议一般由管理人、债权人委员会负责执行。

(二)债权人会议的成员与权利

依法申报债权的债权人为债权人会议的成员,有权参加债权人会议,享有表决权。

需注意的是,凡是申报债权者均有权参加第一次债权人会议,有权参加对其债权的核查、确认活动,并可依法提出异议。对于在第一次会议上确认债权以后的债权人会议,便只有债权得到确认者才有权行使表决权。债权尚未确定的债权人,除人民法院能够为其行使表决权而临时确定债权额者外,不得行使表决权。债权人可以自己出席会议,也可以委托代理人出席债权人会议,行使表决权。代理人出席债权人会议,应当向人民法院或者债权人会议主席提交债权人的授权委托书。

为维护企业职工的权益,立法规定债权人会议应当有债务人的职工和工会的代表参加,对有关事项发表意见。通常认为,债务人的职工和工会的代表在债权人会议上没有表决权。因为破产企业中不一定都存在职工债权,即使存在职工债权,因其处于最优先的清偿地位,破产程序的进行与分配一般不影响其实际利益,故不宜享有表决权,以保证当事人的权利与义务对等。但如存在职工劳动债权不能从破产财产中获得全额、及时优先受偿,或是在重整程序中债权人会议决议通过可能影响其清偿、就业利益的重整计划草案等情况下,职工债权人应享有表决权,职工债权人的表决权可以通过职工代表行使。

为保证债权人会议的顺利进行,我国立法规定,债权人会议设主席一人,由人民法院在有完全表决权的债权人中指定,通常是由在破产程序中无优先权的大债权人担任。由单位债权人出任债权人会议主席的,该单位应当指定一名常任代表履行主席职务,且一般情况下不得更换。债权人会议主席依法行使职权,负责债权人会议的召集、主持等工作。

在债权人会议上除有权出席会议的债权人之外,还有其他列席人员,债权人会议的列席人员是指不属于会议正式成员,无表决权,为协助债权人会议顺利召开,因履行法定义务或职务义务而参加会议的人员。债务人的法定代表人有义务列席债权人会议。经人民法院决定,债务人企业的财务管理人员和其他经营管理人员也有义务列席债权人会议。管理人作为负有财产事务管理职责的人应当列席债权人会议。有义务列席债权人会议的债务人的有关人员,经人民法院传唤,无正当理由拒不列席债权人会议的,人民法院可以拘传,并依法处以罚款。债务人的有关人员违反法律规定,拒不陈述、回答,或者作虚假陈述、回答的,人民法院可以依法处以罚款。

二、债权人会议的召集与职权

(一)债权人会议的召集

债权人会议是依召集方式活动的议决机关。第一次债权人会议由人民法院召集,自债权申报期限届满之日起15日内召开。以后的债权人会议,在人民法院认为必要时,或者管理人、债权人委员会、占债权总额1/4以上的债权人向债权人会议主席提议时召开。这里的提议召开,应理解为有提议即应召开,债权人会议主席无权拒绝召开会议。召开债权人会议,管理人应当提前15日通知已知的债权人。

(二)债权人会议的职权

《企业破产法》第六十一条对债权人会议的职权作有规定:“债权人会议行使下列职权:(1)核查债权;(2)申请人民法院更换管理人,审查管理人的费用和报酬;(3)监督管理人;(4)选任和更换债权人委员会成员;(5)决定继续或者停止债务人的营业;(6)通过重整计划;(7)通过和解协议;(8)通过债务人财产的管理方案;(9)通过破产财产的变价方案;(10)通过破产财产的分配方案;(11)人民法院认为应当由债权人会议行使的其他职权。债权人会议应当对所议事项的决议作成会议记录。”

债权人会议的决议,由出席会议的有表决权的债权人过半数通过,并且其所代表的债权额占无财产担保债权总额的1/2以上。但是,法律对债权人会议通过和解协议与重整计划草案的决议有更为严格的规定,在相关部分将作具体讲解。债权人会议的决议,对于在该决议事项上有表决权的全体债权人均有约束力。同时,立法为反对债权人会议决议者提供了救济渠道。债权人认为债权人会议的决议违反法律规定,损害其利益的,可以自债权人会议作出决议之日起15日内,请求人民法院裁定撤销该决议,责令债权人会议依法重新作出决议。

人民法院在裁定之前应对方案进行严格的审查,如果发现方案存在违反法律规定、违反债权人利益最大化原则、损害少数债权人法定权益等问题,应当要求管理人对方案作出相应修改后,再次提交债权人会议表决。

三、债权人委员会

(一)债权人委员会的概念与组成

债权人委员会为破产程序中的选任机关,由债权人会议根据案件具体情况决定是否设置。债权人委员会中的债权人代表由债权人会议选任、罢免。此外,债权人委员会中还应当有一名债务人企业的职工代表或者工会代表。为便于决定事项、开展工作,债权人委员会的成员人数原则上应为奇数,最多不得超过9人。出任债权人委员会的成员应当经人民法院书面认可。

(二)债权人委员会的职权

债权人委员会行使下列职权:(1)监督债务人财产的管理和处分;(2)监督破产财产分配;(3)提议召开债权人会议;(4)债权人会议委托的其他职权。债权人委员会执行职务时,有权要求管理人、债务人的有关人员对其职权范围内的事务作出说明或者提供有关文件。管理人、债务人的有关人员违反法律规定拒绝接受监督的,债权人委员会有权就监督事项请求人民法院作出决定,强制施行。人民法院接到债权人委员会的请求应当在5日内作出决定。

为保障债权人委员会能够及时了解破产程序进行的有关信息,行使对重大事项的监督权力,管理人实施下列行为,应当及时报告债权人委员会:(1)涉及土地、房屋等不动产权益的转让;(2)探矿权、采矿权、知识产权等财产权的转让;(3)全部库存或者营业的转让;(4)借款;(5)设定财产担保;(6)债权和有价证券的转让;(7)履行债务人和对方当事人均未履行完毕的合同;(8)放弃权利;(9)担保物的收回;(10)对债权人利益有重大影响的其他财产处分行为。未设立债权人委员会的,管理人实施上述行为应当及时报告人民法院。

第七节　重整程序

一、重整制度的一般理论

(一)重整制度的概念与意义

重整是指对已经或可能发生破产原因但又有挽救希望与价值的企业,通过对各方利害关系人的利益协调,借助法律强制进行股权、营业、资产重组与债务清理,以避免破产、获得重生的法律制度。我国重整制度的适用范围为企业法人,由于其程序复杂、费用高昂、耗时很长,故实践中主要适用于大中型企业,小型企业则往往采用更为简化的和解程序。

(二)重整制度的特征

重整制度具有以下特点:

第一,重整申请时间提出、启动主体多元化。

第二,参与重整活动的主体多元化、重整措施多样化。

第三,担保物权受限。

第四,重整程序具有强制性。

第五,债务人可负责制定、执行重整计划。

二、重整申请和重整期间

(一)重整申请

债权人申请对债务人进行破产清算的,在人民法院受理破产申请后、宣告债务人破产前,债务人或者出资额占债务人注册资本 1/10 以上的出资人,可以向人民法院申请重整。其他债权人也可以申请对债务人进行重整。国务院金融监督管理机构可以向人民法院提出对金融机构进行重整的申请。债务人提出重整申请,除应提交《企业破产法》第八条规定的材料外,还应当提交债务人通过重整程序,能够持续经营,可能获得新的投资或经营收益以偿还债务、摆脱困境的重整可行性报告。

人民法院应当建立对重整企业的识别审查机制与标准。破产重整的对象应当是具有挽救价值和可能的困境企业;对于僵尸企业,应通过破产清算,果断实现市场出清。人民法院在审查重整申请时，根据债务人的资产状况、技术工艺、生产销售、行业前景等因素，能够认定债务人明显不具备重整价值以及拯救可能性的，应裁定不予受理。

人民法院经审查认为重整申请符合法律规定的，应当裁定债务人重整，并予以公告。人民法院在审查重整申请时，要依法掌握受理标准，一方面，对符合法律规定的申请应当及时受理，不得拖延阻碍；另一方面，对不具有重整可能的申请应及时裁定不予受理，不能让重整制度变成债务人阻止债权人实现权利的手段，偏离其立法宗旨，不能使重整程序变成政府不正当行政干预企业市场化破产的避风港。

鉴于上市公司破产重整案件较为敏感，不仅涉及企业职工和二级市场众多投资者的利益安排，还涉及与地方政府和证券监管机构的沟通协调。因此，目前人民法院在裁定受理上市公司破产重整申请前，应当将相关材料逐级报送最高人民法院审查。

对于股票仍在正常交易的上市公司，在上市公司破产重整申请相关信息披露前，上市公司及其债权人、出资人等利害关系人应当按照法律、行政法规、证券监管机构的部门规章及证券交易所上市规则做好信息保密工作。上市公司的债权人提出破产重整申请的，人民法院应当要求债权人提供其已就此告知上市公司的有关证据。上市公司应当按照相关规则及时履行信息披露义务。

上市公司进入破产重整程序后，由管理人履行相关法律、行政法规、部门规章和公司章程规定的原上市公司董事会、董事和高级管理人员承担的职责和义务，上市公司自行管理财产和营业事务的除外。管理人在上市公司破产重整程序中存在信息披露违法违规行为的，应当依法承担相应的责任。

（二）重整期间

自人民法院裁定债务人重整之日起至重整程序终止，为重整期间。需注意的是，所谓重整期间，仅指重整申请受理至重整计划草案得到债权人会议分组表决通过和人民法院审查批准，或重整计划草案未能得到债权人会议分组表决通过或人民法院不予批准的期间，不包括重整计划得到批准后的执行期间。

在重整期间，债务人的财产管理和营业事务执行，可以由债务人或管理人负责。《企业破产法》规定，经债务人申请，人民法院批准，债务人可以在管理人的监督下自行管理财产和营业事务。这时，管理人应当向债务人移交财产和营业事务，管理人的职权由债务人行使。管理人起监督之作用。在债务人自行管理程序中，人民法院要督促管理人制订监督债务人的具体制度。管理人负责管理财产和营业事务的，可以聘任债务人的经营管理人员负责营业等事务。

为保障重整的顺利进行，在重整期间，对债务人的特定财产享有的担保权暂停行使。但是，对企业重整无保留必要的担保财产，经债务人或管理人同意，担保权人可以行使担保权。此外，担保物有损坏或者价值明显减少的可能，足以危害担保权人权利的，担保权人可以向人民法院请求恢复行使担保权。

在重整期间,债务人或者管理人为继续营业而借款的,可以以债务人财产为该借款设定担保。债务人在重整期间为重整进行而发生的费用与债务,性质属于共益债务,可以不受重整程序限制从债务人财产中及时受偿。

债务人合法占有的他人财产,该财产的权利人在重整期间要求取回的,应当符合事先约定的条件。

在重整期间,债务人的出资人不得请求投资收益分配;债务人的董事、监事、高级管理人员不得向第三人转让其持有的债务人的股权,但经人民法院同意的除外。

在重整期间,有下列情形之一的,经管理人或者利害关系人请求,人民法院应当裁定终止重整程序,并宣告债务人破产:(1)债务人的经营状况和财产状况继续恶化,缺乏挽救的可能性;(2)债务人有欺诈、恶意减少债务人财产或者其他显著不利于债权人的行为;(3)由于债务人的行为致使管理人无法执行职务。

三、重整计划的制定与批准

(一)重整计划的制定

债务人企业在重整申请受理之后,应当在法定期限内制定并提交重整计划草案。债务人自行管理财产和营业事务的,由债务人制作重整计划草案。管理人负责管理财产和营业事务的,由管理人制作重整计划草案。债务人或者管理人应当自人民法院裁定债务人重整之日起6个月内,同时向人民法院和债权人会议提交重整计划草案。债权人、股东、战略投资人等利害关系人也可以制作重整计划草案,提交给债务人或管理人。债务人或管理人认为该重整计划草案可行的,可以提交或修改后提交债权人会议讨论。期限届满,经债务人或者管理人请求,有正当理由的,人民法院可以裁定延期3个月。债务人或者管理人未按期提出重整计划草案的,人民法院应当裁定终止重整程序,并宣告债务人破产。

重整计划草案应当包括下列内容:(1)债务人的经营方案;(2)债权分类;(3)债权调整方案;(4)债权受偿方案;(5)重整计划的执行期限;(6)重整计划执行的监督期限;(7)有利于债务人重整的其他方案。所谓经营方案,是指债务人的经营管理方案、融资方案以及股权、资产与业务重组方案等有关具体重整措施内容的方案。

人民法院要加强与管理人或债务人的沟通,引导其分析债务人陷于困境的原因,有针对性地制定重整计划草案,促使企业重新获得盈利能力,提高重整成功率。人民法院要与政府建立沟通协调机制,帮助管理人或债务人解决重整计划草案制定中的困难和问题。

上市公司或者其管理人制定的重整计划草案中的经营方案涉及并购重组等行政许可审批事项的,应当聘请经证券监管机构核准的财务顾问机构、律师事务所以及具有证券期货业务资格的会计师事务所、资产评估机构等证券服务机构按照证券监管机构的有关要求及格式编制相关材料,并作为重整计划草案及其经营方案的必备文件。

控股股东、实际控制人及其关联方在上市公司破产重整程序前因违规占用、担保等行为对上市公司造成损害的,制定重整计划草案时应当根据其过错对控股股东及实际控制人支配的股东的股权作相应减少调整。

(二)重整计划草案的表决与批准

在重整计划草案提请表决之前,债务人或管理人应当向债权人等利害关系人履行详尽的说明义务,利害关系人认为债务人或管理人说明不充分的,可以要求债务人或管理人补充说明或接受询问。

重整计划草案在债权人会议上进行分组表决。表决组的划分要充分体现出当事人在重整计划中的差别利益。债权人参加讨论重整计划草案的债权人会议,依照下列债权分类,分组对重整计划草案进行表决:(1)对债务人的特定财产享有担保权的债权;(2)债务人所欠职工的工资和医疗、伤残补助、抚恤费用,所欠的应当划入职工个人账户的基本养老保险、基本医疗保险费用,以及法律、行政法规规定应当支付给职工的补偿金;(3)债务人所欠税款;(4)普通债权。

债务人的出资人代表可以列席讨论重整计划草案的债权人会议。重整计划草案涉及出资人权益调整事项的,应当设出资人组,对该事项进行表决。出资人组的表决,按照公司法规定的股东(大)会的表决方式进行,即按照出资比例行使表决权,同意者的人数不是表决是否通过的考虑因素,这是与债权人组表决不同的。出资人组对重整计划草案中涉及出资人权益调整事项的表决,经参与表决的出资人所持表决权 2/3 以上通过的,即为该组通过重整计划草案。在上市公司的重整中,考虑到现场出席会议表决需要耗费一定的人力、物力,一些中小投资者可能因此放弃参加现场表决会议的权利。为最大限度地保护中小投资者的合法权益,上市公司或者管理人应当提供网络表决的方式,为出资人行使表决权提供便利。关于网络表决权行使的具体方式,可以参照适用中国证券监督管理委员会发布的有关规定。

人民法院应当自收到重整计划草案之日起 30 日内召开债权人会议,对重整计划草案进行表决。出席会议的同一表决组的债权人过半数同意重整计划草案,并且其所代表的债权额占该组债权总额的 2/3 以上的,即为该组通过重整计划草案。

各表决组均通过重整计划草案时,重整计划即为通过。自重整计划通过之日起 10 日内,债务人或者管理人应当向人民法院提出批准重整计划的申请。企业的重整不仅是债务减免和财务调整,重整的重点是维持企业的营运价值。人民法院在审查重整计划时,除合法性审查外,还应审查其中的经营方案是否具有可行性。重整计划中关于企业重新获得盈利能力的经营方案具有可行性、表决程序合法、内容不损害各表决组中反对者的清偿利益的,人民法院应当自收到申请之日起 30 日内决定批准重整计划,终止重整程序,并予以公告。

四、重整计划的执行、监督与终止

(一)重整计划的执行

重整计划由债务人负责执行。依据法律规定之文意,即使重整计划草案是由管理人负责制定的,在批准之后也要由债务人负责执行。为此,在重整计划草案制定时以及债权人会议审查、表决重整计划草案时,必须考虑在重整计划草案中对债务人董事、监事、经理等高级管理人员中有违法行为者及不称职者进行更换,以免在债务人执行重整计划的过程中因人员不当而发生问题。

人民法院裁定批准重整计划后,已接管财产和营业事务的管理人应当向债务人移交财产和营业事务。

人民法院裁定批准重整计划后,重整计划内容涉及证券监管机构并购重组行政许可事项的,上市公司应当按照相关规定履行行政许可核准程序。重整计划草案提交出资人组表决且经人民法院裁定批准后,上市公司无须再行召开股东大会,可以直接向证券监管机构提交出资人组表决结果及人民法院裁定书,以申请并购重组许可。并购重组审核委员会的审核工作应当充分考虑人民法院与中国证券监督管理委员会会商机制中并购重组专家咨询委员会提交的专家咨询意见。并购重组申请事项获得证券监管机构行政许可后,应当在重整计划的执行期限内实施完成。

债务人应严格执行重整计划,但因出现国家政策调整、法律修改变化等特殊情况,导致原重整计划无法执行的,债务人或管理人可以申请变更重整计划一次。债权人会议决议同意变更重整计划的,应自决议通过之日起 10 日内提请人民法院批准。债权人会议决议不同意或者人民法院不批准变更申请的,人民法院经管理人或者利害关系人请求,应当裁定终止重整计划的执行,并宣告债务人破产。

人民法院裁定同意变更重整计划的,债务人或者管理人应当在六个月内提出新的重整计划。变更后的重整计划应提交给因重整计划变更而遭受不利影响的债权人组和出资人组进行表决。表决、申请人民法院批准以及人民法院裁定是否批准的程序与原重整计划的相同。

企业重整后,投资主体、股权结构、公司治理模式、经营方式等与原企业相比,往往发生了根本变化,人民法院要通过加强与政府的沟通协调,帮助重整企业修复信用记录,依法获取税收优惠,以利于重整企业恢复正常生产经营。

(二)重整计划的监督

在重整计划中应当规定对重整计划执行的监督期限。自人民法院裁定批准重整计划之日起,在重整计划规定的监督期内,由管理人监督重整计划的执行,债务人应当向管理人报告重整计划执行情况和债务人财务状况。在重整计划规定的监督期内,管理人应当代表债务人参加监督期开始前已经启动而尚未终结的诉讼、仲裁活动。

监督期届满时，管理人应当向人民法院提交监督报告。自监督报告提交之日起，管理人的监督职责终止。经管理人申请，人民法院可以裁定延长重整计划执行的监督期限。管理人向人民法院提交的监督报告，重整计划的利害关系人有权查阅。

（三）重整计划的效力

经人民法院裁定批准的重整计划，对债务人和全体债权人均有约束力，包括对债务人的特定财产享有担保权的债权人。债权人对债务人的保证人和其他连带债务人所享有的权利，不受重整计划的影响，可以依据原合同约定行使权利。

在重整程序中，债权人未依法申报债权的，在债务人或管理人向人民法院和债权人会议提交重整计划草案表决后，不得再要求在重整计划中获得清偿，以免打乱重整计划中债权调整、清偿等方案，影响重整程序进行。未依法申报债权的债权人可以继续申报债权，但在重整计划执行期间不得行使权利；在重整计划执行完毕后，可以按照重整计划规定的同类债权的清偿条件行使权利。

债务人不能执行或者不执行重整计划的，人民法院经管理人或者利害关系人请求，应当裁定终止重整计划的执行，并宣告债务人破产。重整程序（包括和解程序）转入破产清算程序后，管理人应当按照破产清算程序继续履行管理人职责。

人民法院裁定终止重整计划执行的，债权人在重整计划中作出的债权调整的承诺失去效力，但为重整计划的执行提供的担保继续有效。债权人因执行重整计划所受的清偿仍然有效，债权未受清偿的部分作为破产债权。在重整计划执行中已经接受清偿的债权人，只有在其他同顺位债权人与自己所受的重整清偿达到同一比例时，才能继续接受破产分配。

按照重整计划减免的债务，自重整计划执行完毕时起，债务人不再承担清偿责任。

第八节　和解制度

一、和解的特征与一般程序

（一）和解的概念与特征

和解是预防债务人破产的法律制度之一。在发生破产原因时，债务人可以提出和解申请及和解协议草案，由债权人会议表决，如能获得通过，再经人民法院裁定认可后生效执行，可以避免企业被破产清算。因和解程序在债务人发生破产原因后才能提出申请，挽救企业的时机较晚，且不能约束对债务人的特定财产享有担保权的债权人，又没有强制批准程序，所以其挽救债务人的强制性效果不如重整程序，主要适用于没有重要财产设置物权担保的企业以及中小型企业，但其具有简单易行、成本低廉、时间快等优势。

(二)和解程序

和解申请只能由债务人一方提出,这是与破产清算申请和重整申请还可由债权人等其他主体提出有所不同的。债务人可以依法直接向人民法院申请和解,也可以在人民法院受理破产申请后、宣告破产前,向人民法院申请和解。债务人申请和解,应当提出和解协议草案。

人民法院经审查认为和解申请符合法律规定的,应当受理其申请,裁定和解,予以公告,并召集债权人会议讨论和解协议草案。和解程序对就债务人特定财产享有担保权的权利人无约束力,该权利人自人民法院裁定和解之日,即受理和解申请之日起,可以对担保物行使权利。债务人如要避免担保物被执行,需与担保债权人协商解决。

债权人会议通过和解协议的决议,由出席会议的有表决权的债权人过半数同意,并且其所代表的债权额占无财产担保债权总额的 2/3 以上。对债务人的特定财产享有担保权的债权人,对此事项无表决权,也不受和解协议的约束。

债权人会议通过和解协议的,由人民法院裁定认可,终止和解程序,并予以公告。管理人应当向债务人移交财产和营业事务,并向人民法院提交执行职务的报告。和解协议草案经债权人会议表决未获得通过,或者已经债权人会议通过的和解协议未获得人民法院认可的,人民法院应当裁定终止和解程序,并宣告债务人破产。

二、和解协议的效力

(一)和解协议对债务人与和解债权人的效力

经人民法院裁定认可的和解协议,对债务人和全体和解债权人均有约束力。和解债权人是指人民法院受理破产申请时对债务人享有无物权担保债权即别除权的人。债务人应当按照和解协议规定的条件清偿债务。按照和解协议减免的债务,自和解协议执行完毕时起,债务人不再承担清偿责任。

在和解程序中,债权人未依法申报债权的,在债务人向债权人会议提交和解协议草案付诸表决后,不得再通过补充申报债权要求在和解协议中获得清偿,以免打乱和解协议中的债权调整、清偿方案,影响和解程序进行。未及时申报债权的和解债权人可以继续申报债权,但在和解协议执行期间不得行使权利;在和解协议执行完毕后,可以按照和解协议规定的清偿条件行使权利。

(二)和解协议对债务人的保证人和其他连带债务人的效力

和解债权人对债务人的保证人和其他连带债务人所享有的权利,不受和解协议的影响。也就是说,和解协议对债务人的保证人或连带债务人无效,和解债权人对债务人所作的债务减免清偿或延期偿还的让步,效力不及于债务人的保证人或连带债务人,他们仍应按原来债的约定或法定责任承担保证或连带责任。在破产和解中,不适用主债务减少从债务随之减少的原则。因为债权人设立保证或连带债务之本意,就是为使保证人或连带债务人在债务人无力清偿债务尤其是破产时承担责任，如因债权人在和解协议中不得已而减免债务人的部分债务，便相应减轻保证人或连带债务人的责任，这就与保证或连带债务设立的宗旨相违背，债权人设置担保或连带债务之目的便无从达到，且违反法律规定之诚信、公平原则。让债务人的保证人或连带债务人仍按原来债的约定或法定责任承担保证或连带责任，并没有加重他们本应承担的责任，如果债权人不参加破产程序，而是直接向债务人的保证人或连带债务人追偿，他们也须承担同样的责任。再者，破产程序中的和解与一般民事和解不同，不是建立在双方互让的基础上，而只能是债权人单方无奈地让步，债务人因陷于破产境地已无步可让。而债权人的这种让步从本质上讲是一种迫不得已的非自愿行为，所谓"两害相权取其轻"而已。此外，破产和解是强制和解，和解协议由法定多数表决即可通过，部分不同意的债权人也要受协议拘束，如其债权设有保证担保或连带债务，在他们反对和解的情况下仍使保证人或连带债务人的责任随之减免，显然是不公平、不合理的。这样做还可能迫使债权设有保证担保或连带债务的债权人不得不为自身利益而强烈反对和解，使和解难以达成，反而不利于挽救债务人。

（三）和解协议的终止

因债务人的欺诈或者其他违法行为而成立的和解协议，人民法院应当裁定无效，并宣告债务人破产。有上述情形的，和解债权人因执行和解协议所受的清偿，在其他债权人所受清偿同等比例的范围内，不需要返还，这是与一般合同无效时双方应完全返回财产不同的。

债务人不能执行或者不执行和解协议的，人民法院经和解债权人请求，应当裁定终止和解协议的执行，并宣告债务人破产。破产法上的和解协议只具有程序法上的意义，没有强制执行的效力。债务人不履行和解协议时，债权人只能向法院申请终止和解协议，宣告其破产，依照破产清算程序获得清偿，而不能提起对和解协议的强制执行程序，否则又可能出现债务人的财产全部被部分债权人执行完毕，而其他债权人得不到清偿的不公现象。

人民法院裁定终止和解协议执行的，和解债权人在和解协议中作出的债权调整的承诺失去效力，但债务人方面为和解协议的执行提供的担保继续有效。和解债权人因执行和解协议所受的清偿仍然有效，不予退回，和解债权未受清偿的部分作为破产债权。上述债权人只有在其他债权人同其原债权所受的和解清偿达到同一比例时，才能继续接受破产分配。

为尊重当事人的自主决定权，《企业破产法》还规定，人民法院受理破产申请后，债务人与全体债权人就债权债务的处理自行达成协议的，可以请求人民法院裁定认可，并终结破产程序。

第九节 破产清算程序

一、破产宣告

破产宣告是指法院依据当事人等的申请或法定职权裁定宣布债务人破产以清偿债务的活动。人民法院受理破产清算申请后，第一次债权人会议上无人提出重整或和解申请的，管理人应当在债权审核确认和必要的审计、资产评估后，及时向人民法院提出宣告破产的申请。相关主体向人民法院提出宣告破产申请的，人民法院应当自收到申请之日起 7 日内作出破产宣告裁定并进行公告。债务人被宣告破产后，不得再转入重整程序或和解程序。人民法院受理破产和解或重整申请后，债务人出现应当宣告破产的法定原因时，人民法院应当依法宣告债务人破产。人民法院依法宣告债务人破产，应当自裁定作出之日起 5 日内送达债务人和管理人，自裁定作出之日起 10 日内通知已知债权人，并予以公告。

债务人被宣告破产后，在破产程序中的有关称谓也发生相应变化，债务人称为破产人，债务人财产称为破产财产，破产申请受理时对债务人享有的债权称为破产债权。

破产宣告前，有下列情形之一的，人民法院应当裁定终结破产程序，并予以公告：(1)第三人为债务人提供足额担保或者为债务人清偿全部到期债务的；(2)债务人已清偿全部到期债务的。

二、别除权

别除权是指债权人因其债权设有物权担保或享有法定特别优先权，而在破产程序中就债务人(即破产人)特定财产享有的优先受偿权利。别除权的优先受偿权不受破产清算与和解程序的限制，但在重整程序中受到一定限制。在破产清算和破产和解程序中，别除权人可以随时向管理人主张就该特定财产变价处置行使优先受偿权，管理人应及时变价处置，不得以须经债权人会议决议等为由拒绝。但因单独处置担保财产会降低其他破产财产的价值而应整体处置的除外。

别除权人就破产人的特定财产享有优先受偿权利，即该项财产的变价款必须优先清偿别除权人的担保债权，只有在全部清偿其担保债权后仍有剩余财产时才能够用于对其他普通债权人的清偿。所以别除权人对破产人的特定财产处于最优先的清偿顺序，但法律另有规定的除外。

别除权人行使优先受偿权利未能完全受偿的，其未受偿的债权作为普通债权。别除权人放弃优先受偿权利的，其债权作为普通债权。但如破产人仅作为担保人为他人债务提供物权担保，担保债权人的债权虽然在破产程序中可以构成别除权，但因破产人不是主债务人,在担保物价款不足以清偿担保债额时,余债不得作为破产债权向破产人要求清偿,只能向原主债务人求偿。此时,别除权人如放弃优先受偿权利,其债权也不能转为对破产人的破产债权,因两人之间只有担保关系,无基础债务关系。

优先权,是指特定债权人依据法律直接规定,对债务人的全部财产或特定财产之变卖价值享有的优先于其他债权人受偿的权利。其中,对债务人全部财产(非特定财产)享有的优先受偿权利,为一般优先权;对债务人特定财产享有的优先受偿权利,为特别优先权。优先权主要是立法基于对社会政策、公共利益、实质公平等方面的考虑而设置的,目的是为破除债权人之间形式上的平等,维护实质上的社会公平。赋予特种债权以优先权,主要是根据债权的性质或产生原因确定,以体现公平、正义的法律理念,并保障有关社会利益的立法政策实现。优先权为法定权利,不由当事人约定设置,不以登记或占有公示为成立要件。在破产程序中,一般优先权表现为普通债权分配顺序的先后,而特别优先权因具有担保物权的一般特征构成别除权。

三、破产财产的变价和分配

(一)破产财产的变价

破产财产的分配以货币分配为基本方式。在破产宣告后,管理人应当及时拟订破产财产变价方案,提交债权人会议讨论。管理人应当按照债权人会议通过的或者人民法院依法裁定的破产财产变价方案,适时变价出售破产财产。

破产财产处置应当以价值最大化为原则,兼顾处置效率。变价出售破产财产原则上以拍卖方式进行,但债权人会议另有决议的除外。人民法院要积极探索更为有效的破产财产处置方式和渠道,最大限度地提升破产财产变价率。采用拍卖方式进行处置的,拍卖所得预计不足以支付评估拍卖费用,或者拍卖不成的,经债权人会议决议,可以采取作价变卖或实物分配方式。变卖或实物分配的方案经债权人会议两次表决仍未通过的,由人民法院裁定处理。破产财产的变价出售必须以价值最大化即债权人利益最大化为原则,不能与破产企业职工安置挂钩,职工安置是政府应负责解决的问题,不允许以低价向购买者出售破产财产的方式换取其对职工的就业安置,以损害债权人利益的方式解决政府的财政与工作困难。

破产企业可以以全部或者部分变价方式出售。企业变价出售时,可以将其中的无形资产和其他财产单独变价出售。按照国家规定不能拍卖或者限制转让的财产,应当按照国家规定的方式处理。

(二)破产财产的分配

破产分配是指将破产财产按照法律规定的债权清偿顺序和案件实际情况决定的受偿比例进行清偿的程序。破产财产的分配应当遵守法定的分配顺序和分配方法。对破产财产可以进行一次性分配,也可以进行多次分配,需视破产财产的多少、变价难易等情况而定。依照破产分配进行的时间不同,可分为中间分配、最后分配和追加分配。

破产财产在优先清偿破产费用和共益债务后,依照下列顺序清偿:(1)破产人所欠职工的工资和医疗、伤残补助、抚恤费用,所欠的应当划入职工个人账户的基本养老保险、基本医疗保险费用,以及法律、行政法规规定应当支付给职工的补偿金;(2)破产人欠缴的除前项规定以外的社会保险费用和破产人所欠税款;(3)普通破产债权。破产财产不足以清偿同一顺序的清偿要求的,按照比例分配。破产企业的董事、监事和高级管理人员的工资按照该企业职工的平均工资计算。

破产分配时,对债务人的董事、监事和高级管理人员在破产申请受理前拖欠的工资,应当按照企业拖欠职工工资的平均期间、以同期职工平均工资为标准予以调整,此前如有多发放的,应作为非正常收入予以追回。

管理人应当及时拟订破产财产分配方案,提交债权人会议讨论。破产财产分配方案应当载明下列事项:(1)参加破产财产分配的债权人名称或者姓名、住所;(2)参加破产财产分配的债权额;(3)可供分配的破产财产数额;(4)破产财产分配的顺序、比例及数额;(5)实施破产财产分配的方法。

债权人会议表决通过破产财产分配方案后,由管理人将该方案提请人民法院裁定认可,经人民法院裁定认可后,由管理人执行。

管理人按照破产财产分配方案实施多次分配的,应当公告本次分配的财产额和债权额。管理人实施最后分配的,应当在公告中指明,并载明法律规定的事项。

管理人实施分配,应当通知所有债权人。对债权人留有明确姓名或名称、地址、银行账户,无需债权人受领行为即可交付的,管理人应当在通知后直接将破产财产分配额交付债权人。无法通知且无法直接交付,或者经通知债权人未受领也无法直接交付的破产财产分配额,管理人应当提存。债权人自最后分配公告之日起满两个月仍不领取的,视为放弃受领分配的权利,管理人或者人民法院应当将提存的分配额分配给其他债权人。

对附生效条件或者解除条件的债权,管理人应当将其分配额提存。在最后分配公告日,生效条件未成就或者解除条件成就的,提存的分配额应当分配给其他债权人;在最后分配公告日,生效条件成就或者解除条件未成就的,提存的分配额应当交付给该债权人。

破产财产分配时,对于诉讼或者仲裁未决的债权,管理人应当依争议标的额将其分配额提存,按照诉讼或者仲裁结果处理。自破产程序终结之日起满两年仍不能受领分配的,人民法院应当将提存的分配额分配给其他债权人。

四、破产程序的终结

(一)破产终结程序

破产程序终结方式主要有四种:其一,因和解、重整程序顺利完成而终结;其二,因债务人以其他方式解决债务清偿问题(包括第三人代为清偿债务、自行和解)而终结;其三,因债务人的破产财产不足以支付破产费用而终结；其四，因破产财产分配完毕而终结。在破产清算程序中一般仅涉及后两种情况。

人民法院终结破产清算程序应当以查明债务人财产状况、明确债务人财产的分配方案、确保破产债权获得依法清偿为基础。破产申请受理后，经管理人调查，债务人财产不足以清偿破产费用且无人代为清偿或垫付的，人民法院应当依管理人申请宣告破产并裁定终结破产清算程序。

破产人无财产可供分配的，管理人应当请求人民法院裁定终结破产程序。在破产人有财产可供分配的情况下，管理人在最后分配完结后，应当及时向人民法院提交破产财产分配报告，并提请人民法院裁定终结破产程序。人民法院应当自收到管理人终结破产程序的请求之日起15日内作出是否终结破产程序的裁定。裁定终结的，应当予以公告。管理人应当自破产程序终结之日起10日内，持人民法院终结破产程序的裁定，向破产人的原登记机关办理注销登记。

（二）遗留事务的处理

通常情况下，管理人应于办理破产人注销登记完毕的次日终止执行职务。但是，破产案件中存在债权诉讼或者仲裁未决等情况时，管理人可以在破产程序终结后，继续办理破产案件的遗留事务。

在破产程序因债务人财产不足以支付破产费用而终结，或者因破产人无财产可供分配或破产财产分配完毕而终结时，自终结之日起两年内，有下列情形之一的，债权人可以请求人民法院按照破产财产分配方案进行追加分配：

（1）发现在破产案件中有可撤销行为、无效行为或者债务人的董事、监事和高级管理人员利用职权从企业获取非正常收入和侵占企业财产的情况，应当追回财产的。

（2）发现破产人有应当供分配的其他财产的。

有上述情形，但财产数量不足以支付分配费用的，不再进行追加分配，由人民法院将其上交国库。

第十节　关联企业合并破产

一、关联企业合并破产概述

合并破产制度，第一，可以保障不同关联企业间债权人清偿的实质公平，即在整体债权人间的清偿公平。第二，可以保障破产程序的顺利进行。由于关联企业间的资产、债权债务、经营、人员等各方面高度混同，加之错综复杂的关联关系与不当交易，当它们分别独立进行破产程序时，给法院和管理人的债权确认、财产区分等破产清算与企业重整工作带来极大困难，使破产成本增大、工作效率低下，不仅影响债权人的实质利益，影响司法效率，甚至使破产程序都无法正常进行。第三，有利于企业重整挽救。由于各关联企业的生产经营相互交叉、上下衔接，严重混同，已经形成一个整体性的综合经营实体，各个企业实际上仅是集团的一个经营部门，这就使得企业的重整挽救在分别进行的模式下往往因资产不完整、企业单体经营效益低下等，而无法实现重整价值，企业挽救难以进行。第四，可以维护破产法的立法价值。在人格严重混同的关联企业分别破产或重整时存在的诸多弊端，对破产法有序、公平清偿的立法价值以及重整挽救制度造成严重损害，需要在实质合并破产制度下得到矫正。

关联企业在破产程序中的合并有实质合并与程序合并之区别。实质合并是对关联企业资产与负债的合并，即将多个关联企业视为一个单企业，在统一财产分配与债务清偿的基础上进行破产程序，所有企业同类债权人的清偿率按相同原则确定，各企业的法人人格在破产程序进行期间不再独立。在目前我国的实践中，实质合并主要以各关联企业资产与负债严重混同导致法人人格混同为适用条件。

程序合并是多个破产案件程序的合并审理，在《破产审判会议纪要》中称为协调审理，体现为对不同法院管辖的多个企业破产案件的程序并案审理、整体重整或破产清算，通过统一制定集团各企业相互协调衔接的重整计划、清算方案乃至整个集团企业合一的整体重整计划，达到企业挽救目的，或使破产财产实现更高的价值。但在程序合并中，各关联企业仍保持法人人格的独立，资产与债务清偿比例等分别确定。

二、关联企业实质合并破产

对关联企业实质合并破产要审慎适用。人民法院在审理企业破产案件时，应当尊重企业法人人格的独立性，以对关联企业成员的破产原因进行单独判断并适用单个破产程序为基本原则。当关联企业成员之间存在法人人格高度混同、区分各关联企业成员财产的成本过高、严重损害债权人公平清偿利益时，可例外适用关联企业实质合并破产方式进行审理。

人民法院收到实质合并申请后，应当及时通知相关利害关系人并组织听证，听证时间不计入审查时间。人民法院在审查实质合并申请过程中，可以综合考虑关联企业之间资产的混同程度及其持续时间、各企业之间的利益关系、债权人整体清偿利益、增加企业重整的可能性等因素，在收到申请之日起 30 日内作出是否实质合并审理的裁定。

相关利害关系人对受理法院作出的实质合并审理裁定不服的，可以自裁定书送达之日起 15 日内向受理法院的上一级人民法院申请复议。

采用实质合并方式审理关联企业破产案件的，应由关联企业中的核心控制企业住所地人民法院管辖。核心控制企业不明确的，由关联企业主要财产所在地人民法院管辖。多个法院之间对管辖权发生争议的，应当报请共同的上级人民法院指定管辖。

人民法院裁定采用实质合并方式审理破产案件的，各关联企业成员之间的债权债务归于消灭，各成员的财产作为合并后统一的破产财产，由各成员的债权人在同一程序中按照法定顺序公平受偿。采用实质合并方式进行重整的，重整计划草案中应当制定统一的债权分类、债权调整和债权受偿方案。

三、关联企业程序合并破产

如前所述，程序合并破产在《破产审判会议纪要》中称为协调审理。根据纪要规定，多个关联企业成员均存在破产原因但不符合实质合并条件的，人民法院可根据相关主体的申请对多个破产程序进行协调审理，并可根据程序协调的需要，综合考虑破产案件审理的效率、破产申请的先后顺序、成员负债规模大小、核心控制企业住所地等因素，由共同的上级法院确定一家法院集中管辖。

协调审理不消灭关联企业成员之间的债权债务关系，不对关联企业成员的财产进行合并，各关联企业成员的债权人仍以该企业成员财产为限依法获得清偿。但是纪要规定，在程序合并中，也要利用其他法律手段解决关联企业成员之间尚不构成法人人格严重混同的不当资源配置关系，如关联企业成员之间不当利用关联控制关系形成的债权，应当劣后于其他普通债权顺序清偿，且该劣后债权人不得就其他关联企业成员提供的特定财产优先受偿，即物权担保无效。会议纪要关于关联企业成员之间不当债权劣后清偿的规定，对司法实践具有重要指导意义，可以在关联企业合并破产中有效地维护债权人的合法权益。

第八章　金融法

导入案例

2010年4月22日，国美原董事局主席黄光裕案在北京市第二中级人民法院开庭，检方指控他的罪名有三：非法经营罪、单位行贿罪、内幕交易罪。5月18日，北京市第二中级人民法院以黄光裕犯非法经营罪判处其有期徒刑八年，并处没收个人部分财产人民币2亿元；以犯内幕交易罪判处其有期徒刑九年，并处罚金人民币6亿元；以犯单位行贿罪判处其有期徒刑二年。数罪并罚，决定执行有期徒刑十四年，并处罚金人民币6亿元，没收个人财产人民币2亿元。法院以内幕交易罪判处黄光裕妻子杜鹃有期徒刑三年六个月，并处罚金人民币2亿元。以内幕交易、泄露内幕信息罪，判处北京中关村科技发展(控股)股份有限公司原董事长许钟民有期徒刑三年，并处罚金人民币1亿元；以单位行贿罪判处许钟民有期徒刑一年，决定执行有期徒刑三年，并处罚金人民币1亿元。国美电器有限公司(以下简称国美公司)、北京鹏润房地产开发有限责任公司(以下简称鹏房公司)也因单位行贿罪分别被判处罚金人民币500万元与120万元。8月30日，北京市高级人民法院对黄光裕案进行了二审宣判。黄光裕三罪并罚被判十四年以及罚没8亿元人民币的判决维持不变；其妻子杜鹃被改判缓刑，即被判处有期徒刑三年缓期三年，并当庭释放。黄光裕案成为迄今为止国内最大的内幕交易案。9月，即有投资者向北京市第二中级人民法院提起内幕交易民事赔偿诉讼。2020年6月24日，北京市第一中级人民法院根据刑法执行机关的报请，依法裁定对黄光裕予以假释，假释考验期限自假释之日起至2021年2月16日止。当日消息出来后，国美系上市公司股价全线大涨。

据统计，2008年以来，中国证监会共调查案件564起，其中内幕交易案件227起，占40%。所谓内幕交易，是指内幕信息的知情人员或者非法获取内幕信息的人员，在涉及证券的发行、交易或者其他对证券的价格有重大影响的信息尚未公开前，买入或者卖出该证券，或者泄露该信息，以获取利益或减少损失的行为。打击内幕交易行为，是监管机关与司法机关的工作重点之一。2010年11月16日，中国证监会、公安部、监察部、国资委、预防腐败局五部门前所未有地联合下发了《关于依法打击和防控资本市场内幕交易的意见》。根据《证券法》《禁止证券欺诈行为暂行办法》及《内幕交易行为认定指引》(试行),中国证监会可依法对内幕交易人做出行政处罚。根据《刑法》第180条、最高人民检察院、公安部《关于经济犯罪案件追诉标准的补充规定》及《关于公安机关管辖的刑事案件立案追诉标准的规定(二)》,检察院可依法提起公诉,对内幕交易责任人予以刑事制裁。而投资者也可依法起诉,要求内幕交易人承担侵权民事责任并赔偿投资损失。2007年5月30—31日,最高人民法院副院长奚晓明在全国民商审判工作会议(南京会议)发表讲话,明确表示根据《证券法》,投资者因内幕交易而对侵权行为人提起的民事诉讼,相关人民法院应当受理,而相关的司法解释正在起草中。在《民事案件案由规定》中,最高人民法院也规定了证券内幕交易纠纷案由。

第一节 证券法律制度

一、证券法律制度概述

(一)证券的概念与分类

1. 证券的概念

证券是以证明或设定权利为目的所做成的一种书面凭证。证券有广义和狭义之分。广义的证券是证明持券人享有一定的经济权益的书面凭证,包括资本证券(如股票、债券、证券衍生品种等)、货币证券(如汇票、本票、支票等)、商品证券(如提货单、进货单、仓库栈单等)。狭义的证券仅指资本证券,这也是证券法和本节所要介绍的证券。

2. 证券的分类

按照不同的标准,证券可以分为不同的种类。目前我国证券市场上发行和流通的证券主要有以下几类:

(1)股票。股票是股份有限公司签发的,证明股东所持股份的凭证。

(2)债券。债券是政府、金融机构、公司企业等单位依照法定程序发行的、约定在一定期限还本付息的有价证券。

(3)证券投资基金份额。证券投资基金份额是基金投资人持有基金单位的权利凭证。

(4)认股权证。认股权证是股份有限公司给予持证人的无限期或在一定期限内,以确定价格购买一定数量普通股份的权利凭证。

(5)期货。期货是一种跨越时间的交易方式。买卖双方通过签订标准化合约,同意按指定的时间、价格与其他交易条件,交收指定数量的现货。

(二)证券市场

1. 证券市场的结构

证券市场是指证券发行与交易的场所。证券发行市场一般被称为一级市场,证券交易市场也就相应称为二级市场。证券交易市场可以按照不同标准,再区分为不同的市场。场内交易市场与场外交易市场是一种传统的区分方式。场内交易市场,一般为证券交易所设立的交易场所,即所谓的交易所市场。场外交易市场则是泛指在交易所外进行的交易。两个市场的不同主要在于交易方式不同。场内市场的交易方式是集中交易的方式,多个买者和卖者之间进行价格磋商,体现价格发现机制;而场外交易市场则多采取一对一的交易磋商机制。因此,在每一时刻,场内交易市场往往只有一个最佳的价格,而场外交易市场则存在多个价格。

(1)交易所市场。目前我国的交易所市场,主要由两个交易所(上海证券交易所和深圳证券交易所)、四个板块(主板市场、中小企业板、创业板、科创板)构成,在交易模式上又区分为集中竞价的交易模式和大宗交易模式。

(2)全国中小企业股份转让系统。

(3)产权交易所。产权交易所是伴随着企业兼并活动在中国的增多而产生的。

2. 证券市场的主体

证券市场的主体是指参与证券市场的各类法律主体,包括证券发行人、投资者、中介机构、交易场所以及自律性组织和监管机构等。

(三)证券活动和证券管理原则

根据《证券法》的规定,在证券发行、交易及监管中应当坚持以下原则:(1)公开、公平、公正原则。(2)自愿、有偿、诚实信用原则。(3)守法原则。(4)分业经营、分业管理原则。(5)保护投资者合法权益原则。(6)监督管理与自律管理相结合原则。

(四)证券法

证券法有广义和狭义之分。广义的证券法是指一切与证券有关的法律规范的总称。狭义的证券法专指《证券法》,它是规范证券发行、交易及监管过程中产生的各种法律关系的基本法,是证券市场各类行为主体必须遵守的行为规范。

二、证券发行

证券发行和证券交易是证券市场的主要构成部分,两者相辅相成。证券发行是发行人、上市公司筹集资金的基本途径。依据发行的证券品种不同,证券发行可以分为股票发行、公司债券发行与投资基金份额发售。

(一)证券发行概述

1. 证券发行的概念

证券发行有广义和狭义之分。广义的证券发行,是指符合发行条件的商业组织或政府组织(发行人),以筹集资金为目的,依照法律规定的程序向公众投资者出售代表一定权利的资本证券的行为。狭义的证券发行,是指发行人在所需资金募集后,做成证券并交付投资人受领的单方行为。通常所说的证券发行,是指广义的证券发行。证券发行本质上是一种直接融资方式，与通过银行等金融机构进行的间接融资方式相对应。

2. 证券发行的分类

根据不同的标准，证券发行可以分为不同的类型：

(1)公开发行和非公开发行。根据证券发行的对象不同，证券发行可以分为公开发行和非公开发行。公开发行证券，必须符合法律、行政法规规定的条件，并依法报经国务院证券监督管理机构或者国务院授权的部门注册。未经依法注册，任何单位和个人不得公开发行证券。证券发行注册制的具体范围、实施步骤，由国务院规定。公开发行必须严格遵循《证券法》有关信息披露的规定。非公开发行又称私募发行，是指向少数特定的投资者进行的证券发行。有下列情形之一的，为公开发行：①向不特定对象发行证券；②向特定对象发行证券累计超过200人，但依法实施员工持股计划的员工人数不计算在内的发行；③法律、行政法规规定的其他发行行为。非公开发行证券，不得采用广告、公开劝诱和变相公开方式。

(2)设立发行和增资发行。根据证券发行的目的不同，证券发行可以分为设立发行和增资发行。设立发行是为成立新的股份有限公司而发行股票，增资发行是为增加已有公司的资本总额或改变其股本结构而发行新股。增发新股，既可以公开发行，也可以采取配股或赠股的形式。

(3)直接发行和间接发行。根据证券发行的方式不同，证券发行可以分为直接发行和间接发行。直按发行是指证券发行人不通过证券承销机构，而自行承担证券发行风险，办理证券发行事宜的发行方式。间接发行是指证券发行人委托证券承销机构发行证券，并由证券承销机构办理证券发行事宜，承担证券发行风险的发行方式。

(4)平价发行、溢价发行和折价发行。根据证券发行价格与证券票面金额之间的关系，证券发行可以分为平价发行、溢价发行和折价发行。平价发行，又称面值发行或等价发行，是指证券发行时的发行价格与票面金额相同的发行方式。溢价发行，是指证券发行时的发行价格超过票面金额的发行方式。折价发行又称贴现发行，是指证券发行时的发行价格低于票面金额的发行方式。

(二)股票的发行

1. 首次公开发行股票的一般条件

设立股份有限公司公开发行股票(以下简称首次公开发行股票)，应当符合《证券法》《公司法》规定的发行条件和经国务院批准的国务院证券监督管理机构规定的其他发行条件。

首次公开发行股票的基本条件包括：(1)具备健全且运行良好的组织机构。(2)具有持续经营能力。(3)最近3年财务会计报告被出具无保留意见审计报告。(4)发行人及其控股股东、实际控制人最近3年不存在贪污、贿赂、侵占财产、挪用财产或者破坏社会主义市场经济秩序的刑事犯罪。(5)经国务院批准的国务院证券监督管理机构规定的其他条件。

上市公司发行新股，应当符合经国务院批准的国务院证券监督管理机构规定的条件，具体管理办法由国务院证券监督管理机构规定。

2. 在主板和中小板上市公司的首次公开发行条件

(1)主体资格

①发行人应当是依法设立且合法存续的股份有限公司。经国务院批准，有限责任公司在依法变更为股份有限公司时，可以采取募集设立方式公开发行股票。②发行人自股份有限公司成立后，持续经营时间应当在 3 年以上，但经国务院批准的除外。有限责任公司按原账面净资产值折股整体变更为股份有限公司的，持续经营时间可以从有限责任公司成立之日起计算。③发行人的注册资本已足额缴纳，发起人或者股东用作出资的资产的财产权转移手续已办理完毕，发行人的主要资产不存在重大权属纠纷。④发行人的生产经营符合法律、行政法规和公司章程的规定，符合国家产业政策。⑤发行人最近 3 年内主营业务和董事、高级管理人员没有发生重大变化，实际控制人没有发生变更。发行人的股权清晰，控股股东和受控股股东、实际控制人支配的股东持有的发行人股份不存在重大权属纠纷。

(2)规范运行

①发行人的董事、监事和高级管理人员符合法律、行政法规和规章规定的任职资格，且不得有下列情形：一是被中国证监会采取证券市场禁入措施尚在禁入期的；二是最近 36 个月内受到中国证监会行政处罚，或者最近 12 个月内受到证券交易所公开谴责的；三是因涉嫌犯罪被司法机关立案侦查或者涉嫌违法违规被中国证监会立案调查，尚未有明确结论意见的。

②发行人不得有下列情形：一是最近 36 个月内未经法定机关核准，擅自公开或者变相公开发行过证券；或者有关违法行为虽然发生在 36 个月前，但目前仍处于持续状态。二是最近 36 个月内违反工商、税收、土地、环保、海关以及其他法律、行政法规，受到行政处罚，且情节严重。三是最近 36 个月内曾向中国证监会提出发行申请，但报送的发行申请文件有虚假记载、误导性陈述或重大遗漏；或者不符合发行条件以欺骗手段骗取发行核准；或者以不正当手段干扰中国证监会及其发行审核委员会审核工作；或者伪造、变造发行人或其董事、监事、高级管理人员的签字、盖章。四是本次报送的发行申请文件有虚假记载、误导性陈述或者重大遗漏。五是涉嫌犯罪被司法机关立案侦查，尚未有明确结论意见。六是严重损害投资者合法权益和社会公共利益的其他情形。

③发行人的公司章程中已明确对外担保的审批权限和审议程序，不存在为控股股东、实际控制人及其控制的其他企业进行违规担保的情形。

④发行人有严格的资金管理制度，不得有资金被控股股东、实际控制人及其控制的其他企业以借款、代偿债务、代垫款项或者其他方式占用的情形。

(3)财务与会计

①发行人应当符合下列条件：一是最近 3 个会计年度净利润均为正数且累计超过人民币 3 000 万元，净利润以扣除非经常性损益前后较低者为计算依据。二是最近 3 个会计年度经营活动产生的现金流量净额累计超过人民币 5 000 万元；或者最近 3 个会计年度营业收入累计超过人民币 3 亿元。三是发行前股本总额不少于人民币 3 000 万元。四是最近一期末无形资产(扣除土地使用权、水面养殖权和采矿权等后)占净资产的比例不高于 20%。五是最近期末不存在未弥补亏损。

②发行人申报文件中不得有下列情形：一是虚构交易、事项或者其他重要信息；二是滥用会计政策或者会计估计；三是操纵、伪造或篡改编制财务报表所依据的会计记录或者相关凭证。

③发行人不得有下列影响持续盈利能力的情形：一是发行人的经营模式、产品或服务的品种结构已经或者将发生重大变化，并对发行人的持续盈利能力构成重大不利影响；二是发行人的行业地位或发行人所处行业的经营环境已经或者将发生重大变化，并对发行人的持续盈利能力构成重大不利影响；三是发行人最近 1 个会计年度的营业收入或净利润对关联方或者存在重大不确定性的客户存在重大依赖；四是发行人最近 1 个会计年度的净利润主要来自合并财务报表范围以外的投资收益；五是发行人在用的商标、专利、专有技术以及特许经营权等重要资产或技术的取得或者使用存在重大不利变化的风险；六是其他可能对发行人持续创利能力构成重大不利影响的情形。

3. 在创业板上市公司的首次公开发行条件

2018 年 6 月 6 日，中国证监会修订发布《首次公开发行股票并在创业板上市管理办法》，发行人申请首次公开发行股票应当符合下列条件：

(1)发行人是依法设立且持续经营 3 年以上的股份有限公司。有限责任公司按原账面净资产值折股整体变更为股份有限公司的，持续经营时间可以从有限责任公司成立之日起计算。

(2)近 2 年连续盈利，最近 2 年净利润累计不少于 100 万元；或者最近 1 年盈利，最近 1 年营业收入不少于 5 000 万元。净利润以扣除非经常性损益前后孰低者为计算依据。

(3)最近一期末净资产不少于 2 000 万元，且不存在未弥补亏损。

(4)发行后股本总额不少于 3 000 万元。

(5)发行人的注册资本已足额缴纳，发起人或者股东用作出资的资产的财产权转移手续已办理完毕。发行人的主要资产不存在重大权属纠纷。

(6)发行人应当主要经营一种业务，其生产经营活动符合法律、行政法规和公司章程的规定，符合国家产业政策及环境保护政策。

(7)发行人最近 2 年内主营业务和董事、高级管理人员均没有发生重大变化，实际控制人没有发生变更。

(8)发行人的股权清晰，控股股东和受控股股东、实际控制人支配的股东所持发行人的股份不存在重大权属纠纷。

(9)发行人具有完善的公司治理结构，依法建立健全股东大会、董事会、监事会以及独立董事、董事会秘书、审计委员会制度，相关机构和人员能够依法履行职责。发行人应当建立健全股东投票计票制度，建立发行人与股东之间的多元化纠纷解决机制，切实保障投资者依法行使收益权、知情权、参与权、监督权、求偿权等股东权利。

(10)发行人会计基础工作规范，财务报表的编制和披露符合企业会计准则相关信息披露规则的规定，在所有重大方面公允地反映了发行人的财务状况、经营成果和现金流量，并由注册会计师出具无保留意见的审计报告。

(11)发行人内部控制制度健全且被有效执行，能够合理保证公司运行效率、合法合规和财务报告的可靠性，并由注册会计师出具无保留结论的内部控制鉴证报告。

(12)发行人的董事、监事和高级管理人员应当忠实、勤勉，具备法律、行政法规和规章规定的资格，且不存在下列情形：①被中国证监会采取证券市场禁入措施尚在禁入期的；②最近3年内受到中国证监会行政处罚，或者最近1年内受到证券交易所公开谴责的；③因涉嫌犯罪被司法机关立案侦查或者涉及违法违规被中国证监会立案调查，尚未有明确结论意见的。

(13)发行人及其控股股东、实际控制人最近3年内不存在损害投资者合法权益和社会公共利益的重大违法行为。发行人及其控股股东、实际控制人最近3年内不存在未经法定机关核准，擅自公开或者变相公开发行证券，或者有关违法行为虽然发生在3年前，但目前仍处于持续状态的情形。

4. 科创板首次公开发行条件

首次公开发行股票并在科创板上市，应当符合发行条件、上市条件以及相关信息披露要求，依法经上海证券交易所发行上市审核并报经中国证监会履行发行注册程序。发行人申请首次公开发行股票并在科创板上市，应符合以下发行条件：

(1)发行人是依法设立且持续经营3年以上的股份有限公司，具备健全且运行良好的组织机构，相关机构和人员能够依法履行职责。有限责任公司按原账面净资产值折股整体变更为股份有限公司的，持续经营时间可以从有限责任公司成立之日起计算。

(2)发行人会计基础工作规范，财务报表的编制和披露符合企业会计准则和相关信息披露规则的规定，在所有重大方面公允地反映了发行人的财务状况、经营成果和现金流量，并由注册会计师出具标准无保留意见的审计报告。发行人内部控制制度健全且被有效执行，能够合理保证公司运行效率、合法合规和财务报告的可靠性，并由注册会计师出具无保留结论的内部控制鉴证报告。

(3)发行人业务完整，具有直接面向市场独立持续经营的能力：

①资产完整，业务及人员、财务、机构独立，与控股股东、实际控制人及其控制的其他

企业间不存在对发行人构成重大不利影响的同业竞争，不存在严重影响独立性或者显失公平的关联交易。

②发行人主营业务、控制权、管理团队和核心技术人员稳定，最近 2 年内主营业务和董事、高级管理人员及核心技术人员均没有发生重大不利变化；控股股东和受控股股东、实际控制人支配的股东所持发行人的股份权属清晰，最近 2 年实际控制人没有发生变更，不存在导致控制权可能变更的重大权属纠纷。

③发行人不存在主要资产、核心技术、商标等的重大权属纠纷，重大偿债风险，重大担保、诉讼、仲裁等或有事项，经营环境已经或者将要发生重大变化等对持续经营有重大不利影响的事项。

④发行人生产经营符合法律、行政法规的规定，符合国家产业政策。最近 3 年内，发行人及其控股股东、实际控制人不存在贪污、贿赂、侵占财产、挪用财产或者破坏社会主义市场经济秩序的刑事犯罪，不存在欺诈发行、重大信息披露违法或者其他涉及国家安全、公共安全、生态安全、生产安全、公众健康安全等领域的重大违法行为。董事、监事和高级管理人员不存在最近 3 年内受到中国证监会行政处罚，或者因涉嫌犯罪被司法机关立案侦查或者涉嫌违法违规被中国证监会立案调查，尚未有明确结论意见等情形。

5. 上市公司配股的条件

向原股东配售股份（简称配股），除符合上述公开发行证券的条件外，还应当符合下列条件：

(1)配售股份数量不超过本次配售股份前股本总额的 30%。

(2)控股股东应当在股东大会召开前公开承诺认配股份的数量。

(3)用证券法规定的代销方式发行。控股股东不履行认配股份的承诺，或者代销期限届满，原股东认购股票的数量未达到拟配售数量 70%的，发行人应当按照发行价并加算银行同期存款利息返还已经认购的股东。

6. 上市公司增发的条件

向不特定对象公开募集股份（简称增发），除符合上述公开发行证券的条件外，还应符合下列条件：

(1)最近 3 个会计年度加权平均净资产收益率平均不低于 6%。扣除非经常性损益后的净利润与扣除前的净利润相比，以低者作为加权平均净资产收益率的计算依据。

(2)除金融类企业外，最近一期不存在持有金额较大的交易性金融资产和可供出售的金融资产、借予他人款项、委托理财等财务性投资的情形。

(3)发行价格应不低于公告招股意向书前 20 个交易日公司股票均价或前 1 个交易日的均价。

(三)公司债券的发行

1. 一般规定

根据《公司债券发行与交易管理办法》的规定，发行公司债券，发行人应当依照《公司法》或者公司章程相关规定对以下事项作出决议：(1)发行债券的数量；(2)发行方式；(3)债券期限；(4)募集资金的用途；(5)决议的有效期；(6)其他按照法律法规及公司章程规定需要明确的事项。

公司债券可以公开发行，也可以非公开发行。公开发行包括面向公众投资者公开发行和面向合格投资者公开发行两种方式。所谓合格投资者，应当具备相应的风险识别和承担能力，知悉并自行承担公司债券的投资风险，并符合下列资质条件：

(1)经有关金融监督部门批准设立的金融机构，包括证券公司、基金管理公司及其子公司、期货公司、商业银行、保险公司和信托公司等，以及经中国证券投资基金业协会登记的私募基金管理人；

(2)上述金融机构面向投资者发行的理财产品，包括但不限于证券公司资产管理产品、基金及基金子公司产品、期货公司资产管理产品、银行理财产品、保险产品、信托产品以及经中国证券投资基金业协会备案的私募基金；

(3)净资产不低于人民币1 000万元的企事业单位法人、合伙企业；

(4)合格境外机构投资者(QFII)、人民币合格境外机构投资者(RQFII)；

(5)社会保障基金、企业年金等养老基金，慈善基金等社会公益基金；

(6)名下金融资产不低于人民币300万元的个人投资者；

(7)经中国证监会认可的其他合格投资者。

2. 公开发行公司债券的条件

公开发行公司债券，应当符合《证券法》《公司法》的相关规定，并经中国证监会核准。发行公司债券，应当符合下列条件：

(1)具备健全且运行良好的组织机构；

(2)最近3年平均可分配利润足以支付公司债券1年的利息；

(3)国务院规定的其他条件。

公开发行公司债券筹集的资金，必须按照公司债券募集办法所列资金用途使用；改变资金用途，必须经债券持有人会议作出决议。公开发行公司债券筹集的资金，不得用于弥补亏损和非生产性支出。

上市公司发行可转换为股票的公司债券，除应当符合第一款规定的条件外，还应当遵守本法第十二条第二款的规定。但是，按照公司债券募集办法，上市公司通过收购本公司股份的方式进行公司债券转换的除外。

存在下列情形之一的，不得再次公开发行公司债券：

(1)前一次公开发行的公司债券尚未募足；

(2)对已公开发行的公司债券或者其他债务有违约或者迟延支付本息的事实，且仍处于继续状态；

(3)违反《证券法》规定，改变公开发行公司债券所募资金的用途；

(4)最近36个月内公司财务会计文件存在虚假记载，或公司存在其他重大违法行为；

(5)本次发行申请文件存在虚假记载、误导性陈述或者重大遗漏；

(6)严重损害投资者合法权益和社会公共利益的其地情形。

资信状况符合以下标准的公司债券可以向公众投资者公开发行，也可以自主选择仅面向合格投资者公开发行：

(1)发行人最近3年无债务违约或者迟延支付本息的事实；

(2)发行人最近3个会计年度实现的年均可分配利润不少于债券1年利息的1.5倍；

(3)债券信用评级达到AAA级；

(4)中国证监会根据投资者保护的需要规定的其他条件。

未达到前面规定标准的公司债券公开发行应当面向合格投资者；仅面向合格投资者公开发行的，中国证监会简化核准程序。

公开发行公司债券，应当委托具有从事证券服务业务资格的资信评级机构进行信用评级。发行人应当按照中国证监会信息披露内容与格式的有关规定编制和报送公开发行公司债券的申请文件。中国证监会受理申请文件后，依法审核公开发行公司债券的申请，自受理发行申请文件之日起3个月内，作出是否核准的决定，并出具相关文件。发行申请核准后，公司债券发行结束前，发行人发生重大事项，导致可能不再符合发行条件的，应当暂缓或者暂停发行，并及时报告中国证监会。影响发行条件的，应当重新履行核准程序。

公开发行公司债券，可以申请一次核准，分期发行。自中国证监会核准发行之日起，发行人应当在12个月内完成首期发行。剩余数量应当在24个月内发行完毕。公开发行公司债券的募集说明书自最后签署之日起6个月内有效。采用分期发行方式的，发行人应当在后续发行中及时披露更新后的债券募集说明书，并在每期发行完成后5个工作日内报中国证监会备案。

3. 非公开发行

非公开发行的公司债券应当向合格投资者发行，不得采用广告、公开劝诱和变相公开方式，每次发行对象不得超过200人。

非公开发行的公司债券仅限于合格投资者范围内转让。转让后，持有同次发行债券的合格投资者合计不得超过200人。发行人的董事、监事、高级管理人员及持股比例超过5%的股东，可以参与本公司非公开发行公司债券的认购与转让，不受合格投资者资质条件的限制。

(四)证券投资基金的发行

1. 公开募集基金

公开募集基金，应当经国务院证券监督管理机构注册。未经注册，不得公开或者变相公开募集基金。注册公开募集基金，由基金管理人向国务院证券监督管理机构提出申请，并提交规定文件。国务院证券监督管理机构应当自受理公开募集基金的募集注册申请之日起6个月内依照法律、行政法规及国务院证券监督管理机构的规定进行审查，作出注册或者不予注册的决定，并通知申请人；不予注册的，应当说明理由。

基金募集申请经注册后，方可发售基金份额。基金份额的发售，由基金管理人或者其委托的基金销售机构办理。基金管理人应当在基金份额发售的3日前公布招募说明书、基金合同及其他有关文件。基金管理人应当自收到准予注册文件之日起6个月内进行基金募集。超过6个月开始募集，原注册的事项未发生实质性变化的，应当报国务院证券监督管理机构备案；发生实质性变化的，应当向国务院证券监督管理机构重新提交注册申请。

基金募集不得超过国务院证券监督管理机构准予注册的基金募集期限。基金募集期限自基金份额发售之日起计算。基金募集期限届满，封闭式基金募集的基金份额总额达到准予注册规模的80%以上，开放式基金募集的基金份额总额超过准予注册的最低募集份额总额，并且基金份额持有人人数符合国务院证券监督管理机构规定的，基金管理人应当自募集期限届满之日起10日内聘请法定验资机构验资，自收到验资报告之日起10日内，向国务院证券监督管理机构提交验资报告，办理基金备案手续，并予以公告。

2. 非公开募集基金

非公开募集基金即私募投资基金(简称私募基金)，是指在中华人民共和国境内，以非公开方式向投资者募集资金设立的投资基金，其投资包括买卖股票、股权、债券、期货、期权、基金份额及投资合同约定的其他投资标的。

(五)证券发行的程序

由于证券发行种类、发行方式的不同，各类证券的发行程序不尽一致。依据《证券法》《首次公开发行股票并上市管理办法》《上市公司证券发行管理办法》等规定，证券发行大体有以下步骤。

1. 作出发行决议

发行人发行证券一般先由其董事会就有关发行事项作出决议，并提请股东大会批准。

2. 提出发行申请

发行人应按规定制作和报送证券发行申请文件。其发行证券属于保荐范围依法应予保荐的，应由保荐人保荐并向中国证监会申报；属于特定行业的，发行人还应提供管理部门的批准文件或相关意见。

3. 依法注册申请

国务院证券监督管理机构或者国务院授权的部门应当自受理证券发行申请文件之

日起 3 个月内,依法作出予以注册或不予注册的决定,发行人根据要求补充、修改发行申请文件的时间不计算在内;不予注册的,应说明理由。

4. 公开发行信息

证券发行申请经核准后,发行人应当依照法律、行政法规的规定,在证券公开发行前,公告公开发行募集文件,并将该文件置备于指定场所供公众查阅。发行证券的信息依法公开前,任何知情人不得公开或者泄露该信息。发行人不得在公告公开发行募集文件前发行证券。

5. 签订承销协议,进行证券销售

发行人向不特定对象发行的证券,法律、行政法规规定应当由证券公司承销的,发行人应当同证券公司签订承销协议。证券承销业务采取代销或者包销方式。上市公司非公开发行股票未采用自行销售方式或者上市公司配股的,应当采用代销方式。证券代销是指证券公司代发行人发售证券,在承销期结束时,将未售出的证券全部退还给发行人的承销方式。证券包销是指证券公司将发行人的证券按照协议全部购入或者在承销期结束时将售后剩余证券全部自行购入的承销方式。承销协议应载明下列事项:(1)当事人的名称、住所及法定代表人姓名;(2)代销、包销证券的种类、数量、金额及发行价格;(3)代销、包销的期限及起止日期;(4)代销、包销的付款方式及日期;(5)代销、包销的费用和结算办法;(6)违约责任;(7)国务院证券监督管理机构规定的其他事项。公开发行证券的发行人有权依法自主选择承销的证券公司。证券公司不得以不正当竞争手段招揽证券承销业务。证券公司承销证券,应当对公开发行募集文件的真实性、准确性、完整性进行核查;发现有虚假记载、误导性陈述或者重大遗漏的,不得进行销售活动;已经销售的,必须立即停止销售活动,并采取纠正措施。

证券公司承销证券,不得有下列行为:(1)进行虚假的或者误导投资者的广告宣传或者其他宣传推介活动;(2)以不正当竞争手段招揽承销业务;(3)其他违反证券承销业务规定的行为。证券公司有前款所列行为,给其他证券承销机构或者投资者造成损失的,应当依法承担赔偿责任。

向不特定对象发行证券聘请承销团承销的,承销团应当由主承销和参与承销的证券公司组成。证券的代销、包销期限最长不得超过 90 日。证券公司在代销、包销期内,对所代销、包销的证券应当保证先行出售给认购人,证券公司不得为本公司预留所代销的证券和预先购入并留存所包销的证券。

股票发行采用代销方式,代销期限届满,向投资者出售的股票数量未达到公开发行股票数量 70%的,为发行失败。股票发行失败后,主承销商应当协助发行人按照发行价并加算银行同期存款利息返还股票认购人。

6. 备案

证券公司实施承销前,应当向中国证监会报送发行与承销方案。

公开发行股票，代销、包销期限届满，发行人应当在规定的期限内将股票发行情况报国务院证券监督管理机构备案。

7. 撤销核准决定

国务院证券监督管理机构或国务院授权的部门对已作出的核准证券发行的决定，发现不符合法定条件或法定程序，尚未发行证券的，应当予以撤销，停止发行。已经发行尚未上市的，撤销发行核准决定，发行人应按发行价并加算银行同期存款利息返还证券持有人；保荐人应当与发行人承担连带责任，但是能够证明自己没有过错的除外；发行人的控股股东、实际控制人有过错的，应当与发行人承担连带责任。

三、证券交易

（一）证券交易概述

1. 证券交易的概念

证券交易，主要指证券买卖，即证券持有人依照证券交易规则，将依法发行的证券转让给其他证券投资者的行为。证券交易具有流动性、收益性和风险性等特征。证券交易的方式可以分为集中交易和非集中交易两种，分别适用于证券交易所和场外交易市场。

2. 证券交易的一般规定

（1）证券交易的标的与主体必须合法。

①发起人持有的本公司股份，自公司成立之日起 1 年内不得转让。公司公开发行股份前已发行的股份，自公司股票在证券交易所上市交易之日起 1 年内不得转让。

②公司董事、监事、高级管理人员在任职期间每年转让的股份不得超过其所持有本公司股份总数的 25％；所持本公司股份自公司股票上市交易之日起 1 年内不得转让。上述人员离职后半年内，不得转让其所持有的本公司股份。

上市公司持有百分之五以上股份的股东、实际控制人、董事、监事、高级管理人员，以及其他持有发行人首次公开发行前发行的股份或者上市公司向特定对象发行的股份的股东，转让其持有的本公司股份的，不得违反法律、行政法规和国务院证券监督管理机构关于持有期限、卖出时间、卖出数量、卖出方式、信息披露等规定，并应当遵守证券交易所的业务规则。

③证券交易场所、证券公司和证券登记结算机构的从业人员，证券监督管理机构的工作人员以及法律、行政法规规定禁止参与股票交易的其他人员，在任期或者法定限期内，不得直接或者以化名、借他人名义持有、买卖股票或者其他具有股权性质的证券，也不得收受他人赠送的股票或者其他具有股权性质的证券。

任何人在成为前款所列人员时，其原已持有的股票或者其他具有股权性质的证券，必须依法转让。实施股权激励计划或者员工持股计划的证券公司的从业人员，可以按照国务院证券监督管理机构的规定持有、卖出本公司股票或者其他具有股权性质的证券。

证券交易场所、证券公司、证券登记结算机构、证券服务机构及其工作人员应当依法为投资者的信息保密，不得非法买卖、提供或者公开投资者的信息。证券交易场所、证券公司、证券登记结算机构、证券服务机构及其工作人员不得泄露所知悉的商业秘密。

④为证券发行出具审计报告或者法律意见书等文件的证券服务机构和人员，在该证券承销期内和期满后六个月内，不得买卖该证券。除前款规定外，为发行人及其控股股东、实际控制人，或者收购人、重大资产交易方出具审计报告或者法律意见书等文件的证券服务机构和人员，自接受委托之日起至上述文件公开后五日内，不得买卖该证券。实际开展上述有关工作之日早于接受委托之日的，自实际开展上述有关工作之日起至上述文件公开后五日内，不得买卖该证券。

⑤上市公司、股票在国务院批准的其他全国性证券交易场所交易的公司持有百分之五以上股份的股东、董事、监事、高级管理人员，将其持有的该公司的股票或者其他具有股权性质的证券在买入后六个月内卖出，或者在卖出后六个月内又买入，由此所得收益归该公司所有，公司董事会应当收回其所得收益。但是，证券公司因购入包销售后剩余股票而持有百分之五以上股份，以及有国务院证券监督管理机构规定的其他情形的除外。前款所称董事、监事、高级管理人员、自然人股东持有的股票或者其他具有股权性质的证券，包括其配偶、父母、子女持有的及利用他人账户持有的股票或者其他具有股权性质的证券。公司董事会不按照上述规定执行的，股东有权要求董事会在三十日内执行。公司董事会未在上述期限内执行的，股东有权为了公司的利益以自己的名义直接向人民法院提起诉讼。公司董事会不按照第一款的规定执行的，负有责任的董事依法承担连带责任。

⑥上市公司董事、监事和高级管理人员在下列期间不得买卖本公司股票：上市公司定期报告公告前 30 日内；上市公司业绩预告、业绩快报公告前 10 日内；自可能对本公司股票交易价格产生重大影响的重大事项发生之日或在决策过程中，至依法披露后 2 个交易日内；证券交易所规定的其他期间。

⑦通过证券交易所的证券交易，投资者持有或者通过协议、其他安排与他人共同持有一个上市公司已发行的股份达到 5%时，应当在该事实发生之日起 3 日内，向国务院证券监督管理机构、证券交易所作出书面报告，通知该上市公司，并予以公告；在上述期间内，不得再行买卖该上市公司的股票。投资者持有或者通过协议、其他安排与他人共同持有一个上市公司已发行的股份达到 5%后，其所持该上市公司已发行的股份比例每增加或者减少 5%，应当依照前述规定进行报告和公告。在报告期限内和作出报告、公告后 2 日内，不得再行买卖该上市公司的股票。

(2)在合法的证券交易场所交易。依法公开发行的股票、公司债券及其他证券，应当在依法设立的证券交易所上市交易或者在国务院批准的其他证券交易场所转让。

(3)以合法方式交易。证券交易以现货和国务院规定的其他方式进行交易。证券在证券交易所上市交易，应当采用公开的集中交易方式或者国务院证券监督管理机构批准的其他方式。

（二）证券上市

1. 股票上市

申请股票上市交易，应当向证券交易所提出申请，由证券交易所依法审核同意，并由双方签订上市协议，同时应聘请有保荐资格的机构担任保荐人，依法进行保荐。

证券交易所可以依法作出对股票不予上市、暂停上市、终止上市的决定，对证券交易所的上述决定不服的，可以向证券交易所设立的复核机构申请复核。

(1)股票上市的条件。《证券法》规定，股份有限公司申请股票上市，应当符合下列条件：①股票经国务院证券监督管理机构核准已公开发行。②公司股本总额不少于人民币3 000万元。③公开发行的股份达到公司股份总数的25%以上；公司股本总额超过人民币4亿元的，公开发行股份的比例为10%以上。④公司最近3年无重大违法行为，财务会计报告无虚假记载。

(2)申请股票上市交易。《证券法》规定，申请股票上市交易，应当向证券交易所报送下列文件：①上市报告书；②申请股票上市的股东大会决议；③公司章程；④公司营业执照；⑤依法经会计师事务所审计的公司最近3年的财务会计报告；⑥法律意见书和上市保荐书；⑦最近一次的招股说明书；⑧证券交易所上市规则规定的其他文件。

股票上市交易申请经证券交易所审核同意后，签订上市协议的公司应当在规定期限内公告股票上市的有关文件，并将该文件置备于指定场所供公众查阅，同时还应当公告下列事项：①股票获准在证券交易所交易的日期；②持有公司股份最多的前10名股东的名单和持股数额；③公司的实际控制人；④董事、监事、高级管理人员的姓名及其持有本公司股票和债券的情况。

(3)股票终止上市。《上市规则》规定，上市公司出现下列情形之一的，由交易所决定终止其股票上市：

①公司因净利润、净资产、营业收入或者审计意见类型触及相关标准，其股票被暂停上市的，未能在法定期限内披露暂停上市后的首个年度报告。

②公司因净利润、净资产、营业收入或者审计意见类型触及相关标准，其股票被暂停上市的，暂停上市后首个年度报告显示公司净利润或者扣除非经常性损益后的净利润为负值。

③公司因净利润、净资产、营业收入或者审计意见类型触及相关标准，其股票被暂停上市的，暂停上市后首个年度报告显示公司期末净资产为负值。

④公司因净利润、净资产、营业收入或者审计意见类型触及相关标准，其股票被暂停上市的，暂停上市后首个年度报告显示公司营业收入低于1 000万元。

⑤公司因净利润、净资产、营业收入或者审计意见类型触及相关标准，其股票被暂停

上市的，暂停上市后首个年度报告显示公司财务会计报告被出具保留意见、无法表示意见或否定意见的审计报告。

⑥公司因净利润、净资产、营业收入或者审计意见类型触及相关标准，其股票被暂停上市的，在法定期限内披露了暂停上市后首个年度报告但未能在其后5个交易日内提出恢复上市申请。

⑦公司因未在规定期限内改正财务会计报告或者未在法定期限内披露年度报告、半年度报告等出现规定情形，其股票被暂停上市的，在2个月内仍未能披露经改正的财务会计报告、相关年度报告或者半年度报告。

⑧公司因未在规定期限内改正财务会计报告或者未在法定期限内披露年度报告、半年度报告触及相关标准，其股票被暂停上市的，在2个月内披露了经改正的财务会计报告、相关年度报告或者半年度报告但未能在其后的5个交易日内提出恢复上市申请。

⑨公司因欺诈发行，其股票被暂停上市后，在中国证监会作出行政处罚决定、移送决定之日起的12个月内被法院作出有罪判决或者在前述规定期限内未满足恢复上市条件。

⑩公司因重大信息披露违法，其股票被暂停上市后，在中国证监会作出行政处罚决定、移送决定之日起的12个月内被法院作出有罪判决或者在前述规定期限内未满足恢复上市条件。

⑪公司因欺诈发行、重大信息披露违法其股票被暂停上市后，符合本规则规定的恢复上市申请条件但未在规定期限内向本所提出恢复上市申请。

⑫公司因股权分布变化不再具备上市条件，其股票被暂停上市后，在6个月内股权分布仍不具备上市条件，或虽已具备上市条件但未在规定期限内向本所提出恢复上市申请。

⑬公司因股本总额发生变化不再具备上市条件，其股票被暂停上市后，在本所规定的期限内仍不具备上市条件，或虽已具备上市条件但未在规定期限内向本所提出恢复上市申请。

⑭在本所仅发行A股股票的主板上市公司，通过本所交易系统连续120个交易日(不含公司股票全天停牌的交易日)股票累计成交量低于500万股。

⑮在本所仅发行B股股票的主板上市公司，通过本所交易系统连续120个交易日(不含公司股票全天停牌的交易日)股票累计成交量低于100万股。

⑯在本所既发行A股股票又发行B股股票的主板上市公司，通过本所交易系统连续120个交易日(不含公司股票全天停牌的交易日)的A股股票累计成交量低于500万股且其B股股票累计成交量同时低于100万股。

⑰中小企业板上市公司股票通过本所交易系统连续120个交易日(不含公司股票全天停牌的交易日)股票累计成交量低于300万股。

⑱在本所仅发行A股股票的上市公司，通过本所交易系统连续20个交易日（不含公司股票全天停牌的交易日）的每日股票收盘价均低于股票面值。

⑲在本所仅发行B股股票的上市公司，通过本所交易系统连续20个交易日（不含公司股票全天停牌的交易日）的每日股票收盘价均低于股票面值。

⑳在本所既发行A股股票又发行B股股票的上市公司，通过本所交易系统连续20个交易日（不含公司股票全天停牌的交易日）的A股、B股每日股票收盘价同时均低于股票面值。

㉑主板上市公司连续20个交易日（不含公司股票全天停牌的交易日、不含公司首次公开发行股票上市之日起的20个交易日）股东人数低于2 000人。

㉒中小企业板上市公司连续20个交易日（不含公司股票全天停牌的交易日、不含公司首次公开发行股票上市之日起的20个交易日）股东人数低于1 000人。

㉓公司被法院宣告破产。

㉔公司被依法强制解散。

㉕中小企业板上市公司最近36个月内累计受到本所3次公开谴责。

㉖恢复上市申请未被受理。

㉗恢复上市申请未被审核同意。

㉘本所规定的其他情形。

在证券交易所对股票作出终止上市决定之日后，公司股票并非立即退市，现行《上市规则》还规定了一个缓冲阶段——退市整理期。对于股票已经被证券交易所决定终止上市交易的强制退市公司，证券交易所应当设置“退市整理期”，在其退市前给予30个交易日的股票交易时间。在股票被证券交易所决定终止上市交易前，经董事会决议通过并已公告筹划重大资产重组事项的强制退市公司应当召开股东大会，对公司股票是否进入“退市整理期”交易进行表决，证券交易所应当按照股东大会决议对公司股票是否进入“退市整理期”交易作出安排。“退市整理期”公司的并购重组行政许可申请将不再受理；已经受理的，应当终止审核。证券交易所应当建立参与“退市整理期”股票交易的投资者适当性制度。

退市后的去向和交易安排。主动退市公司可以选择在证券交易场所交易或者转让其股票，或者依法作出其他安排。强制退市公司股票应当统一在全国股转系统设立的专门层次挂牌转让。

（4）科创板公司的终止上市。

根据中国证监会2019年3月1日公布的《科创板上市公司持续监管办法（试行）》以及《上海证券交易所科创板股票上市规则》的相关规定，科创公司触及终止上市标准的，股票直接终止上市，不再适用暂停上市、恢复上市、重新上市程序。

科创公司构成欺诈发行、重大信息披露违法或者其他涉及国家安全、公共安全、生态安全、生产安全和公众健康安全等领域的重大违法行为的，股票应当终止上市。

科创公司股票交易量、股价、市值、股东人数等交易指标触及终止上市标准的，股票应当终止上市，具体标准由交易所规定。

科创公司丧失持续经营能力，财务指标触及终止上市标准的，股票应当终止上市。科创板不适用单一的连续亏损终止上市指标，设置能够反映公司持续经营能力的组合终止上市指标，具体标准由交易所规定。

科创公司信息披露或者规范运作方面存在重大缺陷，严重损害投资者合法权益、严重扰乱证券市场秩序的，其股票应当终止上市。交易所可依据《证券法》在上市规则中作出具体规定。

2. 公司债券的交易

(1)公司债券上市交易的条件。《证券法》规定，公司申请公司债券上市交易，应当符合下列条件：①公司债券的期限为1年以上；②公司债券实际发行额不少于人民币5 000万元；③公司申请债券上市时应符合法定的公司债券发行条件。

上述条件既适用于普通公司债券，也适用于上市公司可转换公司债券。

(2)公司债券上市程序。一是申请核准。申请公司债券上市交易，应当向证券交易所申请核准，并报送下列文件：①上市报告书；②申请公司债券上市的董事会决议；③公司章程；④公司营业执照；⑤公司债券募集办法；⑥公司债券的实际发行数额；⑦证券交易所上市规则规定的其他文件。申请可转换为股票的公司债券上市交易，还应当报送保荐人出具的上市保荐书。二是安排上市。证券交易所核准公司债券上市申请之后，应当及时安排债券上市。上市的时间或日期，通常由证券交易所与申请人在签订的上市协议中确定。三是上市公告。公司债券上市交易申请经证券交易所审核同意后，签订上市协议的公司应当在规定的期限内公告公司债券上市文件及有关文件，并将其申请文件置备于指定场所供公众查阅。

(3)公司债券的暂停上市与终止上市。公司债券上市交易后，公司有下列情形之一的，由证券交易所决定暂停其公司债券上市交易：①公司有重大违法行为；②公司情况发生重大变化不符合公司债券上市条件；③公司债券所募集资金不按照核准的用途使用；④未按照公司债券募集办法履行义务；⑤公司最近2年连续亏损。

公司有上述第①项、第④项所列情形之一经证实后果严重的，或者有上述第②项、第③项、第⑤项所列情形之一，在限期内未能消除的，由证券交易所决定终止其公司债券上市交易。公司解散或者被宣告破产的，由证券交易所终止其公司债券上市交易。

3. 证券投资基金上市

(1)公开募集基金的基金份额的交易、申购与赎回。《证券投资基金法》规定，申请公开募集基金的基金份额上市交易，基金管理人应当向证券交易所提出申请，证券交易所依法审核同意的，双方应当签订上市协议。

基金份额上市交易，应当符合下列条件：①基金的募集符合《证券投资基金法》的规定；②基金合同期限为5年以上；③基金募集金额不低于2亿元人民币；④基金份额持有人不少于1 000人；⑤基金份额上市交易规则规定的其他条件。基金份额上市交易规则由证券交易所制定，报国务院证券监督管理机构批准。

基金份额上市交易后，有下列情形之一的，由证券交易所终止其上市交易，并报国务院证券监督管理机构备案：①不再具备《证券投资基金法》规定的上市交易条件；②基金合同期限届满；③基金份额持有人大会决定提前终止上市交易；④基金合同约定的或者基金份额上市交易规则规定的终止上市交易的其他情形。

4. 持续信息公开

信息公开是建立公开、公平和公正证券市场的基石，也是证券市场赖以存在和发展的前提。中国证监会制定并颁布了一系列的信息披露准则，这些规则或准则也是信息公开制度的组成部分。

(1)首次信息披露，也称发行信息披露，是指证券公开发行时对发行人、申报发行的证券以及与发行证券有关的信息进行披露。该类信息披露文件主要有招股说明书、债券募集说明书、上市公告书等。

(2)持续信息披露，是指证券上市交易过程中发行人、上市公司对证券上市交易及与证券交易有关的信息要进行持续的披露。该类信息披露文件主要有定期报告和临时报告。

(3)信息的发布与监督。①定期报告的编制、审议和披露程序；②重大事件的报告、传递、审核和披露程序；③信息披露的方式；④信息披露的监督管理。

5. 禁止的交易行为

根据《证券法》的规定，禁止的交易行为包括内幕交易行为、操纵证券市场行为、制造虚假陈述行为和欺诈客户行为，以及其他禁止的交易行为。

四、上市公司收购

(一)上市公司收购概述

1. 上市公司收购的概念

上市公司收购的目的在于获得被上市公司的实际控制权。不以达到对上市公司实际控制权而受让上市公司股票的行为，不能称为收购。这里所指的实际控制权是指：(1)投资者为上市公司持股50%以上的控股股东；(2)投资者可以实际支配上市公司股份表决权超过30%；(3)投资者通过实际支配上市公司股份表快权能够决定公司董事会半数以上成员选任；(4)投资者依其可实际支配的上市公司股份表决权足以对公司股东大会的决议产生重大影响；(5)中国证监会认定的其他情形。收购人可以通过取得股份的方式成为一个上市公司的控股股东，或通过投资关系、协议和其他安排的途径成为一个上市公司的实际控制人，也可以同时采取上述方式和途径取得上市公司控制权。

2. 上市公司收购人

收购人包括投资者及与其一致行动的他人。一致行动，是指投资者通过协议、其他安排，与其他投资者共同扩大其所能够支配的一个上市公司股份表决权数量的行为或者事实。在上市公司的收购及相关股份权益变动活动中有一致行动情形的投资者，互为一致行动人。如果没有相反证据，投资者有下列情形之一的，为一致行动人：①投资者之间有股权控制关系；②投资者受同一主体控制；③投资者的董事、监事或者高级管理人员中的主要成员，同时在另一个投资者担任董事、监事或者高级管理人员；④投资者参股同一投资者，可以对参股公司的重大决策产生重大影响；⑤银行以外的其他法人、其他组织和自然人为投资者取得相关股份提供融资安排；⑥投资者之间存在合伙、合作、联营等其他经济利益关系；⑦持有投资者 30%以上股份的自然人，与投资者持有同一上市公司股份；⑧在投资者任职的董事、监事及高级管理人员，与投资者持有同一上市公司股份；⑨持有投资者 30%以上股份的自然人和在投资者任职的董事、监事及高级管理人员，其父母、配偶、子女及其配偶、配偶的父母、兄弟姐妹及其配偶、配偶的兄弟姐妹及其配偶等亲属，与投资者持有同一上市公司股份；⑩在上市公司任职的董事、监事、高级管理人员及其前项所述亲属同时持有本公司股份的，或者与其自己或者其前项所述亲属直接或者间接控制的企业同时持有本公司股份；⑪上市公司董事、监事、高级管理人员和员工与其所控制或者委托的法人或者其他组织持有本公司股份；⑫投资者之间具有其他关联关系。投资者认为其与他人不应被视为一致行动人的，可以向中国证监会提供相反证据。

上市公司收购人应当具备一定实力，具有良好的信誉。为了防止收购人虚假收购或者恶意收购，利用上市公司的收购损害被收购公司及其股东的合法权益，《上市公司收购管理办法》规定，有下列情形之一的，不得收购上市公司：①收购人负有数额较大债务，到期未清偿，且处于持续状态；②收购人最近 3 年有重大违法行为或者涉嫌有重大违法行为；③收购人最近 3 年有严重的证券市场失信行为；④收购人为自然人的，存在《公司法》规定的依法不得担任公司董事、监事、高级管理人员的情形；⑤法律、行政法规规定以及中国证监会认定的不得收购上市公司的其他情形。

3. 上市公司收购中有关当事人的义务

(1)收购人的义务。一是公告义务。实施要约收购的收购人应当编制要约收购报告书，聘请财务顾问，通知被收购公司，同时对要约收购报告书摘要作出提示性公告。要约收购完成后，收购人应当在 15 日内向证券交易所提交关于收购情况的书面报告，并予以公告。二是禁售义务。收购人在要约收购期内，不得卖出被收购公司的股票，也不得采取要约规定以外的形式和超出要约的条件买入收购公司的股票。三是锁定义务。收购人持有的被收购的上市公司的股票，在收购行为完成后的 12 个月内不得转让。但是，收购人在被收购公司中拥有权益的股份在同一实际控制人控制的不同主体之间进行转让不受前述12个月的限制，但应当遵守《上市公司收购管理办法》有关豁免申请的有关规定。此外，在一个上市公司中拥有权益的股份达到或者超过该公司已发行股份的30%的，自上述事实发生之日起一年后，每12个月内增持不超过该公司已发行的2%的股份，该增持不超过2%的股份锁定期为增持行为完成之日起6个月。同时，收购人还应当履行守约义务，平等对待被收购公司所有股东的义务等。

(2)被收购公司的控股股东或者实际控制人不得滥用股东权利，损害被收购公司或者其他股东的合法权益。

(3)被收购公司的董事、监事和高级管理人员对公司负有忠实义务和勤勉义务，应当公平对待收购本公司的所有收购人。

4. 上市公司收购的支付方式

收购人可以采用现金、依法可以转让的证券、现金与证券相结合等合法方式支付收购上市公司的价款。收购人为终止上市公司的上市地位而发出全面要约的，或者向中国证监会提出申请但未取得豁免而发出全面要约的，应当以现金支付收购价款；以依法可以转让的证券支付收购价款的，应当同时提供现金方式供被收购公司股东选择。

(二)上市公司收购的权益披露

投资者收购上市公司，要依法披露其在上市公司中拥有的权益，包括登记在其名下的股份和虽未登记在其名下但该投资者可以实际支配表决权的股份。投资者及其一致行动人在一个上市公司中拥有的权益应当合并计算。

1. 进行权益披露的情形

(1)通过证券交易所的证券交易，投资者及其一致行动人拥有权益的股份达到一个上市公司已发行股份的5%时，应当在该事实发生之日起3日内编制权益变动报告书，向中国证监会、证券交易所提交书面报告，通知该上市公司，并予公告；在上述期限内，不得再行买卖该上市公司的股票。

投资者及其一致行动人拥有权益的股份达到一个上市公司已发行股份的5%后，通过证券交易所的证券交易，其拥有权益的股份占该上市公司发行股份的比例每增加或者减少5%，应当依照上述规定进行报告和公告。在报告期限内和作出报告、公告后2日内，不得再行买卖该上市公司的股票。

(2)通过协议转让方式，投资者及其一致行动人在一个上市公司中拥有权益的股份拟达到或者超过一个上市公司已发行股份的5%时，应当在该事实发生之日起3日内编制权益变动报告书，向中国证监会、证券交易所提交书面报告，通知该上市公司，并予公告。

投资者及其一致行动人拥有权益的股份达到一个上市公司发行股份的5%后，其拥有权益的股份占该上市公司已发行股份的比例每增加或者减少达到或者超过5%的，应当依照前述规定履行报告、公告义务。投资者及其一致行动人在作出报告、公告前，不得再行买卖该上市公司的股票。

(3)投资者及其一致行动人通过行政划转或者变更、执行法院裁定、继承、赠与等方式拥有权益的股份变动达到一个上市公司发行股份的5%时,同样应当按照上述规定履行报告、公告义务,并参照上述规定办理股份过户登记手续。

2. 权益变动的披露方式

(1)简式权益变动报告书。投资者及其一致行动人不是上市公司的第一大股东或者实际控制人,其拥有权益的股份达到或者超过该公司已发行股份的5%但未达到20%的,应当编制简式权益变动报告书。

(2)详式权益变动报告书。投资者及其一致行动人拥有权益的股份达到或者超过一个上市公司已发行股份的20%但未超过30%的,应当编制详式权益变动报告书。详式权益变动报告书除须披露简式权益变动报告书规定的信息外,还增加了部分披露内容。

(三)要约收购

1. 要约收购的概念

要约收购是指通过证券交易所的证券交易,投资者持有或通过协议、其他安排与他人共同持有一个上市公司的股份达到该公司已发行股份的30%时,继续增持股份的,应当采取向被收购公司的股东发出收购要约的方式进行收购。

投资者选择向收购公司的所有股东发出收购其所持有的全部股份要约的,称为全面要约;投资者选择向被收购公司所有股东发出收购其所持有的部分股份要约的,称为部分要约。

2. 要约收购的适用条件

第一,持股比例达到30%;第二,继续增持股份。只有在上述两个条件同时具备时,才适用要约收购。

3. 收购要约的期限

收购要约约定的收购期限不得少于30日,并不得超过60日;但是出现竞争要约的除外。

4. 收购要约的撤销

在收购要约确定的承诺期限内,收购人不得撤销其收购要约。收购人需要变更收购要约的,应当及时公告,载明具体变更事项,且不得存在下列情形:①降低收购价格;②减少预定收购股份数额;③缩短收购期限;④国务院证券监督管理机构规定的其他情形。

5. 收购要约的变更

收购人需要变更收购要约的,必须及时公告,载明具体变更事项,并通知被收购公司。收购要约期限届满前15日内,收购人不得变更收购要约,但是出现竞争要约的除外。在要约收购期间,被收购公司董事不得辞职。

（四）协议收购

协议收购是指收购人在证券交易所之外，通过与被收购公司的股东协商一致达成协议，受让其持有的上市公司的股份而进行的收购。收购协议达成后，收购人必须在 3 日内将该收购协议向国务院证券监督管理机构及证券交易所作出书面报告，并予公告。

采取协议收购方式的，协议双方可以临时委托证券登记结算机构保管协议转让的股票，并将资金存放于指定的银行。

采取协议收购方式的，收购人拥有权益的份额达到该公司已发行股份的 30%时，继续进行收购的，应当依法向该上市公司的股东发出全面要约或者部分要约，转化为要约收购。收购人应通过协议方式收购一个上市公司的股份超过 30%的，超过 30%的部分，也应当改以要约方式进行。

（五）上市公司收购的法律后果

在上市公司收购中，收购人持有的被收购的上市公司的股票，在收购行为完成后的 12 个月内不得转让。收购行为完成后，收购人与被收购公司合并，并将该公司解散的，被解散公司的原有股票由收购人依法更换。收购行为完成后，收购人应当在 15 日内向证券交易所提交关于收购情况的书面报告，并予以公告。

第二节　保险法律制度

一、保险法律制度概述

保险法是调整保险关系的法律规范的总称。保险法有广义和狭义之分。狭义的保险法仅指保险法典；广义的保险法不仅包括保险法典，而且还包括其他法律法规中有关保险的规定。保险法的内容一般包括保险业法、保险合同法和保险特别法。

（一）保险的概念及分类

1. 保险的概念

根据我国《保险法》的规定，保险是指投保人根据合同约定，向保险人支付保险费，保险人对于合同约定的可能发生的事故因其发生所造成的财产损失承担赔偿保险金责任，或者当被保险人死亡、伤残、疾病或者达到合同约定的年龄、期限等条件时承担给付保险金责任的商业保险行为。可见，保险是发生在投保人、被保险人或受益人与保险人之间的一种合同权利义务关系，它包括财产保险合同和人身保险合同，是一种商业保险。

2. 保险的分类

（1）根据保险责任发生的效力依据划分，保险可分为强制保险和自愿保险。

（2）根据保险设立是否以营利为目的划分，保险可分为商业保险和社会保险。

（3）根据保险标的的不同，保险可分为财产保险与人身保险。

(4)根据保险人是否转移保险责任划分,保险可分为原保险和再保险。

(5)根据保险人的人数划分,保险可分为单保险和复保险。

(二)保险法的基本原则

1. 最大诚信原则

保险合同中的最大诚信原则,其基本内容有三,即告知、保证、弃权与禁止反言。

2. 保险利益原则

保险利益是指投保人或者被保险人对保险标的具有的法律上承认的利益。其构成要件包括:①保险利益必须是法律上承认的利益,即必须是得到法律认可和保护的合法利益,法律不予认可或不予保护的利益不构成保险利益。②保险利益必须具有经济性。保险利益必须是可以用货币计算估价的利益。③保险利益必须具有确定性。保险利益必须是确定的、客观存在的利益,包括现有利益和期待利益。

3. 损失补偿原则

损失补偿原则是财产保险合同所特有的一项原则,这是由财产保险合同的经济补偿性所决定的。保险的功能是损失补偿,而人们参加保险不是为了盈利,而是为了保证其经济利益。

4. 近因原则

近因原则是指保险人对承保范围内的保险事故作为直接的、最接近的原因所引起的损失,承担保险责任。也就是说,保险事故与损害后果之间应具有因果关系。此处的近因并非是指时间上最接近损失的原因,而是指有支配力或一直有效的原因。

(三)保险公司

保险业务由依照保险法设立的保险公司以及法律、行政法规规定的其他保险组织经营,其他单位和个人不得经营保险业务。

1. 保险公司的设立

(1)保险公司的设立条件。设立保险公司应当具备下列条件:①主要股东具有持续盈利能力,信誉良好,最近 3 年内无重大违法违规记录,净资产不低于人民币 2 亿元。②有符合保险法和公司法规定的章程。③有符合保险法规定的注册资本。设立保险公司,其注册资本的最低限额为人民币 2 亿元。国务院保险监督管理机构(简称中国保监会)根据保险公司的业务范围、经营规模,可以调整其注册资本的最低限额,但不得低于 2 亿元人民币。保险公司的注册资本必须为实缴货币资本。④有具备任职专业知识和业务工作经验的董事、监事和高级管理人员。⑤有健全的组织机构和管理制度。⑥有符合要求的营业场所和与经营有关的其他设施。⑦法律、行政法规和国务院保险监督管理机构规定的其他条件。

(2)申请、批准和登记。设立保险公司应当经国务院保险监督管理机构批准。申请设立保险公司,应当向国务院保险监督管理机构提出书面申请,并提交设立申请书、可行性研究报告、筹建方案、投资人的营业执照等其他材料。国务院保险监督管理机构应当自受理申请之日起 6 个月内作出批准或者不批准筹建的决定，并书面通知申请人。申请人应自收到批准筹建通知之日起 1 年内完成筹建工作，筹建期间不得从事保险经营活动。筹建工作完成后，申请人可向国务院保险监督管理机构提出开业申请，国务院保险监督管理机构应自受理开业申请之日起 60 日内，作出批准或者不批准开业的决定。决定批准的，颁发经营保险业务许可证，并凭许可证办理工商登记。保险公司及其分支机构自取得经营许可证之日起 6 个月内，无正当理由未办理工商登记的，其经营业务许可证失效。

(3)分支机构。保险公司在中国境内、境外设立分支机构，应当经国务院保险监督管理机构批准。保险公司分支机构不具有法人资格，其民事责任由保险公司承担。

2. 保险公司的变更

保险公司变更有下列情形之一的，应当经国务院保险监督管理机构批准：变更名称、变更注册资本、变更公司或者分支机构的营业场所、撤销分支机构、公司分立或者合并、修改公司章程、变更出资额占有限责任公司资本总额 5%以上的股东，或者变更持有股份有限公司股份 5%以上的股东以及国务院保险监督管理机构规定的其他情形。

3. 保险公司的终止

保险公司终止的原因有：

(1)解散。保险公司因合并、分立需要解散，或者股东会、股东大会决议解散，或者公司章程规定的解散事由出现，经国务院保险监督管理机构批准后解散。经营有人寿保险业务的保险公司，除因合并、分立或者被依法撤销外，不得解散。保险公司解散，应当依法成立清算组进行清算。

(2)被撤销。保险公司违反保险法有关规定，被保险监督管理机构依法吊销保险经营业务许可证的，依法撤销。

(3)破产。保险公司不能清偿到期债务，并且资产不足以清偿全部债务或者明显缺乏清偿能力的，经国务院保险监督管理机构同意，保险公司或者其债权人可以依法向人民法院申请重整、和解或者破产清算；国务院保险监督管理机构可以依法向人民法院申请对该保险公司进行重整或破产清算。

保险公司依法终止业务活动，应当注销其经营保险业务许可证。经营有人寿保险业务的保险公司被依法撤销或者被依法宣告破产的，其持有的人寿保险合同及责任准备金，必须转让给其他经营有人寿保险业务的保险公司，不能同其他保险公司达成转让协议的，由国务院保险监督管理机构指定经营有人寿保险业务的保险公司接受转让。

4. 保险公司的业务范围

保险公司的业务范围有：人身保险业务（包括人寿保险、健康保险、意外伤害保险等）、财产保险业务（包括财产损失保险、责任保险、信用保险、保证保险等）以及国务院保险监督管理机构批准的与保险有关的其他业务。

保险公司不得兼营人身保险业务和财产保险业务。但是，经营财产保险业务的保险公司经国务院保险监督管理机构批准，可以经营短期健康保险业务和意外伤害保险业务。

（四）保险代理人

保险代理人是指根据保险人的委托，向保险人收取佣金，并在保险人授权的范围内代为办理保险业务的机构或者个人，可从以下几个方面来理解：

(1)保险代理人是保险人的代理人。

(2)保险代理人必须与保险人签订委托代理合同。

(3)保险代理人以保险人的名义，在保险人授权范围内代为保险业务的行为，由保险人承担责任。

(4)保险代理人可以是单位，也可以是个人。

应当注意的是，个人保险代理人在代为办理人寿保险业务时，不得同时接受两个以上保险人的委托。

（五）保险经纪人

保险经纪人是指基于投保人的利益，为投保人与保险人订立保险合同提供中介服务，并依法收取佣金的机构，可从以下几个方面加以理解：

(1)保险经纪人是以自己的名义独立实施保险经纪行为。

(2)保险经纪人代表投保人的利益从事保险经纪行为。

(3)保险经纪人可以依法收取佣金。保险佣金只限于向具有合法资格的保险代理人、保险经纪人支付，不得向其他人支付。

(4)保险经纪人是专门从事保险经纪活动的单位，而不能是个人。

二、保险合同

（一）保险合同的特征

根据我国《保险法》的规定，保险合同是指投保人与保险人约定保险权利义务关系的协议。其特征主要表现为：

(1)保险合同是双务有偿合同。

(2)保险合同是射幸合同。射幸合同，即为碰运气的机会性合同。

(3)保险合同是诺成合同。

(4)保险合同是格式合同。

鉴于保险合同的格式化特点，为了确保保险合同订立的公正性，我国《保险法》规定了对格式条款的制约机制：

①订立保险合同，采用保险人提供的格式条款的，保险人向投保人提供的投保单应

当附格式条款，保险人应当向投保人说明合同的内容。对保险合同中免除保险人责任的条款，保险人在订立合同时应当在投保单、保险单或者其他保险凭证上作出足以引起投保人注意的提示，并对该条款的内容以书面或者口头形式向投保人作出明确说明；未作提示或者明确说明的，该条款不产生效力。

②采用保险人提供的格式条款订立的保险合同中的下列条款无效：A. 免除保险人依法应承担的义务或者加重投保人、被保险人责任的；B. 排除投保人、被保险人或者受益人依法享有的权利的。

③采用保险人提供的格式条款订立的保险合同，保险人与投保人、被保险人或者受益人对合同条款有争议的，应当按照通常理解予以解释。对合同条款有两种以上解释的，人民法院或仲裁机构应当作出有利于被保险人和受益人的解释。

(5)保险合同是最大诚信合同。

见前述保险法的基本原则之“最大诚信原则”。

(二)保险合同的分类

保险合同依据不同标准，可作如下分类：

(1)根据保险合同中的保险价值是否先予确定为标准，可将保险合同分为定值保险合同与不定值保险合同。

(2)根据保险价值与保险金额的关系，可将保险合同分为足额保险合同、不足额保险合同和超额保险合同。

除此之外，根据保险标的的不同，保险合同还可分为人身保险合同和财产保险合同；根据保险人所承担的危险状况不同，可将保险合同分为特定危险保险合同和一切险保险合同等。

(三)保险合同的当事人及关系人

1. 保险合同的当事人

保险合同的当事人，是指订立合同的双方，即投保人和保险人。

2. 保险合同的关系人

(1)被保险人。有下列情形之一的，应认定为被保险人同意投保人为其订立保险合同并认可保险金额：①被保险人明知他人代其签名同意而未表示异议的；②被保险人同意投保人指定的受益人的；③有证据足以认定被保险人同意投保人为其投保的其他情形。

(2)受益人。受益人是指人身保险合同中由被保险人或者投保人指定的享有保险金请求权的人。投保人、被保险人可以为受益人。受益人的资格一般没有限制，自然人、法人均可为受益人，胎儿作为受益人应以活着出生为限。已经死亡的人不得作为受益人。

此外，我国《保险法》第四十二条规定，被保险人死亡后，有下列情形之一的，保险金作为被保险人的遗产，由保险人依照《继承法》的规定履行给付保险金的义务：①没有指定受益人，或者受益人指定不明无法确定的；②受益人先于被保险人死亡，没有其他受益人的；③受益人依法丧失受益权或者放弃受益权，没有其他受益人的。受益人与被保险人在同一事件中死亡，且不能确定死亡先后顺序的，推定受益人死亡在先。

《保险法》第四十三条第二款规定，受益人故意造成被保险人死亡、伤残、疾病的，或者故意杀害被保险人未遂的，该受益人丧失受益权。

（四）保险合同的订立

1. 保险合同的订立程序

与其他合同一样，保险合同的订立有要约与承诺两个程序。具体到保险合同中，就是投保人投保与保险人承保的过程。

（1）投保。投保是指投保人向保险人提出的要求保险的意思表示。

（2）承保。承保是指保险人同意投保人提出的保险要求的意思表示，亦即保险人接受投保人在投保单中提出的全部条件，同意在发生保险事故或者在约定的保险事件到来时承担保险责任。

2. 保险合同成立的时间

投保人提出保险要求，经保险人同意承保，保险合同成立。

投保人或者投保人的代理人订立保险合同时没有亲自签字或者盖章，而由保险人或者保险人的代理人代为签字或者盖章的，对投保人不生效。但投保人已经交纳保险费的，视为其对代签字或者盖章行为的追认。

（五）保险合同的条款

保险合同应当包括下列事项：（1）保险人的名称和住所。（2）投保人、被保险人的姓名或者名称、住所，以及人身保险标的的受益人的姓名或者名称、住所。（3）保险标的。（4）保险责任和责任免除。（5）保险期间和保险责任开始期间。（6）保险金额。（7）保险费以及支付办法。（8）保险金赔偿或者给付办法。（9）违约责任和争议处理。（10）订立合同的年、月、日。

此外，投保人和保险人还可以约定与保险有关的其他事项。

（六）保险合同的履行

1. 投保人的义务

（1）支付保险费的义务。合同约定分期支付保险费，投保人支付首期保险费后，除合同另有约定外，投保人自保险人催告之日起超过30日未支付当期保险费，或者超过约定的期限60日未支付当期保险费的，合同效力中止，或者由保险人按照合同约定的条件减少保险金额。

（2）危险增加的通知义务。“危险增加”是指订立保险合同时双方当事人未曾估计到危险发生的可能性增大，其后果是保险人有权要求提高保险费或解除合同的责任。

（3）保险事故发生后的通知义务。投保人、被保险人或者受益人知道保险事故发生后，应当及时通知保险人。

(4)接受保险人检查，维护保险标的安全义务。被保险人应当遵守国家有关消防、安全、生产操作、劳动保护等方面的规定，维护保险标的安全。

(5)积极施救义务。保险事故发生时，被保险人应当尽力采取必要的措施，防止或者减少损失。

2. 保险人的义务

(1)给付保险赔偿金或保险金的义务。保险人收到被保险人或受益人的赔偿或者给付保险金的请求后，应当及时作出核定；情形复杂的，应当在30日内作出核定，但合同另有约定的除外。保险人应当将核定结果通知被保险人或者受益人；对属于保险责任的，在与被保险人或者受益人达成赔偿或者给付保险金的协议后10日内，履行赔偿或给付保险金义务。保险合同对赔偿或者给付保险金的期限有约定的，保险人应当按照约定履行赔偿或者给付保险金的义务。保险人未及时履行前述义务的，除支付保险金外，应当赔偿被保险人或者受益人因此受到的损失。对不属于保险责任的，应当自作出核定之日起3日内向被保险人或者受益人发出拒绝赔偿或者拒绝给付保险金通知书，并说明理由。保险人自收到赔偿或者给付保险金的请求和有关证明、资料之日起60日内，对其赔偿或者给付保险金的数额不能确定的，应当根据已有证明和资料可以确定的数额先予支付；保险人最终确定赔偿或者给付保险金的数额后，应当支付相应的差额。

(2)支付其他合理、必要费用的义务。包括：①为防止或者减少保险标的损失所支付的合理、必要的费用，如施救费用等。②为载明和确定保险事故的性质、原因和保险标的的损失程度所支付的合理的、必要的费用。③责任保险中被保险人被提起诉讼或仲裁的费用及其他合理的、必要的费用。

3. 索赔

(1)索赔的时效。索赔是法律所赋予的被保险人(投保人)或受益人的一项权利。人寿保险的被保险人或者受益人向保险人请求给付保险金的诉讼时效期间为5年，自其知道或者应当知道保险事故发生之日起计算。人寿保险以外的其他保险的被保险人或者受益人，向保险人请求赔偿或者给付保险金的诉讼时效期间为2年，自其知道或者应当知道保险事故发生之日起计算。

(2)索赔的程序。投保人、被保险人或者受益人知道保险事故发生后，应当及时通知保险人，并有义务保护现场，接受保险人的检验与勘查，进而提出索赔请求，提供索赔证据，领取保险赔偿金或保险金。

4. 理赔

理赔是指保险人接受索赔权利人的索赔要求后所进行的检验损失。调查原因、搜集证据、确定责任范围直至赔偿、给付的全部工作和过程。

(七)保险合同的变更

保险合同的变更包括主体变更、内容变更和效力变更。

1. 投保人、被保险人的变更

投保人、被保险人的变更又称为保险合同的转让，是指保险人、保险标的和保险内容均不改变，而投保人或被保险人发生变更的行为。

2. 保险合同内容的变更

变更保险合同内容的，应当由保险人在保险单上或者其他保险凭证上批注或者附贴批单。投保人变更受益人未经被保险人同意，人民法院应认定变更行为无效。投保人或者被保险人在保险事故发生后变更受益人，变更后的受益人请求保险人给付保险金的，人民法院不予支持。

3. 保险合同效力的变更

因投保人未按规定支付保费而导致合同效力中止的，经保险人与投保人协商并达成协议，在投保人补交保险费后，合同效力恢复。但是，自合同效力中止之日起满 2 年未达成协议的，保险人有权解除合同。

(八)保险合同的解除

1. 投保人的合同解除权

根据我国《保险法》第十五条的规定，除保险法另有规定或者保险合同另有约定外，保险合同成立后，投保人可以解除合同，保险人不得解除合同。保险合同本是为了分担投保人的损失，所以法律赋予了投保人单方解除合同的权利。在人身保险合同中，根据我国《保险法》第四十七条的规定，投保人解除合同的，保险人应当自收到解除通知之日起 30 日内，按照合同约定退还保险单的现金价值。在财产保险合同中，根据我国《保险法》第五十四条的规定，保险责任开始前，投保人要求解除合同的，应当按照合同约定向保险人支付手续费，保险人应当退还保险费。保险责任开始后，投保人要求解除合同的，保险人应当将已收取的保险费，按照合同约定扣除自保险责任开始之日起至合同解除之日止应收的部分后，退还投保人。

2. 保险人的合同解除权

保险法规定的保险人具有解除合同权利的情形有：

(1)投保人故意或者因重大过失未履行如实告知义务，足以影响保险人决定是否同意承保或者提高保险费率的，保险人有权解除合同(《保险法》第十六条第二款)。

(2)被保险人或者受益人未发生保险事故，谎称发生了保险事故，向保险人提出赔偿或者给付保险金请求的，保险人有权解除合同，并不退还保险费。投保人、被保险人故意制造保险事故的，保险人有权解除合同，不承担赔偿或者给付保险金的责任(《保险法》第二十七条)。

(3)投保人、被保险人未按照合同约定履行其对保险标的的安全应尽责任的，保险人有权解除合同(《保险法》第五十一条第三款)。

(4)在合同有效期内,保险标的的危险程度显著增加,被保险人未按合同约定及时通知保险人的或者保险人要求增加保险费被拒绝的,保险人有权解除合同(《保险法》第五十二条)。

(5)投保人申报的被保险人年龄不真实,并且其真实年龄不符合合同约定的年龄限制的,保险人可以解除合同(《保险法》第三十二条第一款)。

(6)人身保险合同效力中止后两年保险合同双方当事人未达成协议恢复合同效力的,保险人有权解除合同(《保险法》第三十七条)。

此外,根据我国《保险法》第五十八条的规定,保险标的发生部分损失的,自保险人赔偿之日起30日内,投保人可以解除合同;除合同另有约定外,保险人也可以解除合同,但应当提前15日通知投保人,合同解除的,保险人应将保险标的未受损失部分的保险费,按照合同约定扣除自保险责任开始之日起至合同解除之日止应收的部分后,退还投保人。

(九)财产保险合同中的代位求偿制度

1. 代位求偿的概念

代位求偿是指保险人在向被保险人赔偿损失后,取得了该被保险人享有的依法向负有民事赔偿责任的第三人追偿的权利,并据此权利予以追偿的制度。

2. 代位求偿的成立要件

(1)保险事故的发生是由第三者的行为引起的,也就是说,保险事故的发生与第三人的过错行为须有因果关系。

(2)被保险人未放弃向第三者的赔偿请求权。

(3)代位求偿权的产生须在保险人支付保险金之后。

3. 代位求偿权的行使

除被保险人的家庭成员或者其组成人员故意对保险标的损害而造成保险事故外,保险人不得对被保险人的家庭成员或者其组成人员行使代位请求赔偿的权利。保险人向第三者行使代位请求赔偿的权利时,被保险人应当向保险人提供必要的文件和所知道的有关情况。被保险人因故意或者重大过失未履行该义务,致使保险人未能行使或者未能全部行使代位请求赔偿的权利,保险人主张在其损失范围内扣减或者返还相应保险金的,人民法院应予支持。

第三节 票据法律制度

一、票据法基础理论

（一）票据的概念

票据的概念有广义和狭义之分。广义的票据包括各种有价证券和凭证，如股票、国库券、企业债券、发票、提单等；狭义的票据，即我国《票据法》中规定的票据，包括汇票、本票和支票，是指由出票人依法签发的，约定自己或委托付款人在见票时或指定的日期向收款人或持票人无条件支付一定金额的有价证券。

（二）票据法的概念

票据法的概念有广义和狭义之分。广义的票据法是指各种法律规范中有关票据规定的总称，包括专门的票据法律以及其他法律中有关票据的规定。如《民法》中有关民事法律行为、代理的规定等；狭义的票据法则仅是指票据的专门立法。本节介绍的主要是狭义的票据法。

（三）票据法上的关系和票据基础关系

1. 票据法上的关系

票掘法上的关系是指因票据行为及与票据行为有关的行为而产生的票据当事人之间的法律关系。票据法上的关系可分为票据法上的票据关系和票据法上的非票据关系。

（1）票据法上的票据关系，是指当事人基于票据行为而产生的票据权利义务关系。在各种票据关系中，出票人、持票人、付款人三者之间的关系是票据的基本关系。

（2）票据法上的非票据关系，是指由票据法直接规定的，不基于票据行为而发生的票据当事人之间与票据有关的法律关系。

2. 票据基础关系

票据关系的发生是基于票据的授受行为，那么当事人之间为何而授受票据，则是基于一定的原因或前提，这种授受票据的原因或前提关系即是票据的基础关系，如基于购买货物或返还资金而授受票据，该购货关系和返还资金关系即票据的基础关系。在法理上，票据的基础关系往往都是民法上的法律关系。

（四）票据行为

1. 票据行为的概念

票据行为是指票据当事人以发生票据债务为目的的、以在票据上签章为权利义务成立要件的法律行为。

2. 票据行为成立的有效条件

票据行为是一种民事法律行为，必须符合民事法律行为成立的一般条件。

(1)行为人必须具有从事票据行为的能力。

(2)行为人的意思表示必须真实或无缺陷。

(3)票据行为的内容必须符合法律、法规的规定。

(4)票据行为必须符合法定形式(签章、记载事项)。

3. 票据行为的代理

(1)代理概述。票据行为作为一种法律行为,可以由代理人代理进行。票据行为的代理必须具备以下条件:①票据当事人必须有委托代理的意思表示。②代理人必须按一般代理人的委托在票据上签章。代理人在行使代理权时,必须在票据上签章。如果代理人未在票据上签章,则不产生票据代理的效力。③代理人应在票据上表明代理关系,即注明“代理”字样或类似的文句。符合上述条件的,该票据行为的代理对被代理人产生法律效力,其后果由被代理人承担。

(2)无权代理。无权代理是指行为人没有被代理人的授权而以代理人的名义在票据上签章的行为。

(3)越权代理。越权代理是指代理人超越代理权限而使被代理人增加票据责任的代理行为。

(五)票据权利与抗辩

1. 票据权利

(1)票据权利的概念。票据权利是指持票人向票据债务人请求支付票据金额的权利。

(2)票据权利的取得。票据权利的取得,也称票据权利的发生。票据权利以持有票据为依据,行为人合法取得票据,即取得了票据权利。当事人取得票据的情形主要有:①出票取得。②转让取得。③通过税收、继承、赠与、企业合并等方式取得票据。

(3)票据权利的行使与保全。票据权利的行使,是指票据权利人向票据债务人提示票据,请求实现票据权利的行为。

(4)票据权利的补救。票据权利与票据紧密相连,如果票据丧失,票据权利的实现就会受到影响。

(5)票据权利的消灭。票据权利的消灭是指因发生一定的法律事实而使票据权利不复存在。票据权利在下列期限内不行使而消灭:①持票人对票据的出票人和承兑人的权利(包括付款请求权和追索权),自票据到期日起 2 年。见票即付的汇票、本票,自出票日起 2 年。②持票人对支票出票人的权利(包括付款请求权和追索权),自出票日起 6 个月。③持票人对前手(不包括出票人)的追求权,自被拒绝承兑或者被拒绝付款之日起 6 个月。④持票人对前手(不包括出票人)的再追索权,自清偿日或者被提起诉讼之日起 3 个月。

2. 票据抗辩

(1)票据抗辩的概念

票据抗辩是指票据债务人依照《票据法》的规定,对票据债权人拒绝履行义务的行为。票据抗辩是票据债务人的一种权利,是债务人保护自己的一种手段。

(2)票据抗辩的种类

根据抗辩原因及抗辩效力的不同,票据抗辩可分为两种:

①对物抗辩,是指基于票据本身存在的事由而发生的抗辩。这一抗辩可以对任何持票人提出。其主要包括以下情形:第一,票据行为不成立而为的抗辩。如票据应记载的内容有欠缺;票据债务人无行为能力;无权代理或超越代理权进行票据行为;票据上有禁止记载的事项(如付款附有条件,记载到期日不合法);背书不连续;持票人的票据权利有瑕疵(如因欺诈、偷盗、胁迫、恶意、重大过失取得票据)等。第二,依票据记载不能提出请求而为的抗辩。如票据未到期、付款地不符等。第三,票据载明的权利已消灭或已失效而为的抗辩。如票据债权因付款、抵销、提存、免除、除权判决、时效届满而消灭等。第四,票据权利的保全手续欠缺而为的抗辩。第五,票据上有伪造、变造情形而为的抗辩。②对人抗辩,是指票据债务人对抗特定债权人的抗辩。这种抗辩多与票据的基础关系有关。

(3)票据抗辩的限制

①票据债务人不得以自己与出票人之间的抗辩事由对抗持票人。

②票据债务人不得以自己与持票人的前手之间的抗辩事由对抗持票人。

③凡是善意的、已付对价的正当持票人可以向票据上的一切债务人请求付款,不受前手权利瑕疵和前手相互间抗辩的影响。

④持票人取得的票据是无对价或不相当对价的,由于其享有的权利不能优于其前手,故票据债务人可以对持票人前手的抗辩事由对抗该持票人。

3. 票据的伪造和变造

(1)票据的伪造。票据的伪造是指假冒他人名义或虚构人的名义而进行的票据行为,包括票据的伪造和票据上签章的伪造。票据上有伪造签章的,不影响票据上其他真实签章的效力。持票人依法提示承兑、提示付款或行使追索权时,在票据上真实签章人不能以票据伪造为由进行抗辩。

(2)票据的变造。票据的变造是指无权更改票据内容的人,对票据上签章以外的记载事项加以变更的行为。构成票据的变造,须符合以下条件:①变造的票据是合法成立的有效票据;②变造的内容是票据上所记载的除签章以外的事项;③变造人无权变更票据的内容。

有些行为与票据的变造相似,但不属于票据的变造:①有变更权限的人依法对票据进行的变更,这属于有效变更,不属于票据的变造;②在空白票据上经授权进行补记的,由于该空白票据欠缺有效成立的条件,此等补记只是使票据符合有效票据的条件,不属于票据的变造；③变更票据上的签章的，属于票据的伪造，而不属于票据的变造。

二、汇票

(一)汇票的概念

汇票是出票人签发的、委托付款人在见票时或者在指定日期无条件支付确定的金额给收款人或者持票人的票据。

根据不同的标准，汇票可作不同的分类：

(1)依出票人身份的不同，可分为银行汇票和商业汇票。银行汇票是出票银行签发的，由其在见票时按照实际结算金额无条件支付给收款人或者持票人的票据。银行汇票的出票银行为银行汇票的付款人。银行汇票一般由汇款人将款项交存当地银行，由银行签发给汇款人持往异地办理转账结算或支取现金。银行汇票的提示付款期限自出票日起1个月。商业汇票是出票人签发的，委托付款人在指定日期无条件支付确定的金额给收款人或者持票人的票据。商业汇票的付款期限，最长不得超过6个月；商业汇票的提示付款期限，自汇票到期日起10日。

(2)依汇票到期日的不同，汇票分为即期汇票和远期汇票。即期汇票是指见票即行付款的汇票，包括注明：见票即付的汇票、到期日与出票日相同的汇票以及未记载到期日的汇票(以提示日为到期日)。远期汇票是指约定一定的到期日付款的汇票，包括定期付款汇票、出票后定期付款汇票和见票后定期付款汇票。

另外，依记载受款人的方式不同为标准，汇票可分为记名式汇票和无记名式汇票。以签发和支付地点不同，汇票可分为国内汇票和国际汇票。以银行对付款的要求不同，汇票可分为跟单汇票和原票。

(二)汇票的出票

1. 出票的概念

出票也称发票，是指出票人签发票据并将其交付给收款人的票据行为。出票包括两个行为：一是出票人依照《票据法》的规定作成票据，即在原始票据上记载法定事项并签章；二是交付票据，即将作成的票据交付给他人占有。这两者缺一不可。

2. 出票的记载事项

汇票是要式证券，出票是要式行为，汇票出票必须依据《票据法》的规定记载一定的事项，符合法定的格式。

(1)绝对记载事项。汇票的绝对记载事项包括七个方面的内容，如果汇票上未记载其中内容之一的，汇票无效。①表明“汇票”的字样。②无条件支付的委托。③确定的金额。④付款人名称。⑤收款人名称。⑥出票日期。⑦出票人签章。

(2)相对记载事项。相对记载事项是指在出票时应当予以记载，但如果未作记载，可以通过法律的直接规定来补充确定的事项。未记载该事项并不影响汇票本身的效力，汇票仍然有效。①付款日期。②付款地。③出票地。

(3)非法定记载事项。非法定记载事项是指法律规定以外的记载事项。《票据法》规定,汇票上可以记载《票据法》规定事项以外的其他出票事项,但是该记载事项不具有汇票上的效力。法律规定以外的事项主要是指与汇票的基础关系有关的事项,如签发票据的原因或用途、该票据项下交易的合同号码等。

3. 出票的效力

出票是以创设票据权利为目的的票据行为。出票人依照《票据法》的规定完成出票行为之后,即对汇票当事人产生票据法上的效力。

(1)对出票人的效力。出票人签发汇票后,即承担保证该汇票承兑和付款的责任。出票人在汇票得不到承兑和付款时,应当向持票人清偿法律规定的金额和费用。

(2)对付款人的效力。出票行为是单方行为,付款人并不因此而有付款义务,只是基于出票人的付款委托而使其具有承兑人的地位,只有在其对汇票进行承兑后,付款人才成为汇票上的主债务人。

(3)对收款人的效力。收款人取得出票人发出的汇票后,即取得票据权利,一方面,就票据金额享有付款请求权;另一方面,在该请求权不能满足时,享有追索权。同时,收款人享有依法转让票据的权利。

(三)汇票的背书

1. 背书概述

背书是指持票人以转让汇票权利或授予他人一定的票据权利为目的,按法定的事项和方式在票据背面或者粘单上记载有关事项并签章的票据行为。

2. 背书的形式

背书是一种要式行为,必须符合法定的形式,即其必须作成背书并交付,才能有效成立。背书应记载的事项内容包括:(1)背书签章和背书日期的记载。(2)被背书人名称的记载。(3)禁止背书的记载。(4)粘单的使用。(5)背书不得记载的内容。

3. 背书连续

背书连续是指在票据转让中,转让汇票的背书人与受让汇票的被背书人在汇票上的签章依次前后衔接。

4. 委托收款背书和质押背书

委托收款背书和质押背书属非转让背书,具有各自的特殊性。

(1)委托收款背书,是指持票人以行使票据上的权利为目的而授予被背书人以代理权的背书。

(2)质押背书,是指持票人以票据权利设定质权为目的而在票据上作成的背书。

5. 法定禁止背书

法定禁止背书是指根据《票据法》的规定而禁止背书转让的情形。由于法律规定在某些情况下，汇票不得背书转让，因此，如果背书人将此类汇票以背书方式转让的，应当承担汇票责任。《票据法》规定，汇票被拒绝承兑、被拒绝付款或者超过付款提示期限的，不得背书转让；背书转让的，背书人应当承担汇票责任。

法定禁止背书的情形有三种：

(1)被拒绝承兑的汇票，是指持票人在汇票到期日前，向付款人提示承兑而遭拒绝的汇票。汇票上的付款人只有在汇票承兑后，才是汇票上的主债务人。

(2)被拒绝付款的汇票，是指对不需承兑的汇票或者已经付款人承兑的汇票，持票人于汇票到期日向付款人提示付款而被拒绝的汇票。

(3)超过付款提示期限的汇票，是指持票人未在法定付款提示期间内向付款人提示付款的汇票。法定付款提示期间是法律规定的由收款人或者持票人行使付款请求权的期限。

(四)汇票的承兑

1. 承兑的概念

承兑是指汇票付款人承诺在汇票到期日支付汇票金额的票据行为。承兑是汇票特有的制度。付款人承兑汇票后，作为汇票承兑人，便成为汇票的主债务人，应当承担到期付款的责任。

2. 承兑的程序

(1)提示承兑

提示承兑是指持票人向付款人出示汇票，并要求付款人承兑付款的行为。因汇票付款日期的形式不同，提示承兑的期限也不一样。①定日付款和出票后定期付款汇票的提示承兑期限。②见票后定期付款汇票的提示承兑期限。③见票即付汇票的提示承兑问题。

(2)承兑成立

①承兑时间。持票人向付款人提示承兑后，付款人应决定是否承兑。《票据法》规定，付款人对向其提示承兑的汇票，应当自收到提示承兑的汇票之日起 3 日内承兑或者拒绝承兑。如果付款人在 3 日内不作承兑与否表示的，应视为拒绝承兑，持票人可以请求其作出拒绝承兑证明，向其前手行使追索权。

②接受承兑。付款人收到持票人提示承兑的汇票时，应当向持票人签发收到汇票的回单。回单是持票人收到付款人向其出具的已收到请求承兑汇票的证明。回单上应当记明汇票提示承兑日期并签章。

③承兑的格式。付款人承兑汇票的，应当在汇票正面记载“承兑”字样和承兑日期并签章；见票后定期付款的汇票，应当在承兑时记载付款日期。汇票上未记载承兑日期的，以持票人提示承兑之日起的第 3 日，即付款人 3 天承兑期的最后一日为承兑日期。

④退回已承兑的汇票。付款人依承兑格式填写完毕应记载事项后，并不意味着承兑

生效，只有在其将已承兑的汇票退回持票人时才产生承兑的效力。付款人承兑汇票，不得附有条件；承兑附有条件的，视同拒绝承兑。

3. 承兑的效力

付款人承兑汇票后，应当承担到期付款的责任。到期付款的责任是一种绝对责任，具体表现在：(1)承兑人于汇票到期日必须向持票人无条件地支付汇票上的金额，否则其必须承担延迟付款责任；(2)承兑人必须对汇票上的一切权利人承担责任，这些权利人包括付款请求权人和追索人；(3)承兑人不得以其与出票人之间的资金关系来对抗持票人，拒绝支付汇票金额；(4)承兑人的票据责任不因持票人未在法定期限提示付款而解除。

(五)汇票的保证

1. 保证的概念

保证是指票据债务人以外的他人充当保证人，担保票据债务履行的票据行为。保证的作用在于加强持票人票据权利的实现，确保票据付款义务的履行，促进票据流通。

2. 保证的当事人与格式

(1)保证的当事人。保证的当事人为保证人与被保证人。保证人必须是由票据债务人以外的他人担当。已成为票据债务人的，不得再充当票据上的保证人。此外，保证人应是具有代为清偿票据债务能力的法人、其他组织或者个人。

(2)保证的格式。在办理保证手续时，保证人必须在汇票或粘单上记载下列事项：①表明“保证”的字样；②保证人名称和住所；③被保证人的名称；④保证日期；⑤保证人签章。其中，“保证”的字样和保证人签章为绝对记载事项，被保证人的名称、保证日期和保证人住所为相对记载事项。

3. 保证的效力

保证一旦成立，即在保证人与被保证人之间产生法律效力，保证人必须对保证行为承担相应的责任。

(1)保证人的责任。保证人对合法取得汇票的持票人所享有的汇票权利，承担保证责任。但是，被保证人的债务因票据记载事项欠缺而无效的除外。被保证的汇票，保证人应当与被保证人对持票人承担连带责任。汇票到期后得不到付款的，持票人有权向保证人请求付款，保证人应当足额付款。

(2)共同保证人的责任。共同保证是指保证人为两人以上的保证。保证人为两人以上的，保证人之间承担连带责任。

(3)保证人的追索权。保证人清偿汇票债务后，可以行使持票人对被保证人及其前手的追索权。

(六)汇票的付款

1. 付款的概念

付款是指付款人依据票据文义支付票据金额，以消灭票据关系的行为。

2. 付款的程序

付款的程序包括付款提示与支付票款。

(1)付款提示。付款提示是指持票人向付款人或承兑人出示票据，请求付款的行为。《票据法》规定，持票人应当按照下到期限提示付款：①见票即付的汇票，自出票日起1个月内向付款人提示付款；②定日付款、出票后定期付款或者见票后定期付款的汇票，自到期日起10日内向承兑人提示付款。持票人未按照上述规定期限内提示付款的，在作出说明后，承兑人或者付款人仍应当继续对持票人承担付款责任。通过委托收款银行或者通过票据交换系统向付款人提示付款的，视同持票人提示付款。

此外，持票人在以下情形下可不为付款提示：①付款人拒绝承兑，无须再为其提示；②票据丧失，只能通过公示催告或普通诉讼来救济；③因不可抗力不能在规定期限提示，可直接行使追索权；④付款人或承兑人主体资格消灭，持票人无法提示。

(2)支付票款。持票人向付款人进行付款提示后，付款人无条件地在当日按票据金额足额支付给持票人。

在支付票款的过程中，持票人必须向付款人履行一定的手续，持票人获得付款的，应当在汇票上签收，即在票据的正面签章，表明持票人已经获得付款，并将汇票交给付款人。

如果汇票金额为外币的，应按照付款日的市场汇价，以人民币支付。汇票当事人对汇票支付的货币种类另有约定的，从其约定。

3. 付款的效力

付款人依法足额付款后，全体汇票债务人的责任解除。付款人依照票据文义及时足额支付票据金额之后，票据关系随之消灭，汇票上的全体债务人的责任予以解除。但是，如果付款人付款存在瑕疵，即未尽审查义务而对不符合法定形式的票据付款，或其存在恶意或者重大过失而付款的，则不发生上述法律效力，付款人的义务不能免除，其他债务人也不能免除责任。

(七)汇票的追索权

1. 追索权的概念

追索权是指持票人在票据到期后不获付款或到期前不获承兑或有其他法定原因，并在实施行使或保全票据上权利的行为后，可以向其前手请求偿还票据金额、利息及其他法定款项的一种票据权利。

2. 追索权发生的原因

(1)追索权发生的实质要件。追索权发生的实质要件包括：①汇票到期被拒绝付款；②汇票在到期日前被拒绝承兑；③在汇票到期日前，承兑人或付款人死亡、逃逸的；④在汇票到期日前，承兑人或付款人被依法宣告破产或因违法被责令终止业务活动。发生上述情形之一的，持票人可以对背书人、出票人以及汇票的其他债务人行使追索权。

(2)追索权发生的形式要件。追索权的发生除了构成前述实质要件外,还须具有一定的形式要件。这一形式要件即持票人行使追索权必须履行一定的保全手续而不致使追索权丧失。该等保全手续包括:第一,在法定提示期限提示承兑或提示付款;第二,在不获承兑或不获付款时,在法定期限内作成拒绝证明。根据《票据法》的有关规定,拒绝证明主要有:①拒绝证书。②退票理由书。③承兑人、付款人或者代理付款银行直接在汇票上记载提示日期、拒绝事由、拒绝日期并盖章。④持票人因承兑人或者付款人死亡、逃匿或者其他原因,不能取得拒绝证明的,可以依法取得其他有关证明。包括死亡证明、失踪证明书等。这些证明也具有拒绝证明的作用。⑤人民法院的有关司法文件。⑥有关行政主管部门的处罚决定。

持票人出具上述文书之一的,即构成其行使追索权的形式要件。

3. 追索权的行使

行使追索权一般包括:由持票人发出追索通知、确定追索对象、请求偿还金额和受领清偿金额等。

(1)发出追索通知。

①追索通知的当事人。追索通知的当事人分为通知人和被通知人。

②通知的期限。持票人应当自收到被拒绝承兑或者被拒绝付款的有关证明之日起3日内,将被拒绝事由书面通知其前手,其前手应当自收到通知之日起3日内书面通知其再前手。持票人也可以同时向各汇票债务人发出书面通知。无论是持票人,还是收到追索通知的背书人及其保证人,发出追索通知的期限都是3天。持票人发出追索通知的起算日为其收到拒绝证明之日,收到追索通知的背书人及其保证人发出追索通知的起算日为其收到追索通知之日。

③通知的方式和通知应记载的内容。通知应当以书面形式发出。书面形式包括书信、电报、电传等。

④未在规定期限内发出追索通知的后果。如果持票人未按规定期限发出追索通知或其前手收到通知未按规定期限再通知其前手,持票人仍可以行使追索权,因延期通知给其前手或者出票人造成损失的,由没有按照规定期限通知的汇票当事人承担对该损失的赔偿责任,但是所赔偿的金额以汇票金额为限。

(2)确定追索对象。

①确定追索对象。被追索人包括出票人、背书人、承兑人和保证人。持票人可以不按照汇票债务人的先后顺序,对其中任何一人、数人或者全体行使追索权。持票人对票据债务人中的一人或者数人已经进行追索的,对其他票据债务人仍可以行使追索权。但是,持票人为出票人的,对其前手无追索权。持票人为背书人的,对其后手无追索权。

②被追索人的责任承担。出票人、背书人、承兑人和保证人均为被追索人。被追索人对持票人承担连带责任。持票人对汇票债务人中的一人或者数人已经进行追索的,对

其他汇票债务人仍可以行使追索权。被追索人清偿债务后,与持票人享有同一权利。

(3)请求偿还金额和受领清偿金额。

①请求偿还金额。持票人行使追索权,可以请求被追索人支付的金额和费用包括:被拒绝付款的汇票金额;汇票金额自到期日或者提示付款日起至清偿日止,按照中国人民银行规定的同档次流动资金贷款利率计算的利息;取得有关拒绝证明和发出通知书的费用。

②受领清偿金额。这是指持票人或行使再追索权的被追索人接受被追索人的清偿金额。持票人或行使再追索权的被追索人在接受清偿金额时,应当履行相应的义务,交出汇票和有关拒绝证明,并出具所收到利息和费用的收据。如果持票人或行使再追索权的被追索人拒绝履行该等义务的,被追索人即可拒绝清偿有关金额和费用。

③被追索人清偿债务后的效力。被追索人清偿债务后,其票据责任解除。同时,被追索人清偿债务后,与持票人享有同一票据权利,可以向其他汇票债务人行使再追索权,请求其他汇票债务人支付相应的金额和费用。

三、本票

(一)本票概述

1. 本票的概念

本票是出票人签发的,承诺自己在见票时无条件支付确定的金额给收款人或者持票人的票据。我国《票据法》规定的本票,是指银行本票。

与汇票相比,本票具有下列特征:(1)本票是自付证券。本票是由出票人约定自己付款的一种自付证券,其基本当事人有两个,即出票人和收款人,在出票人之外不存在独立的付款人。(2)本票无须承兑。在出票人完成出票行为之后,即承担了到期日无条件支付票据金额的责任,不需要在到期日前进行承兑。

2. 本票的种类

依照不同的标准,可以对本票作不同分类,例如记名式本票、指定式本票和不记名本票;远期本票和即期本票;银行本票和商业本票等。在我国,本票仅限于银行本票,且为记名式本票和即期本票。

3. 本票适用汇票的有关规定

本票作为票据的一种,具有与其他票据相同的一般性质和特征,《票据法》只是对本票与其他票据不同的方面加以规定,即对其个性方面的问题作了特别规定,而有关其一般性的问题,则适用《票据法》总则有关的规定和汇票中的相关规定。除特别规定外,本票的背书、保证、付款行为和追索权的行使,适用汇票的有关规定。

(二)出票

本票的出票与汇票一样,包括作成票据和交付票据。本票的出票行为是以自己负担支付本票金额的债务为目的的票据行为。

1. 本票的出票人

本票的出票人必须具有支付本票金额的可靠资金来源,并保证支付。银行本票的出票人,为经中国人民银行当地分支行批准办理银行本票业务的银行机构。

2. 本票的记载事项

(1)本票的绝对记载事项。本票的绝对记载事项包括以下六个方面的内容:①表明“本票”字样。这是本票文句记载事项。②无条件支付的承诺。这是有关支付文句,表明出票人无条件支付票据金额,而不附加任何条件。③确定的金额。④收款人名称。⑤出票日期。⑥出票人签章。

(2)本票的相对记载事项。本票的相对记载事项包括两项内容:①付款地。本票上未记载付款地的,以出票人的营业场所为付款地。②出票地。本票上未记载出票地的,以出票人的营业场所为出票地。

(三)见票付款

本票自出票日起,付款期限最长不得超过 2 个月。持票人在规定的期限提示本票的,出票人必须承担付款的责任。如果持票人超过提示付款期限不获付款的,在票据权利时效内向出票银行作出说明,并提供本人身份证或单位证明,可持银行本票向出票银行请求付款。

如果本票的持票人未按照规定期限提示本票的,丧失对出票人以外的前手的追索权。由于本票的出票人是票据上的主债务人,对持票人负有绝对付款责任,除票据时效届满而使票据权利消灭或者要式欠缺而使票据无效外,并不因持票人未在规定期限内向其行使付款请求权而使其责任得以解除。因此,持票人仍对出票人享有付款请求权和追索权,只是丧失对背书人及其保证人的追索权。

四、支票

(一)支票概述

1. 支票的概念

支票是出票人签发的,委托银行或者其他金融机构在见票时无条件支付一定金额给收款人或者持票人的票据。支票的基本当事人有三个:出票人、付款人和收款人。支票是一种委付证券,与汇票相同,与本票不同。支票与汇票和本票相比,有两个显著特征:第一,以银行或者其他金融机构作为付款人;第二,见票即付。

2. 支票的种类

依据不同的分类标准,可以对支票作不同的分类。《票据法》按照支付票款方式,将支票分为现金支票、转账支票和普通支票。

(1)现金支票。支票正面印有“现金”字样的为现金支票,现金支票只能用于支取现金。

(2)转账支票。支票正面印有“转账”字样的为转账支票,转账支票只能用于转账,不得支取现金。

(3)普通支票。支票上未印有“现金”或“转账”字样的为普通支票,普通支票可以用于支取现金,也可用于转账。普通支票用于转账时,应当在支票正面注明,即在普通支票左上角划两条平行线。有该划线标志的支票,也称为划线支票,划线支票只能用于转账,不得支取现金。

3. 支票适用汇票的有关规定

与本票一样,《票据法》只是对支票的个性方面的问题作了规定,而有关其一般性的问题,则适用《票据法》总则中的有关规定和汇票中的相关规定。除特别规定外,支票的背书、付款行为和追索权的行使,适用汇票的有关规定。

(二)支票的出票

1. 支票出票的概念

出票人签发支票并交付的行为即为出票。支票出票人为在经中国人民银行当地分支行批准办理支票业务的银行机构开立可以使用支票的存款账户的单位和个人。其签发支票必须具备一定的条件:(1)开立账户。开立支票存款账户,申请人必须使用其本名,并提交证明其身份的合法证件。(2)存入足够支付的款项。开立支票存款账户和领用支票,应当有可靠的资信,并存入一定的资金。(3)预留印鉴。开立支票存款账户,申请人应当预留其本名的签名式样和印鉴。

2. 支票的记载事项

(1)绝对记载事项。签发支票必须记载下列事项:表明“支票”字样,这是支票文句的记载事项;无条件支付的委托,这是支票有关支付文句的记载事项。我国现行使用的支票记载支付的文句,一般是支票上已印好“上列款项请从我账户内支付”的字样;确定的金额;付款人名称,支票的付款人为支票上记载的出票人开户银行;出票日期;出票人签章。支票上未记载前述规定事项之一的,支票无效。

(2)相对记载事项。相对记载事项包括两项内容:一是付款地。支票上未记载付款地的,付款人的营业场所为付款地。二是出票地。支票上未记载出票地的,出票人的营业场所、住所或者经常居住地为出票地。

此外,支票上可以记载非法定记载事项,但这些事项并不发生支票上的效力。

3. 出票的其他法定条件

支票的出票行为取得法律上的效力,必须依法进行,除须按法定格式签发票据外,还须符合其他法定条件。这些法定条件包括:(1)禁止签发空头支票。出票人签发的支票金额超过其付款时在付款人处实有的存款金额的,为空头支票。(2)支票的出票人不得签发与其预留本名的签名式样或者印鉴不符的支票,使用支付密码的,出票人不得签发支付密码错误的支票。(3)签发现金支票和用于支取现金的普通支票，必须符合国家现金管理的规定。

4. 出票的效力

出票人作成支票并交付之后，对出票人产生相应的法律效力。《票据法》规定，出票人必须按照签发的支票金额承担保证向该持票人付款的责任。这一责任包括两项：一是出票人必须在付款人处存有足够可处分的资金，以保证支票票款的支付；二是当付款人对支票拒绝付款或者超过支票付款提示期限的，出票人应向持票人承担付款责任。

(三)支票的付款

支票属于见票即付的票据，因此，《票据法》规定，支票限于见票即付，不得另行记载付款日期。另行记载付款日期的，该记载无效。

1. 支票的提示付款期限

持票人在请求付款时，必须为付款提示。支票的持票人应当自出票日起 10 日内提示付款；异地使用的支票，其提示付款的期限由中国人民银行另行规定。

超过提示付款期限提示付款的，付款人可以不予付款。付款人不予付款的，出票人仍应当对持票人承担票据责任。持票人超过提示付款期限的，并不丧失对出票人的追索权，出票人仍应当对持票人承担支付票款的责任。

2. 付款

持票人在提示期间内向付款人提示票据，付款人在对支票进行审查之后，如未发现有不符规定之处，即应向持票人付款。出票人在付款人处的存款足以支付支票金额时，付款人应当在当日足额付款。

3. 付款责任的解除

付款人依法支付支票金额的，对出票人不再承担受委托付款的责任，对持票人不再承担付款的责任。但是，付款人以恶意或者有重大过失付款的除外。这里所指的恶意或者有重大过失付款是指付款人在收到持票人提示的支票时，明知持票人不是真正的票据权利人，支票的背书以及其他签章系属伪造，或者付款人不按照正常的操作程序审查票据等情形。在此情况下，付款人不能解除付款责任，由此造成损失的，由付款人承担赔偿责任。

第九章　知识产权法

导入案例

深圳歌力思服装实业有限公司成立于1999年6月8日。2008年12月18日，该公司通过受让方式取得第1348583号“歌力思”商标，该商标核定使用于第25类的服装等商品之上，核准注册于1999年12月。2009年11月19日，该商标经核准续展注册，有效期自2009年12月28日至2019年12月27日。深圳歌力思服装实业有限公司还是第4225104号“ELLASSAY”的商标注册人。该商标核定使用商品为第18类的(动物)皮；钱包；旅行包；文件夹(皮革制)；皮制带子；裘皮；伞；手杖；手提包；购物袋。注册有效期限自2008年4月14日至2018年4月13日。2011年11月4日，深圳歌力思服装实业有限公司更名为深圳歌力思服饰股份有限公司(以下简称歌力思公司，即本案一审被告人)。2012年3月1日，上述“歌力思”商标的注册人相应变更为歌力思公司。一审原告人王碎永于2011年6月申请注册了第7925873号“歌力思”商标，该商标核定使用商品为第18类的钱包、手提包等。王碎永还曾于2004年7月7日申请注册第4157840号“歌力思及图”商标。后因北京市高级人民法院于2014年4月2日作出的二审判决认定，该商标损害了歌力思公司的关联企业歌力思投资管理有限公司的在先字号权，因此不应予以核准注册。自2011年9月起，王碎永先后在杭州、南京、上海、福州等地的“ELLASSAY”专柜，通过公证程序购买了带有“品牌中文名：歌力思，品牌英文名：ELLASSAY”字样吊牌的皮包。2012年3月7日，王碎永以歌力思公司及杭州银泰世纪百货有限公司(以下简称杭州银泰公司)生产、销售上述皮包的行为构成对王碎永拥有的“歌力思”商标、“歌力思及图”商标权的侵害为由，提起诉讼。

杭州市中级人民法院于2013年2月1日作出(2012)浙杭知初字第362号民事判决，认为歌力思公司及杭州银泰公司生产、销售被诉侵权商品的行为侵害了王碎永的注册商标专用权，判决歌力思公司、杭州银泰公司承担停止侵权行为、赔偿王碎永经济损失及合理费用共计10万元及消除影响。歌力思公司不服，提起上诉。浙江省高级人民法院于2013年6月7日作出(2013)浙知终字第222号民事判决，驳回上诉、维持原判。歌力思公司及王碎永均不服，向最高人民法院申请再审。最高人民法院裁定提审本案，并于

2014年8月14日作出(2014)民提字第24号判决,撤销一审、二审判决,驳回王碎永的全部诉讼请求。

法院生效裁判认为,诚实信用原则是一切市场活动参与者所应遵循的基本准则。一方面,它鼓励和支持人们通过诚实劳动积累社会财富和创造社会价值,并保护在此基础上形成的财产性权益,以及基于合法、正当的目的支配该财产性权益的自由和权利;另一方面,它又要求人们在市场活动中讲究信用、诚实不欺,在不损害他人合法利益、社会公共利益和市场秩序的前提下追求自己的利益。民事诉讼活动同样应当遵循诚实信用原则。一方面,它保障当事人有权在法律规定的范围内行使和处分自己的民事权利和诉讼权利;另一方面,它又要求当事人在不损害他人和社会公共利益的前提下善意、审慎地行使自己的权利。任何违背法律目的和精神,以损害他人正当权益为目的,恶意取得并行使权利、扰乱市场正当竞争秩序的行为均属于权利滥用,其相关权利主张不应得到法律的保护和支持。

第4157840号“歌力思及图”商标迄今为止尚未被核准注册,王碎永无权据此对他人提起侵害商标权之诉。对于歌力思公司、杭州银泰公司的行为是否侵害王碎永的第7925873号“歌力思”商标权的问题,首先,歌力思公司拥有合法的在先权利基础。歌力思公司及其关联企业最早将“歌力思”作为企业字号使用的时间为1996年,最早在服装等商品上取得“歌力思”注册商标专用权的时间为1999年。经长期使用和广泛宣传,作为企业字号和注册商标的“歌力思”已经具有了较高的市场知名度,歌力思公司对前述商业标识享有合法的在先权利。其次,歌力思公司在本案中的使用行为系基于合法的权利基础,使用方式和行为性质均具有正当性。从销售场所来看,歌力思公司对被诉侵权商品的展示和销售行为均完成于杭州银泰公司的歌力思专柜,专柜通过标注歌力思公司的“ELLASSAY”商标等方式,明确表明了被诉侵权商品的提供者。在歌力思公司的字号、商标等商业标识已经具有较高的市场知名度,而王碎永未能举证证明其“歌力思”商标同样具有知名度的情况下,歌力思公司在其专柜中销售被诉侵权商品的行为,不会使普通消费者误认该商品来自王碎永。从歌力思公司的具体使用方式来看,被诉侵权商品的外包装、商品内的显著部位均明确标注了“ELLASSAY”商标,而仅在商品吊牌之上使用了“品牌中文名:歌力思”的字样。由于“歌力思”本身就是歌力思公司的企业字号,且与其“ELLASSAY”商标具有互为指代关系,故歌力思公司在被诉侵权商品的吊牌上使用“歌力思”文字来指代商品生产者的做法并无明显不妥,不具有攀附王碎永“歌力思”商标知名度的主观意图,亦不会为普通消费者正确识别被诉侵权商品的来源制造障碍。在此基础上,杭州银泰公司销售被诉侵权商品的行为亦不为法律所禁止。最后,王碎永取得和行使“歌力思”商标权的行为难谓正当。“歌力思”商标由中文文字“歌力思”构成,与歌力思公司在先使用的企业字号及在先注册的“歌力思”商标的文字构成完全相同。“歌力思”本身为无固有含义的臆造词,具有较强的固有显著性,依常理判断,在完全没有接触或知悉的情况下,因巧合而出现雷同注册的可能性较低。作为地域接近、经营范围关联程度较高的商品经营者,王碎永对“歌力思”字号及商标完全不了解的可能性较低。在上述情形之下,王碎永仍在手提包、钱包等商品上申请注册“歌力思”商标,其行为难谓正当。王碎永以非善意取得的商标权对歌力思公司的正当使用行为提起的侵权之诉,构成权利滥用。

知识产权法是指因调整知识产权的归属、行使、管理和保护等活动中产生的社会关系的法律规范的总称。知识产权法的综合性和技术性特征十分明显,在知识产权法中,既有私法规范,也有公法规范;既有实体法规范,也有程序法规范。但从法律部门的归属上讲,知识产权法仍属于民法,是民法的特别法。民法的基本原则、制度和法律规范大多适用于知识产权,并且知识产权法中的公法规范和程序法规范都是为确认和保护知识产权这一私权服务的,不占主导地位。

自1980年加入世界知识产权组织以后,我国相继制定了商标法、专利法、技术合同法、著作权法、计算机软件保护条例等,从而形成了完整的知识产权法律保护体系。然而,实施监督、保障各项知识产权法制度执行方面还有许多问题。有关法律及法规仅在中国大陆生效。

我国的知识产权保护制度的筹备、酝酿,起始于20世纪70年代末期,是伴随着我国的改革开放而起步的。1982年出台的《商标法》是我国内地的第一部知识产权法律,标志着我国的知识产权保护制度开始建立。随着1984年《专利法》、1990年《著作权法》的推出,标志着我国知识产权保护制度的初步形成。

现行知识产权法有:

《专利法》,1984年颁布,现行有效的是2008年修订的版本(实施细则有效的是2002年版本,审查指南有效的是2009年版本,另有1997年《植物新品种保护条例》及其2007年版的实施细则)。

《著作权法》,1990年颁布,现行有效的是2010年修订的版本(实施条例有效的是2002年版本,另有2001年颁布的《计算机软件保护条例》,以及2006年颁布的《信息网络传播权保护条例》)。

《商标法》,1982年颁布,现行有效的是2001年修订的版本(实施条例有效的是2002年版本,商标评审规则有效的是2005年版本)。

《反不正当竞争法》,1993年颁布,现行有效的是2017年修订版本(2017年11月4日,第十二届全国人民代表大会常务委员会第三十次会议修订,2018年1月1日施行)。

第一节 知识产权概述

一、知识产权的概念

知识产权是权利主体对于智力活动创造的成果和经营活动中的标记、信誉依法享有的权利。智力成果是人们运用知识、经验、技能等智力资源，经过加工创作而形成的物质或者精神的劳动成果。知识产权是一个不断发展的概念，其内涵和外延随着社会经济文化的发展也在不断拓展和深化。知识产权制度在实质上是解决知识产品作为资源的权利归属和利益分享的问题。对知识产权的保护，不仅是对私权的维护，也关涉国家的竞争秩序，因为许多不正当竞争行为的表现形式是对权利人知识产权的侵害，知识产权人若滥用其专有权而排除、限制竞争的行为则构成垄断行为。

二、知识产权的范围

知识产权包括狭义的知识产权和广义的知识产权。狭义的知识产权包括著作权（包括邻接权）和工业产权（主要是指专利权、商标权）；广义的知识产权的范围主要由两个国际公约进行界定。《建立世界知识产权组织公约》界定的知识产权范围包括：与文学、艺术及科学作品有关的权利，与表演艺术家的表演、录音和广播有关的权利，与人类创造性活动的一切领域内的发明有关的权利，与科学发现有关的权利，与工业品外观设计有关的权利，与商品商标、服务商标、商号及其他商业标记有关的权利，与防止不正当竞争有关的权利，一切其他来自工业、科学及文学艺术领域的智力创作活动所产生的权利。《与贸易有关的知识产权协议》界定的知识产权范围包括：版权和邻接权、商标权、地理标志权、工业品外观设计权、专利权、集成电路布图设计（拓扑图）权、未公开的信息专有权。传统意义上的知识产权是指狭义的知识产权。

三、知识产权的特点

一般认为，知识产权具有无形性、专有性、地域性和时间性的特点。

（一）无形性

知识产权的无形性，是指作为知识产权客体的知识产品具有无形性。智力活动成果，可以是作品，也可以是技术发明，还可以是商业标记及其所代表的商业信誉，它虽然产生于人的大脑与物质相互作用的过程中，但又不同于有形的物质或物品，总表现为某种信息或创意，这种信息或创意是无形的，完全不同于有形的物质或物品。知识产品的无形性决定了知识产权不发生对客体的实体占有控制、实体损耗的使用和实体形态的事实处分及实物交付的法律处分。因此，人们对智力活动成果的占有，是一种法律规定的占有，而非实际的占有；与此相应，知识产权的转让或许可，也有了不同于有形财产权的特点。

知识产权的客体是智力成果，它需要借助于有形物体才能被人们所感知，或者需要通过有形物体的实际功能来体会其内涵的智力价值。从这个意义上说，将无形的智力活动成果与有形的物质载体区别开来很重要。如技术发明属于人的智力活动成果，它必须体现在一定的产品之中。但是专利权所保护的不是有形的产品，而是体现在其中的技术发明。合法取得了专利产品的人，虽然可以使用相关的产品，但是在未经授权的情况下，却不得使用体现在其中的技术发明，或者说不得使用相关的技术来仿造专利产品。

（二）专有性

专有性是指知识产权具有垄断性、独占性和排他性的特点，没有法律规定或者知识产权人的许可，任何人不得擅自使用他人享有知识产权的智力成果，否则便构成侵权。知识产权的专有性表现为：知识产权为权利人所独占，权利人垄断这种专有权利并受到严格保护。没有法律规定或权利人许可，任何人不得使用权利人的知识产品；不允许有两个或两个以上同一属性的知识产权并存。

（三）地域性

知识产权作为一种专有权在空间上的效力是有限的，它只在授予或确认其权利的国家和地区发生法律效力，受到法律保护。随着科学技术和国际贸易的发展及世界经济一体化的进程，知识产权的地域性受到了挑战。为了解决知识产品的国际性需求与知识产权的地域性限制之间的矛盾，各国先后签订了一些保护知识产权的国际公约，成立了一些全球性或区域性的国际组织，在世界范围内形成了一套国际知识产权的保护制度。但是，知识产权的地域性并未因此而改变，一方面，国际公约缔结只是使知识产权的域外效力成为可能，而是否保护以及如何保护仍要由各国的国内法来规定；另一方面，共同知识产权制度的建立仍然只是在有限的区域范围内适用，不具有普遍性。

（四）时间性

时间性是指知识产权具有一定的保护期限，有关权利仅仅在法定的保护期限内存在，一旦超过法律规定的有效期限，该权利就依法丧失，相关的知识产权就进入公共领域，成为全社会的公共财富。

知识产权在时间上的限制，是世界各国知识产权立法以及知识产权国际公约普遍采用的原则，目的是促进科学文化艺术的发展，平衡智力成果完成人的利益与社会公众利益，既有利于调动人们创造智力成果的积极性，为社会公众合理利用人类智力成果提供保障，同时也考虑到发明技术价值的寿命。

有些知识产权在事实上可以永续使用，如注册商标专用权，商标权人可以通过续展的方式一直享有某商标的专有权。但续展要遵守商标法规定的条件和程序，续展不通过，注册商标专用权到期即失去效力。

第二节　专利法律制度

一、专利、专利权

一般而言，专利是从三层意义上理解的。其一，专利是专利权的简称，是指专利法保护的对发明创造享有的专有权利；其二，专利是指专利法保护的发明创造，即专利权的客体；其三，专利是指记载专利技术的公开的专利文献的总和。因此，在不同语境下，“专利”一词的含义要根据上下文的内容具体确定。

专利权是指法律赋予权利人对其发明创造在一定期限内享有的专有权利。专利制度是国家通过确认发明人对其发明创造的技术方案的垄断权而促进本国科学技术发展的法律制度。

二、专利权的客体

专利权的客体，是指专利权指向的智力成果。并非所有的发明创造都可以被授予专利权。

(一)授予专利权的客体

根据我国专利法律制度的相关规定，专利权的客体包括发明、实用新型和外观设计三类。这三类客体统称为发明创造。

发明，是指对产品、方法或者其改进所提出的新的技术方案。发明必须是前所未有的技术方案，有一定的进步或者难度，并且必须是利用自然规律或者自然现象的技术方案。根据发明的客体的不同，发明可以分为产品发明和方法发明两种。产品发明，是发明人通过智力活动创造出的关于各种新产品、新材料、新物质的技术方案；方法发明是发明人为制造某种产品或者解决某个技术难题而研究开发出的操作方法、制造方法以及工艺流程等技术方案。

实用新型，是指对产品的形状、构造或者其结合所提出的适于实用的新的技术方案。由于其创新要求比发明低，因此实用新型现被称为“小发明”。

外观设计，是指对产品的形状、图案或者其结合以及色彩与形状、图案的结合所作出的富有美感并适于工业应用的新设计。外观设计的载体是相对独立的产品，它是形状、图案或其结合以及色彩与形状、图案的结合，富有美感，或者具有装饰性，并且适于工业应用。

(二)不授予专利权的客体

我国《专利法》第二十五条规定，对下列各项，不授予专利权：(1)科学发现；(2)智力活动的规则和方法；(3)疾病的诊断和治疗方法；(4)动物和植物品种；(5)用原子核变换方法获得的物质;(6)对平面印刷品的图案、色彩或者二者的结合作出的主要起标识作用的设计。对动物和植物品种的生产方法,可以依照专利法的规定授予专利权。其中,前四项不属于技术发明的范畴;第五项虽然属于技术发明的范围,但因为涉及国家安全而不授予专利权;第六项将平面印刷品排除在专利权的客体之外,主要原因是其更多地体现为一种视觉上的艺术美,而非技术上的新的进步。

除此之外,违反法律的发明创造、违反社会公德的发明创造以及妨害公共利益的发明创造,不授予专利权;对违反法律、行政法规的规定获取或者利用遗传资源,并依赖该遗传资源完成的发明创造,不授予专利权。

三、专利权的主体

一项智力成果完成后,当事人可以选择通过申请专利获得专利权,或者将专利申请权转让给他人,对发明也可以选择将其作为商业秘密进行保护而不申请专利。若选择申请专利,申请被批准后,专利申请人就成为专利权人。

(一)专利申请人

专利申请人是指按照法律规定有权对发明创造或者设计提出专利申请的人。一般情况下,专利申请人包括发明人或者设计人、共同完成发明创造或者设计的人、职务发明中的单位、完成发明创造的外国人、继受取得申请权的人等。因此,申请人与发明人、设计人不一定相同。

1. 非职务发明的申请人

发明人、设计人是对已经完成的发明创造或者外观设计的实质性特点作出创造性贡献的人。在完成发明创造、设计过程中,只负责组织工作的人、为物质技术条件的利用提供方便的人或者从事其他辅助工作的人,由于其工作或者劳动没有对发明、设计的实质性特点做出贡献,因而不是发明人、设计人。

发明人、设计人必须是自然人,由于发明、设计是事实行为而非法律行为,因此,发明人、设计人不要求必须具有完全的民事行为能力。对于限制民事行为能力的和无行为能力的发明人、设计人申请专利的,应该按照民事法律行为的有关规定进行。

非职务发明创造的发明人、设计人在发明或设计完成后,取得专利申请权。如果对于已经完成的发明的实质性特点做出创造性贡献的人有两个以上,可以作为共同申请人提出专利申请。对发明人或者设计人的非职务发明创造专利申请,任何单位或者个人不得压制。

2. 职务发明创造的申请人

职务发明创造,是指执行本单位的任务或者主要是利用本单位的物质技术条件所完成的发明创造。执行本单位的任务所完成的职务发明创造是指:在本职工作中作出的发明创造;履行本单位交付的本职工作之外的任务所作出的发明创造;退休、调离原单位后或者劳动、人事关系终止后1年内作出的，与其在原单位承担的本职工作或者原单位分配的任务有关的发明创造。所称本单位，包括临时工作单位；所称本单位的物质技术条件，是指本单位的资金、设备、零部件、原材料或者不对外公开的技术资料等。

职务发明创造申请专利的权利属于该单位；申请被批准后，该单位为专利权人。利用本单位的物质技术条件所完成的发明创造，单位与发明人或者设计人订有合同，对申请专利的权利和专利权的归属作出约定的，从其约定。

被授予专利权的单位应当对职务发明创造的发明人或者设计人给予奖励；发明创造专利实施后，根据其推广应用的范围和取得的经济效益，对发明人或者设计人给予合理的报酬。

3. 继受取得申请权的专利申请人

继受取得申请权的专利申请人，主要包括通过合同取得申请权和通过继承取得申请权两种情况。

通过合同取得申请权是指对于已经完成的发明创造，双方当事人在合同中约定发明人将其已经完成的发明创造的专利申请权转让给对方。中国单位或者个人向外国人、外国企业或者外国其他组织转让专利申请权的，应当依照有关法律、行政法规的规定办理手续。转让专利申请权的，当事人应当订立书面合同，并向国务院专利行政部门登记，由国务院专利行政部门予以公告。专利申请权的转让自登记之日起生效。

若拥有专利申请权的自然人死亡的，其专利申请权可以作为一项民事权利由其继承人继承。

4. 外国申请人

在中国没有经常居所或者营业场所的外国人、外国企业或者外国其他组织在中国申请专利的，依照其所属国同中国签订的协议或者共同参加的国际条约，或者依照互惠原则，根据《专利法》办理。在中国没有经常居所或者营业场所的外国人、外国企业或者其他外国组织在中国申请专利或者办理其他专利事务时，应当委托依法设立的专利代理机构办理。

同样的发明创造只能授予一项专利权。但是，同一申请人同日对同样的发明创造既申请实用新型专利又申请发明专利，先获得的实用新型专利权尚未终止，且申请人声明放弃该实用新型专利权的，可以授予发明专利权。两个以上的申请人分别就同样的发明创造申请专利的，专利权授予最先申请的人。

发明人或者设计人有权在专利文件中写明自己是发明人或者设计人。专利权人有权在其专利产品或者该产品的包装上标明专利标识。

（二）专利权人

专利权人是指对于国务院专利行政部门授予的专利享有独占、使用、收益和处分的人。专利权人是专利申请人，但专利申请人可以是发明人、设计人个人，也可以是职务发明的单位,还可以是共同完成人或委托完成人,或者是外国申请人。

四、授予专利权的条件

对于不同的客体,授予专利权的条件不尽相同。

(一)授予发明和实用新型专利权的条件

授予专利权的发明、实用新型应当具备新颖性、创造性和实用性。

新颖性,是指该发明或者实用新型不属于现有技术;也没有任何单位或者个人就同样的发明或者实用新型在申请日以前向国务院专利行政部门提出过申请,并记载在申请日以后公布的专利申请文件或者公告的专利文件中。所称现有技术,是指申请日以前在国内外为公众所知的技术。申请专利的发明创造在申请日以前6个月内,有下列情形之一的,不丧失新颖性:(1)在中国政府主办或者承认的国际展览会上首次展出的;(2)在规定的学术会议或者技术会议上首次发表的;(3)他人未经申请人同意而泄露其内容的。

创造性,是指与现有技术相比,该发明具有突出的实质性特点和显著的进步,该实用新型具有实质性特点和进步。

实用性,是指该发明或者实用新型能够制造或者使用,并且能够产生积极效果。

(二)授予外观设计专利权的条件

授予专利权的外观设计,应当不属于现有设计;也没有任何单位或者个人就同样的外观设计在申请日以前向国务院专利行政部门提出过申请,并记载在申请日以后公告的专利文件中。

授予专利权的外观设计与现有设计或者现有设计特征的组合相比,应当具有明显区别。

授予专利权的外观设计不得与他人在申请日以前已经取得的合法权利相冲突,即授予专利权的外观设计,不得与他人在申请日以前已经取得的商标权和美术作品著作权相冲突。

所称现有设计,是指申请日以前在国内外为公众所知的设计。

五、授予专利权的程序

(一)专利的申请

1. 申请的原则

专利申请的原则包括书面申请原则、先申请原则、一申请一发明原则。

(1)书面申请原则。申请专利必须以书面形式提出。专利法律制度最重要的内容之一就是专利申请人应当将其所申请的专利技术向社会公开,使他人可以通过阅读专利文献的方式进一步进行研究,使科学技术进一步得到发展。因此,专利申请文件应采用书面形式,将其发明内容清楚、准确、完整地表达出来。

(2)先申请原则。两个以上的人分别就同样的发明创造申请专利时,专利权授给最先申请人。但有些国家的专利法采用的是先发明原则,即专利权授予最先作出发明创造的人。两个以上的申请人同日(指申请日;有优先权的,指优先权日)分别就同样的发明创造申请专利的,应当在收到国务院专利行政部门的通知后自行协商确定申请人。

(3)一申请一发明原则。一件发明或者实用新型专利申请应当限于一项发明或者实用新型。属于一个总的发明构思的两项以上的发明或者实用新型,可以作为一件申请提出。一件外观设计专利申请应当限于一项外观设计。同一产品两项以上的相似外观设计,或者用于同一类别并且成套出售或者使用的产品的两项以上外观设计,可以作为一件申请提出。

2. 专利申请文件

申请发明或者实用新型专利的,申请人应当提交请求书、说明书及其摘要和权利要求书等文件。请求书应当写明发明或者实用新型的名称,发明人的姓名,申请人姓名或者名称、地址,以及其他事项。说明书应当对发明或者实用新型作出清楚、完整的说明,以所属技术领域的技术人员能够实现为准;必要的时候,应当有附图。摘要应当简要说明发明或者实用新型的技术要点。权利要求书应当以说明书为依据,清楚、简要地限定要求专利保护的范围。依赖遗传资源完成的发明创造,申请人应当在专利申请文件中说明该遗传资源的直接来源和原始来源;申请人无法说明原始来源的,应当陈述理由。

申请外观设计专利的,应当提交请求书、该外观设计的图片或者照片以及对该外观设计的简要说明等文件。申请人提交的有关图片或者照片应当清楚地显示要求专利保护的产品的外观设计。

申请人可以对其专利申请文件进行修改,但是,对发明和实用新型专利申请文件的修改不得超出原说明书和权利要求书记载的范围,对外观设计专利申请文件的修改不得超出原图片或者照片表示的范围。

3. 申请日和优先权

由于我国实行的是先申请原则,因此,申请日的确定至关重要。对专利申请人来说,从申请日的次日起,专利申请案中的发明创造就会成为现有技术的一部分,如果他人再有相同的发明创造申请专利,都会丧失新颖性;从申请日的次日开始,申请人就可以实施或发表专利申请案中的发明创造,对新颖性没有影响;若经过审查,申请人获得专利权的,专利权的保护期是从申请日开始起算的。

国务院专利行政部门收到专利申请文件之日为申请日。如果申请文件是邮寄的,以寄出的邮戳日为申请日。向国务院专利行政部门邮寄的各种文件,以寄出的邮戳日为递交日;邮戳日不清晰的,除当事人能够提出证明外,以国务院专利行政部门收到日为递交日。专利法所称申请日,有优先权的,指优先权日。

申请人自发明或者实用新型在外国第一次提出专利申请之日起 12 个月内,或者自外观设计在外国第一次提出专利申请之日起 6 个月内，又在中国就相同主题提出专利申请的，依照该外国同中国签订的协议或者共同参加的国际条约，或者依照相互承认优先权的原则，可以享有优先权。申请人自发明或者实用新型在中国第一次提出专利申请之日起 12 个月内，又向国务院专利行政部门就相同主题提出专利申请的，可以享有优先权。

申请人要求优先权的，应当在申请的时候提出书面声明，并且在 3 个月内提交第一次提出的专利申请文件的副本；未提出书面声明或者逾期未提交专利申请文件副本的，视为未要求优先权。

(二)专利申请的受理、审查和批准

发明专利申请一般需要经过初步审查和实质审查两个阶段；实用新型和外观设计专利申请只需经过初步审查。

1. 初步审查

国务院专利行政部门受理发明专利申请后公布申请以前，应当进行初步审查。初审的任务是，审查申请人提交的申请文件是否符合《专利法》及其实施细则的规定，审查申请人在提出专利申请的同时或者随后提交的与专利申请有关的其他文件是否符合《专利法》及其实施细则的规定。

专利申请文件有下列情形之一的，国务院专利行政部门不予受理，并通知申请人：发明或者实用新型专利申请缺少请求书、说明书(实用新型无附图)或者权利要求书的，或者外观设计专利申请缺少请求书、图片或者照片、简要说明的；未使用中文的；未使用挂号信函向国务院专利行政部门邮寄有关申请文件的；请求书中缺少申请人姓名或者名称，或者缺少地址的；在中国没有经常居所或者营业所的外国人、外国企业或者外国其他组织明显不符合《专利法》第十八条或者第十九条第一款规定的；专利申请类别(发明、实用新型或者外观设计)不明确或者难以确定的。

实用新型和外观设计专利申请经初步审查没有发现驳回理由的，由国务院专利行政部门作出授予实用新型专利权或者外观设计专利权的决定，发给相应的专利证书，同时予以登记和公告。实用新型专利权和外观设计专利权自公告之日起生效。

2. 公布申请

国务院专利行政部门收到发明专利申请后，经初步审查认为符合专利法要求的，自申请日起满 18 个月，即行公布。国务院专利行政部门可以根据申请人的请求早日公布其申请。

3. 实质审查

发明专利申请自申请日起 3 年内，国务院专利行政部门可以根据申请人随时提出的请求，对其申请进行实质审查；申请人无正当理由逾期不请求实质审查的，该申请即被视为撤回。国务院专利行政部门认为必要的时候，可以自行对发明专利申请进行实质审查。

发明专利的申请人请求实质审查的时候，应当提交在申请日前与其发明有关的参考资料。发明专利已经在外国提出过申请的，国务院专利行政部门可以要求申请人在指定期限内提交该国为审查其申请进行检索的资料或者审查结果的资料；无正当理由逾期不提交的，该申请即被视为撤回。

国务院专利行政部门对发明专利申请进行实质审查后，认为不符合专利法规定的，应当通知申请人，要求其在指定的期限内陈述意见，或者对其申请进行修改；无正当理由逾期不答复的，该申请即被视为撤回。发明专利申请经申请人陈述意见或者进行修改后，国务院专利行政部门仍然认为不符合专利法规定的，应当予以驳回。

发明专利申请经实质审查没有发现驳回理由的，由国务院专利行政部门作出授予发明专利权的决定，发给发明专利证书，同时予以登记和公告。发明专利权自公告之日起生效。

4. 专利复审

专利申请人对国务院专利行政部门驳回申请的决定不服的，可以自收到通知之日起3个月内，向国务院专利行政部门设立的专利复审委员会请求复审。专利复审委员会复审后，作出决定，并通知专利申请人。专利申请人对专利复审委员会的复审决定不服的，可以自收到通知之日起3个月内向人民法院起诉。

六、专利权的内容及其保护与限制

(一)专利权的内容

专利权可以分为专利人身权利和专利财产权利两大类。专利人身权利主要是指发明人、设计人的署名权；专利财产权利主要包括制造权、使用权、许诺销售权、销售权、进口权、转让权、许可权等。我国《专利法》第十条规定：发明和实用新型专利权被授予后，除本法另有规定的以外，任何单位或者个人未经专利权人许可，都不得实施其专利，即不得为生产经营目的的制造、使用、许诺销售、销售、进口其专利产品，或者使用其专利方法以及使用、许诺销售、销售、进口依照该专利方法直接获得的产品。外观设计专利权被授予后，任何单位或者个人未经专利权人许可，都不得实施其专利。

(1)制造权。专利权人享有独占地制造专利产品，禁止他人未经其许可制造相同或相似于专利产品的垄断权。

(2)使用权。专利权人享有的使用专利产品或专利方法及依照专利方法直接获得的产品的专有权。包括对专利产品的使用和对专利方法的使用。

(3)许诺销售权。许诺销售是为了促使销售的成立而在实际销售行为成立之前所为旨在实现销售目的的行为，这是专利权人防止他人以广告、展示等表达销售意思的方式，准备销售含有专利技术的产品的权利。

(4)销售权。专利权人享有独自销售专利产品或者依照专利方法直接获得的产品的权利。

(5)进口权。专利权人享有自己进口或禁止他人未经许可为制造、许诺销售、销售、使用等生产经营目的而进口其专利产品或进口依照其专利方法直接获得的产品的权利。包括:专利权人可以自己进口专利产品;有权禁止他人进口专利产品;在法律另有规定的情况下,专利权人无权禁止他人进口专利产品。

(6)转让权。专利权人享有将自己的专利所有权依法转让给他人的权利。专利权可以转让,中国单位或者个人向外国人、外国企业或者外国其他组织转让专利权的,应当依照有关法律、行政法规的规定办理手续。转让专利权的,当事人应当订立书面合同,并向国务院专利行政部门登记,由国务院专利行政部门予以公告。专利权的转让自登记之日起生效。

(7)许可权。专利权人享有许可他人实施其专利的权利。任何单位或者个人实施他人专利的,应当与专利权人订立实施许可合同,向专利权人支付专利使用费;被许可人无权允许合同规定以外的任何单位或者个人实施该专利。发明专利申请公布后,申请人可以要求实施其发明的单位或者个人支付适当的费用。但在有法律依据的情形下(如国家推广应用、强制许可),可以不经专利权人许可,但被许可人应向专利权人支付许可费。

(8)标记权。专利权人有权在其专利产品或该产品包装上标明专利标记和专利号的权利。

(二)专利权的保护范围

专利权的保护范围是指发明、实用新型和外观设计专利权的法律效力所及的范围。专利权是一种无形财产权,由法律明确规定专利权的保护范围,划清专利侵权与非侵权的界限,既有利于依法充分保护专利权人的合法权益,又可以避免不适当地扩大专利保护的范围,损害专利权人以外的社会公众的利益。

发明或者实用新型专利权的保护范围,以其权利要求的内容为准,说明书及附图可以用于解释权利要求。包括两层含义:

(1)一项发明创造专利权的保护范围,须以其权利要求为准,即以由专利申请人提出的并经国务院专利行政主管部门批准的权利要求书中所记载的权利要求为准,不小于也不得超出权利要求书中所记载的权利要求的范围。

(2)说明书及附图对权利要求具有解释的功能,可以作为解释权利要求的依据。但是,相对权利要求而言,说明书及附图只具有从属的地位,不能单以其作为发明或者实用新型专利权保护的基本依据,基本依据只能是权利要求书。

外观设计专利权的保护范围,以表示在图片或者照片中的该外观设计专利产品为准。外观设计专利权的保护范围,以体现该产品外观设计的图片或者照片为基本依据。需要说明的是,外观设计专利权所保护的“表示在图片或者照片中的该外观设计专利产品"的范围,应当是同类产品的范围,不是同类产品,即使外观设计相同,也不能认为是侵犯了专利权。

(三)侵犯专利权的行为及例外

侵犯专利权的行为是指,除法律另有规定外,在专利权有效期内,未经专利权人的许可,以营利为目的实施他人专利的行为。

由于专利权是一种独占的、垄断的权利,过分的垄断会给社会公众利益带来不利的影响。公正的专利制度应平衡专利权人和社会公众的利益,专利法有必要对专利权人的独占权加以限制。

1. 侵犯专利权的行为

(1)未经专利权人的许可,实施其专利的行为。包括:未经专利权人许可,为生产经营目的制造、使用、许诺销售、销售、进口其专利产品,或者使用其专利方法以及使用、许诺销售、销售、进口依照该专利方法直接获得的产品;未经专利权人许可,为生产经营目的制造、许诺销售、销售、进口其外观设计产品。

(2)假冒专利。包括:在未被授予专利权的产品或者其包装上标注专利标识,专利权被宣告无效后或者终止后继续在产品或者其包装上标注专利标识,或者未经许可在产品或者产品包装上标注他人的专利号;销售前述产品;在产品说明书等材料中将未被授予专利权的技术或者设计称为专利技术或者专利设计,将专利申请称为专利,或者未经许可使用他人的专利号,使公众将所涉及的技术或者设计误认为是专利技术或者专利设计;伪造或者变造专利证书、专利文件或者专利申请文件;其他使公众混淆,将未被授予专利权的技术或者设计误认为是专利技术或者专利设计的行为。专利权终止前依法在专利产品、依照专利方法直接获得的产品或者其包装上标注专利标识,在专利权终止后许诺销售、销售该产品的,不属于假冒专利行为。销售不知道是假冒专利的产品,并且能够证明该产品合法来源的,由管理专利工作的部门责令停止销售,但免除罚款的处罚。

2. 不视为侵犯专利权的行为

(1)权利穷竭。权利穷竭也称权利用尽。意指经专利权人或者专利权人许可出售专利产品之后,任何在此种情形下购买了该专利产品的人可以任何方式使用该专利产品,或者进一步转让、出售、赠与该专利产品,不构成侵权。

(2)在先使用。在先使用也称先用权制度,是指非专利权人在专利申请日前已经制造相同产品、使用相同方法或者已经做好制造、使用的准备,在专利权人获得专利权后,非专利权人有权在原有的范围内继续制造、使用该专利技术,不视为侵犯专利权。

(3)临时过境。临时通过中国领陆、领水、领空的外国运输工具,依照其所属国同中国签订的协议或者共同参加的国际条约,或者依照互惠原则,为运输工具自身需要而在其装置和设备中使用有关专利的,不视为侵犯专利权。

(4)为科研和实验的使用。专为科学研究和实验而使用有关专利的,不视为侵犯专利权。

(5)药品及医疗器械强制审查例外。为提供行政审批所需要的信息，制造、使用、进口专利药品或者专利医疗器械的，以及专门为其制造、进口专利药品或者专利医疗器械的，不视为侵犯专利权。

3. 侵权诉讼中的抗辩

我国《专利法》第六十二条规定，在专利侵权纠纷中，被控侵权人有证据证明其实施的技术或者设计属于现有技术或者现有设计的，不构成侵犯专利权。

4. 强制许可

强制许可是指国务院专利行政部门可以不经专利权人同意，直接向申请实施专利技术的申请人颁发专利强制许可证的制度。由于强制许可没有经得专利权人的许可，因此应当在法定的范围适用。

我国《专利法》第四十八条规定，有下列情形之一的，国务院专利行政部门根据具备实施条件的单位或者个人的申请，可以给予实施发明专利或者实用新型专利的强制许可：专利权人自专利权被授予之日起满 3 年，且自提出专利申请之日起满 4 年，无正当理由未实施或者未充分实施其专利的；专利权人行使专利权的行为被依法认定为垄断行为，为消除或者减少该行为对竞争产生不利影响的。

我国《专利法》第四十九条规定，在国家出现紧急状态或者非常情况时，或者为了公共利益的目的，国务院专利行政部门可以给予实施发明专利或者实用新型专利的强制许可。

我国《专利法》第五十条规定，为了公共健康目的，对取得专利权的药品，国务院专利行政部门可以给予制造并将其出口到符合中华人民共和国参加的有关国际条约规定的国家或者地区的强制许可。

我国《专利法》第五十一条规定，一项取得专利权的发明或者实用新型比前已经取得专利权的发明或者实用新型具有显著经济意义的重大技术进步，其实施又有赖于前一发明或者实用新型的实施的，国务院专利行政部门根据后一专利权人的申请，可以给予实施前一发明或者实用新型的强制许可。在前述规定给予实施强制许可的情形下，国务院专利行政部门根据前一专利权人的申请，也可以给予实施后一发明或者实用新型的强制许可。

国务院专利行政部门作出的给予实施强制许可的决定，应当及时通知专利权人，并予以登记和公告。给予实施强制许可的决定，应当根据强制许可的理由规定实施的范围和时间。强制许可的理由消除并不再发生时，国务院专利行政部门应当根据专利权人的请求，经审查后作出终止实施强制许可的决定。取得实施强制许可的单位或者个人不享有独占的实施权，并且无权允许他人实施。取得实施强制许可的单位或者个人应当付给专利权人合理的使用费，或者依照中华人民共和国参加的有关国际条约的规定处理使用费问题。付给使用费的,其数额由双方协商;双方不能达成协议的,由国务院专利行政部门裁决。

专利权人对国务院专利行政部门关于实施强制许可的决定不服的,专利权人和取得实施强制许可的单位或者个人对国务院专利行政部门关于实施强制许可的使用费的裁决不服的,可以自收到通知之日起 3 个月内向人民法院起诉。

5. 国家推广应用

我国《专利法》第十四条规定,国有企业事业单位的发明专利对国家利益或者公共利益具有重大意义的,国务院有关主管部门和省、自治区、直辖市人民政府报经国务院批准,可以决定在批准的范围内推广应用,允许指定的单位实施,由实施单位按照国家规定向专利权人支付使用费。

七、专利权的期限、终止和无效

(一)专利权的期限

发明专利权的期限为 20 年,实用新型专利权和外观设计专利权的期限为 10 年,均自申请日起计算。

(二)专利权的终止

有下列情形之一的,专利权在期限届满前终止:没有按照规定缴纳年费的;专利权人以书面声明放弃其专利权的。专利权在期限届满前终止的,由国务院专利行政部门登记和公告。

(三)专利权的无效

自国务院专利行政部门公告授予专利权之日起,任何单位或者个人认为该专利权的授予不符合专利法有关规定的,可以请求专利复审委员会宣告该专利权无效。

专利复审委员会对宣告专利权无效的请求应当及时审查和作出决定,并通知请求人和专利权人。宣告专利权无效的决定,由国务院专利行政部门登记和公告。对专利复审委员会宣告专利权无效或者维持专利权的决定不服的,可以自收到通知之日起 3 个月内向人民法院起诉。人民法院应当通知无效宣告请求程序的对方当事人作为第三人参加诉讼。

宣告无效的专利权视为自始即不存在。宣告专利权无效的决定,对在宣告专利权无效前人民法院作出并已执行的专利侵权的判决、调解书,已经履行或者强制执行的专利侵权纠纷处理决定,以及已经履行的专利实施许可合同和专利权转让合同,不具有追溯力。但是因专利权人的恶意给他人造成的损失,应当给予赔偿。依照前述规定不返还专利侵权赔偿金、专利使用费、专利权转让费,明显违反公平原则的,应当全部或者部分返还。

第三节　商标法律制度

一、商标、商标法概述

(一)商标的概念及作用

商标，是商品和服务的标记，一般用文字、图形、字母、数字、三维标志和颜色及其组合、声音来表示，具有显著特征，便于识别。商标除了具有将一个生产经营者所提供的商品或服务与其他生产经营者所提供的同类商品或服务区别开来的作用，还能够起到广告宣传、质量保证等作用。另外，注册商标是商标专有权人的一项无形资产，权利人依法可以将其商标权投资入股、质押、转让或者许可他人使用。

(二)商标的种类

从不同角度观察，商标可以有以下几种类型：

1. 商品商标和服务商标

这是根据商标标示对象的不同所做的划分。商品商标是使用于商品，用以区别不同经营者所提供的商品的专用标记；服务商标是提供服务的经营者为将自己提供的服务与他人提供的服务相区别而使用的商标。

2. 注册商标和未注册商标

根据商标是否登记注册，可将商标划分为注册商标和未注册商标。注册商标是指已经在商标注册主管机构获准注册的商标。未注册商标是指已经使用但未经商标注册主管机构获准注册的商标。

3. 文字商标、图形商标、字母商标、数字商标、三维标志商标、颜色组合商标、组合商标、声音商标

这是根据商标的构成要素进行的分类。

文字商标是由纯文字构成的商标，既可以是中文，也可以是外文。中文包括汉字、汉语拼音和少数民族文字。

图形商标是由纯图形构成的商标。字母商标是由纯字母构成的商标。数字商标是由纯数字构成的商标。

三维标志商标，即立体商标，指由长宽高三维组成的商标。三维标志往往表现为商品的外形或商品的包装特有的形状。

颜色商标，是指由几种不同的颜色按照一定的规则组合而成的商标，但单一的颜色不得作为商标。

组合商标，指由各种符号要素组合而成的商标。此类商标往往图文并茂，表形表意结合。

声音商标，指足以使相关消费者区别商品或服务来源的声音。声音商标是以听觉而非视觉的方法，作为区别商品或服务的交易来源。该商标识别性的判断，须具有足以使消费者认识，表彰商品或服务来源，并借以与他人之商品或服务相区别，始得准予注册。

4. 证明商标、集体商标

这是根据商标具有的特殊作用所做的划分。

证明商标，是指由对某种商品或者服务具有监督能力的组织所控制，而由该组织以外的单位或者个人使用于其商品或者服务，用以证明该商品或者服务的原产地、原料、制造方法、质量或者其他特定品质的标志。

集体商标，是指以团体、协会或者其他组织名义注册，供该组织成员在商事活动中使用，以表明使用者在该组织中的成员资格的标志。

5. 等级商标和防卫商标

等级商标是指同一经营者对同类商品因规格、质量不同而使用的系列商标，其作用在于区别同一经营者的不同规格、不同质量的同类商品。等级商标可以一并申请注册，一并转让或许可他人使用，其中某一个商标被注销或撤销，不影响其他商标的存在，因而等级商标中的系列商标具有相对的独立性。

二、商标注册

(一)商标注册的概念

商标注册是指自然人、法人或者其他组织在生产经营活动中，对其商品或者服务需要取得商标专用权，依照法定程序向国家商标局提出申请，经过审核予以注册的法律活动。经商标局注册的商标为注册商标，商标注册人享有商标专用权，受法律保护。

(二)商标注册的原则

1. 自愿注册和强制注册相结合的原则

自愿注册是指商标使用人是否申请商标注册完全取决于自己的意愿。我国大部分商标采取自愿注册原则。法律、行政法规规定必须使用注册商标的商品(卷烟、雪茄烟、有包装的烟丝)的生产经营者，必须申请商标注册，未经核准注册的商品不得在市场销售。

除必须使用注册商标的商品外，商标无论注册与否都可以使用，但只有注册商标才受到商标法律制度的保护。

2. 诚实信用原则

申请注册商标，应遵循诚实信用原则。诚实信用原则要求商标申请人在申请注册商标的活动中，以善意为之，不得为谋取自己的利益去损害他人的合法权益和社会公共利益。我国《商标法》第三十二条规定的“申请商标注册不得损害他人现有的在先权利，也不得以不正当手段抢先注册他人已经使用并有一定影响的商标”，即是诚实信用原则的体现。

3. 显著原则

申请注册的商标，应当具有显著性，便于识别，并不得与他人在先取得的合法权利相冲突。

诉争商标为外文标志时，人民法院应当根据中国境内机关公众的通常认识，对该外文商标是否具有显著特征进行审查判断。标志中外文的固有含义可能影响其在指定使用商品上的显著特征，但相关公众对该固有含义的认知程度较低，能够以该标志识别商品来源的，可以认定其具有显著特征。

仅以商品自身形状或者自身形状的一部分作为三维标志申请注册商标，相关公众一般情况下不易将其识别为指示商品来源标志的，该三维标志不具有作为商标的显著特征。但该标志经过长期或者广泛使用，相关公众能够通过该标志识别商品来源的，可以认定该标志具有显著特征。该形状系申请人所独创或者最早使用并不能当然导致其具有作为商标的显著特征。

4. 先申请原则

两个或者两个以上的商标注册申请人，在同一种商品或者类似商品上，以相同或者近似的商标申请注册的，初步审定并公告申请在先的商标；同一天申请的，初步审定并公告使用在先的商标，驳回其他人的申请，不予公告。

两个或者两个以上的申请人，在同一种商品或者类似商品上，分别以相同或者近似的商标在同一天申请注册的，各申请人应当自收到商标局通知之日起 30 日内提交其申请注册前在先使用该商标的证据。同日使用或者均未使用的，各申请人可以自收到商标局通知之日起 30 日内自行协商，并将书面协议报送商标局；不愿协商或者协商不成的，商标局通知各申请人以抽签的方式确定一个申请人，驳回其他人的注册申请。商标局已经通知但申请人未参加抽签的，视为放弃申请，商标局应当书面通知未参加抽签的申请人。

5. 商标合法原则

申请注册的商标不得使用法律禁止的标志。

(1)不得作为商标使用的标志。同中华人民共和国的国家名称、国旗、国徽、国歌、军旗、军徽、军歌、勋章相同或者近似的，以及同中央国家机关的名称、标志、所在地特定地点的名称或者标志性建筑物的名称、图形相同的；同外国的国家名称、国旗、国徽、军旗等相同或者近似的，但该国政府同意的除外；同政府间国际组织的名称、旗帜、徽记等相同或者近似的，但经该组织同意或者不易误导公众的除外；与表明实施控制、予以保证的官方标志、检验印记相同或者近似的，但经授权的除外；同“红十字”“红新月”的名称、标志相同或者近似的；带有民族歧视性的；带有欺骗性，容易使公众对商品的质量等特点或者产地产生误认的；有害于社会主义道德风尚或者有其他不良影响的。县级以上行政区划的地名或者公众知晓的外国地名，不得作为商标，但是，地名具有其他含义或者作为集体商标、证明商标组成部分的除外；已经注册的使用地名的商标继续有效。前述不得作为商标使用的标志，也不能作为商标注册。

商标标志由县级以上行政区划的地名或者公众知晓的外国地名和其他要素组成，如果整体上具有区别于地名的含义，人民法院应当认定其不属于商标法规定的不得作为商标使用的情形。

(2)不得作为商标注册的标志。仅有本商品的通用名称、图形、型号的；仅直接表示商品的质量、主要原料、功能、用途、重量、数量及其他特点的；其他缺乏显著特征的。前述所列标志经过使用取得显著特征，便于识别的，可以作为商标注册。

诉争商标属于法定的商品名称或者约定俗成的商品名称的，人民法院应当认定其属于商标法所指的通用名称。依据法律规定或者国家标准、行业标准属于商品通用名称的，应当认定为通用名称。相关公众普遍认为某一名称能够指代一类商品的，应当认定为约定俗成的通用名称。被专业工具书、辞典等列为商品名称的，可以作为认定约定俗成的通用名称的参考。约定俗成的通用名称一般以全国范围内相关公众的通常认识为判断标准。对于由于历史传统、风土人情、地理环境等原因形成的相关市场固定的商品，在该相关市场内通用的称谓，人民法院可以认定为通用名称。诉争商标申请人明知或者应知其申请注册的商标为部分区域内约定俗成的商品名称的，人民法院可以视其申请注册的商标为通用名称。人民法院审查判断诉争商标是否属于通用名称，一般以商标申请日时的事实状态为准。核准注册时事实状态发生变化的，以核准注册时的事实状态判断其是否属于通用名称。

商标标志只是或者主要是描述、说明所使用商品的质量、主要原料、功能、用途、重量、数量、产地等的，人民法院应当认定其属于商标法所称“仅直接表示商品的质量、主要原料、功能、用途、重量、数量及其他特点的”情形。商标标志或者其构成要素暗示商品的特点，但不影响其识别商品来源功能的，不属于该项所规定的情形。

以三维标志申请注册商标的，仅由商品自身的性质产生的形状、为获得技术效果而需有的商品形状或者使商品具有实质性价值的形状，不得注册。

(3)不予注册并禁止使用的标志。就相同或者类似商品申请注册的商标是复制、模仿或者翻译他人未在中国注册的驰名商标，容易导致混淆的，不予注册并禁止使用。

当事人依据该规定主张诉争商标构成对其未注册的驰名商标的复制、模仿或者翻译而不应予以注册或者应予无效的，人民法院应当综合考量如下因素以及因素之间的相互影响，认定是否容易导致混淆：商标标志的近似程度；商品的类似程度；请求保护商标的显著性和知名程度；相关公众的注意程度；其他相关因素。商标申请人的主观意图以及实际混淆的证据可以作为判断混淆可能性的参考因素。

就不相同或者不相类似商品申请注册的商标是复制、模仿或者翻译他人已经在中国注册的驰名商标，误导公众，致使该驰名商标注册人的利益可能受到损害的，不予注册并禁止使用。当事人依据该规定主张诉争商标构成对其已注册的驰名商标的复制、模仿或者翻译而不应予以注册或者应予无效的，人民法院应当综合考虑如下因素，以认定诉争商标的使用是否足以使相关公众认为其与驰名商标具有相当程度的联系，从而误导公众，致使驰名商标注册人的利益可能受到损害：引证商标的显著性和知名程度；商标标志是否足够近似；指定使用的商品情况；相关公众的重合程度及注意程度；与引证商标近似的标志被其他市场主体合法使用的情况或者其他相关因素。

未经授权，代理人或者代表人以自己的名义将被代理人或者被代表人的商标进行注册，被代理人或者被代表人提出异议的，不予注册并禁止使用。商标代理人、代表人或者经销、代理等销售代理关系意义上的代理人、代表人未经授权，以自己的名义，将与被代理人或者被代表人的商标相同或者近似的商标在相同或者类似商品上申请注册的，人民法院适用商标法"不予注册并禁止使用"的规定进行审理。

商标中有商品的地理标志，而该商品并非来源于该标志所标示的地区，误导公众的，不予注册并禁止使用；但是，已经善意取得注册的继续有效。所称地理标志，是指标示某商品来源于某地区，该商品的特定质量、信誉或者其他特征，主要由该地区的自然因素或者人文因素所决定的标志。地理标志利害关系人依据该规定主张他人商标不应予以注册或者应予无效，如果诉争商标指定使用的商品与地理标志产品并非相同商品，而地理标志利害关系人能够证明诉争商标使用在该产品上仍然容易导致相关公众误认为该产品来源于该地区并因此具有特定的质量、信誉或者其他特征的，人民法院予以支持。如果该地理标志已经注册为集体商标或者证明商标，集体商标或者证明商标的权利人或者利害关系人可选择依据该规定或者另行依据商标法"不予注册并禁止使用""驳回申请并不予公告"等主张权利。

(4)在先权利的保护。《商标法》第三十二条规定，申请商标注册不得损害他人现有的在先权利，也不得以不正当手段抢先注册他人已经使用并有一定影响的商标。

在先权利，包括当事人在诉争商标申请日之前享有的民事权利或者其他应予保护的合法权益。诉争商标核准注册时在先权利已不存在的，不影响诉争商标的注册。

当事人主张诉争商标损害其在先著作权的，人民法院应当依照著作权法等相关规定，对所主张的客体是否构成作品、当事人是否为著作权人或者其他有权主张著作权的利害关系人以及诉争商标是否构成对著作权的侵害等进行审查。商标标志构成受著作权法保护的作品的，当事人提供的涉及商标标志的设计底稿、原件、取得权利的合同、诉争商标申请日之前的著作权登记证书等，均可以作为证明著作权归属的初步证据。商标公告、商标注册证等可以作为确定商标申请人为有权主张商标标志著作权的利害关系人的初步证据。

当事人主张诉争商标损害其姓名权，如果相关公众认为该商标标志指代了该自然人,容易认为标记有该商标的商品系经过该自然人许可或者与该自然人存在特定联系的,人民法院应当认定该商标损害了该自然人的姓名权。当事人以其笔名、艺名、译名等特定名称主张姓名权,该特定名称具有一定的知名度,与该自然人建立了稳定的对应关系,相关公众以其指代该自然人的,人民法院予以支持。

当事人主张的字号具有一定的市场知名度,他人未经许可申请注册与该字号相同或者近似的商标,容易导致相关公众对商品来源产生混淆,当事人以此主张构成在先权益的,人民法院予以支持。当事人以具有一定市场知名度并已与企业建立稳定对应关系的企业名称的简称为依据提出主张的,适用前述规定。

对于著作权保护期限内的作品,如果作品名称、作品中的角色名称等具有较高知名度,将其作为商标使用在相关商品上容易导致相关公众误认为其经过权利人的许可或者与权利人存在特定联系,当事人以此主张构成在先权益的,人民法院予以支持。

在先使用人主张商标申请人以不正当手段抢先注册其在先使用并有一定影响的商标的,如果在先使用商标已经有一定影响,而商标申请人明知或者应知该商标,即可推定其构成"以不正当手段抢先注册"。但商标申请人举证证明其没有利用在先使用商标商品的恶意的除外。在先使用人举证证明其在先商标有一定的持续使用时间、区域、销售量或者广告宣传的,人民法院可以认定为有一定影响。在先使用人主张商标申请人在与其不相类似的商品上申请注册其在先使用并有一定影响的商标,违反《商标法》第三十二条规定的,人民法院不予支持。

(三)驰名商标的认定

驰名商标应当根据当事人的请求,作为处理涉及商标案件需要认定的事实进行认定。认定驰名商标应当考虑下列因素:相关公众对该商标的知晓程度;该商标使用的持续时间;该商标的任何宣传工作的持续时间、程度和地理范围;该商标作为驰名商标受保护的记录;该商标驰名的其他因素。

商标权人自行使用、他人经许可使用以及其他不违背商标权人意志的使用,均可认定为商标法所称的使用。实际使用的商标标志与核准注册的商标标志有细微差别,但未改变其显著特征的,可以视为注册商标的使用。没有实际使用注册商标,仅有转让或者许可行为,或者仅是公布商标注册信息、声明享有注册商标专用权的,不认定为商标使用。商标权人有真实使用商标的意图,并且有实际使用的必要准备,但因其他客观原因尚未实际使用注册商标的,人民法院可以认定其有正当理由。

(四)商标注册申请

申请商标注册的,应当按规定的商品分类表填报使用商标的商品类别和商品名称。商标注册申请人可以通过一份申请就多个类别的商品申请注册同一商标。商标注册申请等有关文件,可以以书面方式或者数据电文方式提出。注册商标需要在核定使用范围之外的商品上取得商标专用权的,应当另行提出注册申请。注册商标需要改变其标志的，应当重新提出注册申请。

商标注册申请人自其商标在外国第一次提出商标注册申请之日起6个月内，又在中国就相同商品以同一商标提出商标注册申请的，依照该外国同中国签订的协议或者共同参加的国际条约，或者按照相互承认优先权的原则，可以享有优先权。依照规定要求优先权的，应当在提出商标注册申请的时候提出书面声明，并且在3个月内提交第一次提出的商标注册申请文件的副本；未提出书面声明或者逾期未提交商标注册申请文件副本的，视为未要求优先权。

（五）商标注册的审核

对申请注册的商标，商标局应当自收到商标注册申请文件之日起9个月内审查完毕，符合《商标法》有关规定的，予以初步审定公告。对初步审定的商标，自公告之日起3个月内，在先权利人、利害关系人或者任何人认为违反相关《商标法》规定的，可以向商标局提出异议。公告期后无异议的，予以核准注册，发给商标注册证，并予公告。

对驳回申请、不予公告的商标，商标局应当书面通知商标注册申请人。商标注册申请人不服的，可以自收到通知之日起15日内向商标评审委员会申请复审。商标评审委员会应当自收到申请之日起9个月内做出决定，并书面通知申请人。有特殊情况需要延长的，经国务院工商行政管理部门批准，可以延长3个月。当事人对商标评审委员会的决定不服的，可以自收到通知之日起30日内向人民法院起诉。

对初步审定公告的商标提出异议的，商标局应当听取异议人和被异议人陈述事实和理由，经调查核实后，自公告期满之日起12个月内做出是否准予注册的决定，并书面通知异议人和被异议人。有特殊情况需要延长的，经国务院工商行政管理部门批准，可以延长6个月。商标局做出准予注册决定的，发给商标注册证，并予公告。异议人不服的，可以依照规定向商标评审委员会请求宣告该注册商标无效。商标局做出不予注册决定，被异议人不服的，可以自收到通知之日起15日内向商标评审委员会申请复审。商标评审委员会应当自收到申请之日起12个月内做出复审决定，并书面通知异议人和被异议人。有特殊情况需要延长的，经国务院工商行政管理部门批准，可以延长6个月，可以自收到通知之日起15日内向商标评审委员会申请复审，由商标评审委员会做出裁定，并书面通知异议人和被异议人。

被异议人对商标评审委员会的决定不服的，可以自收到通知之日起30日内向人民法院起诉。人民法院应当通知异议人作为第三人参加诉讼。商标评审委员会在依照前述规定进行复审的过程中，所涉及的在先权利的确定必须以人民法院正在审理或者行政机关正在处理的另一案件的结果为依据的，可以中止审查。中止原因消除后，应当恢复审查程序。法定期限届满，当事人对商标局做出的驳回申请决定、不予注册决定不申请复审或者对商标评审委员会做出的复审决定不向人民法院起诉的，驳回申请决定、不予注册决定或者复审决定生效。经审查异议不成立而准予注册的商标，商标注册申请人取得商标专用权的时间自初步审定公告3个月期满之日起计算。自该商标公告期满之日起至准予注册决定做出前，对他人在同一种或者类似商品上使用与该商标相同或者近似的标志的行为不具有追溯力；但是，因该使用人的恶意给商标注册人造成的损失，应当给予赔偿。

商标注册申请人或者注册人发现商标申请文件或者注册文件有明显错误的，可以申请更正。商标局依法在其职权范围内作出更正，并通知当事人。更正错误不涉及商标申请文件或者注册文件的实质性内容。

三、注册商标的续展、变更、转让和使用许可

（一）注册商标的续展

注册商标的有效期为10年，自核准注册之日起计算。注册商标有效期满，需要继续使用的，商标注册人应当在期满前12个月内按照规定办理续展手续；在此期间未能办理的，可以给予6个月的宽展期。宽展期满仍未提出申请的，注销其注册商标。每次续展注册的有效期为10年。续展注册经核准后，予以公告。

（二）注册商标的变更

注册商标需要变更注册人的名义、地址或者其他注册事项的，应当提出变更申请。

（三）注册商标的转让

转让注册商标的，转让人和受让人应当签订转让协议，并共同向商标局提出申请。受让人应当保证使用该注册商标的商品质量。转让注册商标的，商标注册人对其在同一种商品上注册的近似的商标，或者在类似商品上注册的相同或者近似的商标，应当一并转让。对容易导致混淆或者有其他不良影响的转让，商标局不予核准，书面通知申请人并说明理由。转让注册商标经核准后，予以公告。受让人自公告之日起享有商标专用权。

（四）注册商标的使用许可

商标注册人可以通过签订商标使用许可合同，许可他人使用其注册商标。许可人应当监督被许可人使用其注册商标的商品质量。被许可人应当保证使用该注册商标的商品质量。经许可使用他人注册商标的，必须在使用该注册商标的商品上标明被许可人的名称和商品产地。许可他人使用注册商标的，许可人应当将其商标使用许可报商标局备案，由商标局公告。商标使用许可未经备案不得对抗善意第三人。

四、商标使用的管理

商标注册人在使用注册商标的过程中，自行改变注册商标、注册人名义、地址或者其他注册事项的，由地方工商行政管理部门责令限期改正；期满不改正的，由商标局撤销其注册商标。注册商标成为其核定使用的商品的通用名称或者没有正当理由连续3年不

使用的，任何单位或者个人可以向商标局申请撤销该注册商标。商标局应当自收到申请之日起9个月内做出决定。有特殊情况需要延长的，经国务院工商行政管理部门批准，可以延长3个月。注册商标被撤销、被宣告无效或者期满不再续展的，自撤销、宣告无效或者注销之日起1年内，商标局对与该商标相同或者近似的商标注册申请，不予核准。

五、注册商标专用权的保护

注册商标专用权，是指商标注册人对其拥有的注册商标享有的独占权，包括使用权、处分权、收益权、标记权等。注册商标的专用权，以核准注册的商标和核定使用的商品为限。

根据《商标法》第五十七条的规定，有下列行为之一的，均属侵犯注册商标专用权：未经商标注册人的许可，在同一种商品上使用与其注册商标相同的商标的；未经商标注册人的许可，在同一种商品上使用与其注册商标近似的商标，或者在类似商品上使用与其注册商标相同或近似的商标，容易导致混淆的；销售侵犯注册商标专用权的商品的；伪造、擅自制造他人注册商标标识或者销售伪造、擅自制造的注册商标标识的；未经商标注册人同意，更换其注册商标并将该更换商标的商品又投入市场的；故意为侵犯他人商标专用权行为提供便利条件，帮助他人实施侵犯商标专用权行为的；给他人的注册商标专用权造成其他损害的。

因侵犯注册商标专有权行为引起纠纷的，由当事人协商解决；不愿协商或者协商不成的，商标注册人或者利害关系人可以向人民法院起诉，也可以请求工商行政管理部门处理。工商行政管理部门处理时，认定侵权行为成立的，责令立即停止侵权行为，没收、销毁侵权商品和专门用于制造侵权商品、伪造注册商标标识的工具，违法经营额5万元以上的，可以处违法经营额5倍以下的罚款，没有违法经营额或者违法经营额不足5万元的，可以处25万元以下的罚款。对5年内实施两次以上商标侵权行为或者有其他严重情节的，应当从重处罚。销售不知道是侵犯注册商标专用权的商品，能证明该商品是自己合法取得并说明提供者的，由工商行政管理部门责令停止销售。对侵犯商标专用权的赔偿数额的争议，当事人可以请求进行处理的工商行政管理部门调解，也可以依照《中华人民共和国民事诉讼法》向人民法院起诉。经工商行政管理部门调解，当事人未达成协议或者调解书生效后不履行的，当事人可以依照《中华人民共和国民事诉讼法》向人民法院起诉。

侵犯商标专用权的赔偿数额，按照权利人因被侵权所受到的实际损失确定，实际损失难以确定的，可以按照侵权人因侵权所获得的利益确定；权利人的损失或者授权人获得的利益难以确定的，参照该商标许可使用费的倍数合理确定。对恶意侵犯商标专用权，情节严重的，可以在按照上述方法确定数额的1倍以上3倍以下确定赔偿数额。赔偿数额应当包括权利人为制止侵权行为所支付的合理开支。人民法院为确定赔偿数额，在权利人已经尽力举证,而与侵权行为相关的账簿、资料主要由侵权人掌握的情况下,可以责令侵权人提供与侵权行为相关的账簿、资料;侵权人不提供或者提供虚假的账簿、资料的,人民法院可以参考权利人的主张和提供的证据判定赔偿数额。权利人因被侵权所受到的实际损失、侵权人因侵权所获得的利益、注册商标许可使用费难以确定的,由人民法院根据侵权行为的情节判决给予 300 万元以下的赔偿。注册商标专用权人请求赔偿,被控侵权人以注册商标专用权人未使用注册商标提出抗辩的,人民法院可以要求注册商标专用权人提供此前 3 年内实际使用该注册商标的证据。注册商标专用权人不能证明此前 3 年内实际使用过该注册商标,也不能证明因侵权行为受到其他损失的,被控侵权人不承担赔偿责任。销售不知道是侵犯注册商标专用权的商品,能证明该商品是自己合法取得的并说明提供者的,不承担赔偿责任。

第十章　财政法律制度

导入案例

某省举办大型扶贫物资采购，总金额500万元。因为时间紧急，若采用公开招标的方式无法满足采购需求，因此采购中心接到任务后，考虑到该批货物规格、标准统一，且货源充足，经中心领导研究，决定采用询价采购的方式，并迅速成立了项目小组。经过采购中心的努力，在核实了项目需求后，以最快的速度发出了询价单，询价单明确规定了最低价成交。5天后，采购大会如约举行，除了有关部门领导到场外，纪检、监察以及采购办均派人参加了大会，并进行全程监督。在采购过程中，根据会场领导要求，采购中心组织的专家组先与每位供应商进行了谈判，同时还要求他们对自己在询价单上的报价做出了相应的调整。报价结束后，根据各供应商二次报价的情况及各单位的资质情况，专家组进行了综合评分，并根据得分的高低向领导小组推举本次采购各个分包的项目中标候选人，圆满完成了采购任务。请问：该采购中心的采购做法是否规范、合法？

根据政府采购法规定，公开招标应作为政府采购的主要方式。因特殊情况需要采用其他采购方式的，应当在采购活动开始前获得设区的市、自治州以上人民政府采购监督管理部门的批准。本案例由于时间问题，且“该批货物规格、标准统一，且货源充足”，因此选择询价方式是正确的。

政府采购法规定，在询价中询价小组应要求被询价的供应商一次报出不得更改的价格，同时应根据符合采购需求、质量和服务相等且报价最低的原则确定成交供应商，并将结果通知所有被询价的未成交供应商。本案例不仅让供应商“二次报价”，且违背“低价成交”的原则，通过综合评分的方式最后确定成交供应商。此做法更像是竞争性谈判采购，说明了采购中心在操作行为上的不规范与不合法。

第一节 预算法律制度

一、预算法律制度的构成

预算法律制度是经过法定程序制定的，用以调整国家预算关系的法律、行政法规和相关的规章制度。我国预算法律制度主要由《预算法》《预算法实施条例》及有关国家预算管理的其他法规制度构成。

(一)《预算法》

《中华人民共和国预算法》(简称《预算法》)于 1994 年 3 月 2 日由第八届全国人民代表大会第二次会议通过，自 1995 年 1 月 1 日起施行。该法律是我国第一部财政基本法律，是我国国家预算管理工作的根本性法律，是制定其他预算法规的基本依据。

(二)《预算法实施条例》

《中华人民共和国预算法实施条例》(简称《预算法实施条例》)由国务院于 1995 年 11 月 22 日颁布，并自颁布之日起施行。该条例的制定依据是《预算法》，它是《预算法》有关规定的具体和细化。

二、国家预算

(一)国家预算的概念

国家预算，是指经法定程序批准的国家年度财政收支计划，是国家进行财政分配的依据和宏观调控的重要手段。

我国国家预算是具有法律效力的基本财政计划，是国家为了实现政治经济任务，有计划地集中和分配财政收入的重要工具，是国家经济政策的反映。我国的预算收入采取税收等形式，是社会主义经济的内部积累；我国的预算支出，主要用于经济建设和国防、文化、教育、科学、卫生、社会福利等各项事业。

(二)国家预算的作用

国家预算是国家财政分配和宏观调控的主要手段，它具有分配、调控和监督职能。国家预算的作用主要包括以下三方面：

1. 财力保证作用

国家预算是保障国家机器运转的物质条件，是政府实施各项社会经济政策的有效保证。

2. 调节制约作用

国家预算是国家财政实行宏观控制的主要依据和主要手段。国家预算的收支规模可调节社会总供给和总需求的平衡，预算支出的结构可调节国民经济结构。国家预算的编制和执行情况对国民经济和社会发展起着直接的制约作用。

3. 反映监督作用

国家预算是国民经济的综合反映，预算收入反映国民经济发展规模和经济效益水平，预算支出反映各项建设事业发展的基本情况。通过国家预算的编制和执行，便于监督和掌握国民经济的运行状况、发展趋势及出现的问题，从而采取相应的对策措施，促进国民经济稳定、协调地发展。

（三）国家预算的级次划分

我国的国家预算级次是根据国家政权结构、行政区划以及行政管理体制的要求确定的。我国实行一级政府一级预算，因而我国的国家预算共有五级，具体为：(1)中央预算。(2)省级（省、自治区、直辖市）预算。(3)地市级（设区的市、自治州）预算。(4)县市级（县、自治县、不设区的市、市辖区）预算。(5)乡镇级（乡、民族乡、镇）预算。

《预算法》规定，不具备设立预算条件的乡、民族乡、镇，经省、自治区、直辖市人民政府确定，可以暂不设立预算。

（四）国家预算的构成

我国的国家预算可以分为中央预算、地方预算、各级总预算和部门预算、单位预算。各级预算都要实行收支平衡的原则。

国家预算根据政府级次的不同分为中央预算和地方预算。

1. 中央预算

中央预算是中央政府的财政收支计划，由中央各部门（含直属单位）的预算组成，包括地方向中央上解的收入数额和中央返还地方或者补助地方的数额。此处的“中央各部门”是指与财政部直接发生预算缴款、拨款关系的国家机关、军队、政党组织和社会团体；此处的“直属单位”是指与财政部直接发生预算缴款、拨款关系的企业和事业单位。

2. 地方预算

地方预算是地方政府的财政收支计划，是国家预算的有机组成部分，由各省、自治区、直辖市的总预算组成。

地方各级政府预算由本级各部门（含直属单位）的预算组成，包括下级政府上解上级政府的收入数额，上级政府返还或者补助下级政府的数额。此处的“本级各部门”是指与本级政府财政部门直接发生预算缴款、拨款关系的地方国家机关、政党组织和社会团体；此处的“直属单位”是指与本级政府财政部门直接发生预算缴款、拨款关系的企业和事业单位。

国家预算根据预算对象的不同可分为总预算和部门单位预算。

3. 总预算

总预算由本级政府预算和汇总的下级政府预算组成，具体包括两部分：各级政府所属职能部门的单位预算总和即本级预算；本级政府隶属的下一级政府的总预算。下一级只有本级预算的，下一级总预算即指下一级的本级预算。

4. 部门单位预算

部门单位预算是部门、单位的收支预算。

各部门预算由本部门所属各单位的预算组成。部门预算是一项综合预算，既包括行政单位预算，也包括其下属的事业单位预算；既包括一般预算收支计划，也包括政府基金预算收支计划；既包括正常经费预算，也包括专项支出预算；既包括财政预算内拨款收支计划，也包括财政预算外核拨收支计划和部门其他收支计划，反映各部门内各类预算单位所有收入和支出。

单位预算是指列入部门预算的国家机关、社会团体和其他单位的收支预算。

部门单位预算是总预算的基础，由各预算部门和单位编制。

三、预算管理的职权

明确划分国家各级权力机关、各级政府、各级财政部门以及各部门、各单位在预算活动中的职权，是依法管理预算的前提条件，是保证各级预算的编制、审批、执行、调整和决算等环节的法制化、规范化的必要措施。

（一）各级人民代表大会的职权

根据《预算法》的规定，各级人民代表大会的预算职权如下：

1. 全国人民代表大会的职权

根据《预算法》第十二条规定，全国人民代表大会审查中央和地方预算草案及中央和地方预算执行情况的报告；批准中央预算和中央预算执行情况的报告；改变或者撤销全国人民代表大会常务委员会关于预算、决算的不适当的决议。

全国人民代表大会常务委员会监督中央和地方预算的执行；审查和批准中央预算的调整方案；审查和批准中央决算；撤销国务院制定的同宪法、法律相抵触的关于预算、决算的行政法规、决定和命令；撤销省、自治区、直辖市人民代表大会及其常务委员会制定的同宪法、法律和行政法规相抵触的关于预算、决算的地方性法规和决议。

2. 县级以上地方各级人民代表大会的职权

根据《预算法》第十三条的规定，县级以上地方各级人民代表大会审查本级总预算草案及本级总预算执行情况的报告；批准本级预算和本级预算执行情况的报告；改变或者撤销本级人民代表大会常务委员会关于预算、决算的不适当的决议；撤销本级政府关于预算、决算的不适当的决定和命令。

县级以上地方各级人民代表大会常务委员会监督本级总预算的执行；审查和批准本级预算的调整方案；审查和批准本级政府决算（以下简称本级决算）；撤销本级政府和下一级人民代表大会及其常务委员会关于预算、决算的不适当的决定、命令和决议。

3. 乡、民族乡、镇的人民代表大会的职权根据《预算法》第十三条的规定，设立预算的乡、民族乡、镇的人民代表大会审查和批准本级预算和本级预算执行情况的报告；监督本级预算的执行；审查和批准本级预算的调整方案；审查和批准本级决算；撤销本级政府关于预算、决算的不适当的决定和命令。

(二)各级财政部门的职权

国务院财政部门具体编制中央预算、决算草案；具体组织中央和地方预算的执行；提出中央预算预备费动用方案；具体编制中央预算的调整方案；定期向国务院报告中央和地方预算的执行情况。

地方各级政府财政部门具体编制本级预算、决算草案；具体组织本级总预算的执行；提出本级预算预备费动用方案；具体编制本级预算的调整方案；定期向本级政府和上一级政府财政部门报告本级总预算的执行情况。

(三)各部门、各单位的职权

1. 各部门的职权

根据《预算法》的规定，与财政部门直接发生预算缴款、拨款关系的国家机关、军队、政党组织和社会团体等各部门的预算职权包括：编制本部门预算、决算草案；组织和监督本部门预算的执行；定期向本级政府财政部门报告预算的执行情况。

2. 各单位的职权

根据《预算法》的规定，与财政部直接发生预算缴款、拨款关系的企业和事业单位等各单位的预算职权主要包括：编制本单位预算、决算草案；按照国家规定上缴预算收入，安排预算支出，并接受国家有关部门的监督。

四、预算收入与预算支出

国家预算由预算收入和预算支出组成。

(一)预算收入

预算收入分为中央预算收入、地方预算收入、中央和地方预算共享收入。

中央预算收入是指按照分税制财政管理体制，纳入中央预算、地方不参与分享的收入，包括中央本级收入和地方按照规定向中央上解的收入。

地方预算收入是指按照分税制财政管理体制，纳入地方预算、中央不参与分享的收入，包括地方本级收入和中央按照规定返还或者补助地方的收入。

中央和地方预算共享收入是指按照分税制财政管理体制，中央预算和地方预算对同一税种的收入，按照一定划分标准或者比例分享的收入。

预算收入包括以下几个方面：

(1)税收收入，税收是国家财政收入的主要来源。

(2)依照规定应当上缴的国有资产收益，即各部门和各单位占有、使用和依法处分境内外国有资产产生的收益，按照国家有关规定应当上缴预算的部分。

(3)专项收入,是指根据特定需要由国务院批准或者经国务院授权由财政部批准,设置、征集和纳入预算管理、有专项用途的收入。

(4)其他收入,包括各种罚没收入、公产收入及杂项收入等。

(二)预算支出

1. 按照内容划分

按照内容划分,预算支出包括以下几个方面:

(1)经济建设支出。包括用于经济建设的基本建设投资支出,支持企业的挖潜改造支出,拨付的企业流动资金支出,拨付的生产性贷款贴息支出,专项建设基金支出,支持农业生产支出以及其他经济建设支出。

(2)教育、科学、文化、卫生、体育等事业发展支出。具体包括公益性基本建设支出、设备购置支出、人员费用支出、业务费用支出以及其他事业发展支出。

(3)国家管理费用支出。

(4)国防支出。

(5)各项补贴支出。

(6)其他支出。

2. 按照支出的级次划分

按照支出的级次划分预算支出,分为中央预算支出和地方预算支出。

(1)中央预算支出是指按照分税制财政管理体制,由中央财政承担并列入中央预算的支出,包括中央本级支出和中央返还或者补助地方的支出。

(2)地方预算支出是指按照分税制财政管理体制,由地方财政承担并列入地方预算的支出,包括地方本级支出和地方按照规定上解中央的支出。

中央预算与地方预算有关收入和支出项目的划分、地方向中央上解收入、中央对地方返还或者给予补助的具体办法由国务院规定,报全国人民代表大会常务委员会备案。上级政府不得在预算之外调用下级政府预算的资金,下级政府不得挤占或者截留属于上级政府预算的资金。

五、预算组织程序

(一)预算的编制

1. 预算年度

我国国家预算年度采取公历年制,预算年度自公历 1 月 1 日起至 12 月 31 日止。各预算活动的主体必须按照法律规定的时间及时编制预算,以保证国家财政税收活动的正常依法进行。

2. 预算草案的编制依据

预算草案是各级政府、各部门、各单位编制的未经法定程序审查和批准的预算收支计划。编制预算草案的具体事项由财政部门负责部署。

中央预算和地方各级政府预算,应当参考上一年预算执行情况和本年度收支预测情况进行编制。

(1)各级政府编制年度预算草案的依据包括:①法律、法规。②国民经济和社会发展计划、财政中长期计划以及有关的财政经济政策。③本级政府的预算管理职权和财政管理体制确定的预算收支范围。④上一年度预算执行情况和本年度预算收支变化因素。⑤上级政府对编制本年度预算草案的指示和要求。

(2)各部门、各单位编制年度预算草案的依据包括:①法律、法规。②本级政府的指示和要求以及本级政府财政部门的部署。③本部门、本单位的职责、任务和事业发展计划。④本部门、本单位的定员定额标准。⑤本部门、本单位上一年度预算执行情况和本年度预算收入。

3. 预算草案的编制内容

(1)中央预算的编制内容包括:①本级预算收入和支出。②上一年度结余用于本年度安排的支出。③返还或者补助地方的支出。④地方上解的收入。

(2)地方各级政府预算的编制内容包括:①本级预算收入和支出。②上一年度结余用于本年度安排的支出。③上级返还或者补助的收入。④返还或者补助下级的支出。⑤上解上级的支出。⑥下级上解的收入。

(二)预算的审批

审查和批准财政预算,监督预算的执行,是宪法和法律赋予各级人大及其常务委员会的重要职权。我国《宪法》规定了人民代表大会的预算审批权。预算草案编制完成后,应当提交国家权力机关审批通过,方可生效,成为正式的国家预算并具有法律约束力,非经法定程序,不得改变。

预算的审批程序为:

1. 初审

国务院于每年11月10日前向省、自治区、直辖市政府和中央各部门下达编制下一年度的预算草案的指示,提出编制预算草案的原则和要求。

省、自治区、直辖市政府应当按照国务院规定的时间,将本级预算草案报国务院审核汇总。国务院财政部门每年应当在全国人民代表大会举行的1个月前,将中央预算草案的主要内容提交全国人民代表大会财政经济委员会进行初步审查。

省、自治区、直辖市、设区的市、自治州政府财政部门应当在同级人民代表大会会议举行的1个月前,将本级预算草案的主要内容提交本级人民代表大会有关的专门委员会,或者根据本级人民代表大会常务委员会主任会议的决定提交本级人民代表大会常务委员会有关工作委员会进行初步审查。

县、自治县、不设区的市、市辖区政府财政部门应当在本级人民代表大会举行的1个月前，将本级预算草案的主要内容提交同级人民代表大会常务委员会进行初步审查。

2. 审查批准

(1)中央预算由全国人民代表大会审查和批准。中央预算草案经全国人民代表大会批准后，为当年中央预算。财政部应当自全国人民代表大会批准中央预算之日起 30 日内，批复中央各部门预算。中央各部门应当自财政部批复本部门预算之日起 15 日内，批复所属各单位预算。

(2)地方各级政府预算由本级人民代表大会审查和批准。地方各级政府预算草案经同级人民代表大会批准后，为当年本级政府预算。县级以上地方各级政府财政部门应当自本级人民代表大会批准本级政府预算之日起 30 日内，批复本级各部门预算。地方各部门应当自本级财政部门批复本部门预算之日起 15 日内，批复所属各单位预算。

(3)乡、民族乡、镇政府应当及时将经本级人民代表大会批准的本级预算报上一级政府备案。县级以上地方各级政府应当及时将经本级人民代表大会批准的本级预算及下一级政府报送备案的预算汇总，报上一级政府备案。

县级以上地方各级政府将下一级政府依照前款规定报送备案的预算汇总后，报本级人民代表大会常务委员会备案。国务院将省、自治区、直辖市政府依照前款规定报送备案的预算汇总后，报全国人民代表大会常务委员会备案。

(4)国务院和县级以上地方各级政府对下一级政府依法报送备案的预算，认为有同法律、行政法规相抵触或者有其他不适当之处，需要撤销批准预算的决议的，应当提请本级人民代表大会常务委员会审议决定。

(三)预算的执行

预算执行是指经法定程序批准的预算进入具体实施阶段，各级政府、各部门、各预算单位在组织实施本级权力机关批准的本级预算中筹措预算收入、拨付预算支出等的活动。

我国预算执行阶段是当年 1 月 1 日至 12 月 31 日。

我国预算执行的主体包括各级政府、各级政府财政部门、预算收入征收部门、国家金库、各有关部门和有关单位。不同主体享有不同的权力，担负不同的职责。

各级预算由本级政府组织执行，具体工作由本级政府财政部门负责。

财政、税务、海关等预算收入征收部门，必须依法及时、足额征收应征的预算收入。有预算收入上缴任务的部门和单位，必须依照法律、行政法规和国务院财政部门的规定，将应当上缴的预算资金及时、足额上缴国库。

各级政府财政部门必须依照法律、行政法规和国务院财政部门的规定，及时、足额地拨付预算支出资金，加强对预算支出的管理和监督。各级政府、各部门、各单位的支出必须按照预算执行。

（四）预算的调整

预算调整是指经全国人民代表大会批准的中央预算和经地方各级人民代表大会批准的本级预算，在执行中因特殊情况需要增加支出或者减少收入，使原批准的收支平衡的预算的总支出超过总收入，或者使原批准的预算中举借债务的数额增加的部分变更。在预算的执行中，因上级政府返还或者给予补助而引起的预算收支变化，不属于预算的调整。

预算调整必须严格依照法定程序进行，任何政府或者部门不得擅自变动预算。各级政府对于必须进行的预算调整，应当编制预算调整方案。中央预算的调整方案必须提请全国人民代表大会常务委员会审查和批准。县级以上地方各级政府预算的调整方案必须提请本级人民代表大会常务委员会审查和批准。乡、民族乡、镇政府预算的调整方案必须提请本级人民代表大会审查和批准。未经批准，不得调整预算。未经批准调整的预算，各级政府不得作出任何使原批准的收支平衡的预算的总支出超过总收入或者使原批准的预算中举借债务的数额增加的决定。

预算调整的注意事项：

(1)预算调整方案由政府财政部门负责具体编制。预算调整方案应当列明调整的原因、项目、数额、措施及有关说明，经本级政府审定后，提请本级人民代表大会常务委员会审查和批准。

(2)接受上级返还或者补助的地方政府，应当按照上级政府规定的用途使用款项，不得擅自改变用途。

(3)政府有关部门以本级预算安排的资金拨付给下级政府有关部门的专款，必须经本级政府财政部门同意并办理预算划转手续。

(4)各部门、各单位的预算支出，必须按照本级政府财政部门批复的预算科目和数额执行，不得挪用；确需作出调整的，必须经本级政府财政部门同意。

(5)年度预算确定后，企业、事业单位改变隶属关系，引起预算级次和关系变化的，应当在改变财务关系的同时，相应办理预算划转。

六、决算

决算是对年度预算收支执行结果的会计报告，是预算执行的总结，是国家管理预算活动的最后一道程序。它包括决算报告和文字说明两个部分。

（一）决算草案的编制

决算草案由各级政府、各部门、各单位在每一预算年度终了后按国务院规定的时间编制，具体事项由国务院财政部门部署。

编制决算草案，必须符合法律、行政法规的规定，做到收支数额准确、内容完整、报送及时。

各部门对所属各单位的决算草案,应当审核并汇总编制本部门的决算草案,在规定的期限内报本级政府财政部门审核。

各级政府财政部门对本级各部门决算草案审核后发现有不符合法律、行政法规规定的,有权予以纠正。

(二)决算草案的审查批准

国务院财政部门编制中央决算草案,报国务院审定后,由国务院提请全国人民代表大会常务委员会审查和批准。

县级以上地方各级政府财政部门编制本级决算草案,报本级政府审定后,由本级政府提请本级人民代表大会常务委员会审查和批准。

乡、民族乡、镇政府编制本级决算草案,提请本级人民代表大会审查和批准。

各级政府决算批准后,财政部门应当向本级各部门批复决算。

县级以上地方各级政府应当自本级人民代表大会常务委员会批准本级政府决算之日起30日内,将本级政府决算及下一级政府上报备案的决算汇总,报上一级政府备案。

国务院和县级以上地方各级政府对下一级政府依照规定报送备案的决算,认为有同法律、行政法规相抵触或者有其他不适当之处,需要撤销批准该项决算的决议的,应当提请本级人民代表大会常务委员会审议决定;经审议决定撤销的,该下级人民代表大会常务委员会应当责成本级政府依照本法规定重新编制决算草案,提请本级人民代表大会常务委员会审查和批准。

七、预决算的监督

预决算监督,是指对各级政府预算的编制、预算执行、预算调整以及决算等活动的合法性和有效性实施的监督。它是财政监督的一个重要组成部分,是预算管理的重要内容。

按监督时间前后划分,分为事前监督、日常监督和事后监督。按监督的内容划分,分为对预算编制的监督、对预算执行的监督、对预算调整的监督和对决算的监督等。

按监督主体划分,包括各级国家权力机关即各级人民代表大会及其常务委员会对预算、决算进行的监督,各级政府对下一级政府预算执行的监督,各级政府财政部门对本级各部门、各单位和下一级财政部门预算执行的监督检查,以及各级政府审计部门对预算执行情况和决算实行的审计监督。

(一)各级国家权力机关的监督

我国《预算法》规定,县级以上各级政府应当接受本级人民代表大会及其常务委员会对预算执行情况和决算的监督,乡级人民政府应当接受本级人民代表大会对预算执行情况和决算的监督;按照本级人民代表大会或其常务委员会的要求,报告预算执行情况;认真研究处理本级人民代表大会代表或者常务委员会组成人员有关改进预算管理的建议、批评和意见，并及时答复。

（二）各级政府的监督

各级政府应当加强对下级政府预算执行的监督，对下级政府在预算执行中违反法律、行政法规和国家方针政策的行为，依法予以制止和纠正；对本级预算执行中出现的问题，及时采取处理措施。

下级政府应当接受上级政府对预算执行的监督；根据上级政府的要求，及时提供资料，如实反映情况，不得隐瞒、虚报；严格执行上级政府作出的有关决定，并将执行结果及时上报。

各部门及其所属各单位应当接受本级财政部门有关预算再监督检查；按照本级财政部门的要求，如实提供有关预算资料；执行本级财政部门提出的检查意见。

（三）各级政府财政部门的监督

各级政府财政部门负责监督检查本级各部门及其所属各单位预算的执行，并对本级政府和上一级政府财政部门报告预算执行情况。

（四）各级政府审计部门的监督

各级审计机关应当依照《中华人民共和国审计法》以及相关法律、行政法规的规定，对本级预算执行情况，对本级各部门及下级政府预算的执行情况和决算进行审计监督。

第二节 政府采购法律制度

一、政府采购的概念

政府采购是指各级国家机关、事业单位和团体组织，使用财政性资金采购依法制定的集中采购目录以内的或者采购限额标准以上的货物、工程和服务的行为。

（一）政府采购的主体范围

政府采购的主体，即采购人，是指使用财政性资金采购依法制定的集中采购目录以内的或者限额标准以上的货物、工程和服务的国家机关、事业单位和团体组织。此处的“国家机关”是指各级国家权力机关、行政机关、司法机关、党务机关等；此处的“事业单位”是指依法设立的科教文卫体医等公共事业单位；此处的“社会团体”是指依法设立的由财政供养的从事公共社会活动的团体组织等。

国有企业不属于政府采购的主体范围。

（二）政府采购的资金范围

政府采购资金为财政性资金，包括预算内资金、预算外资金及与财政资金相配套的单位自筹资金的总和。

(三)政府集中采购目录和政府采购限额标准

政府采购实行集中采购和分散采购相结合。

集中采购的范围由省级以上人民政府公布集中采购目录确定。属于中央预算的政府采购项目,其集中采购目录由国务院确定并公布;属于地方预算的政府采购项目,其集中采购目录由省、自治区、直辖市人民政府或者其授权的机构确定并公布。纳入集中采购目录的政府采购项目,应当实行集中采购。

政府采购限额标准,属于中央预算的政府采购项目,由国务院确定并公布;属于地方预算的政府采购项目,由省、自治区、直辖市人民政府或者其授权的机构确定并公布。

(四)政府采购的对象范围

政府采购的对象包括货物、工程和服务。货物指各种形态和种类的物品,包括原材料、燃料、设备、产品等。工程指建设工程,包括建筑物和构筑物的新建、改建、扩建、装修、拆除、修缮等。服务指除货物和工程以外的其他政府采购对象。

政府采购应当采购本国货物、工程和服务。但有下列情形之一的除外:

(1)需要采购的货物、工程或者服务在中国境内无法获取或者无法以合理的商业条件获取的。

(2)在中国境外使用进行采购的。

(3)其他法律、行政法规另有规定的。

二、政府采购法律制度的构成

我国的政府采购法律制度包括政府采购法、政府采购部门规章、政府采购地方性法规和政府规章。

(一)政府采购法

《中华人民共和国政府采购法》于 2002 年 6 月 29 日颁布,自 2003 年 1 月 1 日起施行,该法是规范我国政府采购活动的根本性大法,也是制定其他政府采购法规制度的基本依据。

(二)政府采购部门规章

目前国务院尚未制定有关政府采购方面的行政法规,但国务院各部门颁布了一系列有关政府采购的15门规章,主要包括《政府采购货物和服务招标投标管理办法》《政府采购信息公告管理办法》《政府采购供应商投诉处理办法》等。

(三)政府采购地方性法规和政府规章

政府采购地方性法规和政府规章是指地方各级人民政府财政部门及其他有关部门根据《中华人民共和国政府采购法》和本地的实际情况,在同级人民政府的授权下制定的规范本级政府及其所属部门单位采购行为的各种法规和规章,这些法规和规章以《政府采购法》为依据,同时结合各个地区的实际情况,有较强的针对性和可操作性。

三、政府采购的原则

《政府采购法》第三条规定："政府采购应当遵循公开透明原则、公平竞争原则、公正原则和诚实信用原则。"

（一）公开透明原则

公开透明原则要求政府采购的信息和行为不仅要全面公开，而且要完全透明，要做到政府采购的法规和规章制度公开，招标信息及中标或成交结果公开，开标活动公开，投诉处理结果或司法裁减决定等都要公开，使政府采购活动在完全透明的状态下运作，全面、广泛地接受监督。公开透明原则应该贯穿于政府采购的全过程。

（二）公平竞争原则

公平竞争原则包含竞争性原则和公平性原则，该原则要求政府采购活动在确保公平的前提下充分引入竞争机制。公平竞争原则可以进一步划分为竞争性原则和公平性原则。

（1）竞争性原则，就是通过引入竞争机制，最大限度地利用供应商之间的激烈竞争，促使政府采购形成对买方有利的竞争局面，从而使政府采购主体采购到质优价廉的商品和服务，以实现政府采购的目标。政府采购竞争的主要方式是招标投标。

（2）政府采购的公平性原则主要有两个方面的内容：一是机会均等，即政府采购应允许所有有兴趣参加投标的供应商参与竞争，政府采购主体不能无故将希望参加政府采购的供应商排斥在外；二是待遇平等，即政府采购应对所有的参加者一视同仁，给予其同等的待遇。

公平是实现采购目标的重要保证，竞争只有在公平的基础上才能发挥其最大的作用。

（三）公正原则

公正原则主要指采购人、采购代理机构相对于作为投标人、潜在投标人的多个供应商而言，政府采购主管部门相对于作为被监督人的多个当事人而言，应站在中立、公允的立场上，对于每位相对人都要一碗水端平、平等对待、一视同仁、不厚此薄彼，不因其身份不同而施行差别对待。

（四）诚实信用原则

市场经济是法制经济也是信用经济，诚实信用是市场经济的内在要求，当事人只有诚实信用形成良好的社会风气，才能保障市场经济的有序运行。

诚实信用原则要求政府采购当事人在政府采购活动中本着诚实、守信的态度履行各自的权利和义务，一方面，采购主体在项目发标、信息公布、评标审标过程中要真实，不得有所隐瞒；另一方面，供应商在提供货物或服务时达到投标时作出的承诺。

四、政府采购的功能

(一)节约财政支出,提高资金使用效益

实行统一集中的政府采购使采购规模得到扩大,有助于形成政府采购买方市场。与此同时,政府采购充分引入竞争机制并建立对供应商的激励约束机制,这些都使得政府采购主体能够以较低廉的价格购买到高质量的货物、工程和服务,从而起到节约财政支出、提高采购资金使用效益的作用。

(二)强化宏观调控

市场经济的健康发展有赖于政府的宏观调控。政府采购制度,属于市场间接调控,国家可以通过政府采购活动,实行政府的调控目标。比如,由于政府采购数量大、品种多,足以左右市场供求关系。政府根据宏观经济冷热程度及其发展态势,适时、适量地安排政府采购行为,通过调整采购品种、数量和频率等足以影响国民经济产业结构和产品结构;政府也可以通过对采购地区的选择平衡地区间的经济发展。

(三)活跃市场经济

政府采购必须遵循公开、公平、公正的原则,在竞标过程中执行严密、透明的"优胜劣汰"机制,所有这些都会调动供应商参与政府采购的积极性,并能够促使供应商不断提高产品质量、降低生产成本或改善售后服务,以使自己能够赢得政府订单。供应商竞争能力的提高又能够带动整个国内市场经济的繁荣。从国际竞争的角度看,政府采购有助于供应商迈出国门、走向国际市场,提高我国产品在国际市场上的竞争力,并早日进入国际政府采购市场。

(四)推进反腐倡廉

政府采购作为一项制度安排可以从两个方面推进政府的反腐倡廉工作。首先,政府采购中的采购人、采购代理机构和供应商三者之间在各自内在利益驱动下所形成的相互监督机制,可以促进反腐倡廉;其次,实行政府采购制度的同时也建立了一套外在的监督机制,如法律监督、政府采购主管部门的监督、各级纪检、监察、审计等部门的监督等,这些监督都最大限度地增加了政府采购的透明度。

(五)保护民族产业

政府采购是世界各国为保护民族产业所普遍采用的有效手段。根据我国《政府采购法》的规定,除极少数法定情形外,政府采购应当采购本国货物、工程和服务。这一规定就体现了国货优先原则,即政府采购保护民族产业的功能。

五、政府采购的执行模式

《政府采购法》规定,政府采购实行集中采购和分散采购相结合。采购人采购纳入集中采购目录的政府采购项目,应当实行集中采购。

（一）集中采购

集中采购是指由专门的政府采购机构负责本级政府的全部采购任务。纳入集中采购目录的是属于通用性的采购项目，或者是一些社会关注程度较高、影响较大的特点商品、大型工程和重要服务类项目。

集中采购根据集中程度的不同，又分为政府集中采购和部门集中采购两种。政府集中采购是指采购单位委托政府集中采购机构即政府采购中心组织实施的，纳入集中采购目录的是属于通用性的采购项目；部门集中采购是指由采购单位主管部门统一负责组织实施的，纳入集中采购目录的是属于本部门或者本系统有专业技术要求的项目采购活动。

集中采购有利于取得规模效益，降低采购成本，保证采购质量，贯彻政府乘购有关政策取向，便于实施统一的管理和监督。不足之处是难以适应紧急情况采购，难以满足用户多样性需求，采购程序复杂、采购周期较长等。

（二）分散采购

分散采购是指由各预算单位使用财政性资金自行开展采购活动。

采购未纳入集中采购目录的政府采购项目，可以自行采购，也可以委托集中采购机构在委托范围内代理采购。列入分散采购的项目往往是一些在限额标准以上的、专业化程度较高或单位有特定需求的项目，一般不具有通用性的特征。

分散采购有利于满足采购及时性和多样性的需求，手续简单。不足之处是难以享受规模效益，加大了采购成本，不便于监督管理等。

六、政府采购当事人

政府采购当事人是指在政府采购活动中享有权利和承担义务的各类主体，包括采购人、供应商和采购代理机构等。

（一）采购人

采购人是政府采购中货物、工程和服务的直接需求者，是依法进行政府采购的国家机关、事业单位和团体组织。

1. 采购人的权利

采购人的权利主要包括：(1)自行选择采购代理机构的权利。(2)要求采购代理机构遵守委托协议约定的权利。(3)审查政府采购供应商的资格的权利。(4)依法确定中标供应商的权利。(5)签订采购合同并参与对供应商履约验收的权利。(6)特殊情况下提出特殊要求的权利。(7)其他合法权利。

2. 采购人的义务

采购人的义务主要包括：(1)遵守政府采购的各项法律、法规和规章制度。(2)接受和配合政府采购监督管理部门的监督检查，同时还要接受和配合审计机关的审计监督以及监察机关的监察。(3)尊重供应商的正当合法权益。(4)遵守采购代理机构的工作秩序。(5)在规定时间内与中标供应商签订政府采购合同。(6)在指定媒体及时向社会发布政府采购信息、招标结果。(7)依法答复供应商的询问和质疑。(8)妥善保存反映每项采购活动的采购文件。(9)其他法定义务。

(二)供应商

供应商是指向采购人提供货物、工程或者服务的法人、其他组织或者自然人。

1. 供应商参加政府采购活动的条件

供应商参加政府采购活动的条件包括:(1)具有独立承担民事责任的能力。(2)具有良好的商业信誉和健全的财务会计制度。(3)具有履行合同所必需的设备和专业技术能力。(4)有依法缴纳税收和社会保障资金的良好记录。(5)参加政府采购活动前三年内,在经营活动中没有重大违法记录。(6)法律、行政法规规定的其他条件。

2. 供应商的权利

供应商的权利主要包括:(1)平等地取得政府采购供应商资格的权利。(2)平等地获得政府采购信息的权利。(3)自主、平等地参加政府采购竞争的权利。(4)就政府采购活动事项提出询问、质疑和投诉的权利。(5)自主、平等地签订政府采购合同的权利。(6)要求采购人或采购代理机构保守其商业秘密的权利。(7)监督政府采购依法公开、公正进行的权利。(8)其他合法权利。

3. 供应商的义务

供应商的义务主要包括:(1)遵守政府采购的各项法律、法规和规章制度。(2)按规定接受供应商资格审查,并在资格审查中客观真实地反映自身情况。(3)在政府采购活动中,满足采购人或采购代理机构的正当要求。(4)投标中标后,按规定程序签订政府采购合同并严格履行合同义务。(5)其他法定义务。

(三)采购代理机构

采购代理机构是指具备一定条件,经政府有关部门批准依法拥有政府采购代理资格的社会中介机构。

采购代理机构具体分为一般采购代理机构和集中采购机构。一般采购代理机构的资格由国务院有关部门或省级人民政府有关部门认定,主要负责分散采购的代理业务。集中采购机构是进行政府集中采购的法定代理机构,是非营利事业法人,根据采购人的委托办理采购事宜。

采购代理机构的责任和义务主要有:(1)依法开展代理采购活动并提供良好服务。(2)依法发布采购信息。(3)依法接受监督管理。(4)不得向采购人行贿或者采取其他不正当手段牟取非法利益。(5)其他法定义务和责任。

七、政府采购方式

政府采购可以采用公开招标、邀请招标、竞争性谈判、单一来源、询价以及国务院政府采购监督管理部门认定的其他采购方式。公开招标应作为政府采购的主要采购方式。

1. 公开招标

公开招标是指采购人或其委托的采购代理机构以招标公告的方式邀请不特定的供应商参加投标竞争，从中择优选择供应商的采购方式。公开招标，符合条件的所有供应商都可以参加竞标，具有透明、公开、高效、广泛竞争等优点。

采购人采购货物或者服务应当采用公开招标方式的，其具体数额标准，属于中央预算的政府采购项目，由国务院规定；属于地方预算的政府采购项目，由省、自治区、直辖市人民政府规定；因特殊情况需要采用公开招标以外的采购方式的，应当在采购活动开始前获得设区的市、自治州以上人民政府采购监督管理部门的批准。

采购人不得将应当以公开招标方式采购的货物或者服务化整为零或者以其他任何方式规避公开招标采购。

2. 邀请招标

邀请招标是一种限制性招标方式，是指采购人或其委托的政府采购代理机构以投标邀请书的方式邀请三家或三家以上特定的供应商参与投标的采购方式。

符合下列情形之一的货物或者服务，可以依照法律采用邀请招标方式采购：

(1)具有特殊性，只能从有限范围的供应商处采购的。

(2)采用公开招标方式的费用占政府采购项目总价值的比例过大的。

货物或者服务项目采取邀请招标方式采购的，采购人应该从符合资格条件的供应商中随机选择三家以上的供应商，并向其发出投标邀请书。

在招标采购中，出现下列情形之一的，应予废标：符合专业条件的供应商或者对招标文件作实质响应的供应商不足三家的；出现影响采购公正的违法、违规行为的；投标人的报价均超过了采购预算，采购人不能支付的；因重大变故，采购任务取消的。废标后，采购人应当将废标理由通知所有投标人，除采购任务取消情形外，应当重新组织招标；需要采取其他方式采购的，应当在采购活动开始前获得设区的市、自治州以上人民政府采购监督管理部门或者政府有关部门批准。

3. 竞争性谈判

竞争性谈判是指采购人或其委托的政府采购代理机构通过与多家供应商就采购事宜进行谈判，经分析比较后从中确定中标供应商的采购方式。

符合下列情形之一的货物或者服务，可以依照法律采用竞争性谈判方式采购：

(1)招标后没有供应商投标或者没有合格标的或者重新招标未能成立的。

(2)技术复杂或者性质特殊，不能确定详细规格或者具体要求的。

(3)采用招标所需时间不能满足用户紧急需要的。

(4)不能事先计算出价格总额的。

采用竞争性谈判方式采购的程序是：

(1)成立谈判小组。谈判小组由采购人代表和有关专家组成，谈判小组人数应是三人以上的单数，其中专家人数不得少于 2/3。

(2)制定谈判文件。谈判文件应当明确谈判程序、谈判内容、合同草案的条款以及评定成交的标准等事项。

(3)确定邀请参加谈判的供应商名单。谈判小组从符合相应资格条件的供应商名单中确定不少于三家的供应商参加谈判，并向其提供谈判文件。

(4)谈判。谈判小组所有成员集中与单一供应商分别进行谈判。谈判中，任何一方不得透露与谈判有关的其他供应商的技术资料、价格和其他信息。谈判文件有实质性变动的，谈判小组应当以书面形式通知所有参加谈判的供应商。

(5)确定成交供应商。谈判结束后，谈判小组应当要求所有参加谈判的供应商在规定时间内进行最后报价，采购人从谈判小组提出的成交候选人中根据符合采购需求、质量和服务相等且报价最低的原则确定成交供应商，并将结果通知所有参加谈判的未成交的供应商。

4. 单一来源

单一来源也称直接采购，是指达到了限额标准和公开招标数额标准，但拟采购的货物和服务来源单一，如属专利、首创、合同追加等原因，只能从唯一的供应商处取得采购货物或服务的情况下，直接向该供应商协商采购的采购方式。该采购方式最主要的特点是没有竞争性。

符合下列情形之一的货物或者服务，可以依法采用单一来源方式采购：

(1)只能从唯一供应商处采购的。

(2)发生了不可预见的紧急情况不能从其他供应商处采购的。

(3)必须保证原有采购项目一致性或者服务配套的要求，需要继续从原供应商处添购，且添购资金总额不超过原合同采购金额的 10%。

5. 询价

询价是指采购人向三家以上潜在的供应商发出询价单，对各供应商一次性报出的价格进行分析比较，按照符合采购需求、质量和服务相等且报价最低的原则确定中标供应商的采购方式。该种采购方式适用于货物规格、标准单一、现货货源充足而且价格变动幅度比较小的采购项目。

询价采购方式的程序是：

(1)成立询价小组。询价小组由采购人代表和有关专家组成，询价小组人数应是三人以上的单数，其中专家人数不得少于 2/3。询价小组应当对采购项目的价格构成和评定成交的标准等事项作出规定。

(2)确定被询价的供应商名单。询价小组根据采购需求,从符合条件的供应商中确定不少于三家的供应商,并向其发出询价通知书让其报价。

(3)询价。询价小组要求被询价的供应商一次报出不得更改的价格。

(4)确定成交供应商。采购人根据符合采购需求、质量和服务相等且报价最低的原则确定成交供应商,并将结果通知所有被询价的未成交的供应商。

八、政府采购的监督检查

政府采购的监督检查包括以下几个方面:

(一)政府采购监督管理部门的监督

其监督检查的主要内容有:

(1)有关政府采购的法律、行政法规和规章的执行情况。

(2)采购范围、采购方式和采购程序的执行情况。

(3)政府采购人员的职业素质和专业技能。

为防止政府采购监督管理部门利用其职权获取不正当利益,政府采购法规定:政府采购监督管理部门不得设置集中采购机构,不得参与政府采购项目的采购活动。采购代理机构与行政机关不得存在隶属关系或者其他利益关系。政府采购监督管理部门应当对政府采购项目采购活动进行检查,政府采购当事人应当如实反映情况,提供有关材料。

(二)集中采购机构的内部监督

集中采购机构应当建立健全内部监督管理制度。采购活动的决策和执行程序应当明确,并相互监督、相互制约。采购经办人员与负责采购合同审核、验收人员的职责权限应当明确,并相互分离。

集中采购机构的采购人员应当具有相关职业素质和专业技能,符合政府采购监督管理部门规定的专业岗位任职要求。集中采购机构对其工作人员应当加强教育和培训;对采购人员的专业水平、工作实绩和职业道德状况定期进行考核。采购人员经考核不合格的,不得继续任职。

(三)采购人的内部监督

政府采购项目的采购标准应当公开。采用政府采购法规定的采购方式的,采购人在采购活动完成后,应当将采购结果予以公布。

采购人选择采购方式和采购程序应当符合法定要求,必须按照政府采购法规定的采购方式和采购程序进行采购。任何单位和个人不得违反规定要求采购人或者采购工作人员向其指定的供应商进行采购。

(四)政府其他有关部门的监督

审计机关应当对政府采购进行审计监督。政府采购监督管理部门、政府采购各当事人有关政府采购活动,应当接受审计机关的审计监督。

监察机关应当加强对参与政府采购活动的国家机关、国家公务员和国家行政机关任命的其他人员实施监察。

依照法律、行政法规的规定对政府采购负有行政监督职责的政府有关部门,应当按照其职责分工,加强对政府采购活动的监督。

(五)政府采购活动的社会监督

任何单位和个人对政府采购活动中的违法行为,均有权向有关部门控告和检举。

第三节　国库集中收付制度

我国国库集中收付制度包括财政部、中国人民银行联合印发的《财政国库管理制度改革试点方案》和《中央单位财政国库管理制度改革试点资金支付管理办法》等。

为提高财政资金收付管理的规范性、安全性、有效性和透明度,改革以往财政性资金主要通过征收机关和预算单位设立多重账户分散缴库和拨付的方式,我国自 2001 年开始实施国库集中收付制度改革。

一、国库集中收付制度

国库集中收付,是指以国库单一账户体系为基础,将所有财政性资金都纳入国库单一账户体系管理,收入直接缴入国库和财政专户,支出通过国库单一账户体系支付到商品和劳务供应者或用款单位的一项国库管理制度。

国库集中收付,也称国库单一账户制度,包括国库集中支付制度和收入收缴管理制度,是指将所有财政性资金都纳入国库单一账户体系管理,财政收入通过国库单一账户体系,直接缴入国库;财政支出通过国库单一账户体系,以财政直接支付和财政授权支付的方式,将资金支付到商品和劳务供应者或用款单位(预算单位使用资金但见不到资金);未支用的资金均保留在国库单一账户,由财政部门代表政府管理运作。

二、国库单一账户体系

(一)国库单一账户体系的概念

国库单一账户体系是以财政国库存款账户为核心的各类财政性资金账户的集合,所有财政性资金的收入、支付、存储及资金清算活动均在该账户体系运行。

(二)国库单一账户体系的构成

国库单一账户体系由下列银行账户构成:

(1)财政部门在中国人民银行开设的国库单一账户。该类账户用于记录、核算和反映纳入预算管理的财政收入和支出活动,并用于与财政部门在商业银行开设的零余额账户进行清算，实现支付。

(2)财政部门按资金使用性质在商业银行开设的零余额账户(简称财政部门零余额账户)。该类账户用于财政直接支付和与国库单一账户支出清算；预算单位的零余额账户用于财政授权支付和清算。

(3)财政部门在商业银行为预算单位开设的零余额账户(简称预算单位零余额账户)。该类账户用于财政授权支付和清算。预算单位零余额账户可以办理转账、提取现金等结算业务，可以向本单位按账户管理规定保留的相应账户划拨工会经费、住房公积金及提租补贴，以及经财政部门批准的特殊款项，不得违反规定向本单位其他账户和上级主管单位、所属下级单位账户划拨资金。

(4)财政部门在商业银行开设的预算外资金财政专户。该类账户用于记录、核算和反映预算外单位的零星支出活动，并用于与国库单一账户清算。

(5)经国务院和省级人民政府批准或授权财政部门批准开设的特殊过渡性专户(简称特设专户)。该类账户用于记录、核算和反映预算单位的特殊专项支出活动，并用于与国库单一账户清算。

财政部是管理国库单一账户体系的职能部门，任何单位不得擅自设立、变更或撤销国库单一账户体系中的各类银行账户。

三、财政收入收缴方式和程序

(一)收缴方式

财政收入的收缴分为直接缴库和集中汇缴两种方式。

(1)直接缴库，是指由缴款单位或缴款人按有关法律法规规定，直接将应缴收入缴入国库单一账户或预算外资金财政专户。

(2)集中汇缴，是指由征收机关依法将所收的应缴收入汇总缴入国库单一账户或预算外资金财政专户。

(二)收缴程序

1. 直接缴库程序

直接缴库的税收收入，由纳税人或其税务代理人提出纳税申报，经征收机关审核无误后，由纳税人通过开户银行将税款缴入国库单一账户。直接缴库的其他收入，比照上述程序缴入国库单一账户或预算外资金财政专户。

2. 集中汇缴程序

小额零散税收和法律另有规定的应缴收入，由征收机关于收缴收入的当日汇总缴入国库单一账户。非税收入中的现金缴款，比照本程序缴入国库单一账户或预算外资金财政专户。

四、财政支出支付方式和程序

(一)支付方式

财政性资金的支付,按照不同的支付主体和不同类型的支出,实行财政直接支付和财政授权支付两种方式。

1. 财政直接支付

财政直接支付,是指由财政部门向中国人民银行和代理银行签发支付指令,代理银行根据支付指令通过国库单一账户体系将资金直接支付到收款人或用款单位账户。

实行财政直接支付的支出包括:

(1)工资支出、购买支出以及中央对地方的专项转移支付,拨付企业大型工程项目或大型设备采购的资金等,直接支付到收款人。

(2)转移支出(中央对地方专项转移支出除外),包括中央对地方的一般性转移支付中的税收返还、原体制补助、过渡期转移支付、结算补助等支出,对企业的补贴和未指明购买内容的某些专项支出等,支付到用款单位(包括下级财政部门和预算单位,下同)。

2. 财政授权支付

预算单位按照财政部门的授权,自行向代理银行签发支付指令,代理银行根据支付指令,在财政部门批准的该预算单位的用款额度内,通过国库单一账户体系将资金支付到收款人账户。

实行财政授权支付的支出包括未实行财政直接支付的购买支出和零星支出。

(二)支付程序

1. 财政直接支付程序

预算单位按照批复的部门预算和资金使用计划,向财政国库支付执行机构提出支付申请,财政国库支付执行机构根据批复的部门预算和资金使用计划及相关要求对支付申请审核无误后,向代理银行发出支付令,并通知中国人民银行国库部门,通过代理银行进入全国银行清算系统实时清算,财政资金从国库单一账户划拨到收款人的银行账户。

财政直接支付主要通过转账方式进行,也可以采取“国库支票”支付。

2. 财政授权支付程序

预算单位按照批复的部门预算和资金使用计划,向财政国库支付执行机构申请授权支付的月度用款限额,财政国库支付执行机构将批准后的限额通知代理银行和预算单位,并通知中国人民银行国库部门。预算单位在月度用款限额内,自行开具支付令,通过财政国库支付执行机构转由代理银行向收款人付款,并与国库单一账户清算。

预算外资金的支付,逐步比照上述程序实施。

第十一章 劳动合同与社会保障法律制度

导入案例

2005年7月，被告王鹏进入原告中兴通讯(杭州)有限责任公司(以下简称中兴通讯)工作，劳动合同约定王鹏从事销售工作，基本工资每月3 840元。该公司的《员工绩效管理办法》规定：员工半年、年度绩效考核分别为S、A、C1、C2四个等级，分别代表优秀、良好、价值观不符、业绩待改进；S、A、C(C1、C2)等级的比例分别为20%、70%、10%；不胜任工作原则上考核为C2。王鹏原在该公司分销科从事销售工作，2009年1月后因分销科解散等原因，转岗至华东区从事销售工作。2008年下半年、2009年上半年及2010年下半年，王鹏的考核结果均为C2。中兴通讯认为，王鹏不能胜任工作，经转岗后，仍不能胜任工作，故在支付了部分经济补偿金的情况下解除了劳动合同。

2011年7月27日，王鹏提起劳动仲裁。同年10月8日，仲裁委作出裁决：中兴通讯支付王鹏违法解除劳动合同的赔偿金余额36 596.28元。中兴通讯认为其不存在违法解除劳动合同的行为，故于同年11月1日诉至法院，请求判令不予支付解除劳动合同赔偿金余额。浙江省杭州市滨江区人民法院于2011年12月6日作出(2011)杭滨民初字第885号民事判决：原告中兴通讯(杭州)有限责任公司于本判决生效之日起十五日内一次性支付被告王鹏违法解除劳动合同的赔偿金余额36 596.28元。宣判后，双方均未上诉，判决已发生法律效力。

法院生效裁判认为，为了保护劳动者的合法权益，构建和发展和谐、稳定的劳动关系，《中华人民共和国劳动法》《中华人民共和国劳动合同法》对用人单位单方解除劳动合同的条件进行了明确限定。原告中兴通讯以被告王鹏不胜任工作，经转岗后仍不胜任工作为由，解除劳动合同，对此应负举证责任。根据《员工绩效管理办法》的规定，"C(C1、C2)考核等级的比例为10%"，虽然王鹏曾经考核结果为C2，但是C2等级并不完全等同于"不能胜任工作"，中兴通讯仅凭该限定考核等级比例的考核结果，不能证明劳动者不能胜任工作，不符合据此单方解除劳动合同的法定条件。虽然2009年1月王鹏从分销科转岗，但是转岗前后均从事销售工作，并存在分销科解散导致王鹏转岗这一根本原因，故不能证明王鹏系因不能胜任工作而转岗。因此，中兴通讯主张王鹏不胜任工作，经转岗后仍然不胜任工作的依据不足,存在违法解除劳动合同的情形,应当依法向王鹏支付经济补偿标准两倍的赔偿金。

第一节　劳动合同法律制度

一、劳动关系与劳动合同

(一)劳动关系与劳动合同的概念与特征

1. 劳动关系与劳动合同的概念

劳动关系是指劳动者与用人单位依法签订劳动合同而在劳动者与用人单位之间产生的法律关系。劳动者接受用人单位的管理,从事用人单位安排的工作,成为用人单位的成员,从用人单位领取劳动报酬和受劳动保护。

劳动合同是劳动者和用人单位之间依法确立劳动关系,明确双方权利义务的协议。为规范劳动关系,国家陆续颁布了一系列相关法律、法规和规章,如1994年7月5日第八届全国人民代表大会常务委员会第八次会议通过、2009年8月27日第十一届全国人民代表大会常务委员会第十次会议修正的《中华人民共和国劳动法》。2007年6月29日第十届全国人民代表大会常务委员会第二十八次会议通过、2012年12月28日第十一届全国人民代表大会常务委员会第三十次会议修正的《中华人民共和国劳动合同法》。2007年12月29日第十届全国人民代表大会常务委员会第三十一次会议通过的《中华人民共和国劳动争议调解仲裁法》,以及2008年9月18日国务院令第535号发布的《中华人民共和国劳动合同法实施条例》。2007年12月7日国务院令第514号发布的《职工带薪年休假条例》等。这些法律法规构成了我国劳动法或称劳动合同法律制度的主要内容。

2. 劳动关系的特征

与一般的民事关系不同,劳动关系有其自身独特的特征:

(1)劳动关系的主体具有特定性。劳动关系主体的一方是劳动者,另一方是用人单位。

(2)劳动关系的内容具有较强的法定性。劳动合同涉及财产和人身关系,劳动者在签订劳动合同后,就会隶属于用人单位,受到用人单位的管理。为保护处于弱势的劳动者的权益,法律规定了较多的强制性规范,当事人签订劳动合同不得违反强制性规定,否则无效。

(3)劳动者在签订和履行劳动合同时的地位是不同的。劳动者与用人单位在签订劳动合同时遵循平等、自愿、协商一致的原则,双方法律地位是平等的;一旦双方签订了劳动合同,在履行劳动合同的过程中,用人单位和劳动者就具有了支配与被支配、管理与服从的从属关系。

(二)《劳动合同法》的适用范围

中华人民共和国境内的企业、个体经济组织、民办非企业单位等组织(以下称用人单位)与劳动者建立劳动关系,订立、履行、变更、解除或者终止劳动合同,适用《劳动合同法》依法成立的会计师事务所、律师事务所等合伙组织和基金会,也属于《劳动合同法》规定的用人单位。国家机关、事业单位、社会团体和与其建立劳动关系的劳动者,订立、履行、变更、解除或者终止劳动合同依据《劳动合同法》执行。地方各级人民政府及县级以上人民政府有关部门为安置就业困难人员提供的给予岗位补贴和社会保险补贴的公益性岗位,其劳动合同不适用《劳动合同法》有关无固定期限劳动合同的规定以及支付经济补偿的规定。

二、劳动合同的订立

(一)劳动合同订立的概念和原则

劳动合同的订立是指劳动者和用人单位经过相互选择与平等协商,就劳动合同的各项条款达成一致意见,并以书面形式明确规定双方权利、义务的内容,从而确立劳动关系的法律行为。订立劳动合同,应当遵循合法、公平、平等自愿、协商一致、诚实信用的原则。

(二)劳动合同订立的主体

1. 劳动合同订立主体的资格要求

(1)劳动者有劳动权利能力和行为能力

《劳动法》规定,禁止用人单位招用未满 16 周岁的未成年人。文艺、体育和特种工艺单位招用未满 16 周岁的未成年人,必须依照国家有关规定,履行审批手续,并保障其接受义务教育的权利。

劳动者就业,不因民族、种族、性别、宗教信仰不同而受歧视。妇女享有与男子平等的就业权利,在录用职工时,除国家规定的不适合妇女的工种或者岗位外,不得以性别为由拒绝录用妇女或者提高对妇女的录用标准。必须充分保障残疾人、少数民族人员、退出现役的军人的就业权利。

(2)用人单位有用人权利能力和行为能力

用人单位是指具有用人权利能力和用人行为能力,运用劳动力组织生产劳动,且向劳动者支付工资等劳动报酬的单位。用人单位设立的分支机构,依法取得营业执照或者登记证书的,可以作为用人单位与劳动者订立劳动合同,未依法取得营业执照或者登记证书的,受用人单位委托可以与劳动者订立劳动合同。

2. 劳动合同订立主体的义务

(1)用人单位的义务和责任

用人单位招用劳动者时,必须如实告知劳动者的工作内容、工作条件、工作地点、职业危害、安全生产状况、劳动报酬,以及劳动者要求了解的其他情况。用人单位招用劳动者,不得扣押劳动者的居民身份证和其他证件,不得要求劳动者提供担保或者以其他名义向劳动者收取财物。

用人单位违反《劳动合同法》规定,扣押劳动者居民身份证等证件的,由劳动行政部门责令限期退还劳动者本人,并依照有关法律规定给予处罚。

(2)劳动者的义务

用人单位有权了解劳动者与劳动合同直接相关的基本情况,劳动者应当如实说明。

(三)劳动关系建立的时间

用人单位自用工之日起即与劳动者建立劳动关系。用人单位与劳动者在用工前订立劳动合同的,劳动关系自用工之日起建立。

用人单位应当建立职工名册备查。名册应当包括劳动者姓名、性别、公民身份证号码、户籍地址及现住址、联系方式、用工形式、用工起始时间、劳动合同期限等内容。

(四)劳动合同订立的形式

1. 书面形式

建立劳动关系,应当订立书面劳动合同。已建立劳动关系,未同时订立书面劳动合同的,应当自用工之日起1个月内订立书面劳动合同。

实践中,有的用人单位和劳动者虽已建立劳动关系,但却迟迟未能订立书面劳动合同,不利于劳动关系的法律保护。为此,《劳动合同法》及其实施条例区分不同情况进行规范:

(1)自用工之日起1个月内,经用人单位书面通知后,劳动者不与用人单位订立书面劳动合同的,用人单位应当书面通知劳动者终止劳动关系,无须向劳动者支付经济补偿,但是应当依法向劳动者支付其实际工作时间的劳动报酬。

(2)用人单位自用工之日起超过1个月不满1年未与劳动者订立书面劳动合同的,应当向劳动者每月支付2倍的工资,并与劳动者补订书面劳动合同;劳动者不与用人单位订立书面劳动合同的,用人单位应当书面通知劳动者终止劳动关系,并支付经济补偿,用人单位向劳动者每月支付2倍工资的起算时间为用工之日起满1个月的次日,截止时间为补订书面劳动合同的前一日。

(3)用人单位自用工之日起满1年未与劳动者订立书面劳动合同的,自用工之日起满1个月的次日至满1年的前一日应当向劳动者每月支付2倍的工资,并视为自用工之日起满1年的当日已经与劳动者订立无固定期限劳动合同,应当立即与劳动者补订书面劳动合同。

(4)用人单位违反《劳动合同法》规定不与劳动者订立无固定期限劳动合同的,自应当订立无固定期限劳动合同之日起向劳动者每月支付2倍的工资。

2. 口头形式

非全日制用工双方当事人可以订立口头协议。

非全日制用工，是指以小时计酬为主，劳动者在同一用人单位一般平均每日工作时间不超过4小时，每周工作时间累计不超过24小时的用工形式。

从事非全日制用工的劳动者可以与一个或者一个以上用人单位订立劳动合同；但是，后订立的劳动合同不得影响先订立的劳动合同的履行。非全日制用工双方当事人不得约定试用期。非全日制用工双方当事人任何一方都可以随时通知对方终止用工。终止用工，用人单位不向劳动者支付经济补偿。非全日制用工小时计酬标准不得低于用人单位所在地人民政府规定的最低小时工资标准。用人单位可以按小时、日或周为单位结算工资，但非全日制用工劳动报酬结算支付周期最长不得超过15日。

（五）劳动合同的效力

1. 劳动合同的生效

劳动合同由用人单位与劳动者协商一致，并经用人单位与劳动者在劳动合同文本上签字或者盖章生效。劳动合同文本由用人单位和劳动者各执一份。

如果用人单位不履行劳动合同，没有给劳动者提供约定的工作岗位，劳动者可以要求用人单位提供约定的工作岗位或者承担违约责任；如果劳动者不履行劳动合同，用人单位可以要求劳动者提供约定的劳动或者承担违约责任。如果因一方不履行劳动合同，造成另一方损失的，违约方还要赔偿对方相应的损失。

2. 无效劳动合同

无效劳动合同是指由用人单位和劳动者签订成立，而国家不予承认其法律效力的劳动合同。劳动合同虽然已经成立，但因违反了平等自愿、协商一致、诚实信用、公平等原则和法律、行政法规的强制性规定，可使其全部或者部分条款归于无效。

下列劳动合同无效或者部分无效：

(1)以欺诈、胁迫的手段或者乘人之危，使对方在违背真实意思的情况下订立或者变更劳动合同的；

(2)用人单位免除自己的法定责任、排除劳动者权利的；

(3)违反法律、行政法规强制性规定的。

对劳动合同的无效或者部分无效有争议的，由劳动争议仲裁机构或者人民法院确认。

3. 无效劳动合同的法律后果

无效劳动合同，从订立时起就没有法律约束力。劳动合同部分无效，不影响其他部分效力的，其他部分仍然有效。劳动合同被确认无效，劳动者已付出劳动的，用人单位应当向劳动者支付劳动报酬。劳动报酬的数额，参照本单位相同或者相近岗位劳动者的劳动报酬确定。

劳动合同被确认无效，给对方造成损害的，有过错的一方应当承担赔偿责任。

三、劳动合同的主要内容

（一）劳动合同必备条款

劳动合同必备条款是指劳动合同必须具备的内容。劳动合同应当具备以下条款：

第一，用人单位的名称、住所和法定代表人或者主要负责人。

第二，劳动者的姓名、住址和居民身份证或者其他有效身份证件号码。

第三，劳动合同期限。劳动合同分为固定期限劳动合同、无固定期限劳动合同和以完成一定工作任务为期限的劳动合同。

(1)固定期限劳动合同，是指用人单位与劳动者明确约定合同终止时间的劳动合同，劳动合同期限届满，劳动关系即告终止。如果双方协商一致，还可以续订劳动合同。

(2)以完成一定工作任务为期限的劳动合同，是指用人单位与劳动者约定以某项工作的完成为期限的劳动合同。

(3)无固定期限劳动合同，是指用人单位与劳动者约定无确定终止时间的劳动合同，无确定终止时间，是指劳动合同没有确切的终止时间，劳动合同的期限长短不能确定，只要没有出现法定解除情形或者双方协商一致解除的，双方当事人就要继续履行劳动合同。但并不是没有终止时间，一旦出现法定情形或者双方协商一致解除的，无固定期限劳功合同同样也能够解除。

第四，工作内容和工作地点。工作内容包括劳动者从事劳动的工种、岗位和劳动定额、产品质量标准的要求等。这是劳动者判断自己是否胜任该工作、是否愿意从事该工作的关键信息，工作地点是指劳动者可能从事工作的具体地理位置。

第五，工作时间和休息休假。

(1)工作时间。工作时间是指劳动者在一昼夜或一周内从事生产或工作的时间，换言之，是劳动者每天应工作的时数或每周应工作的天数。目前我国实行的工时制度主要有标准工时制、不定时工作制和综合计算工时制三种类型。

①标准工时制，也称标准工作日，是指法律统一规定的劳动者从事工作或劳动的时间。国家实行劳动者每日工作 8 小时、每周工作 40 小时的标准工时制度。有些企业因工作性质和生产特点不能实行标准工时制度，应保证劳动者每天工作不超过 8 小时，每周工作不超过 40 小时，每周至少休息 1 天。

用人单位由于生产经营需要，经与工会和劳动者协商后可以延长工作时间，一般每日不得超过 1 小时；因特殊原因需要延长工作时间的，在保障劳动者身体健康的条件下延长工作时间，每日不得超过 3 小时，每月不得超过 36 小时。但对于发生自然灾害、事故或者因其他原因，威胁劳动者生命健康和财产安全需要紧急处理的；生产设备、交通运输线路、公共设施发生故障，影响生产和公众利益，必须及时抢修的；以及法律、行政法规规定的其他情形，延长工作时间不受上述规定的限制。

②不定时工作制，也称无定时工作制、不定时工作日，是指没有固定工作时间限制的工作制度，主要适用于一些因工作性质或工作条件不受标准工作时间限制的工作岗位。

③综合计算工时制，也称综合计算工作日，是指用人单位根据生产和工作的特点，分别以周、月、季度、年等为周期，综合计算劳动者工作时间，但其平均日工作时间和平均周工作时间仍与法定标准工作时间基本相同的一种工时形式。对于因工作性质或生产特点的限制，实行不定时工作制或综合计算工时制等其他工作和休息办法的职工，企业应根据国家有关规定，在保障职工身体健康并充分听取职工意见的基础上，采取集中工作、集中休息、轮休调休、弹性工作时间等适当的工作和休息方式，确保职工的休息、休假权利和生产、工作任务的完成。

(2)休息、休假。休息是指劳动者在任职期间，在国家规定的法定工作时间以外，无须履行劳动义务而自行支配的时间，包括工作日内的间歇时间、工作日之间的休息时间和公休假日。

第六，劳动报酬。劳动报酬是指用人单位根据劳动者劳动的数量和质量，以货币形式支付给劳动者的工资。这是劳动者为用人单位提供劳动获得的直接回报，是劳动者提供劳动的直接目的，是劳动者的生活来源。根据国家有关规定，工资应当以法定货币支付，不得以实物及有价证券替代货币支付。工资必须在用人单位与劳动者约定的日期支付。如遇节假日或休息日，则应提前在最近的工作日支付。工资至少每月支付一次，实行周、日、小时工资制的可按周、日、小时支付工资。对完成一次性临时劳动或某项具体工作的劳动者，用人单位应按有关协议或合同规定在其完成劳动任务后即支付工资。

第七，社会保险。社会保险包括基本养老保险、基本医疗保险、失业保险、工伤保险等，参加社会保险、缴纳社会保险费是用人单位与劳动者的法定义务，双方都必须履行。

第八，劳动保护、劳动条件和职业危害防护。劳动保护是指用人单位保护劳动者在工作过程中不受伤害的具体措施。劳动条件是指用人单位为劳动者提供正常工作所必需的条件，包括劳动场所和劳动工具。职业危害防护是用人单位对工作过程中可能产生的影响劳动者身体健康的危害的防护措施，劳动保护、劳动条件和职业危害防护，是劳动合同中保护劳动者身体健康和安全的重要条款。

第九，法律、法规规定应当纳入劳动合同的其他事项。用人单位提供的劳动合同文本未载明《劳动合同法》规定的劳动合同必备条款或者用人单位未将劳动合同文本交付劳动者的，由劳动行政部门责令改正；给劳动者造成损害的，应当承担赔偿责任。

(二)劳动合同约定条款

除劳动合同必备条款外，用人单位与劳动者还可以在劳动合同中约定试用期、培训、保守秘密、补充保险和福利待遇等其他事项。但约定事项不能违反法律、行政法规的强制性规定，否则该约定无效。

四、劳动合同的履行和变更

(一)劳动合同的履行

劳动合同的履行是指劳动合同生效后,当事人双方按照劳动合同的约定,完成各自承担的义务和实现各自享受的权利,使当事人双方订立合同的目的得以实现的法律行为。

1. 用人单位与劳动者应当按照劳动合同的约定,全面履行各自的义务

(1)用人单位应当按照劳动合同约定和国家规定,向劳动者及时、足额支付劳动报酬。用人单位拖欠或者未足额支付劳动报酬的,劳动者可以依法向当地人民法院申请支付令,人民法院应当依法发出支付令。用人单位未按照劳动合同的约定或者国家规定及时足额支付劳动者劳动报酬的,由劳动行政部门责令限期支付;逾期不支付的,责令用人单位按应付金额50%以上100%以下的标准向劳动者加付赔偿金。

(2)用人单位应当严格执行劳动定额标准,不得强迫或者变相强迫劳动者加班。用人单位安排加班的,应当按照国家有关规定向劳动者支付加班费。

(3)劳动者拒绝用人单位管理人员违章指挥、强令冒险作业的,不视为违反劳动合同。劳动者对危害生命安全和身体健康的劳动条件,有权对用人单位提出批评、检举和控告。

(4)用人单位变更名称、法定代表人、主要负责人或者投资人等事项,不影响劳动合同的履行。

(5)用人单位发生合并或者分立等情况,原劳动合同继续有效,劳动合同由承继其权利和义务的用人单位继续履行。

2. 用人单位应当依法建立和完善劳动规章制度,保障劳动者享有劳动权利、履行劳动义务

劳动规章制度是用人单位制定的组织劳动过程和进行劳动管理的规则和制度,主要包括劳动合同管理、工资管理、社会保险福利待遇、工时休假、职工奖惩,以及其他劳动管理规定。合法有效的劳动规章制度是劳动合同的组成部分,对用人单位和劳动者均具有法律约束力,用人单位在制定、修改或者决定有关劳动报酬、工作时间、休息休假、劳动安全卫生、保险福利、职工培训、劳动纪律以及劳动定额管理等直接涉及劳动者切身利益的规章制度和重大事项时,应当经职工代表大会或者全体职工讨论,提出方案和意见,与工会或者职工代表平等协商确定。在规章制度和重大事项决定实施过程中,工会或者职工认为不适当的,有权向用人单位提出,通过协商予以修改完善。用人单位应当将直接涉及劳动者切身利益的规章制度和重大事项决定公示,或者告知劳动者,如果用人单位的规章制度未经公示或者未对劳动者告知,该规章制度对劳动者不生效,公示或告知可以采用张贴通告、员工手册送达、会议精神传达等方式,用人单位直接涉及劳动者切身利益

的规章制度违反法律、法规规定的，由劳动行政部门责令改正，给予警告；给劳动者造成损害的，应当承担赔偿责任。

（二）劳动合同的变更

劳动合同的变更是指劳动合同依法订立后，在合同尚未履行或者尚未履行完毕之前，经用人单位和劳动者双方当事人协商同意，对劳动合同内容作部分修改、补充或者删减的法律行为。用人单位与劳动者协商一致，可以变更劳动合同约定的内容。变更劳动合同，应当采用书面形式。变更后的劳动合同文本由用人单位和劳动者各执一份。变更劳动合同未采用书面形式，但已经实际履行了口头变更的劳动合同超过 1 个月，且变更后的劳动合同内容不违反法律、行政法规、国家政策以及公序良俗，当事人以未采用书面形式为由主张劳动合同变更无效的，人民法院不予支持。

五、劳动合同的解除和终止

（一）劳动合同的解除

1. 劳动合同解除的概念

劳动合同解除是指在劳动合同订立后，劳动合同期限届满之前，因双方协商提前结束劳动关系，或因出现法定的情形，一方单方通知对方结束劳动关系的法律行为。劳动合同解除分为协商解除和法定解除两种情况。

2. 协商解除

协商解除，又称合意解除、意定解除，是指劳动合同订立后，双方当事人因某种原因，在完全自愿的基础上协商一致，提前终止劳动合同，结束劳动关系。《劳动合同法》规定，用人单位与劳动者协商一致，可以解除劳动合同。由用人单位提出解除劳动合同而与劳动者协商一致的，必须依法向劳动者支付经济补偿；由劳动者主动辞职而与用人单位协商一致解除劳动合同的，用人单位无须向劳动者支付经济补偿。

3. 法定解除

法定解除是指在出现国家法律、法规或劳动合同规定的可以解除劳动合同的情形时，不需当事人协商一致，一方当事人即可决定解除劳动合同，劳动合同效力可以自然终止或由单方提前终止。在这种情况下，主动解除劳动合同的一方负有主动通知对方的义务。法定解除又可分为劳动者的单方解除和用人单位的单方解除。

(1)劳动者可单方面解除劳动合同的情形

第一，劳动者提前通知解除劳动合同的情形：

①劳动者提前 30 天以书面形式通知用人单位解除劳动合同；

②劳动者在试用期内提前 3 日通知用人单位解除劳动合同。

在这两种情形下，劳动者不能获得经济补偿。如果劳动者没有履行通知程序，则属于违法解除，因此对用人单位造成损失的，劳动者应对用人单位的损失承担赔偿责任。

第二，劳动者可随时通知解除劳动合同的情形：

①用人单位未按照劳动合同约定提供劳动保护或者劳动条件的；

②用人单位未及时足额支付劳动报酬的；

③用人单位未依法为劳动者缴纳社会保险费的；

④用人单位的规章制度违反法律、法规的规定，损害劳动者权益的；

⑤用人单位以欺诈、胁迫的手段或者乘人之危，使劳动者在违背真实意思的情况下订立或者变更劳动合同的；

⑥用人单位在劳动合同中免除自己的法定责任，排除劳动者权利的；

⑦用人单位违反法律、行政法规强制性规定的；

⑧法律、行政法规规定劳动者可以解除劳动合同的其他情形。

用人单位有上述情形的，劳动者可随时通知用人单位解除劳动合同。用人单位需向劳动者支付经济补偿。

第三，劳动者不需事先告知用人单位即可解除劳动合同的情形：

①用人单位以暴力、威胁或者非法限制人身自由的手段强迫劳动者劳动的；

②用人单位违章指挥、强令冒险作业危及劳动者人身安全的。

用人单位有上述两种情形的，劳动者可以立即解除劳动合同，不需事先告知用人单位，用人单位需向劳动者支付经济补偿。

(2)用人单位可单方面解除劳动合同的情形

第一，因劳动者过错解除劳动合同的情形：

①劳动者在试用期间被证明不符合录用条件的；

②劳动者严重违反用人单位的规章制度的；

③劳动者严重失职，营私舞弊，给用人单位造成重大损害的；

④劳动者同时与其他用人单位建立劳动关系，对完成本单位的工作任务造成严重影响，或者经用人单位提出，拒不改正的；

⑤劳动者以欺诈、胁迫的手段或者乘人之危，使用人单位在违背真实意思的情况下订立或者变更劳动合同的；

⑥劳动者被依法追究刑事责任的。

在上述情形下，用人单位可随时通知劳动者解除劳动关系，不需向劳动者支付经济补偿。

第二，无过失性辞退的情形：

无过失性辞退，是指由于劳动者非过失性原因和客观情况的需要而导致劳动合同无法履行时，用人单位可以在提前通知劳动者或者额外支付劳动者一个月工资后单方解除劳动合同。

①劳动者患病或者非因工负伤，在规定的医疗期满后不能从事原工作，也不能从事

由用人单位另行安排的工作的；

②劳动者不能胜任工作，经过培训或者调整工作岗位，仍不能胜任工作的；

③劳动合同订立时所依据的客观情况发生重大变化，致使劳动合同无法履行，经用人单位与劳动者协商，未能就变更劳动合同内容达成协议的。

在上述情形下，用人单位提前30日以书面形式通知劳动者本人或者额外支付劳动者1个月工资后，可以解除劳动合同。用人单位选择额外支付劳动者1个月工资解除劳动合同的，其额外支付的工资应当按照该劳动者上1个月的工资标准确定。用人单位还应当向劳动者支付经济补偿。

第三，经济性裁员的情形：

经济性裁员是指用人单位由于经营不善等经济性原因，解雇多个劳动者。根据《劳动合同法》的规定，用人单位有下列情形之一，需要裁减人员20人以上或者裁减不足20人但占企业职工总数10%以上的，用人单位提前30日向工会或者全体职工说明情况，听取工会或者职工的意见后，裁减人员方案经向劳动行政部门报告，可以裁减人员。

①依照企业破产法规定进行重整的；

②生产经营发生严重困难的；

③企业转产、重大技术革新或者经营方式调整，经变更劳动合同后，仍需裁减人员的；

④其他因劳动合同订立时所依据的客观经济情况发生重大变化，致使劳动合同无法履行的。

在上述情形下解除劳动合同，用人单位应当向劳动者支付经济补偿。裁减人员时，应当优先留用下列人员：与本单位订立较长期限的固定期限劳动合同的；与本单位订立无固定期限劳动合同的；家庭无其他就业人员，有需要扶养的老人或者未成年人的。用人单位裁减人员后，在6个月内重新招用人员的，应当通知被裁减的人员，并在同等条件下优先招用被裁减的人员。

(3)工会在解除劳动合同中的监督作用

用人单位单方解除劳动合同，应当事先将理由通知工会。用人单位违反法律、行政法规规定或者劳动合同约定的，工会有权要求用人单位纠正。用人单位应当研究工会的意见，并将处理结果书面通知工会。

(二)劳动合同的终止

1. 劳动合同终止的概念

劳动合同终止是指用人单位与劳动者之间的劳动关系因某种法律事实的出现而自动归于消灭，或导致劳动关系的继续履行成为不可能而不得不消灭的情形。劳动合同终止一般不涉及用人单位与劳动者的意思表示，只要法定事实出现，一般情况下都会导致双方劳动关系的消灭。

2. 劳动合同终止的情形

(1)劳动合同期满的；

(2)劳动者开始依法享受基本养老保险待遇的；

(3)劳动者达到法定退休年龄的；

(4)劳动者死亡，或者被人民法院宣告死亡或者宣告失踪的；

(5)用人单位被依法宣告破产的；

(6)用人单位被吊销营业执照、责令关闭、撤销或者用人单位决定提前解散的；

(7)法律、行政法规规定的其他情形。

用人单位与劳动者不得约定上述情形之外的其他劳动合同终止条件。

(三)对劳动合同解除和终止的限制性规定

一般劳动合同期满，劳动合同就终止，但也有例外。根据《劳动合同法》的规定，劳动者有下列情形之一的，用人单位既不得解除劳动合同，也不得终止劳动合同，劳动合同应当续延至相应的情形消失时终止：

(1)从事接触职业病危害作业的劳动者未进行离岗前职业健康检查，或者疑似职业病病人在诊断或者医学观察期间的；

(2)在本单位患职业病或者因工负伤并被确认丧失或者部分丧失劳动能力的；

(3)患病或者非因工负伤，在规定的医疗期内的；

(4)女职工在孕期、产期、哺乳期的；

(5)在本单位连续工作满 15 年，且距法定退休年龄不足 5 年的；

(6)法律、行政法规规定的其他情形。

上述第(2)项“丧失或者部分丧失劳动能力”劳动者的劳动合同的终止，按照国家有关工伤保险的规定执行。

(四)劳动合同解除和终止的经济补偿

1. 经济补偿的概念

劳动合同法律关系中的经济补偿是指按照劳动合同法律制度的规定，在劳动者无过错的情况下，用人单位与劳动者解除或者终止劳动合同时，应给予劳动者经济上的补助，也称经济补偿金。经济补偿金与违约金、赔偿金是不同的。经济补偿金是法定的，主要是针对劳动关系的解除和终止，在劳动者无过错的情况下，用人单位应给予劳动者一定数额的经济上的补偿。违约金是约定的，是指劳动者违反了服务期和竞业限制的约定而向用人单位支付的违约补偿。《劳动合同法》第 25 条明确规定，禁止用人单位对劳动合同服务期和竞业限制之外的其他事项与劳动者约定由劳动者承担违约金。

赔偿金是指用人单位和劳动者由于自己的过错给对方造成损害时，所应承担的不利的法律后果。经济补偿金的支付主体是用人单位，违约金的支付主体是劳动者，赔偿金的支付主体则可能是用人单位，也可能是劳动者。

2. 用人单位应当向劳动者支付经济补偿的情形

(1)劳动者符合随时通知解除和不需事先通知即可解除劳动合同规定情形而解除劳动合同的；

(2)由用人单位提出解除劳动合同并与劳动者协商一致而解除劳动合同的；

(3)用人单位符合提前30日以书面形式通知劳动者本人或者额外支付劳动者1个月工资后，可以解除劳动合同规定情形而解除劳动合同的；

(4)用人单位符合可裁减人员规定而解除劳动合同的；

(5)除用人单位维持或者提高劳动合同约定条件续订劳动合同，劳动者不同意续订的情形外，劳动合同期满终止固定期限劳动合同的；

(6)用人单位被依法宣告破产或者被吊销营业执照、责令关闭、撤销或者用人单位决定提前解散而终止劳动合同的；

(7)以完成一定工作任务为期限的劳动合同因任务完成而终止的；

(8)法律、行政法规规定的其他情形。

3. 经济补偿的支付

经济补偿是根据劳动者在用人单位的工作年限和工资标准来计算具体金额，并以货币形式支付给劳动者。经济补偿金的计算公式为：

经济补偿金＝劳动合同解除或终止前劳动者在本单位的工作年限×每工作1年应得的经济补偿，或者简写为：

经济补偿金＝工作年限×月工资

(1)关于补偿年限的计算标准。

根据《劳动合同法》的规定，经济补偿按劳动者在本单位工作的年限，每满1年支付1个月工资的标准向劳动者支付。6个月以上不满1年的，按1年计算；不满6个月的，向劳动者支付半个月工资的经济补偿。

劳动者非因本人原因从原用人单位被安排到新用人单位工作的，劳动者在原用人单位的工作年限合并计入新用人单位的工作年限。原用人单位已经向劳动者支付经济补偿的，新用人单位在依法解除、终止劳动合同计算支付经济补偿的工作年限时，不再计算劳动者在原用人单位的工作年限。

(2)关于补偿基数的计算标准。

①月工资是指劳动者在劳动合同解除或者终止前12个月的平均工资。月工资按照劳动者应得工资计算，包括计时工资或者计件工资以及奖金、津贴和补贴等货币性收入。劳动者工作不满12个月的，按照实际工作的月数计算平均工资。

②劳动者在劳动合同解除或者终止前12个月的平均工资低于当地最低工资标准的，按照当地最低工资标准计算。即：经济补偿金＝工作年限×月最低工资标准。

③劳动者月工资高于用人单位所在直辖市、设区的市级人民政府公布的本地区上年

度职工月平均工资 3 倍的,向其支付经济补偿的标准按职工月平均工资 3 倍的数额支付,向其支付经济补偿的年限最高不超过 12 年。即:经济补偿金=工作年限(最高不超过 12 年)×当地上年度职工月平均工资 3 倍。

(3)关于补偿年限和基数的特殊计算。

《劳动合同法》施行之日已存续的劳动合同,在《劳动合同法》施行后解除或者终止,依照《劳动合同法》规定应当支付经济补偿的,经济补偿年限自《劳动合同法》施行之日(2008 年 1 月 1 日)起计算;《劳动合同法》施行前按照当时有关规定,用人单位应当向劳动者支付经济补偿的,按照当时有关规定执行。也就是经济补偿的计发办法分两段计算:2008 年 1 月 1 日前的,按当时当地的有关规定执行;2008 年 1 月 1 日以后的,按新法执行。两段补偿合并计算。

(五)劳动合同解除和终止的法律后果及双方义务

第一,劳动合同解除和终止后,用人单位和劳动者双方不再履行劳动合同,劳动关系消灭。劳动者应当按照双方约定,办理工作交接。

第二,劳动合同解除或终止的,用人单位应当在解除或者终止劳动合同时出具解除或者终止劳动合同的证明,并在 15 日内为劳动者办理档案和社会保险关系转移手续。用人单位出具的解除、终止劳动合同的证明,应当写明劳动合同期限、解除或者终止劳动合同的日期、工作岗位、在本单位的工作年限。用人单位对已经解除或者终止的劳动合同的文本,至少保存 2 年备查。

用人单位未向劳动者出具解除或者终止劳动合同的书面证明,由劳动行政部门责令改正;给劳动者造成损害的,应当承担赔偿责任。劳动者依法解除或者终止劳动合同,用人单位扣押劳动者档案或者其他物品的,由劳动行政部门责令限期退还劳动者本人,并以每人 500 元以上 2 000 元以下的标准处以罚款;给劳动者造成损害的,应当承担赔偿责任。

第三,用人单位应当在解除或者终止劳动合同时向劳动者支付经济补偿的,在办结工作交接时支付。解除或者终止劳动合同,用人单位未依照《劳动合同法》的规定向劳动者支付经济补偿的,由劳动行政部门责令限期支付经济补偿;逾期不支付的,责令用人单位按应付金额 50%以上 100%以下的标准向劳动者加付赔偿金。

六、集体合同与劳务派遣

(一)集体合同

1. 集体合同的概念和种类

(1)集体合同的概念。集体合同是工会代表企业职工一方与企业签订的以劳动报酬、工作时间、休息休假、劳动安全卫生、保险福利等为主要内容的书面协议。尚未建立工会的用人单位,可以由上级工会指导劳动者推举的代表与用人单位订立集体合同。

(2)专项集体合同。企业职工一方与用人单位可以订立劳动安全卫生、女职工权益保护、工资调整机制等专项集体合同。

(3)行业性集体合同、区域性集体合同。在县级以下区域内,建筑业、采矿业、餐饮服务业等行业可以由工会与企业方面代表订立行业性集体合同,或者订立区域性集体合同。

2. 集体合同的订立

集体合同内容由用人单位和职工各自派出集体协商代表通过集体协商(会议)的方式协商确定。集体协商双方的代表人数应当对等,每方至少3人,并各确定1名首席代表,经双方协商代表协商一致的集体合同草案或专项集体合同草案应当提交职工代表大会或者全体职工讨论。职工代表大会或者全体职工讨论集体合同草案,应当有2/3以上职工代表或者职工出席,且须经全体职工代表半数以上或者全体职工半数以上同意,方获通过。集体合同草案或专项集体合同草案经职工代表大会或者职工大会通过后,由集体协商双方首席代表签字。集体合同订立后,应当报送劳动行政部门;劳动行政部门自收到集体合同文本之日起15日内未提出异议的,集体合同即行生效。集体合同中劳动报酬和劳动条件等标准不得低于当地人民政府规定的最低标准;用人单位与劳动者订立的劳动合同中劳动报酬和劳动条件等标准不得低于集体合同规定的标准,依法订立的集体合同对用人单位和劳动者具有约束力。行业性、区域性集体合同对当地本行业、本区域的用人单位和劳动者具有约束力。

3. 集体合同纠纷和法律救济

用人单位违反集体合同,侵犯职工劳动权益的,工会可以依法要求用人单位承担责任;因履行集体合同发生争议,经协商解决不成的,工会可以依法申请仲裁、提起诉讼。

(二)劳务派遣

1. 劳务派遣的概念和特征

劳务派遣是指由劳务派遣单位与劳动者订立劳动合同,与用工单位订立劳务派遣协议,将被派遣劳动者派往用工单位给付劳务。劳动合同关系存在于劳务派遣单位与被派遣劳动者之间,但劳动力给付的事实则发生于被派遣员工与用工单位之间,即劳动力的雇佣与劳动力使用分离,被派遣劳动者不与用工单位签订劳动合同、发生劳动关系,而是与派遣单位存在劳动关系。这是劳务派遣最显著的特征。

2. 劳务派遣的适用范围

劳动合同用工是我国的企业基本用工形式,劳务派遣用工是补充形式,只能在临时性、辅助性或者替代性的工作岗位上实施,临时性工作岗位是指存续时间不超过6个月的岗位;辅助性工作岗位是指为主营业务岗位提供服务的非主营业务岗位;替代性工作岗位是指用工单位的劳动者因脱产学习、休假等原因无法工作的一定期间内,可以由其他劳动者替代工作的岗位。

用工单位应当严格控制劳务派遣用工数量，使用的被派遣劳动者数量不得超过其用工总量的10%，该用工总量是指用工单位订立劳动合同人数与使用的被派遣劳动者人数之和，用人单位不得设立劳务派遣单位向本单位或者所属单位派遣劳动者。用工单位不得将被派遣劳动者再派遣到其他用人单位。劳务派遣单位不得以非全日制用工形式招用被派遣劳动者。

3. 劳务派遣单位、用工单位与劳动者的权利和义务

劳务派遣单位是用人单位，应当履行用人单位对劳动者的义务。劳务派遣单位与被派遣劳动者订立的劳动合同，除应当载明劳动合同必备的条款外，还应当载明被派遣劳动者的用工单位以及派遣期限、工作岗位等情况。劳务派遣单位应当与被派遣劳动者订立2年以上的固定期限劳动合同，按月支付劳动报酬；被派遣劳动者在无工作期间，劳务派遣单位应当按照所在地人民政府规定的最低工资标准，向其按月支付报酬。接受以劳务派遣形式用工的单位是用工单位。劳务派遣单位派遣劳动者应当与用工单位订立劳务派遣协议。劳务派遣协议应当约定派遣岗位和人员数量、派遣期限、劳动报酬和社会保险费的数额与支付方式以及违反协议的责任。用工单位应当根据工作岗位的实际需要与劳务派遣单位确定派遣期限，不得将连续用工期限分割订立数个短期劳务派遣协议。劳务派遣单位应当将劳务派遣协议的内容告知被派遣劳动者，不得克扣用工单位按照劳务派遣协议支付给被派遣劳动者的劳动报酬，劳务派遣单位和用工单位不得向被派遣劳动者收取费用。被派遣劳动者享有与用工单位的劳动者同工同酬的权利。用工单位应当按照同工同酬原则，对被派遣劳动者与本单位同类岗位的劳动者实行相同的劳动报酬分配办法。用工单位无同类岗位劳动者的，参照用工单位所在地相同或者相近岗位劳动者的劳动报酬确定。被派遣劳动者有权在劳务派遣单位或者用工单位依法参加或者组织工会，维护自身的合法权益。

七、劳动争议的解决

（一）劳动争议及解决方法

1. 劳动争议的概念及适用范围

劳动争议是指劳动关系当事人之间因实现劳动权利、履行劳动义务发生分歧而引起的争议，也称劳动纠纷、劳资争议，包括：

（1）因确认劳动关系发生的争议；

（2）因订立、履行、变更、解除和终止劳动合同发生的争议；

（3）因除名、辞退和辞职、离职发生的争议；

（4）因工作时间、休息休假、社会保险、福利、培训以及劳动保护发生的争议；

（5）因劳动报酬、工伤医疗费、经济补偿或者赔偿金等发生的争议；

（6）法律、法规规定的其他劳动争议。

2. 劳动争议的解决原则和方法

(1)劳动争议解决的基本原则

解决劳动争议，应当根据事实，遵循合法、公正、及时、着重调解的原则，依法保护当事人的合法权益。

(2)劳动争议解决的基本方法

劳动争议解决的方法有协商、调解、仲裁和诉讼。发生劳动争议，劳动者可以与用人单位协商，也可以请工会或者第三方共同与用人单位协商，达成和解协议；当事人不愿协商、协商不成或者达成和解协议后不履行的，可以向调解组织申请调解；不愿调解、调解不成或者达成调解协议后不履行的，可以向劳动争议仲裁机构申请仲裁；对仲裁裁决不服的，除《调解仲裁法》另有规定的以外，可以向人民法院提起诉讼。劳动争议的调解是指在劳动争议调解组织的主持下，在双方当事人自愿的基础上，通过宣传法律、法规、规章和政策，劝导当事人化解矛盾，自愿就争议事项达成协议，使劳动争议及时得到解决的一种活动。劳动仲裁是指劳动争议仲裁机构对劳动争议当事人争议的事项，根据劳动法律、法规、规章和政策等的规定，依法做出裁决，从而解决劳动争议的一项劳动法律制度。

劳动仲裁不同于第一章所讲的一般经济纠纷的仲裁，除法律依据和适用范围不同外，还有以下几点区别：①申请程序不同。一般经济纠纷的仲裁，当事人必须在事先或事后达成仲裁协议，才能据此向仲裁机构提出仲裁申请；而劳动争议的仲裁，则不要求当事人达成仲裁协议，只要一方当事人提出申请，有关仲裁机构即可受理。②裁决的效力不同。一般经济纠纷的仲裁实行“一裁终局”制度，即仲裁裁决做出后，当事人就同一纠纷再申请仲裁或者向人民法院起诉的，仲裁委员会或者人民法院不予受理；而劳动争议仲裁，当事人对裁决不服的，除《调解仲裁法》规定的几类特殊劳动争议外，可以向人民法院起诉。因此，劳动争议的裁决一般不是终局的。

用人单位违反国家规定，拖欠或者未足额支付劳动报酬，或者拖欠工伤医疗费、经济补偿或者赔偿金的，劳动者可以向劳动行政部门投诉，劳动行政部门应当依法处理。

(3)举证责任

发生劳动争议，当事人对自己提出的主张，有责任提供证据。与争议事项有关的证据属于用人单位掌握管理的，用人单位应当提供；用人单位不提供的，应当承担不利后果。在法律没有具体规定，按照上述原则也无法确定举证责任承担时，仲裁庭可以根据公平原则和诚实信用原则，综合当事人举证能力等因素确定举证责任的承担。

(二)劳动调解

1. 劳动争议调解组织

可受理劳动争议的调解组织有：

(1)企业劳动争议调解委员会。企业劳动争议调解委员会由职工代表和企业代表组成。职工代表由工会成员担任或者由全体职工推举产生，企业代表由企业负责人指定，企业劳动争议调解委员会主任由工会成员或者双方推举的人员担任。

(2)依法设立的基层人民调解组织。

(3)在乡镇、街道设立的具有劳动争议调解职能的组织。

2. 劳动调解程序

(1)当事人申请劳动争议调解可以书面申请,也可以口头申请。口头申请的,调解组织应当当场记录申请人基本情况、申请调解的争议事项、理由和时间。

(2)调解劳动争议,应当充分听取双方当事人对事实和理由的陈述,耐心疏导,帮助其达成协议。

(3)经调解达成协议的,应当制作调解协议书。调解协议书由双方当事人签名或者盖章,经调解员签名并加盖调解组织印章后生效。调解协议书对双方当事人具有约束力,当事人应当履行。自劳动争议调解组织收到调解申请之日起 15 日内未达成调解协议的,当事人可以依法申请仲裁。

(4)达成调解协议后,一方当事人在协议约定期限内不履行调解协议的,另一方当事人可以依法申请仲裁。因支付拖欠劳动报酬、工伤医疗费、经济补偿或者赔偿金事项达成调解协议,用人单位在协议约定期限内不履行的,劳动者可以持调解协议书依法向人民法院申请支付令。人民法院应当依法发出支付令。

(三)劳动仲裁

1. 劳动仲裁机构、劳动仲裁参加人和劳动仲裁管辖

(1)劳动仲裁机构。

劳动仲裁机构是劳动人事争议仲裁委员会(简称仲裁委员会)。仲裁委员会按照统筹规划、合理布局和适应实际需要的原则设立,不按行政区划层层设立。仲裁委员会下设实体化的办事机构,称为劳动人事争议仲裁院(简称仲裁院)。

劳动争议仲裁不收费。仲裁委员会的经费由财政予以保障。

(2)劳动仲裁参加人。

①当事人。发生劳动争议的劳动者和用人单位为劳动争议仲裁案件的双方当事人。劳务派遣单位或者用工单位与劳动者发生劳动争议的,劳务派遣单位和用工单位为共同当事人。劳动者与个人承包经营者发生争议,依法向仲裁委员会申请仲裁的,应当将发包的组织和个人承包经营者作为共同当事人。

发生争议的用人单位未办理营业执照、被吊销营业执照、营业执照到期继续经营、被责令关闭、被撤销以及用人单位解散、歇业,不能承担相关责任的,应当将用人单位和其出资人、开办单位或者主管部门作为共同当事人。

②当事人代表。发生争议的劳动者一方在 10 人以上,并有共同请求的,劳动者可以推举 3 至 5 名代表人参加仲裁活动。

因履行集体合同发生的劳动争议,经协商解决不成的,工会可以依法申请仲裁;尚未

建立工会的，由上级工会指导劳动者推举产生的代表依法申请仲裁。

代表人参加仲裁的行为对其所代表的当事人发生效力，但代表人变更、放弃仲裁请求或者承认对方当事人的仲裁请求，进行和解，必须经被代表的当事人同意。

③第三人。与劳动争议案件的处理结果有利害关系的第三人，可以申请参加仲裁活动或者由仲裁委员会通知其参加仲裁活动。

④代理人。当事人可以委托代理人参加仲裁活动。委托他人参加仲裁活动，应当向仲裁委员会提交有委托人签名或者盖章的委托书，委托书应当载明委托事项和权限。丧失或者部分丧失民事行为能力的劳动者，由其法定代理人代为参加仲裁活动；无法定代理人的，由仲裁委员会为其指定代理人。劳动者死亡的，由其近亲属或者代理人参加仲裁活动。

(3)劳动争议仲裁案件的管辖。

仲裁委员会负责管辖本区域内发生的劳动争议。劳动争议由劳动合同履行地或者用人单位所在地的仲裁委员会管辖。双方当事人分别向劳动合同履行地和用人单位所在地的仲裁委员会申请仲裁的，由劳动合同履行地的仲裁委员会管辖。有多个劳动合同履行地的，由最先受理的仲裁委员会管辖。劳动合同履行地不明确的，由用人单位所在地的仲裁委员会管辖。案件受理后，劳动合同履行地或者用人单位所在地发生变化的，不改变争议仲裁的管辖。

2. 申请和受理

(1)仲裁时效。

①劳动争议申请仲裁的时效期间为 1 年。仲裁时效期间从当事人知道或者应当知道其权利被侵害之日起计算。劳动关系存续期间因拖欠劳动报酬发生争议的，劳动者申请仲裁不受 1 年仲裁时效期间的限制；但是，劳动关系终止的，应当自劳动关系终止之日起 1 年内提出。

②仲裁时效的中断。劳动仲裁时效，因当事人一方向对方当事人主张权利(即一方当事人通过协商、申请调解等方式向对方当事人主张权利的)；或者向有关部门请求权利救济(即一方当事人通过向有关部门投诉，向仲裁委员会申请仲裁，向人民法院起诉或者申请支付令等方式请求权利救济的)；或者对方当事人同意履行义务而中断，从中断时起，仲裁时效期间重新计算，这里的中断时起，应理解为中断事由消除时起。如权利人申请调解的，经调解达不成协议的，应自调解不成之日起重新计算；如达成调解协议，自义务人应当履行义务的期限届满之日起计算。

③仲裁时效的中止。因不可抗力或者有其他正当理由(无民事行为能力或者限制民事行为能力劳动者的法定代理人未确定等)，当事人不能在仲裁时效期间申请仲裁的，仲裁时效中止。从中止时效的原因消除之日起，仲裁时效期间继续计算。

(2)仲裁申请。

申请人申请仲裁应当提交书面仲裁申请，并按照被申请人人数提交副本，仲裁申请书应当载明下列事项：

①劳动者的姓名、性别、出生日期，身份证号码、住所、通信地址和联系电话，用人单位的名称、住所、通信地址、联系电话和法定代表人或者主要负责人的姓名、职务；

②仲裁请求和所根据的事实、理由；

③证据和证据来源，证人姓名和住所，书写仲裁申请确有困难的，可以口头申请，由仲裁委员会记入笔录，经申请人签名、盖章或者按印确认。

(3)仲裁受理。

仲裁委员会收到仲裁申请之日起 5 日内，认为符合受理条件的，应当予以受理，并向申请人出具受理通知书；认为不符合受理条件的，向申请人出具不予受理通知书。

对仲裁委员会逾期未作出决定或者决定不予受理的，申请人可以就该争议事项向人民法院提起诉讼。

仲裁委员会受理仲裁申请后，应当在 5 日内将仲裁申请书副本送达被申请人。被申请人收到仲裁申请书副本后，应当在 10 日内向仲裁委员会提交答辩书。仲裁委员会收到答辩书后，应当在 5 日内将答辩书副本送达申请人。被申请人未提交答辩书的，不影响仲裁程序的进行。

3. 开庭和裁决

(1)仲裁基本制度。

仲裁公开原则及例外。劳动争议仲裁公开进行，但当事人协议不公开或者涉及商业秘密和个人隐私的，经相关当事人书面申请，仲裁委员会应当不公开审理。

仲裁庭制。仲裁委员会裁决劳动争议案件实行仲裁庭制。仲裁庭由 3 名仲裁员组成，设首席仲裁员。简单劳动争议案件可以由 1 名仲裁员独任仲裁。

回避制度。仲裁员有下列情形之一的，应当回避，当事人也有权以口头或者书面方式提出回避申请：①是本案当事人或者当事人、代理人的近亲属的；②与本案有利害关系的；③与本案当事人、代理人有其他关系，可能影响公正裁决的；④私自会见当事人、代理人，或者接受当事人、代理人请客送礼的。

(2)仲裁开庭程序。

仲裁委员会应当在受理仲裁申请之日起 5 日内组成仲裁庭，并将仲裁庭的组成情况书面通知当事人，仲裁庭应当在开庭 5 日前，将开庭日期、地点书面通知双方当事人。

当事人有正当理由的，可以在开庭 3 日前请求延期开庭。是否延期，由仲裁委员会根据实际情况决定。申请人收到书面开庭通知，无正当理由拒不到庭或者未经仲裁庭同意中途退庭的，可以按撤回仲裁申请处理；申请人重新申请仲裁的，仲裁委员会不予受理。被申请人收到书面开庭通知，无正当理由拒不到庭或者未经仲裁庭同意中途退庭的，仲裁庭可以继续开庭审理，并缺席裁决。

开庭审理中，仲裁员应当听取申请人的陈述和被申请人的答辩，主持庭审调查、质证和辩论，征询当事人最后意见，并进行调解。

仲裁庭裁决劳动争议案件，应当自仲裁委员会受理仲裁申请之日起 45 日内结束。案情复杂需要延期的，经仲裁委员会主任批准，可以延期并书面通知当事人，但是延长期限不得超过 15 日。逾期未作出仲裁裁决的，当事人可以就该劳动争议事项向人民法院提起诉讼。

上述规定中的“3 日”“5 日”“10 日”指工作日，“15 日”“45 日”指自然日。

(3)仲裁裁决。

第一，裁决的原则。裁决应当按照多数仲裁员的意见作出，少数仲裁员的不同意见应当记入笔录。仲裁庭不能形成多数意见时，裁决应当按照首席仲裁员的意见作出。裁决书应当载明仲裁请求、争议事实、裁决理由、裁决结果、当事人权利和裁决日期。裁决书由仲裁员签名，加盖劳动争议仲裁委员会印章。对裁决持不同意见的仲裁员，可以签名，也可以不签名。

仲裁庭裁决劳动争议案件时，其中一部分事实已经清楚，可以就该部分先行裁决。

第二，一裁终局的案件。下列劳动争议，除《调解仲裁法》另有规定的外，仲裁裁决为终局裁决，裁决书自作出之日起发生法律效力：

①追索劳动报酬、工伤医疗费、经济补偿或者赔偿金，不超过当地月最低工资标准 12 个月金额的争议。如果仲裁裁决涉及数项，对单项裁决数额不超过当地最低工资标准 12 个月金额的事项，应当适用终局裁决。

上述经济补偿包括《劳动合同法》规定的竞业限制期限内给予的经济补偿、解除或者终止劳动合同的经济补偿等；赔偿金包括《劳动合同法》规定的未签订书面劳动合同的第 2 倍工资、违法约定试用期的赔偿金、违法解除或者终止劳动合同的赔偿金等。

②因执行国家的劳动标准在工作时间、休息休假、社会保险等方面发生的争议。

仲裁庭裁决案件时，裁决内容同时涉及终局裁决和非终局裁决的，应当分别制作裁决书，并告知当事人相应的救济权利。

(4)仲裁裁决的撤销。

用人单位有证据证明上述一裁终局的裁决有下列情形之一，可以自收到仲裁裁决书之日起 30 日内向仲裁委员会所在地的中级人民法院申请撤销裁决：

①适用法律、法规确有错误的；

②劳动争议仲裁委员会无管辖权的；

③违反法定程序的；

④裁决所根据的证据是伪造的；

⑤对方当事人隐瞒了足以影响公正裁决的证据的；

⑥仲裁员在仲裁该案时有索贿受贿、徇私舞弊、枉法裁决行为的。

人民法院经组成合议庭审查核实裁决有上述规定情形之一的，应当裁定撤销。

4. 执行

（1）仲裁庭对追索劳动报酬、工伤医疗费、经济补偿或者赔偿金的案件，根据当事人的申请，可以裁决先予执行，移送人民法院执行。

仲裁庭裁决先予执行的，应当符合下列条件：

①当事人之间权利义务关系明确；

②不先予执行将严重影响申请人的生活。

劳动者申请先予执行的，可以不提供担保。

（2）当事人对发生法律效力的调解书、裁决书，应当依照规定的期限履行。一方当事人逾期不履行的，另一方当事人可以依照《民事诉讼法》的有关规定向人民法院申请执行。受理申请的人民法院应当依法执行。

（四）劳动诉讼

（1）对仲裁委员会不予受理或者逾期未作出决定的，申请人可以就该劳动争议事项向人民法院提起诉讼。

（2）劳动者对劳动争议的终局裁决不服的，可以自收到仲裁裁决书之日起 15 日内向人民法院提起诉讼。

（3）当事人对终局裁决情形之外的其他劳动争议案件的仲裁裁决不服的，可以自收到仲裁裁决书之日起 15 日内提起诉讼。

（4）终局裁决被人民法院裁定撤销的，当事人可以自收到裁定书之日起 15 日内就该劳动争议事项向人民法院提起诉讼。

八、违反劳动合同法律制度的法律责任

（一）用人单位违反《劳动合同法》的法律责任

1. 用人单位规章制度违反法律规定的法律责任

（1）用人单位直接涉及劳动者切身利益的规章制度违反法律、法规规定的，由劳动行政部门责令改正，给予警告；给劳动者造成损害的，应当承担赔偿责任。

（2）用人单位违反《劳动合同法》有关建立职工名册规定的，由劳动行政部门责令限期改正；逾期不改正的，由劳动行政部门处 2 000 元以上 2 万元以下的罚款。

2. 用人单位订立劳动合同违反法律规定的法律责任

（1）用人单位提供的劳动合同文本未载明劳动合同必备条款或者用人单位未将劳动合同文本交付劳动者的，由劳动行政部门责令改正；给劳动者造成损害的，应当承担赔偿责任。

（2）用人单位自用工之日起超过 1 个月不满 1 年未与劳动者订立书面劳动合同的，应当向劳动者每月支付 2 倍的工资。

(3)用人单位违反《劳动合同法》规定不与劳动者订立无固定期限劳动合同的，自应当订立无固定期限劳动合同之日起向劳动者每月支付2倍的工资。

(4)用人单位违反《劳动合同法》规定与劳动者约定试用期的，由劳动行政部门责令改正；违法约定的试用期已经履行的，由用人单位以劳动者试用期满月工资为标准，按已经履行的超过法定试用期的期间向劳动者支付赔偿金。

(5)用人单位违反《劳动合同法》规定，扣押劳动者居民身份证等证件的，由劳动行政部门责令限期退还劳动者本人，并依照有关法律规定给予处罚。

(6)用人单位违反《劳动合同法》规定，以担保或者其他名义向劳动者收取财物的，由劳动行政部门责令限期退还劳动者本人，并以每人500元以上2 000元以下的标准处以罚款；给劳动者造成损害的，应当承担赔偿责任。

(7)劳动合同依照法律规定被确认无效，给劳动者造成损害的，用人单位应当承担赔偿责任。

3. 用人单位履行劳动合同违反法律规定的法律责任

(1)用人单位有下列情形之一的，依法给予行政处罚；构成犯罪的，依法追究刑事责任；给劳动者造成损害的，应当承担赔偿责任：

①以暴力、威胁或者非法限制人身自由的手段强迫劳动的；

②违章指挥或者强令冒险作业危及劳动者人身安全的；

③侮辱、体罚、殴打、非法搜查或者拘禁劳动者的；

④劳动条件恶劣、环境污染严重，给劳动者身心健康造成严重损害的。

(2)用人单位有下列情形之一的，由劳动行政部门责令限期支付劳动报酬、加班费；劳动报酬低于当地最低工资标准的，应当支付其差额部分；逾期不支付的，责令用人单位按应付金额50%以上100%以下的标准向劳动者加付赔偿金：

①未按照劳动合同的约定或者国家规定及时、足额支付劳动者劳动报酬的；

②低于当地最低工资标准支付劳动者工资的；

③安排加班不支付加班费的。

(3)用人单位依照《劳动合同法》规定应当向劳动者每月支付2倍的工资或者应当向劳动者支付赔偿金而未支付的，劳动行政部门应当责令用人单位支付。

4. 用人单位违反法律规定解除和终止劳动合同的法律责任

(1)用人单位违反《劳动合同法》规定解除或者终止劳动合同的，应当依照《劳动合同法》规定的经济补偿标准的2倍向劳动者支付赔偿金。

(2)用人单位解除或者终止劳动合同，未依照《劳动合同法》规定向劳动者支付经济补偿的，由劳动行政部门责令限期支付经济补偿；逾期不支付的，责令用人单位按应付金额50%以上100%以下的标准向劳动者加付赔偿金。

(3)用人单位违反《劳动合同法》规定未向劳动者出具解除或者终止劳动合同的书面

证明，由劳动行政部门责令改正；给劳动者造成损害的，应当承担赔偿责任。

(4)劳动者依法解除或者终止劳动合同，用人单位扣押劳动者档案或者其他物品的，由劳动行政部门责令限期退还劳动者本人，并以每人 500 元以上 2 000 元以下的标准处以罚款；给劳动者造成损害的，应当承担赔偿责任。

5. 其他法律责任

(1)用人单位招用与其他用人单位尚未解除或者终止劳动合同的劳动者，给其他用人单位造成损失的，应当承担连带赔偿责任。

(2)劳务派遣单位、用工单位违反《劳动合同法》有关劳务派遣规定的，由劳动行政部门责令限期改正；逾期不改正的，以每人 5 000 元以上 1 万元以下的标准处以罚款，对劳务派遣单位，吊销其劳务派遣业务经营许可证、用工单位给被派遣劳动者造成损害的，劳务派遣单位与用工单位承担连带赔偿责任。

(3)对不具备合法经营资格的用人单位的违法犯罪行为，依法追究法律责任；劳动者已经付出劳动的，该单位或者其出资人应当依照《劳动合同法》的有关规定向劳动者支付劳动报酬、经济补偿、赔偿金；给劳动者造成损害的，应当承担赔偿责任。

(4)个人承包经营违反《劳动合同法》规定招用劳动者，给劳动者造成损害的，发包的组织与个人承包经营者承担连带赔偿责任。

(二)劳动者违反劳动合同法律制度的法律责任

(1)劳动合同被确认无效，给用人单位造成损失的，有过错的劳动者应当承担赔偿责任。

(2)劳动者违反《劳动合同法》规定解除劳动合同，给用人单位造成损失的，应当承担赔偿责任。

(3)劳动者违反劳动合同中约定的保密义务或者竞业限制，劳动者应当按照劳动合同的约定，向用人单位支付违约金。给用人单位造成损失的，应当承担赔偿责任。

(4)劳动者违反培训协议，未满服务期解除或者终止劳动合同的，或者因劳动者严重违纪，用人单位与劳动者解除约定服务期的劳动合同的，劳动者应当按照劳动合同的约定，向用人单位支付违约金。

第二节　社会保险法律制度

一、社会保险概述

社会保险，是指国家依法建立的，由国家、用人单位和个人共同筹集资金、建立基金，使个人在年老(退休)、患病、工伤(因工伤残或者患职业病)、失业、生育等情况下获得物质帮助和补偿的一种社会保障制度，这种保障是依靠国家立法强制实行的社会化保险。

所谓社会化保险，一是指资金来源的社会化，社会保险基金中既有用人单位和个人缴纳的保险费，也有国家财政给予的补助；二是指管理的社会化，国家设置专门机构，实行统一规划和管理，统一承担保险金的发放等。

(一)基本养老保险的含义

基本养老保险制度，是指缴费达到法定期限并且个人达到法定退休年龄后，国家和社会提供物质帮助以保证因年老而退出劳动领域者稳定、可靠的生活来源的社会保险制度，基本养老保险是社会保险体系中最重要、实施最广泛的一项制度。

(二)基本养老保险的覆盖范围

1. 基本养老保险制度组成

根据《社会保险法》的规定，基本养老保险制度由三个部分组成：职工基本养老保险制度、新型农村社会养老保险制度(简称新农保)、城镇居民社会养老保险制度(简称城居保)。省、自治区、直辖市人民政府根据实际情况，可以将城镇居民社会养老保险和新型农村社会养老保险合并实施。国务院于 2014 年 2 月 26 日发布了《关于建立统一的城乡居民基本养老保险制度的意见》(国发〔2014〕8 号)，决定将新农保和城居保两项制度合并实施，在全国范围内建立统一的城乡居民基本养老保险制度。

年满 16 周岁(不含在校学生)，非国家机关和事业单位工作人员及不属于职工基本养老保险制度覆盖范围的城乡居民，可以在户籍地参加城乡居民养老保险。

2. 职工基本养老保险

职工基本养老保险费的征缴范围：国有企业、城镇集体企业、外商投资企业、城镇私营企业和其他城镇企业及其职工，实行企业化管理的事业单位及其职工。这是基本养老保险的主体部分。基本养老保险费由用人单位和职工共同缴纳。

无雇工的个体工商户、未在用人单位参加基本养老保险的非全日制从业人员以及其他灵活就业人员可以参加基本养老保险，由个人缴纳基本养老保险费。公务员和参照公务员管理的工作人员养老保险的办法由国务院规定。

(三)职工基本养老保险基金的组成和来源

基本养老保险基金由用人单位和个人缴费以及政府补贴等组成。基本养老保险实行社会统筹与个人账户相结合。基本养老金由统筹养老金和个人账户养老金组成。养老保险社会统筹，是指统收养老保险缴费和统支养老金，确保收支平衡的公共财务系统。用人单位应当按照国家规定的本单位职工工资总额的比例缴纳基本养老保险费，记入基本养老保险统筹基金。职工按照国家规定的本人工资的比例缴纳基本养老保险费，记入个人账户。基本养老保险基金出现支付不足时，政府给予补贴。无雇工的个体工商户、未在用人单位参加基本养老保险的非全日制从业人员以及其他灵活就业人员参加基本养老保险的，应当按照国家规定缴纳基本养老保险费，分别记入基本养老保险统筹基金和个人账户。

个人账户不得提前支取,记账利率不得低于银行定期存款利率,免征利息税,参加职工基本养老保险的个人死亡后,其个人账户中的余额可以全部依法继承。

个人跨统筹地区就业的,其基本养老保险关系随本人转移,缴费年限累计计算。个人达到法定退休年龄时,基本养老金分段计算、统一支付。

(四)职工基本养老保险费的缴纳与计算

1. 单位缴费

按照现行政策,从 2016 年 5 月 1 日起,企业职工基本养老保险单位缴费比例超过企业工资总额 20%的省(区、市),将单位缴费比例降至 20%;单位缴费比例为 20%且 2015 年底企业职工基本养老保险基金累计结余可支付月数高于 9 个月的省(区、市),可以阶段性将单位缴费比例降低至 19%,降低费率的期限暂按两年执行。具体方案由各省(区、市)确定。

2. 个人缴费

按照现行政策,职工个人按照本人缴费工资的 8%缴费,记入个人账户。缴费工资,也称缴费工资基数,一般为职工本人上一年度月平均工资(有条件的地区也可以本人上月工资收入为个人缴费工资基数)。月平均工资按照国家统计局规定列入工资总额统计的项目计算,包括工资、奖金、津贴、补贴等收入,不包括用人单位承担或者支付给员工的社会保险费、劳动保护费、福利费、用人单位与员工解除劳动关系时支付的一次性补偿以及计划生育费用等其他不属于工资的费用。新招职工(包括研究生、大学生、大中专毕业生等)以起薪当月工资收入作为缴费工资基数;从第二年起,按上一年实发工资的月平均工资作为缴费工资基数,即:个人养老账户月存储额=本人月缴费工资×8%。

本人月平均工资低于当地职工月平均工资 60%的,按当地职工月平均工资的 60%作为缴费基数。本人月平均工资高于当地职工月平均工资 300%的,按当地职工月平均工资的 300%作为缴费基数,超过部分不计入缴费工资基数,也不计入计发养老金的基数。个人缴费不计征个人所得税,在计算个人所得税的应税收入时,应当扣除个人缴纳的养老保险费。

城镇个体工商户和灵活就业人员的缴费基数为当地上年度在岗职工月平均工资,缴费比例为 20%,其中 8%记入个人账户。

实际操作中,个别用人单位并不按照劳动者实际工资缴纳养老保险,而是按照当地最低工资进行缴纳,这种是违法操作,劳动者在遇到此情况时有权向当地劳动监察部门举报。

(五)职工基本养老保险享受条件与待遇

1. 职工基本养老保险享受条件

(1)年龄条件:达到法定退休年龄。目前国家实行的法定的企业职工退休年龄是,男年满 60 周岁,女工人年满 50 周岁,女干部年满 55 周岁;从事井下、高温、高空、特别繁重体力劳动或其他有害身体健康工作的，退休年龄男年满55周岁，女年满45周岁；因病或非因工致残，由医院证明并经劳动鉴定委员会确认完全丧失劳动能力的，退休年龄为男年满50周岁，女年满45周岁。

（2）缴费条件：累计缴费满15年。参加职工基本养老保险的个人，达到法定退休年龄时累计缴费满15年的，按月领取基本养老金。

2. 职工基本养老保险待遇

（1）职工基本养老金。对符合基本养老保险享受条件的人员，国家按月支付基本养老金。

（2）丧葬补助金和遗属抚恤金。参加基本养老保险的个人，因病或者非因工死亡的，其遗属可以领取丧葬补助金和抚恤金，所需资金从基本养老保险基金中支付，但如果个人死亡同时符合领取基本养老保险丧葬补助金、工伤保险丧葬补助金和失业保险丧葬补助金条件的，其遗属只能选择领取其中的一项。

（3）病残津贴。参加基本养老保险的个人，在未达到法定退休年龄时因病或者非因工致残完全丧失劳动能力的，可以领取病残津贴。所需资金从基本养老保险基金中支付。

二、基本医疗保险

（一）基本医疗保险的含义

基本医疗保险制度，是指按照国家规定缴纳一定比例的医疗保险费，参保人因患病和意外伤害而就医诊疗，由医疗保险基金支付其一定医疗费用的社会保险制度。

（二）基本医疗保险的覆盖范围

1. 职工基本医疗保险

职工应当参加职工基本医疗保险，由用人单位和职工按照国家规定共同缴纳基本医疗保险费。职工基本医疗保险费的征缴范围：国有企业、城镇集体企业、外商投资企业、城镇私营企业和其他城镇企业及其职工，国家机关及其工作人员，事业单位及其职工，民办非企业单位及其职工，社会团体及其专职人员。

无雇工的个体工商户、未在用人单位参加基本医疗保险的非全日制从业人员以及其他灵活就业人员可以参加职工基本医疗保险，由个人按照国家规定缴纳基本医疗保险费。

2. 城乡居民基本医疗保险

国务院于2016年1月3日发布了《关于整合城乡居民基本医疗保险制度的意见》，规定：整合城镇居民基本医疗保险和新型农村合作医疗两项制度，建立统一的城乡居民基本医疗保险制度。城乡居民基本医疗保险制度覆盖范围包括现有城镇居民基本医疗保险制度和新型农村合作医疗所有应参保（合）人员，即覆盖除职工基本医疗保险应参保人员以外的其他所有城乡居民，统一保障待遇。

(三)职工基本医疗保险费的缴纳

基本医疗保险与基本养老保险一样采用“统账结合”模式，即分别设立社会统筹基金和个人账户基金，基本医疗保险基金由统筹基金和个人账户构成。

1. 单位缴费

由统筹地区统一确定适合当地经济发展水平的基本医疗保险单位缴费率，一般为职工工资总额的6%左右。用人单位缴纳的基本医疗保险费分为两部分，一部分用于建立统筹基金，一部分划入个人账户。

2. 基本医疗保险个人账户的资金来源

(1)个人缴费部分。由统筹地区统一确定适合当地职工平均水平的基本医疗保险个人缴费率，一般为本人工资收入的2%。

(2)用人单位缴费的划入部分，由统筹地区根据个人医疗账户的支付范围和职工年龄等因素确定用人单位所缴医疗保险费划入个人医疗账户的具体比例，一般为30%左右。

3. 基本医疗保险关系转移接续制度

个人跨统筹地区就业的，其基本医疗保险关系随本人转移，缴费年限累计计算。

4. 退休人员基本医疗保险费的缴纳

参加职工基本医疗保险的个人，达到法定退休年龄时累计缴费达到国家规定年限的，退休后不再缴纳基本医疗保险费，按照国家规定享受基本医疗保险待遇；未达到国家规定缴费年限的，可以缴费至国家规定年限。目前对最低缴费年限没有全国统一的规定，由各统筹地区根据本地情况确定。

(四)职工基本医疗费用的结算

参保人员符合基本医疗保险药品目录、诊疗项目、医疗服务设施标准以及急诊、抢救的医疗费用，按照国家规定从基本医疗保险基金中支付。参保人员医疗费用中应当由基本医疗保险基金支付的部分，由社会保险经办机构与医疗机构、药品经营单位直接结算。目前各地对职工基本医疗保险费用结算的方式并不一致。要享受基本医疗保险待遇一般要符合以下条件：

(1)参保人员必须到基本医疗保险的定点医疗机构就医、购药或定点零售药店购买药品。

(2)参保人员在看病就医过程中所发生的医疗费用必须符合基本医疗保险药品目录、诊疗项目、医疗服务设施标准的范围和给付标准。

参保人员符合基本医疗保险支付范围的医疗费用中，在社会医疗统筹基金起付标准以上与最高支付限额以下的费用部分，由社会医疗统筹基金按一定比例支付。起付标准，又称起付线，一般为当地职工年平均工资的10%左右。最高支付限额，又称封顶线，一般为当地职工年平均工资的6倍左右。支付比例一般为90%。参保人员符合基本医疗保险支付范围的医疗费用中,在社会医疗统筹基金起付标准以下的费用部分,由个人账户资金支付或个人自付;统筹基金起付线以上至封顶线以下的费用部分,个人也要承担一定比例的费用,一般为10%,可由个人账户支付,也可自付。参保人员在封顶线以上的医疗费用部分,可以通过单位补充医疗保险或参加商业保险等途径解决。

(五)基本医疗保险基金不支付的医疗费用

下列医疗费用不纳入基本医疗保险基金支付范围:(1)应当从工伤保险基金中支付的;(2)应当由第三人负担的;(3)应当由公共卫生负担的;(4)在境外就医的。

医疗费用应当由第三人负担,第三人不支付或者无法确定第三人的,由基本医疗保险基金先行支付。基本医疗保险基金先行支付后,有权向第三人追偿。

(六)医疗期

医疗期是指企业职工因患病或非因工负伤停止工作,治病休息,但不得解除劳动合同的期限。

1. 医疗期期间

企业职工因患病或非因工负伤,需要停止工作,进行医疗时,根据本人实际参加工作年限和在本单位工作年限,给予3个月到24个月的医疗期:

(1)实际工作年限10年以下的,在本单位工作年限5年以下的为3个月;5年以上的为6个月。

(2)实际工作年限10年以上的,在本单位工作年限5年以下的为6个月;5年以上10年以下的为9个月;10年以上15年以下的为12个月;15年以上20年以下的为18个月;20年以上的为24个月。

2. 医疗期的计算方法

医疗期3个月的按6个月内累计病休时间计算;6个月的按12个月内累计病休时间计算;9个月的按15个月内累计病休时间计算;12个月的按18个月内累计病休时间计算;18个月的按24个月内累计病休时间计算;24个月的按30个月内累计病休时间计算。即医疗期的计算从病休第一天开始,累计计算。例如,1名应享受3个月医疗期的职工,如果从2008年3月15日起第一次病休,则该职工医疗期应在3月15日至9月14日6个月内的时间段确定。假设到7月20日,该职工已累计病休3个月,即视为医疗期满。若该职工在7月21日至9月14日之间再次病休,就无法享受医疗期待遇。病休期间,公休、假日和法定节日包括在内,对某些患特殊疾病(如癌症、精神病、瘫痪等)的职工,在24个月内尚不能痊愈的,经企业和劳动主管部门批准,可以适当延长医疗期。

3. 医疗期内的待遇

企业职工在医疗期内,其病假工资、疾病救济费和医疗待遇按照有关规定执行。病假工资或疾病救济费可以低于当地最低工资标准支付,但最低不能低于最低工资标准的

80%。医疗期内不得解除劳动合同。如医疗期内遇合同期满，则合同必须续延至医疗期满，职工在此期间仍然享受医疗期内待遇。对医疗期满尚未痊愈者，或者医疗期满后，不能从事原工作，也不能从事用人单位另行安排的工作，被解除劳动合同的，用人单位需按经济补偿规定给予其经济补偿。

三、工伤保险

（一）工伤保险的含义

工伤保险，是指劳动者在职业工作中或规定的特殊情况下遭遇意外伤害或职业病，导致暂时或永久丧失劳动能力以及死亡时，劳动者或其遗属能够从国家和社会获得物质帮助的社会保险制度。

（二）工伤保险费的缴纳和工伤保险基金

1. 工伤保险费的缴纳

职工应当参加工伤保险，由用人单位缴纳工伤保险费，职工不缴纳工伤保险费。

中华人民共和国境内的企业、事业单位、社会团体、民办非企业单位、基金会、律师事务所、会计师事务所等组织和有雇工的个体工商户（以下称用人单位）应当依照《工伤保险条例》的规定参加工伤保险，为本单位全部职工或者雇工（以下称职工）缴纳工伤保险费。中华人民共和国境内的企业、事业单位、社会团体、民办非企业单位、基金会、律师事务所、会计师事务所等组织的职工和个体工商户的雇工，均有依照规定享受工伤保险待遇的权利，用人单位应当按照本单位职工工资总额，根据社会保险经办机构确定的费率按时足额缴纳工伤保险费。用人单位缴纳工伤保险费的数额为本单位职工工资总额乘以单位缴费费率之积。工资总额，是指用人单位直接支付给本单位全部职工的劳动报酬总额；对难以按照工资总额缴纳工伤保险费的行业，其缴纳工伤保险费的具体方式，由国务院社会保险行政部门规定。例如，建筑施工企业可以实行以建筑施工项目为单位，按照项目工程总造价的一定比例，计算缴纳工伤保险费。商贸、餐饮、住宿、美容美发、洗浴以及文体娱乐等小型服务业企业以及有雇工的个体工商户，可以按照营业面积的大小核定应参保人数，按照所在统筹地区上一年度职工月平均工资的一定比例和相应的费率，计算缴纳工伤保险费；也可以按照营业额的一定比例计算缴纳工伤保险费。小型矿山企业可以按照总产量、吨矿工资含量和相应的费率计算缴纳工伤保险费。

2. 工伤保险基金

工伤保险基金由用人单位缴纳的工伤保险费、工伤保险基金的利息和依法纳入工伤保险基金的其他资金构成。

工伤保险基金存入社会保障基金财政专户，用于《工伤保险条例》规定的工伤保险待遇，劳动能力鉴定，工伤预防的宣传、培训等费用，以及法律、法规规定的用于工伤保险的其他费用的支付。

任何单位或者个人不得将工伤保险基金用于投资运营、兴建或者改建办公场所、发放奖金,或者挪作其他用途。

(三)工伤认定与劳动能力鉴定

1. 工伤认定

(1)应当认定工伤的情形。

职工有下列情形之一的,应当认定为工伤:①在工作时间和工作场所内,因工作原因受到事故伤害的;②工作时间前后在工作场所内,从事与工作有关的预备性或收尾性工作受到事故伤害的;③在工作时间和工作场所内,因履行工作职责受到暴力等意外伤害的;④患职业病的;⑤因工外出期间,由于工作原因受到伤害或者发生事故下落不明的;⑥在上下班途中,受到非本人主要责任的交通事故或者城市轨道交通、客运轮渡、火车事故伤害的;⑦法律、行政法规规定应当认定为工伤的其他情形。

(2)视同工伤的情形。

职工有下列情形之一的,视同工伤:①在工作时间工作岗位,突发疾病死亡或在48小时内经抢救无效死亡的;②在抢险救灾等维护国家利益、公共利益活动中受到伤害的;③原在军队服役,因战、因公负伤致残,已取得革命伤残军人证,到用人单位后旧伤复发的。

(3)不认定为工伤的情形。

职工因下列情形之一导致本人在工作中伤亡的,不认定为工伤:①故意犯罪;②醉酒或者吸毒;③自残或者自杀;④法律、行政法规规定的其他情形。

2. 劳动能力鉴定

职工发生工伤,经治疗伤情相对稳定后存在残疾、影响劳动能力的,应当进行劳动能力鉴定。劳动能力鉴定是指劳动功能障碍程度和生活自理障碍程度的等级鉴定。劳动功能障碍分为十个伤残等级,最重的为一级,最轻的为十级。生活自理障碍分为三个等级:生活完全不能自理、生活大部分不能自理和生活部分不能自理。劳动能力鉴定标准由国务院社会保险行政部门会同国务院卫生行政部门等部门制定。自劳动能力鉴定结论作出之日起1年后,工伤职工或者其近亲属、所在单位或者经办机构认为伤残情况发生变化的,可以申请劳动能力复查鉴定。

(四)工伤保险待遇

职工因工作原因受到事故伤害或者患职业病,且经工伤认定的,享受工伤保险待遇。其中,经劳动能力鉴定丧失劳动能力的,享受伤残待遇。

1. 工伤医疗待遇

职工因工作遭受事故伤害或者患职业病进行治疗,享受工伤医疗待遇。包括:

(1)治疗工伤的医疗费用(诊疗费、药费、住院费)。职工治疗工伤应当在签订服务协议的医疗机构就医,情况紧急时可以先到就近的医疗机构急救。治疗工伤所需费用符合工伤保险诊疗项目目录、工伤保险药品目录、工伤保险住院服务标准的，从工伤保险基金支付。

(2)住院伙食补助费、交通食宿费。职工住院治疗工伤的伙食补助费，以及经医疗机构出具证明，报经办机构同意，工伤职工到统筹地区以外就医所需的交通、食宿费用按标准从工伤保险基金支付。

(3)康复性治疗费。工伤职工到签订服务协议的医疗机构进行工伤康复的费用，符合规定的，从工伤保险基金支付。

(4)停工留薪期工资福利待遇。职工因工作遭受事故伤害或者患职业病需要暂停工作接受工伤医疗的，在停工留薪期内，原工资福利待遇不变，由所在单位按月支付。停工留薪期一般不超过12个月。伤情严重或者情况特殊，经设区的市级劳动能力鉴定委员会确认，可以适当延长，但延长不得超过12个月。工伤职工评定伤残等级后，停止享受停工留薪期待遇，按照规定享受伤残待遇。工伤职工在停工留薪期满后仍需治疗的，继续享受工伤医疗待遇。生活不能自理的工伤职工在停工留薪期需要护理的，由所在单位负责。

但工伤职工治疗非因工伤引发的疾病，不享受工伤医疗待遇，按照基本医疗保险办法处理。

2. 辅助器具装配费

工伤职工因日常生活或者就业需要，经劳动能力鉴定委员会确认，可以安装假肢、矫形器、假眼、假牙和配置轮椅等辅助器具，所需费用按照国家规定的标准从工伤保险基金支付。

3. 伤残待遇

经劳动能力鉴定委员会鉴定，评定伤残等级的工伤职工，享受伤残待遇。其包括：

(1)生活护理费。工伤职工已经评定伤残等级并经劳动能力鉴定委员会确认需要生活护理的，从工伤保险基金按月支付生活护理费。

(2)一次性伤残补助金。职工因工致残被鉴定为一级至十级伤残的，从工伤保险基金按伤残等级支付一次性伤残补助金。

(3)伤残津贴。职工因工致残被鉴定为一级至四级伤残的，保留劳动关系，退出工作岗位，从工伤保险基金中按月支付伤残津贴，伤残津贴实际金额低于当地最低工资标准的，由工伤保险基金补足差额，职工因工致残被鉴定为五级、六级伤残的，保留与用人单位的劳动关系，由用人单位安排适当工作。难以安排工作的，由用人单位按月发给伤残津贴。伤残津贴实际金额低于当地最低工资标准的，由用人单位补足差额。

(4)一次性工伤医疗补助金和一次性伤残就业补助金。五级、六级伤残，经工伤职工本人提出，可以与用人单位解除或者终止劳动关系；七级至十级伤残，劳动、聘用合同期满终止，或者职工本人提出解除劳动、聘用合同的，由工伤保险基金支付一次性工伤医疗补助金，由用人单位支付一次性伤残就业补助金。一次性工伤医疗补助金和一次性伤残就业补助金的具体标准由省、自治区、直辖市人民政府规定。

4. 工亡待遇

职工因工死亡，或者伤残职工在停工留薪期内因工伤导致死亡的，其近亲属按照规定从工伤保险基金领取丧葬补助金、供养亲属抚恤金和一次性工亡补助金。

(1)丧葬补助金，为6个月的统筹地区上年度职工月平均工资。

(2)供养亲属抚恤金，按照职工本人工资的一定比例发给由因工死亡职工生前提供主要生活来源、无劳动能力的亲属。供养亲属的具体范围由国务院社会保险行政部门规定。

(3)一次性工亡补助金，标准为上一年度全国城镇居民人均可支配收入的20倍，一至四级伤残职工在停工留薪期满后死亡的，其近亲属可以享受丧葬补助金、供养亲属抚恤金待遇，不享受一次性工亡补助金待遇。

(五)工伤保险待遇负担

1. 因工伤发生的下列费用，按照国家规定从工伤保险基金中支付

(1)治疗工伤的医疗费用和康复费用；

(2)住院伙食补助费；

(3)到统筹地区以外就医的交通食宿费；

(4)安装配置伤残辅助器具所需费用；

(5)生活不能自理的，经劳动能力鉴定委员会确认的生活护理费；

(6)一次性伤残补助金和一至四级伤残职工按月领取的伤残津贴；

(7)终止或者解除劳动合同时，应当享受的一次性医疗补助金；

(8)因工死亡的，其遗属领取的丧葬补助金、供养亲属抚恤金和因工死亡补助金；

(9)劳动能力鉴定费。

2. 因工伤发生的下列费用，按照国家规定由用人单位支付

(1)治疗工伤期间的工资福利；

(2)五级、六级伤残职工按月领取的伤残津贴；

(3)终止或者解除劳动合同时，应当享受的一次性伤残就业补助金。

(六)特别规定

(1)工伤保险中所称的本人工资，是指工伤职工因工作遭受事故伤害或者患职业病前12个月平均月缴费工资。本人工资高于统筹地区职工平均工资300%的，按照统筹地区职工平均工资的300%计算；本人工资低于统筹地区职工平均工资60%的，按照统筹地区职工平均工资的60%计算。

(2)工伤职工有下列情形之一的，停止享受工伤保险待遇：①丧失享受待遇条件的；②拒不接受劳动能力鉴定的；③拒绝治疗的。

(3)工伤职工符合领取基本养老金条件的，停发伤残津贴，享受基本养老保险待遇。基本养老保险待遇低于伤残津贴的，由工伤保险基金补足差额。

(4)职工所在用人单位未依法缴纳工伤保险费，发生工伤事故的，由用人单位支付工伤保险待遇。用人单位不支付的，从工伤保险基金中先行支付，由用人单位偿还。用人单位不偿还的，社会保险经办机构可以追偿。

(5)由于第三人的原因造成工伤，第三人不支付工伤医疗费用或者无法确定第三人的，由工伤保险基金先行支付。工伤保险基金先行支付后，有权向第三人追偿。

(6)职工(包括非全日制从业人员)在两个或者两个以上用人单位同时就业的，各用人单位应当分别为职工缴纳工伤保险费。职工发生工伤，由职工受到伤害时工作的单位依法承担工伤保险责任。

四、失业保险

(一)失业保险的含义

失业是指处于法定劳动年龄阶段的劳动者，有劳动能力和劳动愿望，但却没有劳动岗位的一种状态。失业保险是指国家通过立法强制实行的，由社会集中建立基金，保障因失业而暂时中断生活来源的劳动者的基本生活，并通过职业培训、职业介绍等措施促进其再就业的社会保险制度。

(二)失业保险费的缴纳

职工应当参加失业保险，由用人单位和职工按照国家规定共同缴纳失业保险费。失业保险费的征缴范围：国有企业、城镇集体企业、外商投资企业、城镇私营企业和其他城镇企业(统称城镇企业)及其职工、事业单位及其职工。

根据《失业保险条例》的规定，城镇企业事业单位按照本单位工资总额的2%缴纳失业保险费，职工按照本人工资的1%缴纳失业保险费。根据人力资源社会保障部、财政部于2015年2月27日发布的《关于调整失业保险费率有关问题的通知》，从2015年3月1日起，失业保险费率暂由现行条例规定的3%降至2%。2016年4月14日，人力资源社会保障部、财政部发布了《关于阶段性降低社会保险费率的通知》，规定：从2016年5月1日起，失业保险总费率在2015年已降低1个百分点基础上可以阶段性降至1%至1.5%，其中个人费率不超过0.5%，降低费率的期限暂按两年执行。2017年2月16日，人力资源社会保障部、财政部发布了《关于阶段性降低失业保险费率有关问题的通知》，规定：从2017年1月1日起，失业保险总费率为1.5%的省(区、市)，可以将总费率降至1%，降低费率的期限执行至2018年4月30日。在省(区、市)行政区域内，单位及个人的费率应当统一，个人费率不得超过单位费率。具体方案由各省(区、市)研究确定。职工跨统筹地区就业的，其失业保险关系随本人转移，缴费年限累计计算。

（三）失业保险待遇

1. 失业保险待遇的享受条件

失业人员符合下列条件的，可以申请领取失业保险金并享受其他失业保险待遇：

（1）失业前用人单位和本人已经缴纳失业保险费满1年的。

（2）非因本人意愿中断就业的，包括劳动合同终止；用人单位解除劳动合同；被用人单位开除、除名和辞退；因用人单位过错由劳动者解除劳动合同；法律、法规、规章规定的其他情形。

（3）已经进行失业登记，并有求职要求的。

2. 失业保险金的领取期限

用人单位应当及时为失业人员出具终止或者解除劳动关系的证明，并将失业人员的名单自终止或者解除劳动关系之日起15日内告知社会保险经办机构。失业人员应当持本单位为其出具的终止或者解除劳动关系的证明，及时到指定的公共就业服务机构办理失业登记，失业人员凭失业登记证明和个人身份证明，到社会保险经办机构办理领取失业保险金的手续。失业保险金领取期限自办理失业登记之日起计算。

失业人员失业前用人单位和本人累计缴费满1年不足5年的，领取失业保险金的期限最长为12个月；累计缴费满5年不足10年的，领取失业保险金的期限最长为18个月；累计缴费10年以上的，领取失业保险金的期限最长为24个月。重新就业后，再次失业的，缴费时间重新计算，领取失业保险金的期限与前次失业应当领取而尚未领取的失业保险金的期限合并计算，最长不超过24个月。失业人员因当期不符合失业保险金领取条件的，原有缴费时间予以保留，重新就业并参保的，缴费时间累计计算。

3. 失业保险金的发放标准

失业保险金的发放标准，不得低于城市居民最低生活保障标准，一般也不高于当地最低工资标准，具体数额由省、自治区、直辖市人民政府确定。

4. 失业保险待遇

（1）失业保险金。

（2）领取失业保险金期间享受基本医疗保险待遇。失业人员在领取失业保险金期间，参加职工基本医疗保险，享受基本医疗保险待遇。失业人员应当缴纳的基本医疗保险费从失业保险基金中支付，个人不缴纳基本医疗保险费。

（3）领取失业保险金期间的死亡补助。失业人员在领取失业保险金期间死亡的，参照当地对在职职工死亡的规定，向其遗属发给一次性丧葬补助金和抚恤金。所需资金从失业保险基金中支付。

个人死亡同时符合领取基本养老保险丧葬补助金、工伤保险丧葬补助金和失业保险丧葬补助金条件的，其遗属只能选择领取其中的一项。

（4）职业介绍与职业培训补贴。失业人员在领取失业保险金期间，应当积极求职，接受职业介绍和职业培训，失业人员接受职业介绍、职业培训的补贴由失业保险基金按照规定支付。补贴的办法和标准由省、自治区、直辖市人民政府规定。

(5)国务院规定或者批准的与失业保险有关的其他费用。

(四)停止领取失业保险金及其他失业保险待遇的情形

失业人员在领取失业保险金期间有下列情形之一的，停止领取失业保险金，并同时停止享受其他失业保险待遇：(1)重新就业的；(2)应征服兵役的；(3)移居境外的；(4)享受基本养老保险待遇的；(5)无正当理由，拒不接受当地人民政府指定部门或者机构介绍的适当工作或者提供的培训的。

五、社会保险费征缴与管理

(一)社会保险登记

1. 用人单位的社会保险登记

根据《人力资源社会保障部办公厅关于做好企业“五证合一”社会保险登记工作的通知》(人社厅发〔2016〕130号)，从2016年10月1日起，在工商部门登记的企业和农民专业合作社(统称“企业”)按照“五证合一、一照一码”登记制度进行社会保险登记证管理。新成立的企业在办理工商注册登记时，同步完成企业的社会保险登记。

国家机关、事业单位、社会团体等未纳入“五证合一、一照一码”登记制度管理的单位仍按原办法，到社会保险经办机构办理社会保险登记，由社会保险经办机构核发社会保险登记证，并逐步采用统一社会信用代码进行登记证管理。

2. 个人的社会保险登记

用人单位应当自用工之日起30日内为其职工向社会保险经办机构申请办理社会保险登记。自愿参加社会保险的无雇工的个体工商户、未在用人单位参加社会保险的非全日制从业人员以及其他灵活就业人员，应当向社会保险经办机构申请办理社会保险登记。

(二)社会保险费缴纳

1. 用人单位缴纳义务

用人单位应当自行申报、按时足额缴纳社会保险费，非因不可抗力等法定事由不得缓缴、减免。职工应当缴纳的社会保险费由用人单位代扣代缴，用人单位应当按月将缴纳社会保险费的明细情况告知本人。无雇工的个体工商户、未在用人单位参加社会保险的非全日制从业人员以及其他灵活就业人员，可以直接向社会保险费征收机构缴纳社会保险费。

2. 社会保险费征收机构的权利义务

社会保险费征收机构应当依法按时足额征收社会保险费，并将缴费情况定期告知用人单位和个人。用人单位未按规定申报应当缴纳的社会保险费数额的，按照该单位上月缴费额的110%确定应当缴纳数额;缴费单位补办申报手续后,由社会保险费征收机构按照规定结算。

用人单位未按时足额缴纳社会保险费的,由社会保险费征收机构责令其限期缴纳或者补足。用人单位逾期仍未缴纳或者补足社会保险费的,社会保险费征收机构可以向银行和其他金融机构查询其存款账户,并可以申请县级以上有关行政部门作出划拨社会保险费的决定,书面通知其开户银行或者其他金融机构划拨社会保险费。用人单位账户余额少于应当缴纳的社会保险费的,社会保险费征收机构可以要求该用人单位提供担保,签订延期缴费协议。用人单位未足额缴纳社会保险费且未提供担保的,社会保险费征收机构可以申请人民法院扣押、查封、拍卖其价值相当于应当缴纳社会保险费的财产,以拍卖所得抵缴社会保险费。

(三)社会保险基金管理

社会保险基金按照社会保险险种分别建账,分账核算,执行国家统一的会计制度。

社会保险基金专款专用,任何组织和个人不得侵占或者挪用。

社会保险基金存入财政专户,按照统筹层次设立预算,通过预算实现收支平衡。社会保险基金预算按照社会保险项目分别编制。县级以上人民政府在社会保险基金出现支付不足时,给予补贴。社会保险经办机构应当定期向社会公布参加社会保险情况以及社会保险基金的收入、支出、结余和收益情况。

社会保险基金在保证安全的前提下,按照国务院规定投资运营实现保值增值。不得违规投资运营,不得用于平衡其他政府预算,不得用于兴建、改建办公场所和支付人员经费、运行费用、管理费用,或者违反法律、行政法规规定挪作其他用途。

六、违反社会保险法律制度的法律责任

(一)用人单位违反社会保险法的法律责任

(1)用人单位不办理社会保险登记的,由社会保险行政部门责令限期改正;逾期不改正的,对用人单位处应缴社会保险费数额1倍以上3倍以下的罚款,对其直接负责的主管人员和其他直接责任人员处500元以上3 000元以下的罚款。

(2)用人单位未按时足额缴纳社会保险费的,由社会保险费征收机构责令限期缴纳或者补足,并自欠缴之日起,按日加收0.05%的滞纳金;逾期仍不缴纳的,由有关行政部门处欠缴数额1倍以上3倍以下的罚款。

(3)用人单位拒不出具终止或者解除劳动关系证明的,由劳动行政部门责令改正;给劳动者造成损害的,应当承担赔偿责任。

(二)骗保行为的法律责任

(1)以欺诈、伪造证明材料或者其他手段骗取社会保险待遇的,由社会保险行政部门责令退回骗取的社会保险金,处骗取金额2倍以上5倍以下的罚款。

(2)社会保险经办机构以及医疗机构、药品经营单位等社会保险服务机构以欺诈、伪造证明材料或者其他手段骗取社会保险基金支出的，由社会保险行政部门责令退回骗取的社会保险金，处骗取金额2倍以上5倍以下的罚款；属于社会保险服务机构的，解除服务协议；直接负责的主管人员和其他直接责任人员有执业资格的，依法吊销其执业资格。

(三)社会保险经办机构、社会保险费征收机构、社会保险服务机构等机构的法律责任

(1)社会保险经办机构及其工作人员有下列行为之一的，由社会保险行政部门责令改正；给社会保险基金、用人单位或者个人造成损失的，依法承担赔偿责任；对直接负责的主管人员和其他直接责任人员依法给予处分：①未履行社会保险法定职责的；②未将社会保险基金存入财政专户的；③克扣或者拒不按时支付社会保险待遇的；④丢失或者篡改缴费记录、享受社会保险待遇记录等社会保险数据、个人权益记录的；⑤有违反社会保险法律、法规的其他行为的。

(2)社会保险费征收机构擅自更改社会保险费缴费基数、费率，导致少收或者多收社会保险费的，由有关行政部门责令其追缴应当缴纳的社会保险费或者退还不应当缴纳的社会保险费；对直接负责的主管人员和其他直接责任人员依法给予处分。

(3)违反《社会保险法》规定，隐匿、转移、侵占、挪用社会保险基金或者违规投资运营的，由社会保险行政部门、财政部门、审计机关责令追回；有违法所得的，没收违法所得；对直接负责的主管人员和其他直接责任人员依法给予处分。

(4)社会保险行政部门和其他有关行政部门、社会保险经办机构、社会保险费征收机构及其工作人员泄露用人单位和个人信息的，对直接负责的主管人员和其他直接责任人员依法给予处分；给用人单位或者个人造成损失的，应当承担赔偿责任。

(5)国家工作人员在社会保险管理、监督工作中滥用职权、玩忽职守、徇私舞弊的，依法给予处分；违反《社会保险法》规定，构成犯罪的，依法追究刑事责任。

第十二章　反垄断法

导入案例

北京奇虎科技有限公司(以下简称奇虎公司)、奇智软件(北京)有限公司于2010年10月29日发布扣扣保镖软件。2010年11月3日,腾讯科技(深圳)有限公司(以下简称腾讯公司)发布《致广大QQ用户的一封信》,在装有360软件的电脑上停止运行QQ软件。11月4日,奇虎公司宣布召回扣扣保镖软件。同日,360安全中心亦宣布,在国家有关部门的强力干预下,目前QQ和360软件已经实现了完全兼容。2010年9月,腾讯QQ即时通信软件与QQ软件管理一起打包安装,安装过程中并未提示用户将同时安装QQ软件管理。2010年9月21日,腾讯公司发出公告称,正在使用的QQ软件管理和QQ医生将自动升级为QQ电脑管家。奇虎公司诉至广东省高级人民法院,指控腾讯公司滥用其在即时通信软件及服务相关市场的市场支配地位。奇虎公司主张,腾讯公司和深圳市腾讯计算机系统有限公司(以下简称腾讯计算机公司)在即时通信软件及服务相关市场具有市场支配地位,两公司明示禁止其用户使用奇虎公司的360软件,否则停止QQ软件服务;拒绝向安装有360软件的用户提供相关的软件服务,强制用户删除360软件;采取技术手段,阻止安装了360浏览器的用户访问QQ空间,上述行为构成限制交易;腾讯公司和腾讯计算机公司将QQ软件管家与即时通信软件相捆绑,以升级QQ软件管家的名义安装QQ医生,构成捆绑销售。请求判令腾讯公司和腾讯计算机公司立即停止滥用市场支配地位的垄断行为,连带赔偿奇虎公司经济损失1.5亿元。广东省高级人民法院于2013年3月20日作出(2011)粤高法民三初字第2号民事判决:驳回北京奇虎科技有限公司的诉讼请求。北京奇虎科技有限公司不服,提出上诉。最高人民法院于2014年10月8日作出(2013)民三终字第4号民事判决:驳回上诉、维持原判。

导入案例解析

法院生效裁判认为:本案中涉及的争议焦点主要包括:一是如何界定本案中的相关市场,二是被上诉人是否具有市场支配地位,三是被上诉人是否构成反垄断法所禁止的滥用市场支配地位行为等几个方面。本案相关市场应界定为中国大陆地区即时通信服务市场，既包括个人电脑端即时通信服务，又包括移动端即时通信服务；既包括综合性即时通信服务，又包括文字、音频以及视频等非综合性即时通信服务。法院生效裁判从市场份额，相关市场的竞争状况，被诉经营者控制商品价格、数量或者其他交易条件的能力，该经营者的财力和技术条件，其他经营者对该经营者在交易上的依赖程度，其他经营者进入相关市场的难易程度等方面，对被上诉人是否具有市场支配地位进行考量和分析。最终认定本案现有证据并不足以支持被上诉人具有市场支配地位的结论。法院生效裁判打破了传统的分析滥用市场支配地位行为的“三步法”，采用了更为灵活的分析步骤和方法，认为：原则上，如果被诉经营者不具有市场支配地位，则无需对其是否滥用市场支配地位进行分析，可以直接认定其不构成反垄断法所禁止的滥用市场支配地位行为。不过，在相关市场边界较为模糊、被诉经营者是否具有市场支配地位不甚明确时，可以进一步分析被诉垄断行为对竞争的影响效果，以检验关于其是否具有市场支配地位的结论正确与否。此外，即使被诉经营者具有市场支配地位，判断其是否构成滥用市场支配地位，也需要综合评估该行为对消费者和竞争造成的消极效果和可能具有的积极效果，进而对该行为的合法性与否作出判断。

反垄断法是调整国家规制垄断过程中所发生的社会关系的法律规范的总称。在经济学上，垄断最初的含义是指一个经营者独占某一市场的结构状态，也称“独占”。在法学上，垄断作为反垄断法的规制对象，其概念则随各国和地区建立在一定经济社会基础之上的竞争政策的发展而不断变迁。当今世界，反垄断法主要从禁止达成和实施垄断协议、禁止滥用市场支配地位以及控制经营者集中等方面对“垄断”予以规制。显然，其所关注的“垄断”与市场结构意义上的“独占”已相去甚远，而是“限制竞争”或“反竞争”的同义语。

现代意义上的反垄断法产生于19世纪末西方自由资本主义进入垄断资本主义时期。1890年美国颁布的《谢尔曼法》是早期现代反垄断立法的典型代表。目前，绝大多数市场经济国家都有较为完善的反垄断法律制度。中国的《反垄断法》颁布于2007年8月30日，于2008年8月1日开始实施。《反垄断法》法典和与之配套的行政法规、规章、司法解释等规范性法律文件共同构成我国反垄断法律规范体系。

第一节　反垄断法律制度概述

一、反垄断法的立法宗旨

根据我国《反垄断法》第一条的规定，其立法宗旨是：预防和制止垄断行为，保护市场公平竞争，提高经济运行效率，维护消费者利益和社会公共利益，促进社会主义市场经济健康发展。

二、反垄断法的适用范围

反垄断法的适用范围即反垄断法的规制范围。合理界定反垄断法的规制范围，对于有效遏制和打击不法垄断行为，避免国家对市场的不当干预，保证市场对资源配置的决定性作用，具有十分重要的意义。在反垄断法的生效期内，其适用范围主要从适用的地域范围、适用的主体及行为，以及适用除外三个维度进行界定。

（一）反垄断法适用的地域范围

我国《反垄断法》第二条规定："中华人民共和国境内经济活动中的垄断行为，适用本法。"这就是属地原则。同时，该条后半段还对效果原则进行了规定："中华人民共和国境外的垄断行为，对境内市场竞争产生排除、限制影响的，适用本法。"可见，我国《反垄断法》的效力不仅及于发生在境内的垄断行为，而且还及于发生在境外的对境内市场竞争产生排除、限制影响的垄断行为。这里所称"境内"，不含我国港、澳、台地区。

（二）反垄断法适用的主体和行为

1. 以经营者为主体的垄断行为

根据当今世界反垄断法的通例，我国《反垄断法》对以"经营者"为行为主体的下列垄断行为予以规制：(1)经营者达成垄断协议；(2)经营者滥用市场支配地位；(3)具有或者可能具有排除、限制竞争效果的经营者集中。

上述三种垄断行为的主体是"经营者"。所谓经营者，是指从事商品生产、经营或者提供服务的自然人、法人和其他组织。对这三种行为的规制制度是反垄断法实体规范的主体，通常被称为反垄断法的三大支柱。应当指出，反垄断法所禁止或限制的垄断协议、滥用市场支配地位行为以及经营者集中，均具有特定含义、构成要件和适用条件，并非所有的类似行为均为非法。因此，《反垄断法》第五条规定，"经营者可以通过公平竞争、自愿联合，依法实施集中，扩大经营规模，提高市场竞争能力"。

2. 行业协会参与的垄断行为

我国《反垄断法》第十一条规定："行业协会应当加强行业自律，引导本行业的经营者依法竞争，维护市场竞争秩序。"第十六条规定："行业协会不得组织本行业的经营者从事本章禁止的垄断行为。"

3. 滥用行政权力排除、限制竞争行为

滥用行政权力排除、限制竞争行为，在理论上通常被称为"行政垄断行为"。行政垄断，是转轨国家的特有现象。《反垄断法》第八条规定："行政机关和法律、法规授权的具有管理公共事务职能的组织不得滥用行政权力，排除、限制竞争。"可见，滥用行政权力排除、限制竞争行为的主体是行政机关和法律、法规授权的具有管理公共事务职能的组织。滥用行政权力排除、限制竞争行为虽不是传统意义上的垄断行为，但同样具有排除、限制竞争的效果,因此,也是我国反垄断法的规制对象。

(三)反垄断法的适用除外

反垄断法上的适用除外是指将特定领域排除在反垄断法的适用范围之外,不予适用的制度,是从消极方面界定反垄断法的适用范围。《反垄断法》第五十五条和第五十六条分别规定了知识产权和农业领域的反垄断法适用除外制度。

1. 知识产权的正当行使

为鼓励创新和科技进步,法律赋予知识产权权利人以垄断权,"独占性"是知识产权的本质属性。因此,经营者依照有关知识产权的法律、行政法规规定行使知识产权的行为,不适用反垄断法。但是,经营者滥用知识产权,排除、限制竞争的行为,不可排除反垄断法的适用。

2. 农业生产中的联合或者协同行为

农业是国民经济命脉,事关粮食安全。为弱化农业领域的竞争风险,稳定农民收入,进而解除国家的后顾之忧,反垄断法对农业生产者及农村经济组织在农产品生产、加工、销售、运输、储存等经营活动中实施的联合或者协同行为排除适用。

另外需要特别说明的是《反垄断法》第七条第一款。该款规定,"国有经济占控制地位的关系国民经济命脉和国家安全的行业以及依法实行专营专卖的行业,国家对其经营者的合法经营活动予以保护,并对经营者的经营行为及其商品和服务的价格依法实施监管和调控,维护消费者利益,促进技术进步",但是,这并不意味着《反垄断法》不适用于国有垄断企业。对于铁路、石油、电信、电网、烟草等重点行业,国家通过立法赋予国有企业以垄断性经营权,但是,如果这些国有垄断企业从事垄断协议、滥用市场支配地位行为,或者从事可能排除、限制竞争的经营者集中行为,同样应受《反垄断法》的规制。

三、反垄断法的实施机制

我国反垄断法的实施机制采用行政执法与民事诉讼并行的"双轨制"模式。《反垄断法》第九条、第十条对国务院反垄断机构的设置和职责进行了规定,此外还具体规定了反垄断行政调查、处罚程序以及经营者集中反垄断审查中的行政许可程序。《反垄断法》第五十条则为私人诉讼奠定了基础,规定经营者实施垄断行为,给他人造成损失的,依法承担民事责任。2012年5月3日,最高人民法院公布《关于审理因垄断行为引发的民事纠纷案件应用法律若干问题的规定》(以下简称《反垄断司法解释》),细化了反垄断民事诉讼的具体程序规则。

在制度构成上,反垄断法的实施机制主要包括法律责任、行政执法机制以及民事诉讼机制等方面的内容。

(一)反垄断法律责任

根据法律责任所适用对象的不同,反垄断法上的法律责任包括三个方面:一是因实施非法垄断行为而应承担的法律责任；二是因妨碍反垄断执法活动而应承担的法律责任；三是因反垄断执法人员执法行为不当而应承担的法律责任。第一类责任直接针对垄断行为，设置该类责任的目的是维护有效的市场竞争秩序；设置后两类责任的目的则是为了维护正常的行政执法秩序。狭义上的反垄断法法律责任仅指因实施非法垄断行为而应承担的法律责任，即垄断行为的法律责任。垄断行为的法律责任又可分为三类：一是反垄断执法机构对违法主体科以的行政责任；二是违法主体对因垄断行为而受损的他方承担的民事责任；三是实施垄断行为，情节严重构成犯罪的，承担的刑事责任。

1. 行政责任

反垄断法上的行政责任，是指由反垄断行政执法机构针对违法垄断行为作出的制裁措施。我国《反垄断法》规定的行政责任主要包括：责令停止违法行为、没收违法所得、罚款、限期恢复原状等形式。当事人不服反垄断法执法机构有关处罚决定的，可以申请行政复议，也可以直接向人民法院提起行政诉讼。

2. 民事责任

非法垄断行为给他人造成损失的，行为人应当承担民事责任。有关反垄断法的民事责任，主要包括停止侵害、赔偿损失等。其中，损害赔偿责任是最主要的民事责任。一般来说，在如下情形下，相关当事人可依据反垄断法和民法主张赔偿责任：一是因经营者的滥用市场支配地位行为而受损的；二是因垄断协议当事人一方对违反垄断协议的他方实施处罚，给其造成损失的；三是因垄断协议无效，协议一方当事人向另一方当事人主张返还对价，恢复原状的；四是因垄断协议无效，消费者向实施垄断协议的经营者主张返还多付价款的。

3. 刑事责任

《反垄断法》未对“垄断行为”规定刑事责任，仅对“阻碍、拒绝反垄断执法机构审查、调查行为”以及“反垄断执法机构的工作人员滥用职权、玩忽职守、徇私舞弊或者泄露执法过程中知悉的商业秘密”两种情形规定了刑事责任。我国《反垄断法》未对“垄断行为”规定刑事责任，但不意味着我国对垄断行为完全没有刑事规制。事实上，我国《招标投标法》及《刑法》均对“情节严重的串通招投标行为”规定了刑事责任。由于串通招投标行为可能同时构成《反垄断法》上的垄断协议或者滥用市场支配地位行为，因此，这两种垄断行为的行为人是有可能依法承担刑事责任的。

(二)反垄断行政执法

反垄断行政执法行为主要包括两个基本类型：一是反垄断执法机构依法对涉嫌构成垄断协议、滥用市场支配地位行为以及滥用行政权力排除、限制竞争行为的调查和处罚；二是反垄断执法机构对经营者集中的审查。

1. 反垄断机构

反垄断机构是指负责反垄断法执法的行政机构及其他相关行政机构。我国的反垄断机构采取双层制模式:国务院反垄断执法机构负责反垄断法的行政执法;另外,在其之上还设反垄断委员会,负责组织、协调、指导反垄断工作。出于尊重既有执法格局、节省改革成本等考虑,我国并没有设立一个单一的反垄断执法机构,《反垄断法》所称"国务院反垄断执法机构"实际上是一个多元化概念,主要指国家工商总局、国家发改委和商务部。三家执法机构的职责具体划分为:国家工商总局负责垄断协议、滥用市场支配地位、滥用行政权力排除、限制竞争方面的反垄断执法工作,价格垄断行为除外;国家发改委负责依法查处价格垄断行为;商务部负责经营者集中行为的反垄断审查工作。此外,国务院反垄断执法机构根据工作需要,可以授权省、自治区、直辖市人民政府相应的机构,负责有关反垄断执法工作。需要说明的是,国务院反垄断委员会并不是执法机构,而是关于反垄断工作的议事协调机构。根据《反垄断法》第九条第一款,国务院反垄断委员会的职责则包括:(1)研究拟订有关竞争政策;(2)组织调查、评估市场总体竞争状况,发布评估报告;(3)制定、发布反垄断指南;(4)协调反垄断行政执法工作;(5)国务院规定的其他职责。国务院反垄断委员会下设办公室。办公室设在商务部反垄断局,承担国务院反垄断委员会日常工作。

2. 反垄断调查措施

反垄断执法机构调查涉嫌垄断行为,可以采取下列措施:(1)进入被调查的经营者的营业场所或者其他有关场所进行检查;(2)询问被调查的经营者、利害关系人或者其他有关单位或者个人,要求其说明有关情况;(3)查阅、复制被调查的经营者、利害关系人或者其他有关单位或者个人的有关单证、协议、会计账簿、业务函电、电子数据等文件和资料;(4)查封、扣押相关证据;(5)查询经营者的银行账户。

3. 反垄断调查程序

调查程序包括立案、调查和处理三个阶段。

(1)立案。反垄断执法机构可依举报人举报对涉嫌垄断行为立案调查,也可依职权主动立案。对涉嫌垄断行为,任何单位和个人有权向反垄断执法机构举报。举报采用书面形式并提供相关事实和证据的,反垄断执法机构应当进行必要的调查。

(2)调查。立案后,反垄断执法机构应对涉嫌垄断的行为展开调查。反垄断执法机构调查涉嫌垄断行为,执法人员不得少于两人,并应当出示执法证件。执法人员进行询问和调查,应当制作笔录,并由被询问人或者被调查人签字。反垄断执法机构及其工作人员对执法过程中知悉的商业秘密负有保密义务。被调查的经营者、利害关系人或者其他有关单位或者个人应当配合反垄断执法机构依法履行职责,不得拒绝、阻碍反垄断执法机构的调查。被调查的经营者、利害关系人有权陈述意见。反垄断执法机构应当对被调查的经营者、利害关系人提出的事实、理由和证据进行核实。

(3)处理。反垄断执法机构对涉嫌垄断行为调查核实后,认为构成垄断行为的,应当依法作出处理决定,并可以向社会公布。

4. 经营者承诺

对反垄断执法机构调查的涉嫌垄断行为，被调查的经营者承诺在反垄断执法机构认可的期限内采取具体措施消除该行为后果的，反垄断执法机构可以决定中止调查。中止调查的决定应当载明被调查的经营者承诺的具体内容。反垄断执法机构决定中止调查的，应当对经营者履行承诺的情况进行监督。经营者履行承诺的，反垄断执法机构可以决定终止调查。有下列情形之一的，反垄断执法机构应当恢复调查：(1)经营者未履行承诺的；(2)作出中止调查决定所依据的事实发生重大变化的；(3)中止调查的决定是基于经营者提供的不完整或者不真实的信息作出的。

（三）反垄断民事诉讼

与普通民事诉讼相比，反垄断民事诉讼在原告资格、管辖、举证责任、诉讼时效等方面均具有一定的特殊性。为此，《反垄断司法解释》对有关问题进行了规定。

1. 原告资格

原告资格解决什么人能向法院提起反垄断民事诉讼的问题。根据《反垄断司法解释》第一条的规定，因垄断行为受到损失以及因合同内容、行业协会的章程等违反反垄断法而发生争议的自然人、法人或者其他组织，可以向人民法院提起反垄断民事诉讼。可见，我国法律并未对反垄断民事诉讼的原告资格作特别限制。作为间接购买人的消费者，只要因垄断行为受损，也可以作为垄断民事案件的原告。这一规定有利于维护消费者合法权益、打击非法垄断行为。由于因垄断行为受到损失的消费者可能人数众多，而单个当事人的损失额又较小，因此，有效发挥公益诉讼制度的功能十分必要。

2. 民事诉讼与行政执法的关系

在行政执法与民事诉讼双轨制的反垄断法实施体制下，民事诉讼是否以行政执法机构已对相关垄断行为进行查处为前置条件，是需要解决的另外一个重要问题。在日本法上，当事人不能直接提起反垄断民事诉讼，而需以行政执法机构作出的关于相关垄断行为违法的决定为前提。根据《反垄断司法解释》第二条的规定，原告直接向人民法院提起民事诉讼，或者在反垄断执法机构认定构成垄断行为的处理决定发生法律效力后向人民法院提起民事诉讼，并符合法律规定的其他受理条件的，人民法院应当受理。可见，在我国，人民法院受理垄断民事纠纷案件，是不以执法机构已对相关垄断行为进行了查处为前提条件的。

3. 诉讼时效

(1)诉讼时效的起算。因垄断行为产生的损害赔偿请求权诉讼时效期间，从原告知道或者应当知道权益受侵害之日起计算。

(2)诉讼时效的中断。原告向反垄断执法机构举报被诉垄断行为的，诉讼时效从其举报之日起中断。反垄断执法机构决定不立案、撤销案件或者决定终止调查的，诉讼时效期间从原告知道或者应当知道不立案、撤销案件或者终止调查之日起重新计算。反垄断执法机构调查后认定构成垄断行为的，诉讼时效期间从原告知道或者应当知道反垄断执法机构认定构成垄断行为的处理决定发生法律效力之日起重新计算。

(3)持续性垄断行为的诉讼时效抗辩。原告起诉时被诉垄断行为已经持续超过2年，被告提出诉讼时效抗辩的，损害赔偿应当自原告向人民法院起诉之日起向前推算2年计算。

第二节 垄断协议制度

垄断协议本质上是竞争者之间相互勾结以限制竞争，是垄断行为的最基本形态。从历史上看，在美国最早出现的垄断行为就是企业间联合限制竞争行为。经营者达成垄断协议是实现市场垄断最直接、最主要的方式，尤其是竞争者之间的横向垄断协议，对竞争的损害及恶性程度都非常深，因此，各国和地区的反垄断法都将其作为规制重点。目前，除《反垄断法》外，我国在禁止垄断协议方面的实体性立法主要包括国家发改委和国家工商总局分别发布的《反价格垄断规定》和《工商行政管理机关禁止垄断协议行为的规定》。

一、垄断协议的概念、特征与分类

(一)概念及特征

垄断协议，也称限制竞争协议、联合限制竞争行为，是指两个或两个以上经营者排除、限制竞争的协议、决定或者其他协同行为。垄断协议具有以下特征：

第一，垄断协议的主体是两个或两个以上的经营者。达成垄断协议的经营者须为复数，这是由“协议”的本身属性决定的。

第二，垄断协议的表现形式多样化。垄断协议为广义概念，泛指当事人之间通过意思联络并取得一致后而形成的协议、决定和其他协同行为。其中，“协议”与合同法意义上的协议相同，既包括书面协议，也包括口头协议。“决定”则是指企业集团、其他形式的企业联合组织以及行业协会等要求其成员企业共同实施排除、限制竞争的决议。“其他协同行为”则指经营者虽然没有达成协议，也没有可供遵循的决定，但相互间通过意思联络，共同实施的排除、限制竞争的协调、合作行为。垄断协议的当事人未必都有明示的意思表示一致，“协同行为”即一种“默示”行为，经营者之间的意思联络是通过当事人客观上协调一致的行动表现出来的“心有灵犀”“心领神会”和“心照不宣”。

第三，垄断协议排除、限制竞争。经营者达成固定价格、划分市场、限制数量等内容的垄断协议，旨在避免竞争风险，实施市场垄断，牟取不正当利益，是对竞争最直接的破坏。

(二)分类

根据不同的标准，可以对垄断协议进行不同的分类。在此主要介绍两种比较重要的分类：

1. 横向垄断协议与纵向垄断协议

根据参与垄断协议的经营者之间是否具有竞争关系，可将垄断协议分为横向垄断协议和纵向垄断协议。横向垄断协议是具有竞争关系的经营者达成的联合限制竞争协议，如生产相同产品的经营者达成的固定产品价格的协议。纵向垄断协议是指同一产业中处于不同市场环节而具有买卖关系的企业通过共谋达成的联合限制竞争协议，如产品生产商与销售商之间关于限制转售价格的协议。横向垄断协议与纵向垄断协议虽都产生排除、限制竞争的效果，但是，两者在行为构成特别是对竞争的危害程度等方面有很大区别。因此，反垄断法往往对两者区别对待，对于纵向垄断协议的规制态度要比横向垄断协议宽松得多。

2. 价格垄断协议与非价格垄断协议

从我国执法体制的角度，垄断协议还可分为价格垄断协议和非价格垄断协议。国家发改委于 2010 年 12 月发布的《反价格垄断规定》对价格垄断协议进行了界定，即指在价格方面排除、限制竞争的协议、决定或者其他协同行为。除价格垄断协议以外的其他垄断协议为非价格垄断协议。价格垄断协议由国家发改委依法查处，非价格垄断协议则由国家工商总局依法查处。

二、横向垄断协议规制制度

横向垄断协议也称为卡特尔。生产或销售同类商品的经营者通过垄断协议相约不竞争，事实上结为一体，可使市场出现独占的效果，进而使经营者获得垄断利润。因此，横向垄断协议被认为是最原始、最直接、危害最大的垄断行为。被《反垄断法》禁止的具有竞争关系的经营者达成的垄断协议主要包括：

(一)固定或者变更商品价格的协议

固定或者变更商品价格的协议，也称价格卡特尔。竞争者之间达成和实施价格垄断协议的动机在于摆脱竞争压力，获得垄断利润。价格垄断协议扭曲价格信号，屏蔽市场竞争，使市场配置资源和保证经济效率的功能丧失殆尽，同时严重损害消费者福利。故而，价格垄断被视为危害最严重的垄断行为，必须予以禁止。

固定或者变更商品价格的协议的表现形式多样。除了赤裸裸地通过协议锁定、维持或提高商品销售价格外，它还可以表现为对经营者定价过程设定统一的限制条件，从而实现固定价格、限制竞争的目的。根据《反价格垄断规定》，上述限制条件主要包括：(1)固定或者变更价格变动幅度；(2)固定或者变更对价格有影响的手续费、折扣或者其他费用；(3)使用约定的价格作为与第三方交易的基础；(4)约定采用据以计算价格的标准公式；(5)约定未经参加协议的其他经营者同意不得变更价格等。应当注意的是，若固定或变更价格协议是在具有竞争关系的买方之间达成时，此类协议的内容则为锁定、维持价格或降低购买价格。

(二)限制商品的生产数量或者销售数量的协议

限制商品的生产数量或者销售数量的协议,可统称为限制数量协议,是指参与垄断协议的经营者通过限制相关市场上商品的生产或销售数量,间接控制商品价格的垄断协议。

(三)分割销售市场或者原材料采购市场的协议

分割销售市场或者原材料采购市场的垄断协议,也称划分市场协议。统一、开放的市场是保证有效竞争的基础。只有消除各种市场进入障碍,使所有潜在竞争者都能有机会参与到任何自己感兴趣的市场,才能使竞争充分有效,从而提升经济效率和消费者福利。如果经营者人为将市场进行划分,约定各自固守一部分市场,互不进入对方的"领地"进行竞争,就相当于使经营者在各自市场内取得垄断地位,进而可以各自自由定价,获取垄断利润。划分市场可以通过划分地域、划分客户和划分产品等形式实现。划分地域即经营者约定各自在销售或采购市场上的地域范围,相互不跨区销售或采购。划分客户是指经营者约定各自的采购或销售对象,互不向他方的客户销售或采购。划分产品则是通过约定各自经营的产品类型来实现互不竞争。根据《工商行政管理机关禁止垄断协议行为的规定》,划分市场协议可具体表现为:(1)划分商品销售地域、销售对象或者销售商品的种类、数量;(2)划分原料、半成品、零部件、相关设备等原材料的采购区域、种类、数量;(3)划分原料、半成品、零部件、相关设备等原材料的供应商。

(四)限制购买新技术、新设备或者限制开发新技术、新产品的协议

有效的市场竞争可以提升动态效率,即刺激经营者不断进行技术创新和应用以提升竞争力,进而提升经济效率。限制创新的垄断协议可以缓解经营者的竞争压力,在不增加开发投入成本的基础上维持现有产品的供求平衡、价格和利润。限制购买新技术、新设备或者限制开发新技术、新产品的协议,限制了经营者通过创新开展的竞争,保护了落后,严重伤害市场的创新能力,降低了效率,损害了消费者福利。根据《工商行政管理机关禁止垄断协议行为的规定》第六条,限制购买新技术、新设备或者限制开发新技术、新产品的协议的表现形式有:(1)限制购买、使用新技术、新工艺;(2)限制购买、租赁、使用新设备;(3)限制投资、研发新技术、新工艺、新产品;(4)拒绝使用新技术、新工艺、新设备;(5)拒绝采用新的技术标准。

(五)联合抵制交易

联合抵制交易在我国台湾地区称为"杯葛"(英文 boycott 的音译),是指具有竞争关系的经营者联合起来,共同拒绝与其他的特定经营者进行交易的行为。选择哪个交易对象进行交易本是市场主体的权利和自由,但是若多个经营者联合起来一致行动,拒绝与特定经营者进行交易,就要受到反垄断法的关注。联合抵制交易行为具有限制竞争、减少消费者选择机会、抬高商品价格等反竞争效果,应予禁止。联合抵制交易一般用作惩

治某些“不受欢迎”的经营者。比如，具有竞争关系的经营者通过联合起来拒绝与之进行商业往来的方式，惩罚违反或不配合固定价格垄断协议的同行，再如某产品的多个供货商联合起来，对违反供货商关于产品销售价格的限制、自行降价的销售商，采取一致拒绝供货的惩罚。此外，联合抵制还可以被用来要挟客户接受价格或其他条件、迫使供应商或者客户停止与其他任何竞争对手进行交易等。根据《工商行政管理机关禁止垄断协议行为的规定》，联合抵制交易协议的具体表现包括：(1)联合拒绝向特定经营者供货或者销售商品；(2)联合拒绝采购或者销售特定经营者的商品；(3)联合限定特定经营者不得与其具有竞争关系的经营者进行交易。

三、纵向垄断协议规制制度

与横向垄断协议发生在处于生产或者销售链条中的同一环节的经营者之间不同，纵向垄断协议发生在处于不同的生产经营阶段或者环节的经营者之间，即上下游经营者之间。《反垄断法》将其表述为“经营者与交易相对人”达成的垄断协议。

(一)纵向垄断协议的主要表现形式

常见的纵向垄断协议主要有以下几种：

1. 维持转售价格协议

这是一种最常见的纵向垄断协议。实践中，多为供应商对销售商的最终销售价格进行固定或者作出不得低于或高于某一价格水平的限制。

2. 地域或客户限制协议

所谓地域或客户限制，即供应商对不同销售商的销售区域和对象进行划分，严禁销售商越界销售。

3. 排他性交易协议

排他性交易也称独家交易，通常包括一个或者一系列协议，其中约定供应商同意在特定的地区内向特定销售商独家供应商品，或者销售商同意只从特定供应商处购买用于转售的一类商品，或者双方当事人相互承担上述两个方面的约束。

(二)《反垄断法》禁止的纵向垄断协议

鉴于纵向垄断协议的经济效果比较模糊，反垄断法对其规制比较审慎，只有那些对竞争和效率的消极效果明确大于积极效果的纵向垄断协议才被法律认定为非法。我国《反垄断法》列举了两种受到禁止的纵向垄断协议形式：(1)固定向第三人转售商品的价格。(2)限定向第三人转售商品的最低价格。可见，《反垄断法》明确禁止的是价格性纵向垄断协议。此外，国务院反垄断执法机构还可认定其他类型的非法纵向垄断协议。

四、垄断协议的豁免

经营者(特别是具有竞争关系的经营者)之间的联合，乃反垄断法之大忌。但是，有些情形下，经营者之间的联合有利于防止竞争过度和无效，有利于技术进步和效率的提高，从而符合社会公共利益，故而豁免。

（一）豁免的概念及其与适用除外的区别

豁免是反垄断法上的一项重要制度，是指对违反反垄断法的行为，由于其满足一定的条件，而不受反垄断法禁止。豁免与适用除外是完全不同的两个制度。反垄断法上的适用除外是指将特定领域排除在反垄断法的适用范围，根本不予适用；而豁免则是在适用反垄断法过程中，发现某些违反反垄断法的行为符合法定条件而不予禁止。

（二）垄断协议可被《反垄断法》豁免的条件

1. 符合《反垄断法》规定的特定情形

根据《反垄断法》第十五条的规定，可被《反垄断法》豁免的垄断协议类型主要包括：

（1）为改进技术、研究开发新产品的。这类垄断协议也称为技术性卡特尔。新技术、新产品的开发与利用对提高经济效率和消费者福利均具有积极的促进作用。由于新技术和新产品开发耗资和风险巨大，个别企业难以承受，因此，企业间就此达成合作协议可以得到豁免。

（2）为提高产品质量、降低成本、增进效率，统一产品规格、标准或者实行专业化分工的。这类垄断协议也称为标准化卡特尔和专业化卡特尔。经营者为降低成本、提高质量、增进效率而达成的统一产品规格和标准的协议，以及经营者之间分工合作、各自发挥比较优势以提高产品质量和生产效率的协议，可得到反垄断法的豁免。

（3）为提高中小经营者经营效率，增强中小经营者竞争力的。这类垄断协议也称中小企业合作卡特尔。中小企业是维持市场竞争活力和“生态”平衡的重要力量。缺乏联合的中小企业由于势单力孤，容易受到大企业的排挤。为了提高中小企业的经营效率，增强它们的竞争力，中小企业之间在生产、融资、研发、采购等领域达成的合作协议可豁免予反垄断法。

（4）为实现节约能源、保护环境、救灾救助等社会公共利益的。此类协议因符合社会公共利益可以被豁免。

（5）因经济不景气，为缓解销售量严重下降或者生产明显过剩的。此类协议也称为“不景气卡特尔”或“结构危机卡特尔”。面临经济不景气，为解决生产过剩，摆脱困境，避免恶性竞争造成的更大的经济损害，企业间达成限制或排除竞争的协议，可以得到反垄断法的豁免。

（6）为保障对外贸易和对外经济合作中的正当利益的。此类协议主要表现为出口卡特尔。出口卡特尔是指国内经营者为了确保或促进产品出口，就出口商品价格和国际市场划分等达成的限制竞争协议。一般来说，出口卡特尔限制了境外市场的竞争，损害他国消费者的福利，但对出口国不但无害反而有利。故而，为了维护国际贸易中的国家利益，反垄断法对之予以豁免。

2. 垄断协议豁免的附加条件

对于符合上述第(1)至第(5)项情形的垄断协议,《反垄断法》还要求经营者应当证明所达成的协议不会严重限制相关市场的竞争,并且能够使消费者分享由此产生的利益;否则,也不能获得豁免。

五、"其他协同行为"的认定

实践中,垄断协议的证明和认定往往比较困难,很多涉嫌垄断协议行为表现为"其他协同行为"。《工商行政管理机关禁止垄断协议行为的规定》第二条第三款将"其他协同行为"界定为"经营者虽未明确订立书面或者口头形式的协议或者决定,但实质上存在协调一致的行为"。根据我国反垄断执法机构的分工,国家发改委负责价格垄断行为的执法查处工作。《反价格垄断规定》和《工商行政管理机关禁止垄断协议行为的规定》分别为"价格性其他协同行为"和"非价格性其他协同行为"的认定规定了初步规则。

(一)价格性其他协同行为的认定

对于价格垄断协议中的"其他协同行为"的认定,应当依据下列因素:(1)经营者的价格行为具有一致性;(2)经营者进行过意思联络。认定协同行为还应考虑市场结构和市场变化等情况。

(二)非价格性其他协同行为的认定

认定其他协同行为,应当考虑下列因素:(1)经营者的市场行为是否具有一致性;(2)经营者之间是否进行过意思联络或者信息交流;(3)经营者能否对一致行为作出合理的解释。此外,认定其他协同行为,还应当考虑相关市场的结构情况、竞争状况、市场变化情况、行业情况等。

六、对行业协会组织达成和实施垄断协议的规制

行业协会是以行业共同利益为目的,由相同或者相近行业的经营者在自愿基础上依法组成,实行行业服务和自律管理的非营利性社会团体法人。虽然行业协会不属于经营者,但它是同行经营者的共同体,在组织协调本行业经营者方面具有先天优势,因此成为反垄断法的关注对象。在我国,经营者通过行业协会组织协调价格联盟的案例并不鲜见。为了有效规范行业协会在市场竞争中的角色和行为,《反垄断法》要求行业协会加强行业自律,引导本行业的经营者依法竞争,维护市场竞争秩序;禁止行业协会组织本行业的经营者订立或实施反垄断法所禁止的垄断协议。根据《工商行政管理机关禁止垄断协议行为的规定》,应被禁止的行业协会组织本行业经营者从事垄断协议的行为具体包括:(1)制定、发布含有排除、限制竞争内容的行业协会章程、规则、决定、通知、标准等;(2)召集、组织或者推动本行业的经营者达成含有排除、限制竞争内容的协议、决议、纪要、备忘录等。

七、法律责任

(一)民事责任

经营者因达成并实施垄断协议给他人造成损失的,依法承担民事责任。

(二)行政责任

经营者违反反垄断法规定,达成并实施垄断协议的,由反垄断执法机构责令停止违法行为,没收违法所得,并处上一年度销售额1%以上10%以下的罚款;尚未实施所达成的垄断协议的,可以处50万元以下的罚款。行业协会违反反垄断法规定,组织本行业的经营者达成垄断协议的,反垄断执法机构可以处50万元以下的罚款;情节严重的,社会团体登记管理机关可以依法撤销登记。

第三节 滥用市场支配地位规制制度

经营者的实力和地位各不相同。有的经营者在竞争中依靠技术创新和管理水平赢得优势,有的经营者通过合并重组做强做大,也有的经营者因所处行业特殊而被法律赋予垄断性经营权。它们都会因此而成为自己所在相关市场中具有一定市场支配地位的企业。当今世界,反垄断法对经营者合法取得的市场支配地位(包括垄断地位)并不视为非法,而对于具有市场支配地位的经营者滥用其市场支配地位的行为则严加规制。目前,除《反垄断法》外,我国在禁止滥用市场地位行为方面的实体性立法主要包括发改委和国家工商总局分别发布的《反价格垄断规定》和《工商行政管理机关禁止滥用市场支配地位行为的规定》。其中,《反价格垄断规定》主要规制具有市场支配地位的经营者使用价格手段,排除、限制竞争的行为。

一、市场支配地位的概念

(一)市场支配地位的法律界定

根据《反垄断法》的相关规定,市场支配地位是指经营者在相关市场内具有能够控制商品价格、数量或者其他交易条件,或者能够阻碍、影响其他经营者进入相关市场能力的市场地位。根据《工商行政管理机关禁止滥用市场支配地位行为的规定》,这里所称"其他交易条件",是指除商品价格、数量之外能够对市场交易产生实质影响的其他因素,包括商品品质、付款条件、交付方式、售后服务等。这里所称"能够阻碍、影响其他经营者进入相关市场",是指排除其他经营者进入相关市场,或者延缓其他经营者在合理时间内进入相关市场,或者其他经营者虽能够进入该相关市场,但进入成本提高难以在市场中开展有效竞争等。

(二)市场支配地位的含义

对市场支配地位的概念可以从以下三个方面进行理解：第一，具有市场支配地位的经营者未必是“独占”者。市场的非独占者有足够强大的影响市场竞争的能力时，也会成为具有市场支配地位的经营者。第二，具有市场支配地位的经营者可以是一个，也可以是多个经营者共同具有市场支配地位。如果多个具有独立法人地位的企业之间具有紧密关联关系，或者它们相互之间无关联关系但属于相关市场内不存在实质竞争的寡占者，当它们作为整体具有足够的影响市场竞争的能力并涉嫌共同实施了某种滥用行为时，则该多个经营者可被认定具有市场支配地位。第三，市场支配地位是一种市场结构状态。当今世界的反垄断法已由结构主义转变为行为主义，即法律主要关注垄断行为，对市场支配地位这种结构状态并无否定性评价。

二、滥用市场支配地位行为的概念与分类

(一)滥用市场支配地位行为的概念

滥用市场支配地位行为，是指具有市场支配地位的经营者凭借其市场支配地位实施的排挤竞争对手或不公平交易行为。滥用市场支配地位行为的构成要件有三：一是行为主体须是具有市场支配地位的经营者；二是客观方面实施了排挤竞争对手或不公平交易的反竞争行为；三是在行为后果方面削弱了竞争，破坏了市场竞争秩序。

(二)滥用市场支配地位行为的分类

滥用市场支配地位行为可分为两个基本类型，即排他性滥用和剥削性滥用。排他性滥用是指寻求损害竞争者的竞争地位，或者从根本上将它们排除出市场的行为，主要表现形式包括掠夺定价、搭售、价格歧视和拒绝交易等。剥削性滥用是指具有市场支配地位的经营者凭借其市场支配地位对交易对方进行剥削的行为，实践中主要表现为不公平定价行为。

三、市场支配地位的认定

在反垄断法律实践中，判断经营者是否具有市场支配地位的首要步骤是界定相关市场，之后再根据市场集中度及市场进入的难易程度等各种相关因素综合考察经营者在该相关市场中是否具有市场支配地位。经营者的市场份额是判断市场结构的量化标准，由于它具有客观性和可量化等特点，因此，实践中通常优先以经营者的市场份额作为经营者市场支配地位的推定标准。当经营者的市场份额达到一定程度时，可先推定其具有市场支配地位；如果其提不出能够证明其不具有市场支配地位的其他证据，则可在此基础上认定其具有市场支配地位。

(一)认定经营者具有市场支配地位时应当依据的因素

在总结当今世界反垄断法立法、执法和司法经验的基础上，我国《反垄断法》规定了

以下认定经营者具有市场支配地位时应当依据的因素：

1. 经营者在相关市场的市场份额，以及相关市场的竞争状况

市场份额是反映经营者在相关市场中所处地位的结构性指标。一般而言，经营者在一个相关市场上长期占有很高的市场份额，便会凭借自身的绝对规模和相对优势处于支配地位。这种支配地位能使其在定价以及其他市场决策中获得相当大的自由，不用顾忌其他竞争者和消费者的反应。另外，市场份额是可量化标准，可以克服市场支配地位认定中主观因素的影响，因此，尽管市场结构不是判断经营者市场支配地位的唯一标准，但它的确是重要标准，而且大多数时候是决定性标准。相关市场的竞争状况主要是指市场中的竞争者的多寡以及他们之间的竞争程度。一般而言，若一个相关市场中的竞争者众多，并且竞争者之间存在实质性竞争，即该市场是一个有效竞争的市场，则少数竞争者对商品价格、供应数量以及潜在竞争者的市场进入等进行控制和阻碍的局面很难形成，也就很难出现具有市场支配地位的经营者；反之则相反。

2. 经营者控制销售市场或者原材料采购市场的能力

原材料供给和产品销售是企业经营中至关重要的上下游环节。若经营者拥有控制产品销售市场的能力，就在很大程度上具有了产品的定价自由和决定其他交易条件的权力。同理，若经营者拥有控制原材料采购市场的能力，便在很大程度上对原材料采购价格和其他交易条件具有谈判能力。实践中，能够控制产品销售价格的经营者一定是该市场中具有市场支配地位甚至是垄断地位的卖者；而能够控制原材料采购价格的经营者一定是该市场中具有市场支配地位甚至是垄断地位的买者。因此，经营者控制销售市场或者原材料采购市场的能力是判断其是否具有市场支配地位的重要参考标准。

3. 经营者的财力和技术条件

财力和技术是决定经营者实力的重要物质条件。经营者的财力和技术能够在一定程度上反映其市场支配能力。经营者的财力是其经济实力的最直接体现。通常情况下，经营者的财力越大，其在市场中的竞争力越强，控制市场竞争的能力也越大。在知识经济时代，技术特别是包括专利权在内的垄断性技术，往往是一个企业取得竞争优势并对其他潜在竞争者形成市场进入障碍的先天条件。但是，根据《关于禁止滥用知识产权排除、限制竞争行为的规定》第六条第二款的规定，经营者拥有知识产权可以构成认定其市场支配地位的因素之一，但不能仅根据经营者拥有知识产权推定其在相关市场上具有市场支配地位。

4. 其他经营者对该经营者在交易上的依赖程度

其他经营者的交易依赖可表现为买方对卖方的依赖，如经销商对某种名牌产品生产商的依赖；也可表现为卖方对买方的依赖，如产品生产商对某些大型销售商的依赖。其他经营者在交易上的依赖，可以使受到依赖的经营者在相关市场上具有明显的优势。这种情况实际上是反映了相关市场上的结构及竞争状况。这种依赖越甚，受依赖的经营者

具有市场支配地位的可能性就越大。

5. 其他经营者进入相关市场的难易程度

在市场进入无障碍的情况下，任何市场出现垄断利润，都会吸引其他经营者进入到该市场，进而打破原有的市场竞争格局，使供给趋于充分，进而使利润率恢复到正常水平。因此，潜在竞争者进入的压力，是使现有竞争者保持充分竞争的外部条件。所以，具有市场支配地位的经营者总是希望或试图通过制造市场进入障碍排除潜在竞争，从而维持其垄断利润。如果市场的进入障碍来自外部，如国家法令，则可将市场中现有的竞争者造就成为有市场支配地位的经营者。

（二）经营者市场支配地位的推定标准

《反垄断法》规定了以市场份额为基础的经营者市场支配地位推定标准。根据该标准，一个经营者在相关市场的市场份额达到 1/2 的，即可推定为具有市场支配地位；对于多个经营者可能共同拥有市场支配地位的情况，两个经营者在相关市场的市场份额合计达到 2/3 的，或三个经营者在相关市场的市场份额合计达到 3/4 的，这些经营者被推定为共同占有市场支配地位。同时，对于多个经营者被推定为共同占有市场支配地位时，其中有的经营者市场份额不足 1/10 的，不应当推定该经营者具有市场支配地位。市场份额不是认定市场支配地位的唯一的和绝对的标准，因此，被推定具有市场支配地位的经营者，如有证据证明不具有市场支配地位的，不应当认定其具有市场支配地位。这里的证据应从市场份额以外的其他认定市场支配地位的因素中寻找。

四、《反垄断法》禁止的滥用市场支配地位行为

根据《反垄断法》第十七条第一款的规定，该法禁止的滥用市场支配地位行为主要包括：

（一）以不公平的高价销售商品或者以不公平的低价购买商品

正常情况下，商品价格由市场决定，而在市场中存在具有市场支配地位企业的情况下，价格则由个别经营者决定。在市场交易中，当卖方拥有市场支配地位时，可能以不公平的高价来盘剥买方；当买方拥有市场地位时，可能以不公平的低价盘剥卖方。这两类不公平定价行为的目的在于获取超额的利润，而不是排挤竞争对手。根据《反价格垄断规定》，认定“不公平的高价”和“不公平的低价”，应当主要考虑下列因素：(1)销售价格或者购买价格是否明显高于或者低于其他经营者销售或者购买同种商品的价格；(2)在成本基本稳定的情况下，是否超过正常幅度提高销售价格或者降低购买价格；(3)销售商品的提价幅度是否明显高于成本增长幅度，或者购买商品的降价幅度是否明显高于交易相对人的成本降低幅度。

（二）没有正当理由，以低于成本的价格销售商品

无正当理由以低于成本的价格销售商品的行为，也称掠夺性定价。掠夺性定价的目

的是为了排挤竞争对手，进一步强化自己的市场支配地位。当具有市场支配地位的企业通过掠夺性定价将竞争对手逐出市场后，再恢复垄断价格，将掠夺战中的损失捞回来。当具有正当理由时，以低于成本的价格销售商品行为不违法。根据《反价格垄断规定》，因下列情形而进行的低于成本价格销售均为正当：(1)降价处理鲜活商品、季节性商品、有效期限即将到期的商品和积压商品的；(2)因清偿债务、转产、歇业降价销售商品的；(3)为推广新产品进行促销的；(4)能够证明行为具有正当性的其他理由。

(三)没有正当理由，拒绝与交易相对人进行交易

无正当理由的拒绝交易，是具有市场支配地位的企业妨碍下游企业市场竞争的重要方式。拒绝交易通常表现为占市场支配地位的企业拒绝向买者出售商品。实践中，拒绝交易往往作为某些纵向交易安排的辅助手段出现。拒绝交易行为可能会对市场产生以下不利影响：一是限制下游企业之间的竞争。生产商可以拒绝供货为要挟，强迫经销商按其规定的价格销售商品，从而限制经销商之间在该种商品上进行价格竞争。二是可直接影响市场竞争状况。比如，经营者拒绝将其产品销售给某一地域的部分销售商，实际上就使该地域内的其他销售商获得了垄断市场的机会。再如，具有市场支配地位的经营者作为原材料供应者时，通过拒绝向下游需求方供货，可实现将该下游企业排挤出市场的效果。具有市场支配地位的经营者拒绝与交易相对人进行交易时，通常通过间接方式变相进行。根据《反价格垄断规定》及《工商行政管理机关禁止滥用市场支配地位行为的规定》的相关规定，下列没有正当理由、以间接方式拒绝交易的行为同样受到禁止：(1)通过设定过高的销售价格或者过低的购买价格，变相拒绝与交易相对人进行交易；(2)削减与交易相对人的现有交易数量；(3)拖延、中断与交易相对人的现有交易；(4)拒绝与交易相对人进行新的交易；(5)设置限制性条件，使交易相对人难以继续与其进行交易；(6)拒绝交易相对人在生产经营活动中以合理条件使用其必需设施。在认定上述第(6)项时，应当综合考虑另行投资建设、另行开发建造该设施的可行性、交易相对人有效开展生产经营活动对该设施的依赖程度、该经营者提供该设施的可能性以及对自身生产经营活动造成的影响等因素。

(四)没有正当理由，限定交易相对人只能与其进行交易或者只能与其指定的经营者进行交易

限定交易相对人只能与其进行交易或者只能与其指定的经营者进行交易的行为也称强制交易行为。实践中，强制交易还可表现为具有市场支配地位的经营者限定交易相对人不得与其竞争对手进行交易。通过强制交易，经营者可限制交易相对人与自己的竞争者进行交易，从而达到抑制竞争者甚至将其逐出市场的目的。另外，强制交易还可起到阻碍竞争者市场进入的效果。强制交易的经济效果也并非绝对，只有经营者无正当理由地实施该行为时才为非法。根据《反价格垄断规定》，强制交易的“正当理由”包括：(1)为了保证产品质量和安全的；(2)为了维护品牌形象或者提高服务水平的；(3)能够显

著降低成本、提高效率,并且能够使消费者分享由此产生的利益的;(4)能够证明行为具有正当性的其他理由。

(五)没有正当理由搭售商品,或者在交易时附加其他不合理的交易条件

搭售及附加不合理的交易条件行为,是指经营者利用其市场支配地位,在销售某种产品时强迫交易相对人购买其不愿购买的其他商品,或接受其他不合理条件。根据《反价格垄断规定》及《工商行政管理机关禁止滥用市场支配地位行为的规定》,所谓"附加其他不合理的交易条件"主要包括:(1)在价格之外附加不合理的费用;(2)对合同期限、支付方式、商品的运输及交付方式或者服务的提供方式等附加不合理的限制;(3)对商品的销售地域、销售对象、售后服务等附加不合理的限制;(4)附加与交易标的无关的交易条件。

搭售及附加不合理交易条件行为不但违反意思自治原则,而且将经营者在某一相关市场的支配地位延伸到其他市场。应该指出的是,被搭售的商品与第一种商品须是两个独立的商品。如果两个商品从交易习惯或功能上看必须搭配使用,则不属于独立商品,如鞋和鞋带。

搭售及附加不合理交易条件行为并不当然违法。经常被用作合理理由的有维护商品的品质和信誉,以及降低成本、增进效率等。

(六)没有正当理由,对条件相同的交易相对人在交易价格等交易条件上实行差别待遇

对条件相同的交易相对人在交易价格等交易条件上实行差别待遇的行为简称差别待遇或歧视待遇。根据《工商行政管理机关禁止滥用市场支配地位行为的规定》,除价格外的其他交易条件主要包括:(1)实行不同的交易数量、品种、品质等级;(2)实行不同的数量折扣等优惠条件;(3)实行不同的付款条件、交付方式;(4)实行不同的保修内容和期限、维修内容和时间、零配件供应、技术指导等售后服务条件。差别待遇可使相同产品的卖方或者买方获得不同的交易机会,从而直接影响到他们的公平竞争。而且,同一种产品的不同批发价会直接影响到零售价,不同的零售价又会直接影响消费者的利益。因此,价格歧视不仅影响市场竞争,而且还会损害消费者的利益。由于差别待遇的反竞争效果并非绝对,因此,《反垄断法》只禁止无正当理由的差别待遇行为。在实践中,就差别待遇可能出现的合理性抗辩理由主要包括:一是回应竞争对手的竞争。如果采取差别待遇的卖方证明它向买方提供商品的价格是为了适应竞争对手在相关市场中的低价竞争,即可使行为获得合法性。二是成本抗辩。有时不同的买方获得了不同的价格折扣,是因为卖方在不同的买方那里付出的生产、运输以及销售等成本不同。

五、与知识产权行使有关的滥用市场支配地位行为的特别规定

知识产权的正当行使行为不适用反垄断法,但是经营者不得滥用知识产权排除、限制竞争。实践中,滥用知识产权排除、限制竞争行为既可表现为垄断协议行为,也可表现

为滥用市场支配地位行为。其中，与知识产权行使有关的滥用市场支配地位行为中，有其专属性的行为类型。根据《关于禁止滥用知识产权排除、限制竞争行为的规定》，这些专属性的滥用市场支配地位行为主要包括：

（一）拒绝许可

具有市场支配地位的经营者没有正当理由，不得在其知识产权构成生产经营活动必需设施的情况下，拒绝许可其他经营者以合理条件使用该知识产权，排除、限制竞争。认定此种行为需要同时考虑下列因素：一是该项知识产权在相关市场上不能被合理替代，为其他经营者参与相关市场的竞争所必需；二是拒绝许可该知识产权将会导致相关市场上的竞争或者创新受到不利影响，损害消费者利益或者公共利益；三是许可该知识产权对该经营者不会造成不合理的损害。

（二）附加不合理限制条件

具有市场支配地位的经营者没有正当理由，在行使知识产权的过程中，不得实施下列附加不合理限制条件的行为，排除、限制竞争：(1)要求交易相对人将其改进的技术进行独占性的回授；(2)禁止交易相对人对其知识产权的有效性提出质疑；(3)限制交易相对人在许可协议期限届满后，在不侵犯知识产权的情况下利用竞争性的商品或者技术；(4)对保护期已经届满或者被认定无效的知识产权继续行使权利。

（三）专利联营中的滥用行为

专利联营，是指两个或者两个以上的专利权人通过某种形式将各自拥有的专利共同许可给第三方的协议安排。其形式可以是为此目的成立的专门合资公司，也可以是委托某联营成员或者某独立的第三方进行管理。具有市场支配地位的专利联营管理组织没有正当理由，不得利用专利联营实施下列滥用市场支配地位的行为，排除、限制竞争：(1)限制联营成员在联营之外作为独立许可人许可专利；(2)限制联营成员或者被许可人独立或者与第三方联合研发与联营专利相竞争的技术；(3)强迫被许可人将其改进或者研发的技术独占性地回授给专利联营管理组织或者联营成员；(4)禁止被许可人质疑联营专利的有效性；(5)对条件相同的联营成员或者同一相关市场的被许可人在交易条件上实行差别待遇。

（四）标准必要专利滥用行为

标准必要专利，是指实施该项标准所必不可少的专利。经营者不得在行使知识产权的过程中，利用标准（含国家技术规范的强制性要求）的制定和实施从事排除、限制竞争的行为。具有市场支配地位的经营者没有正当理由，不得在标准的制定和实施过程中实施下列排除、限制竞争行为：(1)在参与标准制定的过程中，故意不向标准制定组织披露其权利信息，或者明确放弃其权利，但是在某项标准涉及该专利后却对该标准的实施者主张其专利权。(2)在其专利成为标准必要专利后，违背公平、合理和无歧视原则，实施拒绝许可、搭售商品或者在交易时附加其他的不合理交易条件等排除、限制竞争的行为。

六、法律责任

(一)民事责任

经营者因实施滥用市场支配地位行为给他人造成损失的,依法承担民事责任。

(二)行政责任

经营者违反《反垄断法》规定,滥用市场支配地位的,由反垄断执法机构责令停止违法行为,没收违法所得,并处上一年度销售额1%以上10%以下的罚款。

第四节 经营者集中反垄断审查制度

一、经营者集中反垄断审查制度概述

(一)经营者集中的概念

经营者集中,是指经营者之间通过合并、取得股份或者资产、委托经营或联营以及人事兼任等方式形成的控制与被控制状态。由于一定规模的经营者集中可能改变市场结构,并进而可能妨碍市场竞争,损害消费者福利,因此,反垄断法将其纳入调整视野。经营者集中主要包括以下三种情形:(1)合并。经营者合并是指两个或两个以上的经营者按照法律规定的程序结合为一个经营者的法律行为。根据《公司法》的有关规定,合并分为吸收合并和新设合并。吸收合并是指一个经营者吸收其他经营者,被吸收的经营者解散,前者存续并扩大的合并方式;新设合并是指两个或两个以上的经营者合并设立一个新的经营者,合并各方解散的合并方式。(2)通过取得股权或者资产的方式取得对其他经营者的控制权。经营者可以通过购买、置换等收购方式取得其他经营者的股权或资产,进而达到控制该经营者的目的。从理论上讲,一个经营者如果取得另一个经营者50%以上的股权,即成为控股股东,就可以对其施加支配性影响。由于公司股权可能出现不同程度的分散化,因此实践中,往往不需要取得50%以上的股权就可以实现控股。(3)通过合同等方式取得对其他经营者的控制权或者能够对其他经营者施加决定性影响。此种情形主要包括经营者通过委托经营或者联营以及人事兼任等方式取得对其他经营者的控制权或者对其他经营者施加决定性影响。

(二)经营者集中的分类

根据参与集中的经营者在产业中的位置和相互关系,可将经营者集中分为横向集中、纵向集中和混合集中。横向集中,是指因生产或销售同类产品,或者提供同种服务而具有相互直接竞争关系的经营者之间的集中。纵向集中,是指同一产业中处于不同阶段,彼此之间不存在竞争关系,但有买卖关系的经营者之间的集中,亦即某种产品的卖方和买方之间的集中或上游经营者与下游经营者间的集中。混合集中,是指生产经营的产

品或服务在彼此没有关联的经营者之间的集中。参与混合集中的经营者之间既不存在竞争关系，也不存在买卖关系，即跨行业的经营者集中，如一个移动电话制造商与一个房地产商之间的集中。

（三）《反垄断法》对经营者集中的规制模式

经营者集中的经济效果的两面性，决定了《反垄断法》对它的规制在于“控制”，而不在于“禁止”。这种控制制度体现为经营者集中申报制度。从各国反垄断立法和执法实践来看，经营者集中申报制度主要分为三种模式：强制的事前申报、强制的事后申报和自愿申报。目前，绝大多数国家采取的是强制的事前申报模式，我国也是如此。所谓强制的事前申报，是指法律要求当事人在实施集中前必须事先向反垄断法执法机构申报，待执法机构审查批准后才可实施集中的制度。

二、经营者集中的申报

（一）经营者集中申报标准

经营者集中申报制度并不要求所有的集中都应申报，而是达到一定法定标准的集中才申报。经营者集中达到下列标准之一的，经营者应当事先向国务院商务主管部门申报，未申报的不得实施集中：(1)参与集中的所有经营者上一会计年度在全球范围内的营业额合计超过 100 亿元人民币，并且其中至少两个经营者上一会计年度在中国境内的营业额均超过 4 亿元人民币；(2)参与集中的所有经营者上一会计年度在中国境内的营业额合计超过 20 亿元人民币，并且其中至少两个经营者上一会计年度在中国境内的营业额均超过 4 亿元人民币。经营者集中未达到上述申报标准，但按照规定程序收集的事实和证据表明该经营者集中具有或者可能具有排除、限制竞争效果的，国务院商务主管部门应当依法进行调查。

（二）申报材料的提交与补正

经营者向国务院反垄断执法机构申报集中，应当提交下列文件、资料：(1)申报书；(2)集中对相关市场竞争状况影响的说明；(3)集中协议；(4)参与集中的经营者经会计师事务所审计的上一会计年度财务会计报告；(5)国务院反垄断执法机构规定的其他文件、资料。经营者提交的文件、资料不完备的，应当在国务院反垄断执法机构规定的期限内补交文件、资料。经营者逾期未补交文件、资料的，视为未申报。

（三）申报豁免

为了提高效率，节约国家执法资源，对于虽达申报标准，但属于关系极为紧密的关联企业之间的集中，可以免予申报。其道理在于，这些企业之间在集中前本来就已具有控制与被控制关系，集中不会产生或加强其市场地位。我国《反垄断法》规定，经营者集中有下列情形之一的，可以不向国务院反垄断执法机构申报：(1)参与集中的一个经营者拥有其他每个经营者 50%以上有表决权的股份或者资产的；(2)参与集中的每个经营者

50%以上有表决权的股份或者资产被同一个未参与集中的经营者拥有的。

三、经营者集中审查程序

(一)两阶段审查

根据《反垄断法》,执法机构对经营者集中实施两阶段审查制。第一阶段为初步审查。反垄断执法机构应当自收到经营者提交的符合规定的文件、资料之日起30日内,对申报的经营者集中进行初步审查,作出是否实施进一步审查的决定,并书面通知经营者。反垄断执法机构作出决定前,经营者不得实施集中。反垄断执法机构作出不实施进一步审查的决定或者逾期未作出决定的,经营者可以实施集中。如果反垄断执法机构决定实施进一步审查的,则进入第二阶段审查。第二阶段审查应当自执法机构作出实施进一步审查决定之日起90日内完毕,并作出是否禁止经营者集中的决定,书面通知经营者。作出禁止经营者集中的决定,应当说明理由。审查期间,经营者不得实施集中。有下列情形之一的,国务院反垄断执法机构经书面通知经营者,可以延长前款规定的审查期限,但最长不得超过60日:(1)经营者同意延长审查期限的;(2)经营者提交的文件、资料不准确,需要进一步核实的;(3)经营者申报后有关情况发生重大变化的。国务院反垄断执法机构逾期未作出决定的,经营者可以实施集中。

(二)简易程序

为了提高经营者集中的审查效率,降低集中方的合规成本,商务部于2014年2月发布了《关于经营者集中简易案件适用标准的暂行规定》,明确了经营者集中简易案件的认定标准。凡符合该标准的案件,适用简易审查程序。根据该暂行规定,符合下列情形的经营者集中案件,为简易案件:(1)在同一相关市场,所有参与集中的经营者所占的市场份额之和小于15%;(2)存在上下游关系的参与集中的经营者,在上下游市场所占的份额均小于25%;(3)不在同一相关市场也不存在上下游关系的参与集中的经营者,在与交易有关的每个市场所占的份额均小于25%;(4)参与集中的经营者在中国境外设立合营企业,合营企业不在中国境内从事经济活动;(5)参与集中的经营者收购境外企业股权或资产的,该境外企业不在中国境内从事经济活动;(6)由两个以上经营者共同控制的合营企业,通过集中被其中一个或一个以上经营者控制。

(三)审查决定

根据不同情况,国务院反垄断执法机构应作出以下不同决定:

1. 禁止集中决定

国务院反垄断执法机构认为经营者集中具有或者可能具有排除、限制竞争效果的,应当作出禁止经营者集中的决定。

2. 不予禁止决定

国务院反垄断执法机构认为经营者集中不具有排除、限制竞争效果的,或者国务院反垄断执法机构虽认为经营者集中具有或者可能具有排除、限制竞争效果，但是经营者能够证明该集中对竞争产生的有利影响明显大于不利影响或者符合社会公共利益的，国务院反垄断执法机构可以作出对经营者集中不予禁止的决定。

3. 附条件的不予禁止决定

对不予禁止的经营者集中，国务院反垄断执法机构可以决定附加减少集中对竞争产生不利影响的限制性条件。对于禁止集中决定和附条件的不予禁止决定，国务院反垄断执法机构应当及时向社会公布。

四、经营者集中审查的实体标准

经营者集中反垄断审查的实体标准是相对于申报标准这一程序性标准而言的，是指反垄断执法机构据以判断一个经营者集中案是否应依法予以禁止的标准。一般来说，经营者集中反垄断审查的实体标准可从三个层面来界定，即一般标准、经济分析中应考虑的因素和抗辩理由。

我国《反垄断法》第二十八条规定，经营者集中具有或者可能具有排除、限制竞争效果的，国务院反垄断执法机构应当作出禁止经营者集中的决定。可见，我国《反垄断法》是将“具有或者可能具有排除、限制竞争效果”作为经营者集中审查的一般标准。

五、经营者集中附加限制性条件批准制度

（一）经营者集中附加限制性条件的概念

经营者集中附加限制性条件，也称经营者集中的救济措施，是指在经营者集中反垄断审查中，为了消除集中对竞争造成的不利影响，由参与集中的经营者向执法机构提出消除不利影响的解决办法，执法机构附条件批准该项集中的制度。《反垄断法》第二十九条规定，对不予禁止的经营者集中，国务院反垄断执法机构可以决定附加减少集中对竞争产生不利影响的限制性条件。

（二）限制性条件的分类

限制性条件包括以下几类：(1)剥离有形资产、知识产权等无形资产或相关权益等结构性条件；(2)开放网络或平台等基础设施、许可关键技术（包括专利、专有技术或其他知识产权）、终止排他性协议等行为性条件；(3)结构性条件和行为性条件相结合的综合性条件。剥离有形资产、知识产权等无形资产或相关权益，简称业务剥离，是指由参与集中的经营者将自己的部分业务出售给第三方经营者，以保持这部分业务的竞争性。

（三）限制性条件的确定

针对商务部就经营者集中提出的竞争关切（集中具有或可能具有的排除、限制竞争效果），集中申报方可提出旨在减少集中对竞争可能产生的不利影响的限制性条件建议。商务部提出集中具有或可能具有排除、限制竞争效果之前，申报方也可以提出附条件建

议。限制性条件的建议应当能够消除或减少经营者集中具有或者可能具有的排除、限制竞争效果，并具有现实的可操作性。商务部应与申报方进行协商，对附条件建议的有效性、可行性和及时性进行评估，并将评估结果通知申报方。申报方提出的附条件建议首选方案存在不能实施的风险的，商务部可以在审查决定中要求申报方在首选方案基础上提出备选方案。备选方案应比首选方案的条件更为严格。

（四）业务剥离的实施

1. 业务剥离的方式

附加限制性条件为业务剥离的，可采取自行剥离或者受托剥离的方式。自行剥离指剥离义务人在审查决定规定的期限内，找到适当的买方、签订出售协议并经商务部审核批准。受托剥离指剥离义务人未能如期完成自行剥离的情形下，由剥离受托人在审查决定规定的期限内寻找买方、签订出售协议并经商务部审核批准。剥离受托人，是指受申报方委托并经商务部同意，在受托剥离阶段负责出售剥离业务的自然人、法人或其他组织。

2. 剥离业务的买方资格

剥离业务的买方应当符合如下要求：(1)独立于参与集中的经营者；(2)拥有必要的资源、能力并有意愿使用剥离业务参与市场竞争；(3)取得其他监管机构的批准；(4)不得向参与集中的经营者融资购买剥离业务；(5)商务部根据具体案件情况提出的其他要求。此外，买方已有或者能够从其他途径获得的生产要素应当与剥离业务相匹配，买方有权请求商务部对剥离资产的范围进行必要的调整。

3. 剥离受托人和监督受托人

剥离义务人应在商务部作出审查决定之日起 15 日内向商务部提交监督受托人人选，在进入受托剥离阶段 30 日前向商务部提交剥离受托人人选。剥离义务人应与监督受托人和剥离受托人签订书面协议，明确各自的权利和义务。剥离义务人应负责支付监督受托人和剥离受托人报酬。剥离义务人应对监督受托人、剥离受托人和剥离业务买方提供必要的支持和便利。监督受托人和剥离受托人应当符合下列要求：(1)独立于剥离义务人和剥离业务的买方；(2)具有履行受托人职责的专业团队，团队成员应当具有对限制性条件进行监督所需的专业知识、技能及相关经验；(3)提出可行的工作方案；(4)对买方人选确定过程的监督；(5)商务部提出的其他要求。

监督受托人应当在商务部的监督下履行下列职责：(1)监督剥离义务人履行本规定、审查决定及相关协议规定的义务；(2)对剥离义务人推荐的买方人选、拟签订的出售协议进行评估，并向商务部提交评估报告；(3)监督出售协议的执行，并定期向商务部提交监督报告；(4)协调剥离义务人与潜在买方就剥离事项产生的争议；(5)应商务部的要求提交其他与剥离有关的报告。监督受托人不得披露其在履行职责过程中向商务部提交的各种报告及相关信息。在受托剥离阶段，剥离受托人负责为剥离业务找到买方并达成出售协议。剥离受托人有权以无底价方式出售剥离业务。

4. 剥离完成前剥离义务人的特定义务

在剥离完成之前,为确保剥离业务的存续性、竞争性和可销售性,剥离义务人应当履行下列义务:(1)保持剥离业务与其保留的业务之间相互独立,并采取一切必要措施以最符合剥离业务发展的方式进行管理;(2)不得实施任何可能对剥离业务有不利影响的行为,包括聘用被剥离业务的关键员工,获得剥离业务的商业秘密或其他保密信息等;(3)指定专门的管理人,负责管理剥离业务。管理人在监督受托人的监督下履行职责,其任命和更换应得到监督受托人的同意;(4)确保潜在买方能够以公平、合理的方式获得有关剥离业务的充分信息,评估剥离业务的商业价值和发展潜力;(5)根据买方的要求向其提供必要的支持和便利,确保剥离业务的顺利交接和稳定经营;(6)向买方及时移交剥离业务并履行相关法律程序。剥离义务人应当及时向商务部报告其遵守审查决定、实施剥离和执行相关协议等情况。监督受托人负责对剥离义务人的报告事项进行监督。

六、经营者集中未依法申报的调查处理

我国的经营者集中反垄断控制制度,采取的是集中实施前经营者主动申报审查模式。依据这种模式,只要达到法律规定的申报标准的经营者集中,均应主动向执法机构申报,接受审查。应该申报而未申报的,应当承担相应的法律责任。根据《反垄断法》第四十八条的规定,“经营者违反本法规定实施集中的,由国务院反垄断执法机构责令停止实施集中、限期处分股份或者资产、限期转让营业以及采取其他必要措施恢复到集中前的状态,可以处五十万元以下的罚款”。此外,商务部发布了《未依法申报经营者集中调查处理暂行办法》,对经营者集中未依法申报的调查处理程序作了较为具体的规定。在未依法申报的法律责任方面,该规定除了重申了《反垄断法》第四十八条的内容外,还附加规定,商务部在依据该条作出处理时,应当考虑未依法申报行为的性质、程度、持续的时间,以及关于该行为是否具有或者可能具有排除、限制竞争效果的评估结果等因素。

第五节　滥用行政权力排除、限制竞争规制制度

一、滥用行政权力排除、限制竞争行为的概念

滥用行政权力排除、限制竞争,即通常所说的“行政性垄断",是指行政机关和法律、法规授权的具有管理公共事务职能的组织滥用行政权力,排除、限制竞争的行为。行政性垄断是我国体制转轨过程中备受诟病的一大社会现象,辟专章规定行政垄断规制制度是我国《反垄断法》的亮点和特色。

二、《反垄断法》禁止的滥用行政权力排除、限制竞争行为

(一)强制交易

行政性垄断意义上的强制交易,是指行政机关和法律、法规授权的具有管理公共事务职能的组织滥用行政权力,限定或者变相限定单位或者个人经营、购买、使用其指定的经营者提供的商品的行为。《反垄断法》第三十二条对此种行为明确予以禁止。行政机关和法律、法规授权的具有管理公共事务职能的组织强制交易的动机有两方面:一是为了地方经济利益,保护本地经营者,限制外地经营者;二是为了本部门、本单位的小团体利益,通过强制单位或个人与本部门或本单位有利益关系的经营者进行交易,从中获利,以充实本单位的"小金库",有时还可能伴随着少数人的腐败行为。从强制交易的实施方式来看,有的是直接、明确要求单位或者个人经营、购买或使用其指定的经营者提供的商品,但更多时候是通过变相手段实现强制交易的目的。

(二)地区封锁

地区封锁,即通常所说的"地方保护主义",是指行政机关和法律、法规授权的具有管理公共事务职能的组织滥用行政权力,限制外地商品进入本地市场,或者限制本地商品流向外地市场的行为。实践中,限制外地商品流入本地一般是为了通过限制外地商品的市场准入排除本地市场的竞争,以保护本地生产相同或类似商品企业的利益。限制本地商品流向外地则往往是针对某种紧缺型生产资料,目的也是为了保护本地企业,排挤外地企业。《反垄断法》及执法部门发布的相关行政规章通过总结实践中地区封锁的表现形式禁止以下由行政机关和法律、法规授权的具有管理公共事务职能的组织实施的妨碍商品在地区之间自由流通的行为:(1)对外地商品设定歧视性收费项目、实行歧视性收费标准,或者规定歧视性价格;(2)对外地商品执行与本地同类商品不同的技术要求、检验标准,或者采取重复检验、重复认证等歧视性技术措施,阻碍、限制外地商品进入本地市场;(3)采取专门针对外地商品的行政许可,或者对外地商品实施行政许可时采取不同的许可条件、程序、期限等,阻碍、限制外地商品进入本地市场;(4)设置关卡或者采取其他手段,阻碍、限制外地商品进入本地市场或者本地商品运往外地市场;(5)妨碍商品在地区之间自由流通的其他行为。

(三)排斥或限制外地经营者参加本地招标投标

排斥或限制外地经营者参加本地招标投标,意在减少本地招标投标市场中的竞争,保护本地企业的商业机会。此种行为的手段包括对外地投标者设定歧视性资质要求、评审标准或者不依法发布信息等。此种行为不仅违反《反垄断法》,而且违反《招标投标法》《政府采购法》等相关法律。

(四)排斥或者限制外地经营者在本地投资或者设立分支机构或者妨碍外地经营者在本地的正常经营活动

为了排除外地投资者和企业对本地投资者和企业的竞争压力,地方政府及其有关部门也可能会通过采取与本地经营者不平等待遇等方式,排斥或者限制外地经营者在本地投资或者设立分支机构或者妨碍外地经营者在本地的正常经营活动。《反垄断法》及相关行政规章均对此类行为予以禁止。

(五)强制经营者从事垄断行为

强制经营者从事垄断行为,是指行政机关和法律、法规授权的具有管理公共事务职能的组织滥用行政权力,强制经营者达成、实施排除、限制竞争的垄断协议,或者强制具有市场支配地位的经营者从事滥用市场支配地位的行为,或者强制经营者实施违法经营者集中等。地方政府实施此种行为的动机可能是保护地方经济、挽救某地方企业等。

(六)抽象行政性垄断行为

《反垄断法》第三十七条规定:"行政机关不得滥用行政权力,制定含有排除、限制竞争内容的规定。"这是对抽象行政性垄断行为的禁止规定。抽象行政性垄断行为,是指行政机关滥用行政权力,制定含有排除、限制竞争内容的规定的行为,其具体形式包括决定、公告、通告、通知、意见、会议纪要等。与具体行政行为只针对特定主体和特定事项不同,抽象行政行为则是行政机关针对不特定对象发布的能反复适用的行政规范性文件,具有一定的"普适性",因此,抽象行政性垄断行为比具体行政性垄断行为的危害更大。此外,经营者以依据行政机关和法律、法规授权的具有管理公共事务职能的组织制定、发布的行政规定为由实施垄断行为,亦为违法。

三、法律责任

行政机关和法律、法规授权的具有管理公共事务职能的组织滥用行政权力,实施排除、限制竞争行为的,由上级机关责令改正;对直接负责的主管人员和其他直接责任人员依法给予处分。反垄断执法机构可以向有关上级机关提出依法处理的建议。行政性垄断行为在我国由来已久,在《反垄断法》颁布前,已经存在一些对其进行规制的法律、法规,如2001年颁布的《国务院关于禁止在市场经济活动中实行地区封锁的规定》等。为了与这些既已存在且仍在生效的特别法相衔接,《反垄断法》第五十一条第二款规定:"法律、行政法规对行政机关和法律、法规授权的具有管理公共事务职能的组织滥用行政权力实施排除、限制竞争行为的处理另有规定的,依照其规定。"

第十三章　民事诉讼与仲裁

导入案例

原告雷某某(女)和被告宋某某于2003年5月19日登记结婚,双方均系再婚,婚后未生育子女。双方婚后因琐事感情失和,于2013年上半年产生矛盾,并于2014年2月分居。雷某某曾于2014年3月起诉要求与宋某某离婚,经法院驳回后,双方感情未见好转。2015年1月,雷某某再次诉至法院要求离婚,并依法分割夫妻共同财产。宋某某认为夫妻感情并未破裂,不同意离婚。

雷某某称宋某某名下在中国邮政储蓄银行的账户内有共同存款37万元,并提交存取款凭单、转账凭单作为证据。宋某某称该37万元来源于婚前房屋拆迁补偿款及养老金,现尚剩余20万元左右(含养老金14 322.48元),并提交账户记录、判决书、案款收据等证据。

宋某某称雷某某名下有共同存款25万元,要求依法分割。雷某某对此不予认可,一审庭审中其提交在中国工商银行尾号为4179账户自2014年1月26日起的交易明细,显示至2014年12月21日该账户余额为262.37元。二审审理期间,应宋某某的申请,法院调取了雷某某上述中国工商银行账号自2012年11月26日开户后的银行流水明细,显示雷某某于2013年4月30日通过ATM转账及卡取的方式将该账户内的195 000元转至案外人雷某齐名下。宋某某认为该存款是其婚前房屋出租所得,应归双方共同所有,雷某某在离婚之前即将夫妻共同存款转移。雷某某提出该笔存款是其经营饭店所得收益,开始称该笔款已用于夫妻共同开销,后又称用于偿还其外甥女的借款,但雷某某对其主张均未提供相应证据证明。另,雷某某在庭审中曾同意各自名下存款归各自所有,其另行支付宋某某10万元存款,后雷某某反悔,不同意支付。

案例解析

本案中有适格的原告,明确的被告,具体的诉讼请求,北京市朝阳区人民法院对本案有管辖权,在审理前,双方都应向法院递交相关的证据,完成自己的举证责任。“本案中,关于双方名下存款的分割,结合相关证据,宋某某婚前房屋拆迁款转化的存款,应归宋某某个人所有，宋某某婚后所得养老保险金，应属夫妻共同财产。雷某某名下中国工商银行尾号为4179账户内的存款为夫妻关系存续期间的收入，应作为夫妻共同财产予以分割。雷某某于2013年4月30日通过ATM转账及卡取的方式，将尾号为4179账户内的195 000元转至案外人名下。雷某某始称该款用于家庭开销，后又称用于偿还外债，前后陈述明显矛盾，对其主张亦未提供证据证明，对钱款的去向不能作出合理的解释和说明。结合案件事实及相关证据，认定雷某某存在转移、隐藏夫妻共同财产的情节。"可见，一旦当事人未提供相应的证据，就要承担举证不利的后果。

后法院根据《中华人民共和国婚姻法》第十七条第二款规定："夫妻对共同所有的财产，有平等的处理权。"第四十七条规定："离婚时，一方隐藏、转移、变卖、毁损夫妻共同财产，或伪造债务企图侵占另一方财产的，分割夫妻共同财产时，对隐藏、转移、变卖、毁损夫妻共同财产或伪造债务的一方，可以少分或不分。离婚后，另一方发现有上述行为的，可以向人民法院提起诉讼，请求再次分割夫妻共同财产。"这就是说，一方在离婚诉讼期间或离婚诉讼前，隐藏、转移、变卖、毁损夫妻共同财产，或伪造债务企图侵占另一方财产的，侵害了夫妻对共同财产的平等处理权，离婚分割夫妻共同财产时，应当依照《中华人民共和国婚姻法》第四十七条的规定少分或不分财产。根据上述法律规定，对雷某某名下中国工商银行尾号4179账户内的存款，雷某某可以少分。宋某某主张对雷某某名下存款进行分割，符合法律规定，予以支持。故判决宋某某婚后养老保险金14 322.48元归宋某某所有，对于雷某某转移的19.5万元存款，由雷某某补偿宋某某12万元。

在本案中，我们可以看到这是一起十分普通的离婚财产分割案件，如果当事人需要起诉，如何起诉，向哪个法院起诉，如何举证、如何顺利进入庭审，宣判结束后，当事人的利益又该如何得到执行等，这些在民事诉讼法中都有十分详尽的规定，本章将一一进行阐述。

第一节　民事仲裁

一、仲裁的概念与特征

（一）仲裁与仲裁法

仲裁，是指纠纷当事人在纠纷发生之前或之后自愿达成协议，将纠纷提交司法机构之外的第三者居中评判，最终作出对各方当事人均具有拘束力的裁决的一种纠纷解决机制。

而所谓仲裁法，是指由国家制定或认可的、规范和调整仲裁法律关系的法律规范的总称。具体而言，包括对于仲裁基本原则和范围、仲裁机构的设立、仲裁员的选任和仲裁庭的组成、仲裁程序的进行、仲裁参与人、仲裁机构在仲裁中的权利与义务、仲裁裁决的效力和执行等问题。仲裁法有广义和狭义之分。狭义的仲裁法,仅指仲裁法典,即《中华人民共和国仲裁法》(以下简称《仲裁法》);广义的仲裁法还包括其他法律规范、国际公约中关于仲裁的规定。仲裁法的基本原则主要有:自愿原则;一裁终局原则;独立仲裁原则;公平合理仲裁原则;法院监督原则。

(二)经济仲裁的特征

所谓经济仲裁,是指我国经济仲裁机构基于双方当事人自愿请求,遵循一定仲裁规则对双方当事人之间发生的经济合同纠纷、技术合同纠纷、国际经济贸易纠纷、海事纠纷予以公正裁决的活动。经济仲裁是解决经济纠纷的方式之一,不同于通过人民法院的经济诉讼,也不同于当事人之间的和解和通过第三人进行的调解。其特征主要体现在以下方面:

(1)仲裁以双方当事人自愿为前提,利于争议灵活、高效解决。当事人对于是否以仲裁方式解决纠纷、在什么地方仲裁等可以通过事先或事后订立仲裁协议进行选择,甚至对于适用的仲裁程序、适用的法律、仲裁员也有权进行选择。当事人对于仲裁具有一定的控制权,这往往可以促进争议顺利、高效解决。

(2)仲裁一般不公开开庭,有利于避免当事人商业秘密的泄露,保护当事人合法利益。

(3)仲裁为一裁终局。仲裁裁决一经作出即产生法律效力,不能上诉,非经法定程序不能改变和撤销;当事人若不自愿履行,另一方当事人可以申请人民法院强制执行。

二、仲裁范围

作为争议解决的方式之一,仲裁因其高效、便捷在争议解决中发挥了重要作用,但由于争议的形式多种多样,有些争议可能以其他方式解决更为有利。仲裁的范围,是指哪些纠纷可以适用仲裁方式解决。

《仲裁法》第二条从正面明确规定:“平等主体的公民、法人和其他组织之间发生的合同纠纷和其他财产权益纠纷,可以仲裁。”由此可知适用仲裁方式解决纠纷有两点限制:其一是要求在平等主体之间,其二是要求该纠纷为合同纠纷或其他财产权益纠纷。《仲裁法》第三条则以排除的方式从反面对仲裁范围进行了进一步明确:“下列纠纷不能仲裁:(一)婚姻、收养、监护、扶养、继承纠纷;(二)依法应当由行政机关处理的行政争议。”事实上,对比《仲裁法》第二条、第三条不难发现,第三条的排除并没有在实际上缩小第二条明确的仲裁范围。具体而言,《仲裁法》第三条排除的两种情形,要么是平等主体之间涉及身份关系的纠纷,要么是非平等主体之间的行政纠纷,并不属于第二条中规定的适用仲裁的纠纷类型,均不宜采用仲裁方式解决。

三、仲裁机构与仲裁员

仲裁机构，是通过仲裁方式，解决双方民事争议、作出仲裁裁决的机构，主要分为常设仲裁机构和临时仲裁机构。在我国，仲裁委员会是主要的常设仲裁机构，仲裁庭则是负责解决双方当事人争议的临时仲裁机构。

(一)仲裁委员会

根据《仲裁法》第十条、第十四条规定，仲裁委员会可以在直辖市和省、自治区人民政府所在地的市设立，也可以根据需要在其他设区的市设立，不按行政区划层层设立。仲裁委员会的设立由人民政府组织有关部门和商会统一组建，并应当经省、自治区、直辖市的司法行政部门登记。仲裁委员会独立于行政机关，与行政机关没有隶属关系；仲裁委员会之间也没有隶属关系。

《仲裁法》第十一条规定仲裁委员会应当具备以下条件：

(1)有自己的名称、住所和章程。名称是仲裁委员会进行仲裁活动、承担相应民事义务的标志；住所通常与其办事机构所在地一致；仲裁委员会还应当依据《仲裁法》相关规定制定章程。

(2)有必要的财产。在仲裁活动中，仲裁委员会需要独立享有民事权利、承担民事义务，必要的财产是这一切的物质基础和保障。

(3)有该委员会的组成人员。特定的组成人员是为了保证仲裁活动的专业性、公正性、权威性，《仲裁法》第十二条规定，仲裁委员会由主任一人、副主任二至四人和委员七至十一人组成。其中，主任、副主任和委员由法律、经济贸易专家和有实际工作经验的人员担任，且组成人员中，法律、经济贸易专家不得少于2/3。

(4)有聘任的仲裁员。

(二)仲裁协会

中国仲裁协会是社会团体法人，各仲裁委员会是其会员。中国仲裁协会是仲裁委员会的自律性组织，其章程由全国会员大会制定，并根据章程对仲裁委员会及其组成人员、仲裁员的违纪行为进行监督。中国仲裁协会依照《仲裁法》和《民事诉讼法》的有关规定制定仲裁规则。

(三)仲裁庭

在仲裁委员会受理了仲裁申请之后，会在个案中分别组成仲裁庭进行审理和裁决。也就是说，在具体案件中行使裁决权的并非仲裁委员会，而是仲裁庭。仲裁庭的组成形式分为独任制和合议制，审理方式可采用公开或不公开的方式，这些皆由当事人合意选择，自愿原则在此得到了充分体现。

(四)仲裁员

1. 仲裁员任职资格

仲裁员，是直接参与仲裁审理与裁决的人员，所以其道德品质、专业水准将直接决定仲裁裁决的专业性、公正性。《仲裁法》第十三条规定，仲裁委员会应当从公道正派的人员中聘任仲裁员。仲裁员应当符合下列条件之一：

(1)通过国家统一法律职业资格考试取得法律职业资格，从事仲裁工作满八年的；

(2)从事律师工作满八年的；

(3)曾任法官满八年的；

(4)从事法律研究、教学工作并具有高级职称的；

(5)具有法律知识、从事经济贸易等专业工作并具有高级职称或具有同等专业水平的。

仲裁委员会按照不同专业设仲裁员名册。

2. 仲裁员的除名

《仲裁法》第三十八条规定："仲裁员私自会见当事人、代理人，或者接受当事人、代理人的请客送礼，情节严重的，或者在仲裁该案时有索贿受贿、徇私舞弊、枉法裁决行为的，应当依法承担法律责任，仲裁委员会应当将其除名。"

四、仲裁协议

(一)概念和特征

仲裁协议，是指双方当事人自愿将已发生或可能发生的争议提交仲裁解决的共同意思表示。仲裁协议的存在是进行仲裁的前提。从本质上讲，仲裁协议具有合同的属性，但又与一般的合同存在差异。仲裁协议主要具有以下特征：

(1)仲裁协议是各方当事人在争议解决方式上的共同意思表示，是建立在自由、平等、协商一致基础上共同意愿的体现。

(2)仲裁协议针对的对象既可以是已经发生的争议，也可以是可能发生的争议。

(3)仲裁协议中对于仲裁机构、仲裁规则的选择仅需以各方认可为条件，而不要求与任一方当事人或发生的争议有实际联系。

(4)仲裁协议具有要式性，应以书面形式订立。

(二)种类

1. 仲裁条款

仲裁条款是当事人在签订合同的过程中订立的，在纠纷发生之前即合意选择将因该合同产生的争议提交仲裁的条款。通过仲裁条款的订立，当事人预先选择了仲裁方式作为该合同相关纠纷的争议解决方式，预先排除了人民法院对于该合同相关纠纷的管辖权。在实际操作中，仲裁条款是最常见的仲裁协议形式。《合同法》第五十七条规定："合同无效、被撤销或者终止的，不影响合同中独立存在的有关解决争议方法的条款的效力。"

2. 仲裁协议书

仲裁协议书是仲裁协议的另一种主要方式。仲裁协议书是指当事人之间基于自愿原则订立的，一致表示愿意将他们之间已经发生或可能发生的争议提交仲裁解决的单独的协议。仲裁协议书是可发生在争议发生之前或之后的契约，独立于合同而存在是其最本质的特征。

(三)内容

《仲裁法》第十六条规定仲裁协议应当包括以下内容：(1)请求仲裁的意思表示；(2)仲裁事项；(3)选定明确的仲裁委员会。仲裁协议对仲裁事项或者仲裁委员会没有约定或者约定不明确的，当事人可以补充协议；达不成补充协议的，仲裁协议无效。

(四)有效的条件

根据《仲裁法》规定，仲裁协议有效的条件有：(1)协议具有书面形式；(2)签订仲裁协议的当事人具有完全民事行为能力，且意思表示自由、真实；(3)提交仲裁的事项属于仲裁范围；(4)仲裁协议内容完备。

只有同时符合上述条件，仲裁协议才产生法律效力，成为仲裁机构受理案件和法院强制执行仲裁裁决的依据。

(五)仲裁协议的法律效力

仲裁协议是当事人各方共同意思表示的体现，因此，仲裁协议一经有效成立，则产生法律效力，既明确争议的管辖权归属，又对当事人产生约束。其一，有效的仲裁协议将排除法院对于仲裁协议中所约定事项的司法管辖权，当事人只能依据仲裁协议向所确定的仲裁机构申请争议解决，而丧失了就此向法院提起诉讼的权利。当事人达成仲裁协议后，一方向人民法院起诉的，人民法院不予受理；若在起诉时未声明存在仲裁协议，人民法院受理后，另一方在首次开庭前提交有效的仲裁协议的，人民法院应当驳回起诉。其二，有效的仲裁协议的存在还是强制执行仲裁裁决的前提条件。仲裁裁决作出后当事人应当自觉履行，若一方当事人不履行的，另一方有权向法院申请强制执行，但此时若无有效的仲裁裁决，人民法院不予强制执行。

《仲裁法》第二十条规定，当事人对仲裁协议的效力有异议的，可以请求仲裁委员会作出决定或者请求人民法院作出裁定。一方请求仲裁委员会作出决定，另一方请求人民法院作出裁定的，由人民法院裁定。当事人对仲裁协议的效力有异议，应当在仲裁庭首次开庭前提出。

1. 仲裁协议的无效

由于有效的仲裁协议将对当事人产生约束，所以法律也会同时规定产生此种约束力的强制性条件和规范，若未满足该条件，则为不会产生法律效力的无效的仲裁协议。根据我国《仲裁法》规定，仲裁协议无效的情形如下：(1)以口头方式订立的仲裁协议无效；(2)仲裁协议中约定的仲裁事项超出法律规定的仲裁范围的，仲裁协议无效；(3)无民事行为能力人和限制民事行为能力人订立的仲裁协议无效；(4)一方采取胁迫手段，使对方在违背真实意思表示的情况下达成的仲裁协议无效；(5)仲裁协议对仲裁事项或仲裁机构没有约定或约定不明确的，当事人可以补充协议，达不成补充协议的，仲裁协议无效。

2. 仲裁协议的失效

不同于仲裁协议无效的"确定"自始无法律效力，仲裁协议的失效是指一项有效的仲裁协议因特定事由的发生而丧失原有的法律效力。仲裁协议在下列情形下失效：(1)根据《仲裁法》第九条，仲裁裁决作出后，无论是当事人自觉履行、申请法院强制执行，还是裁决被人民法院依法裁定撤销或者不予执行的，该仲裁协议皆因此而失效；(2)当事人协商一致放弃已签订的仲裁协议的，该仲裁协议失效；(3)附期限的仲裁协议因期限届满而失效。

五、经济仲裁程序

(一)仲裁的申请与受理

1. 申请仲裁的条件

申请仲裁是指当事人就发生的纠纷，根据签订的仲裁协议，提请所选定的仲裁机构进行仲裁审理和裁决的行为。

根据我国《仲裁法》规定，当事人申请仲裁，必须符合以下条件：(1)存在有效的仲裁协议。仲裁协议的存在是仲裁机构受理仲裁申请的前提条件，我国《仲裁法》第四条规定，没有仲裁协议，一方申请仲裁的，仲裁委员会不予受理；(2)有具体的仲裁请求、事实和理由；(3)属于仲裁委员会的受理范围。

2. 仲裁申请书

我国《仲裁法》第二十二条规定："当事人申请仲裁，应当向仲裁委员会递交仲裁协议、仲裁申请书及副本。"这一规定明确了当事人必须以书面形式申请仲裁，《仲裁法》第二十三条则进一步明确了仲裁申请书具体应当包括以下内容：(1)当事人的姓名、性别、年龄、职业、工作单位和住所，法人或者其他组织的名称、住所和法定代表人或者主要负责人的姓名、职务；(2)仲裁请求和所根据的事实、理由；(3)证据和证据来源、证人姓名和住所。

3. 受理

仲裁委员会收到仲裁申请书之日起5日内，认为符合受理条件的，应当受理，并以书面或口头形式通知当事人；认为不符合受理条件的，应当通知当事人不予受理，此时只能以书面形式通知，且需说明不予受理的理由。若在审查过程中，发现当事人的仲裁申请书或仲裁协议有所欠缺，应当让当事人予以补充。

(二)仲裁庭的组成

1. 仲裁庭的组成形式

(1)合议仲裁庭。

合议仲裁庭由三名仲裁员组成,并设首席仲裁员。首席仲裁员与其他仲裁员享有同等权利,但在裁决不能形成多数意见时,以首席仲裁员之意见为最终裁决。

(2)独任仲裁庭。

独任仲裁庭是由一名仲裁员组成的仲裁庭,该仲裁员独自对仲裁事项进行裁决。

2. 仲裁庭的组成

当事人在收到仲裁委员会的仲裁规则和仲裁员名册后,应约定仲裁庭的组成形式,既可以选择合议仲裁庭,也可以选择独任仲裁庭。若在仲裁规则规定的期限内未进行约定或未达成合意,则由仲裁委员会主任指定。

根据《仲裁法》第三十一条规定,若当事人约定由三名仲裁员组成仲裁庭的,应当各自选定或者各自委托仲裁委员会主任指定一名仲裁员,第三名仲裁员由当事人共同选定或者共同委托仲裁委员会主任指定。第三名仲裁员是首席仲裁员。若当事人约定由一名仲裁员成立仲裁庭的,应当由当事人共同选定或者共同委托仲裁委员会主任指定仲裁员。若当事人未在仲裁规则规定期限内选定仲裁员的,则由仲裁委员会主任指定。

(三)仲裁的审理

仲裁的审理方式有以下两种:开庭审理和书面审理。《仲裁法》第三十九条规定,仲裁应当开庭进行。当事人协议不开庭的,仲裁庭可以根据仲裁申请书、答辩书以及其他材料作出裁决,即仲裁以开庭审理为原则,以书面审理为重要补充。所谓开庭审理,是指各方仲裁参与人在仲裁庭的主持下,按照法定程序对案件进行审理并作出裁决;而书面审理则指在各方仲裁参与人不到庭参加审理的情况下,仲裁庭根据仲裁申请书、答辩书以及其他材料作出裁决。以开庭审理为原则有利于保障当事人权利、实现公平正义。

但是,仲裁的审理原则上不公开进行。《仲裁法》第四十条规定:“仲裁不公开进行。当事人协议公开的,可以公开进行,但涉及国家秘密的除外。”该规定进一步确定了开庭审理的仲裁方式以不公开审理为原则,以公开审理为补充。

(四)仲裁的和解、调解和裁决

1. 仲裁的和解

仲裁和解,是指仲裁当事人通过协商,自行解决已提交仲裁的争议事项的行为。《仲裁法》第四十九条规定:“当事人申请仲裁后,可以自行和解。达成和解协议的,可以请求仲裁庭根据和解协议作出裁决书,也可以撤回仲裁申请。”一般,若双方当事人达成一致意见,且义务方即时履行了义务的,可由申请人申请撤回仲裁;若义务方不能即时履行义务的,申请人可请求仲裁庭制作裁决书,当义务方不履行义务时,申请人可依据裁决书请求法院强制执行。同时,《仲裁法》第五十条还规定了达成和解协议,后悔撤回仲裁申请的处理办法。此时,申请仲裁方当事人可依据原先达成的仲裁协议重新申请仲裁。如上所述,和解程序是仲裁当事人行使处分权的表现。

2. 仲裁的调解

仲裁过程中的调解，是指在仲裁庭的劝导和主持下，当事人互相谅解、自愿达成协议，从而解决争议的制度。根据《仲裁法》规定，仲裁庭在作出裁决前，可以先行调解。调解并非仲裁的必经程序，但当事人自愿调解的，仲裁庭应当调解。调解达成协议的，仲裁庭应当制作调解书，调解书应当写明仲裁请求和当事人协议的结果，并由仲裁员签名、加盖仲裁委员会印章后送达双方当事人。调解书经双方当事人签收后，即发生法律效力。仲裁庭也可选择根据协议的结果制作裁决书。调解书与裁决书具有同等法律效力。调解不成的，或在调解书签收前当事人反悔的，仲裁庭应当及时作出裁决。

3. 仲裁裁决

(1)仲裁裁决的作出。

仲裁申请经过开庭审理或书面审理之后，由仲裁庭依据事实、证据和相关法律法规作出仲裁裁决。独任仲裁庭的仲裁裁决由独任仲裁员独立作出，合议仲裁庭的仲裁裁决则由三名仲裁员集体作出。具体而言，《仲裁法》第五十三条规定，仲裁裁决应当依“少数服从多数”原则按照多数仲裁员的意见作出，少数仲裁员的不同意见可以记入笔录。仲裁庭三名仲裁员各执己见、不能形成多数意见时，仲裁裁决应当按照首席仲裁员的意见作出。

(2)特别的仲裁裁决。

①缺席裁决。是指在仲裁被申请人经书面通知后无正当理由不到庭或未经许可中途退庭情形下作出的裁决。《仲裁法》第四十二条第 2 款规定：“被申请人经书面通知，无正当理由不到庭或者未经仲裁庭许可中途退庭的，可以缺席裁决。”

②合意裁决。是指基于双方达成的合意而作出的仲裁裁决。合意裁决既包括根据当事人自行和解达成的协议而做出的裁决，也包括根据仲裁庭调解双方达成协议后作出的裁决。

③先行裁决。是指对于已查清部分的事实作出的裁决。《仲裁法》第五十五条规定：“仲裁庭仲裁纠纷时，其中一部分事实已经清楚，可以就该部分先行裁决。”

(3)仲裁裁决书。

仲裁裁决书，是指仲裁庭对争议案件作出裁决后出具的法律文书。《仲裁法》第四十三条规定，裁决书应当写明仲裁请求、争议事实、裁决理由、裁决结果、仲裁费用的负担和裁决日期。当事人协议不愿写明争议事实和裁决理由的，可以不写。裁决书由仲裁员签名，加盖仲裁委员会印章。对裁决持不同意见的仲裁员，可以签名，也可以不签名。

(五)仲裁裁决的撤销

由于仲裁实行一裁终局，仲裁裁决作出即发生法律效力，当事人就此纠纷丧失了向仲裁机构申请仲裁或向法院提起诉讼的权利。这既体现了仲裁程序对于当事人自治意思上的充分尊重、对高效便捷解决纠纷的充分保障，却也不可避免地存在偏差甚至是错误。因此，法律规定了相应的监督制度和救济程序以保证终局裁决的合法性。仲裁庭作出仲裁裁决后，任一方当事人可依特定事由向法院提出撤销该仲裁裁决之申请，法院依法组成合议庭进行审查核实，进而作出撤销与否的裁定。

《仲裁法》第五十八条规定，当事人提出证据证明裁决有下列情形之一的，可以向仲裁委员会所在地的中级人民法院申请撤销裁决：

(1)没有仲裁协议的；

(2)裁决的事项不属于仲裁协议的范围或者仲裁委员会无权仲裁的；

(3)仲裁庭的组成或者仲裁的程序违反法定程序的；

(4)裁决所根据的证据是伪造的；

(5)对方当事人隐瞒了足以影响公正裁决的证据的；

(6)仲裁员在仲裁该案时有索贿受贿、徇私舞弊、枉法裁决行为的。

《仲裁法》同时规定，当事人申请撤销裁决的，应当自收到裁决书之日起六个月内提出。人民法院受理撤销裁决的申请后，应当组成合议庭对裁决进行审查核实，若发现该裁决存在前款规定情形之一，或人民法院认定该裁决违背社会公共利益的，应当裁定撤销。人民法院的撤销裁决或者驳回申请的裁定应当在受理撤销裁决申请之日起两个月内作出。另外，人民法院受理撤销裁决的申请后，认为可以由仲裁庭重新仲裁的，通知仲裁庭在一定期限内重新仲裁，并裁定中止撤销程序。仲裁庭拒绝重新仲裁的，人民法院应当裁定恢复撤销程序。

(六)仲裁裁决的执行

1. 仲裁的强制执行

仲裁裁决作出后即发生法律效力，当事人有义务自觉履行。若一方当事人拒绝履行相应义务，则另一方当事人可以依照《民事诉讼法》的有关规定向人民法院申请执行。受申请的人民法院应当执行。

2. 仲裁的不予执行

人民法院认定执行该裁决违背社会公共利益的，或被申请人提出证据证明裁决有如下情形之一的，经人民法院组成合议庭审查核实，裁定不予执行：

(1)当事人在合同中没有订有仲裁条款或者事后没有达成书面仲裁协议的；

(2)裁决的事项不属于仲裁协议的范围或者仲裁机构无权仲裁的；

(3)仲裁庭的组成或者仲裁的程序违反法定程序的；

(4)裁决所根据的证据是伪造的；

(5)对方当事人向仲裁机构隐瞒了足以影响公正裁决的证据的；

(6)仲裁员在仲裁该案时有贪污受贿、徇私舞弊、枉法裁决行为的。

仲裁裁决被人民法院裁定不予执行的，当事人可以根据双方达成的书面仲裁协议重新申请仲裁，也可以向人民法院起诉。

3. 申请执行和申请撤销的冲突解决

仲裁裁决作出后，当事人既可以依据此生效裁决申请法院强制执行，又可以基于《仲裁法》第五十八条所列举的理由向法院申请撤销该仲裁裁决。为了解决可能存在的两种申请发生冲突的情形，《仲裁法》第六十四条规定："一方当事人申请执行裁决，另一方当事人申请撤销裁决的，人民法院应当裁定中止执行。人民法院裁定撤销裁决的，应当裁定终结执行。撤销裁决的申请被裁定驳回的，人民法院应当裁定恢复执行。"

(七)仲裁的时效

仲裁时效，是指权利人向仲裁机构请求保护其权利的法定期限，也即权利人在法定期限内没有行使权力，即丧失提请仲裁以保护其权益的权利。《仲裁法》第七十四条规定："法律对仲裁时效有规定的，适用该规定。法律对仲裁时效没有规定的，适用诉讼时效的规定。"

六、涉外仲裁的特别规定

(一)涉外仲裁的概念

涉外仲裁，是指当事人根据合同约定或书面协议，将具有"涉外因素"的经济贸易、运输和海事中发生的纠纷，提交中国涉外仲裁机构进行裁决的制度。所谓"涉外因素"，是指纠纷中的一方或多方主体为外国组织或公民、争议标的物在国外、争议行为发生在国外等。

涉外仲裁与国内仲裁在制度设计上有很多的相似之处，但也存在以下几点主要区别：

(1)受理机构。受理涉外仲裁的机构是由中国国际商会组织设立的涉外仲裁委员会。

(2)仲裁员的组成。涉外仲裁可以聘请具有相关专业知识的外籍人士担任仲裁员。

(3)对执行申请的审查范围。当事人就涉外仲裁裁决申请执行的，法院仅审查程序；而对于国内仲裁裁决，法院不仅审查程序，也审查实体，包括证据是否充分、法律适用是否正确等。

(二)涉外仲裁机构和管辖

在我国，负责受理涉外仲裁纠纷的常设涉外仲裁机构有两个：中国国际经济贸易仲裁委员会和中国海事仲裁委员会，它们都是由中国国际商会(或称中国国际贸易促进委员会)设立的。目前的两个常设涉外仲裁机构之间分工合作，前者主要受理国际经济贸易方面的争议案件，后者主要受理海事方面的纠纷案件，如海上船舶碰撞、海上船舶运输等。

(三)涉外仲裁的法律适用

在涉外仲裁中，当事人可以在开庭审理前对于解决争议适用的法律作出选择。当事人选择的法律可以是中国法，也可以是外国法，还可以是某项国际公约或惯例，但该选择必须经双方协商一致，并以明示的形式确定。如果在法定期限内当事人不能协商一致作出选择的，仲裁机构应当适用与合同有最密切联系的国家的法律。

对于在中国境内履行的中外合资经营企业合同、中外合作经营企业合同、中外合作勘探开发自然资源合同，则必须适用中国法律。若当事人协议选择适用外国法律的，该协议无效。

(四)涉外仲裁裁决的效力

同国内仲裁相同，涉外仲裁也采取一裁终局制度，即涉外仲裁裁决一经作出即发生法律效力，当事人无法就同一纠纷再申请仲裁或向法院起诉。

根据《仲裁法》《民事诉讼法》规定，当事人提出证据证明涉外仲裁裁决有以下情形之一的，经人民法院组成合议庭审查核实，裁定撤销：

(1)当事人在合同中没有订有仲裁条款或者事后没有达成书面仲裁协议的；

(2)被申请人没有得到指定仲裁员或者进行仲裁程序的通知，或者由于其他不属于被申请人负责的原因未能陈述意见的；

(3)仲裁庭的组成或者仲裁的程序与仲裁规则不符的；

(4)裁决的事项不属于仲裁协议的范围或者仲裁机构无权仲裁的。

(五)涉外仲裁、外国仲裁裁决的执行

仲裁裁决的执行分为当事人的自觉履行，以及法院的强制执行。当事人有义务履行已发生法律效力的仲裁裁决，若当事人在法定期限内未自觉履行，则另一方当事人可以申请法院强制执行。涉外仲裁裁决的执行相较于国内仲裁更加复杂，首先要分清涉外仲裁裁决和外国仲裁裁决的差别。简言之，前者是指我国涉外仲裁机构作出的包含涉外因素的仲裁裁决，而后者则指其他国家的仲裁机构作出的仲裁裁决。以下将分别介绍三种具体情形：

1. 涉外仲裁裁决在境内的执行

涉外仲裁裁决在我国境内执行时，与国内仲裁裁决适用相同规定。一方当事人拒不执行生效仲裁裁决的，另一方当事人可依《仲裁法》《民事诉讼法》向被申请人住所地或财产所在地的中级人民法院申请强制执行。

2. 涉外仲裁裁决在国外的承认和执行

我国《仲裁法》第七十二条规定："涉外仲裁委员会作出的发生法律效力的仲裁裁决，当事人请求执行的，如果被执行人或者其财产不在中华人民共和国领域内，应当由当事人直接向有管辖权的外国法院申请承认和执行。"《民事诉讼法》中也作出了相同的规定。1987年4月，我国加入了《承认及执行外国仲裁裁决公约》，所以我国的涉外仲裁裁决可以在加入该公约的国家和地区得到承认和执行。

3. 外国仲裁裁决在国内的承认和执行

根据我国《民事诉讼法》第二百八十三条规定，国外仲裁机构的裁决，需要中华人民共和国人民法院承认和执行的，应当由当事人直接向被执行人住所地或者其财产所在地的中级人民法院申请，人民法院应当依照中华人民共和国缔结或者参加的国际条约，或者按照互惠原则办理。根据我国加入的《承认及执行外国仲裁裁决公约》(又称《纽约公约》)，外国仲裁裁决需要我国法院承认和执行的，应当满足以下条件：

(1)该仲裁裁决是为了解决按照我国法律属于契约性和非契约性商事法律关系所引起的争议而作出的，但不包括外国投资者与东道国政府之间的争端。

(2)仲裁裁决的一方当事人向我国法院申请承认和执行的仲裁裁决是在该公约的另一缔约国领土内作出的。

(3)该裁决经我国接受申请的有管辖权的法院依法审查，不违反我国法律的基本原则或国家主权、安全和社会公共利益。

根据《最高人民法院关于承认和执行外国仲裁裁决收费及审查期限问题的规定》，当事人依照《纽约公约》第四条规定的条件申请承认和执行外国仲裁裁决，受理申请的人民法院决定予以承认和执行的，应在受理申请之日起两个月内作出裁定，如无特殊情况，应在裁定后六个月内执行完毕；决定不予承认和执行的，须按最高人民法院法发〔1995〕18号《关于人民法院处理与涉外仲裁及外国仲裁事项有关问题的通知》的有关规定，在受理申请之日起两个月内上报最高人民法院。

【案例链接】

2003年7月，A公司欲从B公司购买一批设备，于是A、B公司签订设备购销合同，合同中约定：在本合同下或与本合同相关的任何以及所有无法友好解决的争议应通过仲裁解决，仲裁应根据中国国际经济贸易仲裁委员会调解和仲裁规则进行，仲裁应在北京进行。

2006年3月，A公司因B公司出售的设备质量存在严重缺陷，涉嫌欺诈，起诉至法院，同月，M法院予以受理；2006年4月，B公司因索要A公司拖欠货款申请仲裁，贸仲予以受理；2006年5月，B公司向N法院申请确认仲裁协议有效，N法院于同月予以受理。

【案例分析】

(一)《中华人民共和国仲裁法》第二十条规定："当事人对仲裁协议的效力有异议的，可以请求仲裁委员会作出决定或者请求人民法院作出裁定。一方请求仲裁委员会作出决定，另一方请求人民法院作出裁定的，由人民法院裁定。当事人对仲裁协议的效力有异议，应当在仲裁庭首次开庭前提出。"B公司因索要货款，向贸仲申请仲裁，由于双方当事人对涉案合同中仲裁条款的效力存在争议，B公司在仲裁庭首次开庭前向本院提出申请，请求本院确认合同中的仲裁条款有效，符合《中华人民共和国仲裁法》第二十条的规定，本院应当对涉案仲裁条款的效力作出认定。

(二)虽然A公司在B公司向N法院提出确认仲裁条款效力之前已向M法院提起诉讼,但由于A公司的诉讼请求仅是要求B公司赔偿因其出售的设备质量存在严重缺陷,涉嫌欺诈而造成的损失,并未请求确认仲裁条款无效,因此,尽管A公司向M法院起诉先于B公司向N法院提出申请,也不影响N法院对涉案仲裁条款作出认定。

(三)本案争议的焦点在于仲裁机构是否有权对当事人之间的侵权纠纷作出裁决。《中华人民共和国仲裁法》第二条规定:"平等主体的公民、法人和其他组织之间发生的合同纠纷和其他财产权益纠纷,可以仲裁。"第三条规定:"下列纠纷不能仲裁:一、婚姻、收养、监护、抚养、继承纠纷;二、依法应当由行政机关处理的行政争议。"从A公司在原审起诉状中所陈述的事实和理由看,其所述B公司的侵权行为,是在签订和履行设备购销合同过程中产生的,且合同中明确约定了仲裁条款;即使本案涉及第三人,在仲裁庭不能追究第三人责任的情况下,A公司可以以第三人为被告向人民法院另行提起诉讼,当事人的合法权益仍然可以得到维护。A公司关于"本案涉及第三人……只有人民法院审理此案,才能查清事实,保护当事人的合法权益"的答辩理由,不予采纳。

(四)双方当事人在涉案合同中约定:在本合同下或与本合同相关的任何以及所有无法友好解决的争议应通过仲裁解决,仲裁应根据贸仲调解和仲裁规则进行,仲裁应在北京进行。虽然双方约定"仲裁应在北京进行",但北京现有的仲裁机构不只是贸仲一家,故尽管双方约定"仲裁应根据贸仲调解和仲裁规则进行",也不能推定双方选定的仲裁机构当然为贸仲,因为双方当事人在选定其他仲裁机构的同时,也可以在仲裁条款中约定适用贸仲仲裁规则。根据最高人民法院《关于适用〈中华人民共和国仲裁法〉若干问题的解释》第四条的规定,涉案仲裁条款应视为没有约定仲裁机构。由于双方当事人不能达成补充协议确定仲裁机构,根据《中华人民共和国仲裁法》第十八条"仲裁协议对仲裁事项或者仲裁委员会没有约定或者约定不明确的,当事人可以补充协议;达不成补充协议的,仲裁协议无效"的规定,涉案仲裁条款应被确认无效。综上,涉案仲裁条款无效。

第二节　民事诉讼

一、民事诉讼法总论

(一)民事诉讼法的基本原则

1. 诉讼权利平等、同等原则与对等原则

诉讼权利平等原则指的是人民法院审理民事案件,应当保障和便利当事人行使诉讼权利,对当事人在适用法律上一律平等。而同等原则与对等原则仅适应于外国人,具体而言,同等原则是指外国主体与中国主体有同样的待遇;对等原则是指我国法院对该外国主体加以该国对我国主体同样的限制。

2. 辩论原则

辩论原则的适用主体是当事人，行使辩论权的方式可以是书面的，也可以是口头的，可以是实体方面的，也可以是程序方面的，它一直贯穿审判程序（一、二、再审）的始终。

3. 处分原则

处分原则在判决方面是指判决内容不能超出原告的请求范围，在调解方面是指调解协议内容超出诉讼请求的，人民法院可以准许同时处分权的行使，法院可以进行必要的监督。

4. 法院调解自愿和合法的原则、诚实信用原则

《民事诉讼法》第十三条规定："民事诉讼法应当遵循诚实信用原则。当事人有权在法律规定的范围内处分自己的民事权利和诉讼权利。"

5. 检查监督原则

《民事诉讼法》第十四条规定："人民检察院有权对民事诉讼实行法律监督。"

6. 支持起诉原则

支持起诉原则的适用前提是受害人未起诉，若受害人已经起诉，则不需要支持。该原则的行使主体是机关、团体、企业事业单位，但不能是个人。

（二）基本制度

1. 合议制度

我国民事诉讼法的审判组织分为两种：独任制和合议制。具体而言，独任制适用于简易程序案件、特别程序案件（除选民资格案件或者重大、疑难案件）、督促程序案件以及公示催告程序案件的公示催告阶段；其组织形式是审判员一人，只适用于一审阶段。

合议制分为第一审合议庭、第二审合议庭。第一审合议庭既可以由审判员，也可以由审判员和人民陪审员组成，但选民资格案件或特别程序中的重大、疑难的案件，必须由审判员组成合议庭审理；第二审合议庭则必须由审判员组成。当二审发回重审或再审时，原审合议庭成员或独任审判员不得参加重审或再审合议庭，当院长或者庭长参加审判时，由院长或者庭长担任审判长；当院长或庭长不参加审判时，由院长或者庭长指定审判员 1 人担任审判长。合议制的合议庭评议实行少数服从多数的原则，形成不了多数意见时，提交审判委员会讨论，对于不同的意见，必须如实记入笔录。

2. 回避制度

回避制度贯穿民事诉讼各阶段（包括执行），其适用对象包括审判人员（包括审判员和人民陪审员）、书记员、翻译人员、鉴定人、勘验人、执行员。适用回避制度的法定原因包括：(1)是本案当事人或者当事人、诉讼代理人近亲属的；(2)与本案有利害关系的；(3)与本案当事人、诉讼代理人有其他关系，可能影响对案件公正审理的；(4)接受当事人、诉讼代理人请客送礼，或者违反规定会见当事人、诉讼代理人的。回避方式可以是审判人员自行回避，也可以是当事人申请，被申请回避的人员应当暂停参与本案的工作。

如果院长担任审判长的回避,则由审判委员会决定;如果是审判人员的回避,则由院长决定;如果是其他人员的回避,则由审判长决定。回避决定可以复议一次,复议期间,被申请回避的人员,不停止参与本案的工作。

3. 两审终审制度

通常的诉讼案件适用两审终审制度,但以下案件除外:(1)最高人民法院作为一审法院审理的案件;(2)人民法院按照特别程序以及督促程序、公示催告程序、破产还债程序审理的案件;(3)民事诉讼法规定的不得上诉的裁定;(4)调解书;(5)小额诉讼案件;(6)宣告婚姻无效案件的判决。

4. 公开审判程序

在法院审理阶段,通常是公开审理,但涉及国家秘密的案件、涉及个人隐私的案件以及法律另有规定的案件一律不公开审理;离婚案件和涉及商业秘密的案件可经过当事人申请进行不公开审理。

(三)当事人

民诉当事人具有诉讼权利能力,一般分为自然人、法人及可以作为民事诉讼当事人的其他组织。本书着重介绍几种具体案件中的当事人。

1. 具体案件中的当事人

(1)个体工商户案件。通常情况下,以营业执照上登记的经营者为当事人;当营业执照上登记的经营者与实际经营者不一致的,以登记的经营者和实际经营者为共同诉讼人;当有登记的字号时,以营业执照上登记的字号为当事人,但应同时注明该字号经营者的基本信息。

(2)公司企业法人的案件。当法人或者其他组织的工作人员执行工作任务造成他人损害的,该法人或者其他组织为当事人;当提供劳务一方因劳务造成他人损害,受害人提起诉讼的,接受劳务一方为当事人;在劳务派遣期间,被派遣的工作人员因执行工作任务造成他人损害的,若只告一个被告,则为接受劳务派遣的用工单位,若须告两个被告,则接受派遣的用工单位和劳务派遣单位为共同被告。

(3)因保证合同纠纷提起的诉讼。当债权人向保证人和被保证人一并主张权利的,人民法院应当将保证人和被保证人列为共同被告;当债权人仅起诉被保证人的,可以只列被保证人为被告;当保证合同为连带保证,债权人仅起诉保证人的,可以只列保证人为被告;当保证合同约定为一般保证,债权人仅起诉保证人的,人民法院应当通知被保证人作为共同被告参加诉讼。

2. 第三人

民事诉讼法中的第三人分为有独立请求权的第三人和无独立请求权的第三人。第三人参加诉讼的时间为被告应诉时起至法庭辩论终结止。有独立请求权第三人和无独立请求权第三人的具体对比如表 13－1 所示:

表 13－1 有独立请求权第三人和无独立请求第三人的对比

	有独立请求权第三人	无独立请求权第三人
参加依据	对本诉的诉讼标的有独立请求权	对本诉的诉讼标的没有独立请求权，但案件处理结果同他有法律上的利害关系
参加诉讼的方式	提起诉讼	自己申请或者由法院通知参加
诉讼地位	有独立请求权第三人相当于原告	不是完全独立的当事人，不享有与当事人相等的诉讼权利

3. 第三人撤销之诉

第三人撤销之诉是指对已经发生法律效力的判决、裁定、调解书提起诉讼，时间为自知道或应当知道其民事权益受到损害之日起 6 个月内。其前提条件必须是因不能归责于本人的事由而未参加诉讼、发生法律效力的判决、裁定、调解书的部分或者全部内容错误且损害民事权益。

若第三人撤销之诉中的请求成立且确认其民事权利的主张全部或部分成立的，改变原判决、裁定、调解书内容的错误部分；若第三人撤销之诉的请求成立，但确认其全部或部分民事权利的主张不成立，或者未提出确认其民事权利请求的，撤销原判决、裁定、调解书内容的错误部分；若第三人撤销之诉的请求不成立的，判决驳回诉讼请求；原判决、裁定、调解书的内容未改变或未撤销的部分，则继续有效。

4. 共同诉讼

共同诉讼是指当事人一方或双方为两人以上的情形。根据诉讼标的是否为同一种类分为普通共同诉讼和必要共同诉讼。普通共同诉讼是同一法院管辖，并且适用同一诉讼程序，而必要共同诉讼对于必须参加的当事人没有参加诉讼的，法院应当通知其参加，当事人也可以向法院申请参加。

5. 诉讼代表人

根据起诉时当事人人数是否确定分为人数确定的代表人诉讼与人数不确定的代表人诉讼。代表人的诉讼行为对其代表的当事人发生效力，但代表人变更、放弃诉讼请求或者承认对方当事人的诉讼请求，进行和解，必须经被代表的当事人同意。

6. 诉讼代理人

(1)法定诉讼代理人。无民事行为能力人、限制民事行为能力人的监护人是他的法定代理人。

(2)委托诉讼代理人。律师、基层法律服务工作者、当事人的近亲属或者工作人员、当事人所在的社区、单位及有关社会团体推荐的公民可以被委托为诉讼代理人。委托方式通常是要提交授权委托书，若诉讼代理人是律师的，还应当提交律师执业证、律师事务所证明材料；若诉讼代理人是当事人的近亲属，则还应当提交身份证件以及与委托人有近亲属关系的证明材料。委托授权有两种：一种是一般授权，一种是特殊授权。诉讼代理人代为承认、放弃、变更诉讼请求，进行和解，参加调解，提起反诉或上诉，必须要有委托人的特别授权，如果授权委托书上仅写“全权代理”而无具体授权的，则为一般授权。

（四）主管与管辖

1. 级别管辖

我国民事诉讼法的级别管辖有基层人民法院管辖、中级人民法院管辖、高级人民法院管辖和最高人民法院管辖四级。其中，中级人民法院管辖较为复杂，有以下情形：重大的涉外案件；本辖区内有重大影响的案件以及最高人民法院确定由中级法院管辖的案件。

2. 专属管辖

因不动产纠纷提起的诉讼由不动产所在地人民法院管辖，具体而言包括：因不动产的权利确认、分割、相邻关系等引起的物权纠纷、农村土地承包经营合同纠纷、房屋租赁合同纠纷、建设工程施工合同纠纷以及政策性房屋买卖合同纠纷，均应按照不动产纠纷确定管辖。

因继承遗产纠纷提起的诉讼，由被继承人死亡时住所地或者主要遗产所在地的人民法院管辖。

因在中华人民共和国履行中外合资经营企业合同、中外合作经营企业合同以及中外合作勘探开发自然资源合同发生纠纷提起的合同，均应由中华人民共和国法院管辖。

3. 协议管辖

协议管辖只适用于财产类案件，只能以书面合同形式进行协议管辖。协议管辖的法院是与争议有实际联系的地点的人民法院，具体而言，国内案件可以书面协议选择被告住所地、合同履行地、合同签订地、原告住所地、标的物所在地等与争议有实际联系的地点的人民法院管辖；而涉外案件可以书面协议选择被告住所地、合同履行地、合同签订地、原告住所地、标的物所在地、侵权行为地等与争议有实际联系的地点的人民法院管辖。管辖协议可以选择多个法院，原告可以选择向其中一个法院起诉，但协议管辖不得违反级别管辖和专属管辖的规定。

4. 应诉管辖

应诉管辖的适用前提是对于原告提起的诉讼，法院本身没有管辖权，但被告未提出管辖异议，并应诉答辩的情形。应诉管辖与协议管辖一样，不得违反级别管辖和专属管辖的规定。

5. 合同纠纷的管辖

通常合同纠纷的管辖法院是被告住所地或合同履行地法院，但特殊合同纠纷的管辖法院则相对较为复杂。如合同没有实际履行且当事人双方住所地都不在合同约定的履行地的，则由被告住所地法院管辖；如保险标的物是运输工具或运输中的货物，则可以由运输工具登记注册地、运输目的地、保险事故发生地、被告住所地法院管辖；如因人身保险合同纠纷提起的诉讼，则可以由被保险人住所地和被告住所地法院管辖。

6. 侵权纠纷的管辖

通常侵权纠纷的管辖法院是侵权行为地（包括侵权行为实施地、侵权结果发生地）或者被告所在地人民法院管辖。但特殊侵权纠纷的管辖法院则相对复杂。如信息网络侵权，可以由侵权行为实施地包括实施被诉侵权行为的计算机等信息设备所在地、侵权结果发生地包括侵权人住所地以及被告住所地人民法院管辖；因产品质量不合格造成他人财产、人身损害提起的诉讼，产品制造地、产品销售地、侵权行为地以及被告住所地人民法院都有管辖权；如因服务质量不合格造成他人财产、人身损害提起的诉讼，服务提供地、侵权行为地以及被告住所地人民法院都有管辖权。

7. 公司诉讼的管辖

因公司设立、确认股东资格、分配利润、解散、股东名册记载、请求变更公司登记、股东知情权、公司决议、公司合并、公司分立、公司减资、公司增资等纠纷提起的诉讼，由公司住所地人民法院管辖。

8. 移送管辖与管辖权转移

移送管辖是指本院对已经受理的案件没有管辖权，将该案件移送给有管辖权的法院，但受移送法院不能再行移送的制度。

管辖权转移是指本院对受理的案件有管辖权，但是因为某些原因需要将案件的管辖权转移。一般分为两种：一种是由下级法院向上级法院转移，一种是上级法院向下级法院转移。

9. 管辖权异议

一般提出管辖权异议的都是被告，第三人不能提出管辖权异议。异议提出的时间应当在提交答辩状期间，若逾期未提出管辖异议，并应诉答辩的，视为受诉人民法院有管辖权。如果管辖异议成立的，裁定将案件移送有管辖权的人民法院，若异议不成立的，则裁定驳回。

（五）证据

1. 证明对象

当事人无需举证证明的事实包括：(1)自然规律以及定理、定律；(2)众所周知的事实；(3)根据法律推定的事实；(4)根据已知的事实和日常生活经验法则推定出的另一法则；(5)已为人民法院发生法律效力的裁判所确认的事实；(6)已为仲裁机构生效裁判所确认的事实；(7)已为有效文书所证明的事实。

自认制度是指一方当事人在法庭审理中，或者在起诉状、答辩状、代理词等书面材料中，对对于自己不利的事实明确表示承认的，另一方可以免予举证的制度。自认制度既可以明确表示，也可以默示承认，代理人的承认视为当事人的承认，但未经特别授权的代理人对事实的承认直接导致承认对方的诉讼请求的除外。自认当然可以撤回，但须在法庭辩论终结前撤回，且仅限于两种情况：撤回经对方当事人的同意或者有充分证据证明其承认行为是在受胁迫或重大误解的情况下作出的且与事实不符。

2. 证明责任的分配

通常的分配责任一般都是"谁主张，谁举证"，具体而言，当事人主张法律关系存在的，应当对产生法律关系的基本事实承担举证责任；当事人主张法律关系变更、消灭或者权利受到妨害的，应当对该法律关系变更、消灭或者权利受到妨害的基本事实承担举证责任。以下笔者将会着重介绍两类案件中证明责任的分配。

(1)侵权案件中证明责任的分配。

通常的侵权案件的受害人应证明有侵权法律关系发生的事实，包括侵权行为、损害结果、侵权行为和损害结果之间的因果关系以及加害方主张上的过错(若是无过错责任案件，则不要求)；加害方应证明侵权法律关系变更、消灭或者权利受到妨害的事实。

但《证据规定》第四条规定了 8 种特殊情形，需要举证责任倒置，具体而言：

对于专利纠纷案件，加害方应举证证明产品制造方法不同于专利方法，其余事实由受害方证明；

对于高度危险案件，加害方应举证证明受害人有故意，其余事实由受害方证明；

对于环境污染案件，加害方应举证证明有免责事由且无因果关系，其余事实由受害方证明；

对于搁置物、悬挂物案件，加害方应举证证明所有人或管理人无过错，其余事实由受害方证明；

对于动物致害案件，加害方应举证证明受害人有过错或第三人有过错，其余事实由受害方证明；

对于产品责任案件，加害方应举证证明有免责事由，其余事实由受害方证明；

对于共同危险案件，加害方应举证证明无因果关系，其余事实由受害方证明；

对于医疗侵权案件，加害方应举证证明无因果关系且不存在过错，其余事实由受害方证明。

(2)合同案件和劳动案件中证明责任的分配。

当双方当事人对代理权发生争议的，由主张有代理权一方当事人承担举证责任；当当事人因用人单位作出开除、除名、辞退、解除劳动合同、减少劳动报酬、计算劳动者工作年限等决定而发生劳动争议的，由用人单位承担举证责任。

3. 证据的分类

(1)证据的理论分类。

①本证与反证。根据对证据所证明的事实提出是否承担证明责任，负有举证证明责

任的人提供的证据为本证;不负有举证证明责任的人提供的证据为反证。

②直接证据与间接证据。根据该证据是否能够独立证明案件主要事实,能单独证明则该证据为直接证据,不能单独证明则该证据为间接证据。

③原始证据与传来证据。根据该证据是否源于案件事实,如该证据是案件中形成的,则为原始证据;如该证据是根据原始证据所产生的则为传来证据。

(2)证据的法定分类。

我国《民事诉讼法》规定了 8 种证据,分别为:当事人陈述、书证、物证、视听资料、电子数据、证人证言、鉴定意见以及勘验笔录。

4. 证据的搜集

民事诉讼中,证据的搜集一般都是当事人,但是也有例外情形需要法院调查搜集证据,具体分为两类:法院依职权主动调查搜集证据和当事人申请法院调查搜集证据。法院依职权搜集证据主要是由于该证据涉及可能损害国家利益的、社会公共利益的、身份关系的、公益诉讼的、当事人有恶意串通损害他人合法利益可能的,以及涉及依职权追加当事人、中止诉讼、终结诉讼、回避等程序性事项的。而当事人申请法院调查搜集证据主要是因为该证据由国家有关部门保存,当事人及其诉讼代理人无权查阅调取的,涉及国家秘密、商业秘密或者个人隐私的,当事人及其诉讼代理人因客观原因不能自行收集的。当事人申请法院收集调查证据必须在举证期限届满前书面申请。

5. 证据的保全

证据保全分为两种:一种是诉前证据保全,一种是诉讼证据保全。诉前证据保全相较于诉讼证据保全,适用条件除了证据可能灭失以及以后可能难以取得之外,还需要情况紧急;诉前证据保全需要利害关系人的申请,且需要提供担保,而诉讼证据保全既可以是诉讼参加人的申请,也可以是法院主动采取,但并非一定要提供担保,如果证据保全可能对他人造成损失的,人民法院应当责令申请人提供相应的担保。

6. 举证期限

人民法院应当在答辩期届满后审理前的准备阶段确定当事人的举证期限,举证期限可以由当事人协商,并经人民法院准许确定。人民法院确定举证期限,第一审普通程序案件不得少于 15 日,当事人提供新的证据的第二审案件不得少于 10 日。举证期限一经确定,一般不得进行更改,但如果当事人在举证期限届满前向法院提出书面申请,法院认为书面申请理由成立的,应当准许,适当延长举证期限,并通知其他当事人;如果法院认为申请理由不成立的,将不予准许,并通知当事人。当事人逾期提供证据的,人民法院应当责令其说明理由,必要时可以要求其提供相应的证据。当事人因故意或重大过失逾期提供证据的,若证据与案件基本事实无关的,则法院不予采纳;若证据与案件基本事实有关的,则法院应当采纳,并予以训诫、罚款;当事人非因故意或重大过失逾期提供证据的,法院应当采纳并对当事人予以训诫。

7. 质证

质证是法院庭审过程中一个十分重要的环节，未经当事人质证的证据，不得作为认定案件事实的依据。质证原则上应公开，但涉及国家秘密、商业秘密、个人隐私或者法律规定应当保密的证据除外。法院依职权调查收集的证据不属于质证的对象，但应当在庭审时出示，听取当事人的意见，并可就调查收集该证据的情况予以说明；而当事人在审理前的准备阶段认可的证据，经审判人员在庭审中说明后，视为质证过的证据。

8. 证明标准

证明标准是指法官在诉讼中认定案件事实所要达到的证明程度。对通常事实的证明，采取高度可能性标准；对于欺诈、胁迫、恶意串通、口头遗嘱以及赠与事实的证明，采取排除合理怀疑标准。

（六）诉讼保障制度

1. 诉前保全

诉前保全是指诉讼前的财产保全，利害关系人因情况紧急，不立即申请财产保全将会使其合法权益受到难以弥补的损害的，可以在起诉前或申请仲裁前向人民法院申请采取财产保全措施。申请诉前保全应当提供担保，不提供担保的，法院裁定驳回申请，采取保全措施后 30 日内应依法提起诉讼或者申请仲裁；否则，人民法院应当解除保全。诉前保全应当在 48 小时内作出，一旦作出裁定，应立即开始执行。

2. 诉讼中保全

诉讼中保全是指法院审理案件时，为防止判决难以执行或者造成当事人其他损害，经当事人申请或法院依职权对财产作出的保全措施。法院可以责令当事人提供担保，申请人不提供担保的，裁定驳回申请。诉讼中的保全通常情况下在 5 日内作出裁定，如情况紧急的，则必须在 48 小时内作出裁定，裁定作出后，应当在 5 日内开始执行。

3. 诉讼后保全

诉讼后保全是指法律文书生效后，进入执行程序前，债权人因对方当事人转移财产等紧急情况，若不申请保全将可能导致生效法律文书不能执行或者难以执行的，经申请执行法院对财产作出的保全措施。债权人若在法律文书指定的履行期间届满后 5 日内不申请执行的，人民法院应当解除保全。

4. 先予执行

先予执行是指人民法院在受理案件后终审判决作出之前，根据一方当事人的申请，裁定对方当事人向申请一方当事人给付一定数额的金钱或其他财物，或者实施或停止某种行为，并立即付诸执行的一种程序。先予执行适用于以下案件：(1)追索赡养费、扶养费、抚育费、抚恤金、医疗费用的；(2)追索劳动报酬的；(3)需要立即停止侵害、排除妨害的；(4)需要立即制止某项行为的；(5)追索恢复生产、经营急需的保险理赔费额；(6)需要立即返还社会保险金、社会救济金的；(7)不立即返还款项，将严重影响权利人生活和生产经营的。

5. 期间

民事诉讼中的期间，是指人民法院、当事人和其他诉讼参与人进行诉讼行为的期限和期日。如果期间届满的最后一日是节假日的，以节假日后的第一日为期间届满的日期，在途时间不包括在内，诉讼文书自期满前交邮的，不算过期。期间一般不能顺延，但如果当事人向法院申请，因不可抗拒的事由或者其他正当理由耽误期限的，法院应准许。

6. 送达

送达，是指司法机关按照法定程序和方法将诉讼文书或法律文书送交收件人的诉讼行为。送达有直接送达、留置送达、委托送达、转交送达、公告送达以及电子送达这几种方式。直接送达是最为普遍的方式，即将文书直接送达公民或者他的同住成年家属；留置送达是当受送达人或者其同住成年家属拒绝接受诉讼文书时的送达方式，一般有两种方式，一种是由送达人、见证人签名或盖章，把诉讼文书留在受送达人的住所，一种是把诉讼文书留在受送达人的住所，并采用拍照、录像等方式记录送达过程；委托送达只能委托其他法院，不能是其他机构送达；转交送达一般针对的是受送达人为军人、被监禁、被采取强制措施的；当受送达人下落不明或者用其他方式无法送达的，就用公告送达，具体而言，国内案件自发出公告之日起 60 日内，即视为送达，涉外案件自公告之日起满 3 个月，即视为送达；电子送达可以采用传真、电子邮件、移动通信等即时收悉的特定媒体作为送达媒介，但需要经受送达人同意且受送达人应当在送达地址确认书中予以确认。

(七)调解制度

调解制度一直贯穿于审判程序，但执行程序、特别程序、督促程序、公示催告程序以及婚姻等身份关系确认案件以及其他根据案件性质不能进行调解的案件不适用调解。

调解程序应秉承自愿、合法、不公开的原则。通常来说，调解达成协议的，法院应当制作调解书，但调解和好的离婚案件、维持收养关系的案件、能够即时履行的案件可以不制作调解书。通常来说，当事人自行和解或者调解达成协议后，请求人民法院按照和解协议或者调解协议的内容制作判决书的，人民法院不予准许，但无民事行为能力人的离婚案件，法定代理人与对方达成协议要求发给判决书的，人民法院可以根据协议的内容制作判决书；在涉外民事诉讼中，经调解双方达成协议，人民法院应当制发调解书，当事人要求发给判决书的，人民法院可以依协议的内容制作判决书送达当事人。

二、审判程序

(一)一审普通程序

1. 起诉

起诉指当事人就民事纠纷向人民法院提起诉讼，请求人民法院依照法定程序进行审判的行为。起诉的原告必须是与本案有直接利害关系的公民、法人和其他组织，要有明确的被告,有具体的诉讼请求和事实、理由,且起诉的事项要属于人民法院受理民事诉讼的范围及受诉法院要有管辖权。

起诉时需要向法院提交起诉状,起诉状具体包括:双方当事人的基本情况、诉讼请求和所根据的事实和理由、证据和证据来源以及证人的姓名和住所。人民法院接到当事人提交的民事起诉状时,若符合规定的,则应当登记立案;若不符合起诉条件的,则应当不予受理。如人民法院在立案之后发现不符合起诉条件的,通常是裁定驳回起诉,如果发现本案没有管辖权的,应当将案件移送有管辖权的法院。

2. 受理与不受理

(1)一事不再理原则

民事诉讼法中的一事不再理原则,即不得重复起诉,正在或者已经实体审理过的案件,不得另行起诉。未经过实体审理的案件,可以另行起诉,不属于重复起诉,如:裁定不予受理、驳回起诉的案件,原告再次起诉且符合起诉条件的,人民法院应予受理;原告撤诉或者人民法院按撤诉处理后,原告以同一诉讼请求再次起诉的,人民法院应予受理,但在离婚案件中,原告撤诉或按撤诉处理的,没有新情况、新理由,6 个月内又起诉的,不予受理。经过实体审理,允许重复起诉的案件,符合条件的,可以再次起诉,如:判决不准离婚和调解和好的离婚案件,判决、调解维持收养关系的案件,原告有新情况、新理由,或者 6 个月后原告又起诉的,法院受理;赡养费、扶养费、抚育费案件,裁判发生法律效力后,因新情况、新理由,一方当事人再行起诉要求增加或者减少费用的,人民法院应作为新案受理;裁判发生效力后,发生新的事实,当事人再次提起诉讼的,人民法院应当依法受理。

(2)诉讼时效规则

当事人超过诉讼时效期间起诉的,人民法院应予受理,受理后对方当事人提出诉讼时效抗辩,人民法院经审理认为抗辩事由成立的,判决驳回原告的诉讼请求。

3. 审理前的准备阶段

首先,人民法院应当在审理前的准备阶段确定当事人的举证期限,其次在举证期限届满之后,通过组织证据交换、召集庭前会议等方式,做好审理前的准备。庭前会议一般包括以下内容:(1)明确原告的诉讼请求和被告的答辩意见;(2)审查处理当事人增加、变更诉讼请求的申请和提出的反诉,以及第三人提出的与本案有关的诉讼请求;(3)根据当事人的申请决定调查搜集证据,委托鉴定,要求当事人提供证据,进行勘验,进行证据保全;(4)组织交换证据;(5)归纳争议焦点;(6)进行调解。

4. 撤诉

撤诉,是指在人民法院受理案件之后,宣告判决之前,原告要求撤回其起诉的行为。若人民法院通知原告预交案件受理费,但原告不预交或者申请减、缓、免未获批准仍不预交的,裁定按撤诉处理;若原告经传票传唤无正当理由拒不到庭或者未经法庭许可退庭的,也视为原告撤诉。但如果当事人申请撤诉,且有违反法律的行为需要依法处理的,法院可以不准许撤诉；如果在法庭辩论终结后原告申请撤诉，被告不同意的，人民法院可以不予准许。撤诉的法律效果依审判程序的阶段而定，如果是在一审撤诉的，原告可以再次起诉，但如果是在二审或者再审撤诉的，则不得重复起诉。

5. 缺席判决

缺席判决是指开庭审理案件时，只有一方当事人到庭，人民法院依法对案件进行审理之后所作出的判决。一般情况下，原告缺席，会按撤诉处理，但是原告申请撤诉，法院裁定不予撤诉的，会缺席判决。无民事行为能力的当事人的法定代理人，经传票传唤无正当理由拒不到庭，属于被告方的，缺席判决，必要时，人民法院可以拘传其到庭。无独立请求权的第三人经人民法院传票传唤，无正当理由拒不到庭，或者未经法庭许可中途退庭的，不影响案件的审理。

6. 审理阻碍

(1)延期审理。

延期审理是指人民法院在已经确定开庭审理日期后，或者在开庭审理过程中，由于出现某种法定事由，使开庭审理不能如期进行，或者已经开始的庭审无法继续进行，从而决定推延审理的一种诉讼制度。以下情形应决定延期审理：①必须到庭的当事人和其他诉讼参与人有正当理由没有到庭的；②当事人临时提出回避申请的；③需要通知新的证人到庭，调取新的证据，重新鉴定、勘验或者需要补充调查的以及其他应当延期的情形。

(2)诉讼中止。

诉讼中止是指在诉讼进行过程中，因发生某种法定中止诉讼的原因，诉讼无法继续进行或不宜进行，因而法院裁定暂时停止诉讼程序的制度。以下情形应裁定诉讼中止：①一方当事人死亡，需要等待继承人表明是否参加诉讼的；②一方当事人丧失诉讼行为能力，尚未确定法定代理人的；③作为一方当事人的法人或者其他组织终止，尚未确立权利义务承受人的；④一方当事人因不可抗拒的事由，不能参加诉讼的；⑤本案必须以另一案的审理结果为依据，而另一案尚未审结的以及其他应当中止的情形。

(3)诉讼终结。

诉讼终结是指在诉讼进行过程中，由于某种法定事由的出现，致使本案诉讼程序无法或没有必要继续进行时，受诉法院裁定结束本案诉讼程序的制度。以下情形应裁定诉讼终结：①原告死亡的，没有继承人，或者继承人放弃诉讼权的；②被告死亡的，没有遗产，也没有应当承担义务的人；③离婚案件一方当事人死亡的；④追索赡养费、扶养费、抚育费以及解除收养关系案件的一方当事人死亡的。

7. 裁判

案件审理结束后，法院就会对案件进行裁决。判决必须是书面的，而裁定通常是书面，也允许口头。如果判决书中有笔误，则需要用裁定补正；如果原审法院发现判决书中有实质性的错误，分为两种情形：一种是当事人在上诉期内提出上诉的，则原审人民法院可以提出原判决有错误的意见，报送第二审人民法院，由第二审人民法院按照第二审程序进行审理；一种是当事人不上诉的，则按照审判监督程序处理。

（二）简易程序

简易程序是相对于普通程序而言的，是基层人民法院和它的派出法庭审理简单的民事案件所适用的一种独立的第一审程序。简易程序只适用于事实清楚、权利义务关系明确、争议不大的简单民事案件，但起诉时被告下落不明、发回重审的、当事人一方人数众多的、适用审判监督程序的、涉及国家利益和社会公共利益的、第三人起诉请求改变或者撤销生效判决、裁定、调解书的案件则不得适用简易程序。简易程序的开庭方式灵活，传唤方式简便，举证期限一般不得超过 15 日，审理期限不得超过 6 个月。

简易程序与普通程序之间是可以相互转换的。如果法院发现案件复杂，或者当事人就案件适用简易程序在开庭前提出异议的，应当转为普通程序，在转为普通程序前，就双方当事人已经确认的事实，可以不再举证、质证。而普通程序转为简易程序，只能由当事人约定并在开庭前提出。

法庭适用简易程序所制作的判决书、裁定书、调解书，必须加盖基层人民法院印章。但判决书、裁定书、调解书可以在以下情形简化：(1)当事人达成调解协议并需要制作民事调解书的；(2)一方当事人明确表示承认对方全部或者部分诉讼请求的；(3)涉及商业秘密、个人隐私的案件，当事人一方要求简化裁判文书中的相关内容，人民法院认为理由正当的；(4)当事人双方同意简化的。

（三）小额诉讼程序与公益诉讼

小额诉讼程序是指基层人民法院和它的派出法庭审理事实清楚、权利义务关系明确、争议不大的简单的小额诉讼案件所适用的程序。小额诉讼审理实行一审终审，当事人到庭后人民法院可以立即开庭审理，一般情况下，小额诉讼案件的举证期限不超过 7 日，被告要求书面答辩的，人民法院可以在征得其同意的基础上合理确定答辩期间，但最长不得超过 15 日。同简易程序案件的裁判文书一样，小额诉讼案件可以简化，也可以转为简易程序或普通程序，具体而言，当当事人申请增加或者变更诉讼请求、提出反诉、追加当事人等，致使案件不符合小额诉讼案件条件的，应当适用简易程序的其他规定审理，适用简易程序的其他规定或者普通程序审理之前，双方当事人已确认的事实，可以不再进行举证、质证。

公益诉讼是指依法在设区的市级以上人民政府民政部门登记或专门从事环境保护公益活动连续 5 年以上且无违法记录的社会组织针对污染环境、侵害众多消费者合法权益等损害社会公共利益的行为进行的诉讼。法院受理公益诉讼案件，不影响同一侵权行为的受害人根据《民事诉讼法》第一百一十九条规定提起诉讼。对公益诉讼案件，当事人可以和解，人民法院可以调解。公益诉讼案件的原告在法庭辩论终结后申请撤诉的，人民法院不予准许，被告提出反诉的，法院不予受理。

（四）二审程序

1. 上诉

上诉是指当事人不服第一审的判决或裁定，依法向上一级法院提请重新审理的行为。原则上判决都能上诉，但特别程序和公示催告程序所作的判决不能上诉；不予受理、驳回起诉、管辖权异议、驳回破产申请的裁定可以上诉。

一审原告和被告可以上诉，有独立请求权的第三人可以作为上诉人和被上诉人，无独立请求权的第三人只有被判承担责任时才有权上诉，而委托代理人上诉时必须获得特别授权。一般而言，判决的上诉期限是15日，裁定的上诉期限是10日，当事人上诉时，必须提交上诉状，如果当事人口头表示上诉，但未在法定上诉期间内递交诉状的，视为未提起上诉。是否准许上诉，由第二审人民法院裁定，如果在第二审程序中，当事人申请撤回上诉，人民法院经审查认为一审判决确有错误或者当事人之间恶意串通损害国家利益、社会公共利益、他人合法权益的，不应准许；如果在第二审程序中，原审原告申请撤回起诉，且经其他当事人同意，不损害国家利益、社会公共利益、他人合法权益的，人民法院可以准许。准许撤诉的，应当一并裁定撤销一审裁判，原审原告在第二审程序中撤回起诉后重复起诉的，人民法院不予受理。

2. 二审的审理

二审法院仅对上诉请求的有关事实和适用法律进行审查。当事人没有提出请求的，不予审理。二审原则上应开庭审理，但不符不予受理、管辖权异议和驳回起诉裁定的，当事人提出的上诉请求明显不成立的，原判决、裁定认定事实清楚，但适用法律错误的以及原判决严重违反法定程序，需要发回重审的，则二审法院可以不开庭审理。

3. 二审的调解与和解

（1）二审中的调解。

法院在审理上诉案件时，可以进行调解，调解达成协议的，调解书送达后，原审人民法院的判决即视为撤销；调解不成的，应当及时判决。

对当事人在第一审程序中已经提出的诉讼请求，原审法院未作出审理、判决的，第二审法院可以根据当事人自愿的原则进行调解；调解不成的，发回重审。必须参加诉讼的当事人或者有独立请求权的第三人，在第一审程序中未参加诉讼，第二审人民法院可以根据当事人自愿的原则予以调解；调解不成的，发回重审。一审判决不准离婚的案件，上诉后，第二审人民法院认为应当判决离婚的，经双方当事人同意，由第二审人民法院一并调解或者一并审理、裁判；可以根据当事人自愿的原则，与子女抚养、财产问题一并调解，调解不成的，发回重审；双方当事人不同意一并调解或者一并审理，发回重审。

在第二审程序中，原审原告增加独立的诉讼请求或者发回原审被告提出反诉的，经双方当事人同意一并调解或者一并审理、裁判；双方当事人不同意一并调解或者一并审理，告知当事人另行起诉。

(2)当事人在二审中达成和解协议的。

人民法院可以根据当事人的请求,对双方达成的和解协议进行审查并制作调解书送达当事人。如果在二审中上诉人撤回上诉,此时一审判决生效。如果当事人因和解而申请撤诉的,法院准许撤诉的,应当一并裁定撤销一审裁判;如果原审原告在第二审程序中撤回起诉后重复起诉的,人民法院不予受理。

4. 二审的判决与裁定

如果原判决认定事实清楚,适用法律正确,则二审法院判决驳回上诉,维持原判。如果原判决认定事实错误或者适用法律错误或者原判决认定基本事实不清的,则二审法院应当依法改判。如果原判决认定基本事实不清的,或者严重违反法定程序,具体情形包括:(1)原判决遗漏当事人;(2)违反缺席判决;(3)审判组织的组成不合法;(4)应当回避的审判人员未回避;(5)无诉讼行为能力未经法定代理人代为诉讼;(6)违法剥夺当事人辩论权利,则二审法院应当裁定撤销原判决,发回原审人民法院重审。

原审人民法院对发回重审的案件作出判决后,当事人提起上诉的,第二审人民法院不得再次发回重审。二审裁定撤销一审判决发回重审的案件,当事人申请变更、增加诉讼请求或者提出反诉,第三人提出与本案有关的诉讼请求的,可以合并审理。

(五)审判监督程序

审判监督程序,又称再审程序,是指人民法院、检察院对于已经发生法律效力的判决和裁定,发现在认定事实上或者在适用法律上确有错误,依职权提起并由人民法院对案件进行重新审判的一种诉讼程序。以下将着重介绍当事人申请的再审。

1. 当事人申请的再审

当事人对已经发生法律效力的解除婚姻关系的判决、调解书,不得申请再审;当事人就离婚案件中的财产分割问题申请再审,如涉及判决中已分割的财产,人民法院应当进行审查,符合再审条件的,应当裁定再审,如涉及判决中未作处理的夫妻共同财产,应当告知当事人另行起诉;适用特别程序、督促程序、公示催告程序、破产程序等非诉程序审理的案件,当事人不得申请再审。

当事人的申请符合下列情形之一的,人民法院应当再审:(1)有新的证据,足以推翻原判决、裁定的;(2)原判决、裁定认定的基本事实缺乏证据证明的;(3)原判决、裁定认定事实的主要证据是伪造的;(4)原判决、裁定认定事实的主要证据未经质证的;(5)对审理案件需要的主要证据,当事人因客观原因不能自行收集,书面申请人民法院调查收集,人民法院未调查收集的;(6)原判决、裁定适用法律确有错误的;(7)审判组织的组成不合法或者依法应当回避的审判人员没有回避的;(8)无诉讼行为能力人未经法定代理人代为诉讼或者应当参加诉讼的当事人,因不能归责于本人或者诉讼代理人的事由,未参加诉讼的;(9)违反法律规定,剥夺当事人辩论权利的;(10)未经传票传唤,缺席判决的;原判决、裁定遗漏或者超出诉讼请求的,但当事人未对一审判决、裁定遗漏或者超出诉讼请求提起上诉的除外;(11)据以作出原判决、裁定的法律文书被撤销或者变更的;(12)审判人员审理该案件时有贪污受贿、徇私舞弊,枉法裁判行为的。

当事人申请再审的时间是6个月,当事人通常只能向上一级人民法院申请再审,但当当事人一方人数众多(10人以上)或者当事人双方为公民时,可以向上一级或原审人民法院申请再审,而小额诉讼的案件则向原审法院申请再审。法院对再审申请一般在3个月内审查,如果符合再审规定的,裁定再审;如果不符合规定的,裁定驳回申请。审查再审期间,被申请人及原审其他当事人依法提出再审申请的,人民法院应当将其列为再审申请人,对其再审事由一并审查,审查期限重新计算。

2. 再审审理程序

当事人申请再审时,不会停止原判决、裁定的执行。法院决定再审后,应当在再审裁定中同时写明中止原判决、裁定、调解书的执行,追索赡养费、扶养费、抚育金、抚恤金、医疗费用、劳动报酬案件,可以不中止执行。

原则上,再审审理是围绕再审请求进行,再审请求超出原诉讼请求的不予受理,构成另案诉讼的,应告知当事人可以提起新的诉讼;如果对方当事人在再审庭审辩论终结前提出再审请求的,应一并审理和裁判。至于反诉问题,原则上再审程序中,不允许被告提反诉,但如果再审裁定撤销原判决、裁定发回重审的案件,当事人提出的反诉,应当准许,合并审理。至于在再审中撤诉的问题,如果一审原告在再审程序中申请撤诉,经其他当事人同意,且不损害国家利益、社会公共利益、他人合法利益的,人民法院可以准许,裁定准许撤诉的,应当一并撤销原判决,一审原告如果在再审审理程序中撤回起诉后重复起诉的,人民法院不予受理。

3. 再审的调解与裁判

当事人在再审审理中经调解达成协议的,法院应当制作调解书,调解书经各方当事人签收后,即具有法律效力,原判决、裁定视为被撤销。其他当事人未作出书面表示的,人民法院应当在判决中对该事实作出表述。

再审审理中,如果原判决、裁定认定事实清楚、适用法律正确的,再审法院应予维持;如果原判决、裁定认定事实、适用法律虽有瑕疵,但裁判结果正确的,在再审判决、裁定中纠正瑕疵后予以维持;如果原判决、裁定认定事实、适用法律错误,导致裁判结果错误的,再审法院应当依法改判、撤销或者变更原判决;如果按照第二审程序再审的案件,人民法院经审理认为不符合民事诉讼法规定的起诉条件或者符合《民事诉讼法》第124条规定不予受理情形的,再审法院应当裁定撤销一、二审判决,驳回起诉。

(六)特别程序与非讼程序

特别程序是指人民法院审理某些非民事权益纠纷案件所适用的特殊程序,适用特别程序的案件有:选民资格案件与宣告失踪、宣告死亡案件;认定公民无民事行为能力或者限制民事行为能力案件;认定财产无主案件;确认调解协议案件以及实现担保物权案件。

适用特别程序作出的判决、裁定，当事人、利害关系人认为有错误的，可以向作出该判决、裁定的人民法院提出异议，法院经审查，异议成立或者部分成立的，应作出新的判决、裁定撤销或者改变原判决、裁定；异议不成立的，裁定驳回。确认调解协议、准许实现担保物权的案件，对裁定的异议，是有时间限制的，如果当事人有异议的，应当自收到裁定之日起15日内提出，如果利害关系人有异议的，则自知道或者应当知道其民事权益受到侵害之日起6个月内提出。

非讼程序包括督促程序和公示催告程序。督促程序是指对于给付金钱或有价证券的请求，人民法院根据债权人的申请向债务人发出支付令，债务人在收到支付令之日起15日内不提出异议又不履行支付令的，债权人可以向人民法院申请执行。督促程序是督促债务人尽快清偿债务的一种简便、迅速的程序。公示催告程序是指可以背书转让的票据持有人，因票据被盗、遗失或者灭失，可以向票据支付地的基层人民法院申请公示催告。申请人应当向人民法院递交申请书，写明票面金额、发票人、持票人、背书人等票据主要内容和申请的理由、事实。人民法院决定受理申请，应当通知支付人停止支付，并在3日内发出公告，催促利害关系人申报权利。没有人申报的，人民法院应当根据申请人的申请，作出判决，宣告票据无效。判决应当公告，并通知支付人，自判决公告之日起，申请人有权向支付人请求支付。

三、执行程序

执行程序是指由法定组织和人员运用国家的强制力量，根据生效法律文书的规定，强制民事义务人履行所负义务的程序。一般而言，发生法律效力的民事裁决、裁定，以及刑事判决、裁定中的财产部分由第一审人民法院或者第一审法院同级的被执行人的财产所在地人民法院执行，认定财产无主的判决，由作出判决的人民法院将无主财产收归国家或者集体所有。

（一）执行启动

当事人申请执行时，应具备以下条件：申请或移送执行的法律文书已经生效；申请执行人应当在2年内提出申请；被申请人在生效法律文书确定的期限内未履行义务。

（二）执行回转

执行回转是指据以执行的判决、裁定和调解书确有错误，被人民法院撤销的或其他法律文书执行完毕后，被有关机关或者组织依法撤销的，经当事人申请，可以执行回转。法院依当事人申请或依职权，按照新的生效法律文书，作出执行回转的裁定，责令原申请执行人返还已取得的财产及孳息，如果被申请执行人拒不返还的，强制执行。

（三）不予执行

当事人请求不予执行仲裁裁决或者公证债权文书的，应当在执行终结前向执行法院提出。

国内仲裁裁决不予执行的法定情形已在前文仲裁部分陈述过，在此不再赘述。

公证债权文书确有错误的，应当不予执行，具体情形包括：(1)公证债权文书属于不得赋予强制执行效力的债权文书的；(2)被执行人一方未亲自或者未委托代理人到场公证等严重违反法律规定的公证程序的；(3)公证债权文书的内容与事实不符或者违反法律强制性规定的；(4)公证债权文书未载明被执行人不履行或者不完全履行义务时同意接受强制执行的；(5)人民法院认定执行该公证债权文书违背社会公共利益的，裁定不予执行。

(四)执行异议之诉

执行异议之诉，是指当事人和案外人对执行标的实体权利存有争议，请求执行法院解决争议而引起的诉讼。执行异议之诉是执行救济的重要途径之一。

案外人提起执行异议之诉的，以申请执行人为被告。被执行人反对案外人异议的，被执行人为共同被告；被执行人不反对案外人异议的，可以列被执行人为第三人。申请执行人提起执行异议之诉的，以案外人为被告，被执行人反对申请执行人主张的，以案外人和被执行人为共同被告；被执行人不反对申请执行人主张的，可以列被执行人为第三人。案外人或者申请执行人提起执行异议之诉的，案外人应当就其对执行标的享有足以排除强制执行的民事权益承担举证责任，人民法院审理执行异议之诉的案件，适用普通程序。

前文已介绍了第三人撤销之诉、再审制度、执行异议之诉在效果上都是纠正生效裁判的错误，所以有必要对其关系进行阐述。

第三人撤销之诉与再审的关系：按照第一审程序审理的，人民法院应当对第三人的诉讼请求一并审理，所作的判决可以上诉；按照第二审程序审理的，人民法院可以调解，调解不成的，应当裁定撤销原判决、裁定、调解书，发回一审法院重审，重审时应当列明第三人。有证据证明原审当事人之间恶意串通损害第三人合法权益的，人民法院应当先行审理第三人撤销之诉案件，裁定中止再审诉讼。

第三人撤销之诉与执行异议的关系：第三人提起撤销之诉后，未中止生效判决、裁定、调解书执行的，执行法院对第三人提出的执行异议，应予审查，但第三人不服驳回执行异议裁定，申请对原判决、裁定、调解书再审的，人民法院不予受理；案外人对人民法院驳回其执行异议裁定不服，认为原判决、裁定、调解书内容错误损害其合法权益的，应当根据《民事诉讼法》第227条规定申请再审，但再提起第三人撤销之诉的，人民法院不予受理。

(五)执行和解

执行和解，是指在执行中，双方当事人自行和解达成协议的，执行员应当将协议内容记入笔录，由双方当事人签名或者盖章。一方当事人不履行和解协议的，人民法院可以根据对方当事人的申请，恢复对原生效法律文书的执行。申请执行的期限是2年，申请执行期间因达成执行中的和解协议而中断，其期间自和解协议约定履行期限的最后一日起重新计算。

（六）执行担保

执行担保是指在执行中，被执行人或第三人以财产向人民法院提供担保，并经申请执行人同意的，人民法院可以决定暂缓执行及暂缓执行的期限，但最长不得超过 1 年。被执行人或者担保人对担保的财产在暂缓执行期间有转移、隐藏、变卖、毁损等行为的，人民法院可以恢复强制执行；被执行人在人民法院决定暂缓执行的期限届满后仍不履行义务的，人民法院可以直接执行担保财产，或者裁定执行被担保人的财产，但执行担保人的财产以担保人应当履行义务部分的财产为限。

（七）参与分配

被执行人为公民或者其他组织，在执行程序开始后，被执行人的其他已经取得执行依据的债权人发现被执行人的财产不能清偿所有债权的，可以向人民法院申请参与分配，对人民法院查封、扣押、冻结的财产有优先权、担保物权的债权人，可以直接申请参与分配，主张优先受偿权。

参与分配的财产分配方案如图 13—1 所示：

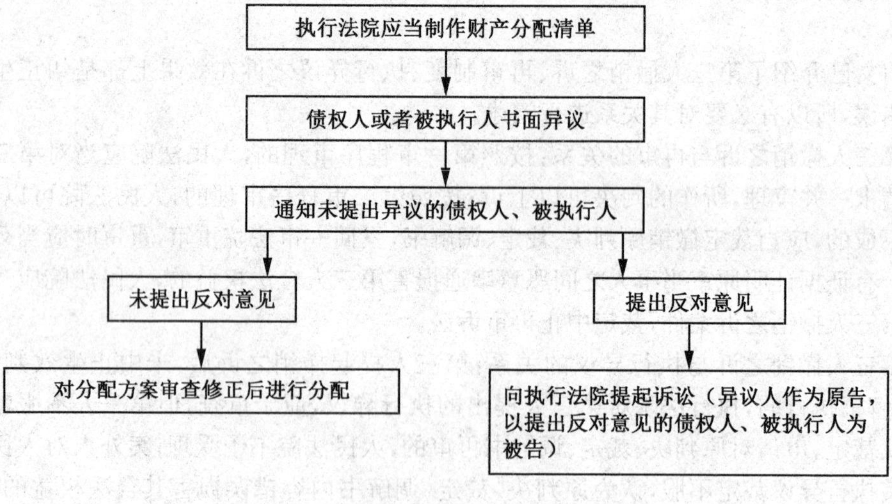

图 13—1　参与分配的财产分配方案

（八）执行中止与执行终结

执行中止，是指在执行程序开始后，由于发生某种特殊情况，执行程序暂时停止，这种情况消失后，执行程序再继续进行。中止执行的裁定，送达当事人后立即生效。有下列情形之一的，人民法院应当裁定中止执行：(1)申请人表示可以延期执行的；(2)案外人对执行标的提出确有理由的异议的;(3)作为公民一方当事人的公民死亡,需要等待继承人继承权利或者承担义务的;(4)作为当事人一方的法人或其他组织终止,尚未确定权利义务承受人的;(5)人民法院已受理以被执行人为债务人的破产申请的;(6)被执行人确无财产可供执行的;(7)执行的标的物是其他法院或仲裁机构正在审理的案件争议标的物,需要等待该案件审理完毕确定归属的;(8)一方当事人申请执行仲裁裁决,另一方当事人申请撤销仲裁裁决的;(9)仲裁裁决的被申请人执行人向人民法院提出不予执行请求,并提供适当担保的。

执行终结是指在执行过程中,由于发生某种特殊情况,执行程序没有必要或不可能继续进行,从而结束执行程序,以后也不再恢复。有下列情形之一的,人民法院裁定终结执行:(1)申请人撤销申请的。(2)据以执行的法律文书被撤销的。(3)作为被执行人的公民死亡,无遗产可供执行,又无义务承担人的。(4)追索赡养费、抚养费、抚育费案件的权利人死亡的。(5)作为被执行人的公民因生活困难无力偿还借款,无收入来源,又丧失劳动能力的。经过财产调查未发现可供执行的财产,在申请执行人签字确认或者执行法院组成合议庭审查核实并经院长批准后,可以裁定终结本次执行程序;裁定终结本次执行程序后,申请执行人发现被执行人有可供执行财产的,可以再次申请执行,再次申请执行不受申请执行时效期间的限制。

(九)执行措施

执行措施是执行过程中,执行机关按照法定程序,为实现执行文书所规定的内容而采取的强制手段。被执行人未按判决、裁定和其他法律文书指定的期间履行给付金钱义务的,应当加倍支付迟延履行期间的债务利息,被判决人未按判决、裁定和其他法律文书指定的期间履行其他义务的,应当支付迟延履行金。

【本章专题】

论经济公益诉讼

郑嘉欣

《法制博览》,2018 年 7 月 5 日

规范诉讼程序的法律有刑事诉讼、民事诉讼和行政诉讼三种。当某种行为侵犯公共利益,法律规定的机关、某些组织以及个人可以提起民事公益诉讼。经济领域的行为损害范围较广泛,这时经济公益诉讼作为核心问题出现在学者视野中。

一、经济公益诉讼的提出背景

(一)经济法维护的法益

1. 社会公共利益

民法作为私法，其调整的是平等主体之间的法律关系，维护权利主体的个人利益；公法以国家利益为重点，因此传统意义上的公法与私法都不是重点保护社会公共利益的法。公共利益并不是包括全体社会成员的利益，而特指在共同的生存条件下，成员们所需的生存与发展的必要条件。法律所保护的社会公共利益是在法律承认的前提下成立的。

2. 经济法维护的社会公共利益

上文提到的公共利益侧重于法律发挥对社会成员的作用。但在经济法范围内，法律维护的公共利益有所不同。经济发展中最大的问题在于国家宏观调控与市场竞争之间的关系，而经济法的规制作用有效地起到了调节与平衡的效果。可以说，经过经济法调整经济行为后的市场秩序，成为一种很规范的秩序。经济法维护的社会公共利益更确切地讲是一种经过平衡之后的社会秩序。

(二)立法主张

1. 有关主张

对于经济法有维护公共利益的目的，有关学者有不同的立法主张，总结下来主要有三种。很多人主张民事诉讼拓展说，以英美法为主要例子，不另行立法，仅是做出一些特别规定，全部纳入民事诉讼范畴内。经济法维护的公益事实上已经不是民事诉讼所能涵盖的，因此民事诉讼拓展说不能够区分公法与私法，是不合理的。还有一些人主张综合说，同样不另行立法，经济调节涉及的领域不同，其在不同领域的诉讼程序自行解决。如果不增加一种独立的诉讼制度，是不能根本解决公共利益的损害的，因此综合说与第三种行政诉讼说的主张都是不可行的。

2. 经济公益诉讼说

否定以上学说的目的是为了提出经济公益诉讼的主张。在其他诉讼程序无法实现维护经济领域的公共利益时，经济公益诉讼能够弥补传统诉讼法的不足。经济纠纷产生时，解决冲突需要一些特定手段，经济公益诉讼有相应的立法成果后，权利主体行使诉讼权时能够有充分的法律依据。市场调节中政府发挥调控作用，并不是只有政府本身才能代表社会公共利益。当公民自身权益受到损害，经济公益诉讼制度应当赋予公民提起公益诉讼的权利。

二、建立经济公益诉讼的必要性

(一)现有制度的缺陷

1. 原告资格单一

消费者权益遭受损害时,消费者可以提起诉讼来维护自己的利益。当涉及不特定大多数消费者的权益时,消费者协会可以提起公益诉讼。由此可以看出,提起公益诉讼的主体限定于法律规定的有关机关、组织或个体。在经济法维护公共利益的前提下,原告资格过于单一,代表社会大多数人利益而行使法定权利的主体范围受到限制,经济法的作用很难得到发挥,维护市场秩序的目的也无法实现。在往年的案例中,如郝某松索要发票案,公民胜诉后也只能使自己的合法权益暂时受到保护,并不能保证在类似事件中保护其他人的权益。其他人在同样情形下还要再次主张同一类权益,会使司法资源浪费,效率低下。因此,胜诉成果得到普遍适用的前提就是完善诉讼制度,建立拓宽原告资格的经济公益诉讼。

2. 责任制度的缺陷

经济法责任包括几种不同的形式:罚款、损害赔偿、消除影响等。经济法在规定责任制度的同时也存在不可忽视的缺陷。最主要的缺陷表现为责任承担的问题。在经济管理活动中,国家机关往往是行使管理职能的主体,但是在管理主体违法时,没有相应经济法律法规含有处罚的依据。因此,经济管理主体未被纳入经济法管理的范围,而作为管理主体的机关行使处罚的职权,很难达到处罚的根本目的。责任的缺陷还表现在责任的形式上。违反经济法承担责任基本承担民事责任,没有经济领域专门的责任形式,这会使经济责任处罚力度不够,同样达不到规范秩序的根本目的。行政机关行使职权使违法者承担责任后,经济诉权基本被忽略,不论是权利主体还是管理主体都很少考虑到诉讼这个途径,致使审判机关不能介入。

(二)经济公益诉讼的正当性

1. 经济法有可诉性

经济法作为法律,是具有可诉性的。法律调整不同主体之间的权利义务关系,也赋予了被调整对象救济的权利,可以说,可诉性是法律的一种基本属性。因此,经济法必然具有可诉性。现有的法律并未对经济诉权有具体的规定,并且权利主体在主张权利时很少有人能够去主动维护公共利益。因此尽管存在可以建立经济公益诉讼的前提,但是立法者缺乏完善公益诉讼的意识,是一个亟须解决的问题。

2. 经济基础的决定性作用

经济迅速发展使市场出现前所未有的活跃,经济活动频繁,双方主体的交易方式、交易内容也灵活多变。经济水平不断提高决定了法律制度也要随之不断完善。传统的三大诉讼程序明显已经不能全面调整经济关系,必须新建一种独立的、特定的新诉讼制度。

在保证私益得到完全保护的前提下,存在维护公益的诉讼程序,这样构成了完整的经济公益诉讼。经济法作为独立的部门法,应当有独立的诉讼制度作为标志。从经济社会整体看,保护社会整体利益决定了经济公益诉讼必须独立,才能发挥其在经济领域独有的功效。经济法维护私有权益,但相比之下,其公益色彩更加浓厚,因此建立新的诉讼体制是非常必要的,同时也能稳固经济法的地位。

3. 当事人适格理论的发展

当事人适格,指个体基于对诉讼标的的直接利益而享有的作为当事人参与诉讼的资格。传统的当事人适格理论建立在当事人的实体权利上,导致诉讼当事人的范围受到严格的限制。在民事诉讼制度理念的不断进步中,有学者提出完善当事人适格理论的建议。在对当事人主体资格进行审查时,如果仅仅依据当事人对诉讼标的拥有实体权利,难免在实践中会产生问题。当某种行为侵害公共利益,并不能直接找出与诉讼涉及的利益有实体关系的人,因为与公共利益的关系往往不是一次性形成的。此时立法上出现了很明显的漏洞。为了弥补这个法律漏洞,诉讼追行利益被提出。当一类利益遭受损害,权利人因主张其中某种利益而进行诉讼,希望做出有利判决而享有程序利益,即可以成为诉讼的正当当事人。也就是说,正当当事人主张的利益与判决结果紧密相关,实体适格扩大到了程序适格。以上当事人适格理论的发展,为维护公共利益时权利个体提起公益诉讼的资格提供了正当性的理论依据。

三、经济公益诉讼的建立

(一)拓宽主体范围

以美国为例,消费者权益受损害,提起公益诉讼的主体包括消费者与社会团体。建立完善的经济公益诉讼制度,首先要放宽原告的限制。赋予国家机关、团体以及个人作为原告提起诉讼的权利。检察机关在传统诉讼程序中起到监督作用,监督国家机关的行为是否合法。经济公益诉讼应当赋予其全面监督职能,对损害公共利益的不法行为起到监督、控诉的职能。公民个人是否有独立的公益诉讼原告资格是一个有争议的问题。在研究经济法可诉性问题时,公民个人因素成为影响可诉性实现的主要问题,一些当事人对维护公共利益并没有采取主动的态度。因此,公民个人享有提起公益诉讼的权利,有助于发扬保护公益的社会风气,发挥群众的集体力量。曾经发生过的陈海庆环保公益诉讼案中,法院认为陈海庆与污染事实之间并无利害关系而判决陈海庆败诉,源于公民个人没有合法的原告资格的因素。赋予个人原告诉权能够有效解决国家机关之间相互包庇、委推责任的问题,带来司法公正。

(二)完善经济法责任制度

1. 建立完善经济法律体系

针对经济法责任制度的灵活性不够,仅凭民事责任并不能达到足够惩罚违法者的程度的缺陷,应当建立起完善的经济法律体系。建立一套独立的法律体系才能保障经济诉讼制度有效适用。在有关经济法规定的基础上,增加诉讼程序的规定,并在诉讼程序中主要规定经济公益诉讼制度。个人利益受到侵害可以按照普通民事诉讼的程序进行诉讼,但这并不意味着肯定了民事诉讼拓展说。民事诉讼拓展说主张一切侵犯经济利益的行为都要纳入民事诉讼程序的范畴内,否定另行建立任何独立的经济诉讼程序制度。而私益诉讼只用于维护个人利益,无需浪费立法资源,只能启用民事诉讼。

建立的经济法律体系中,应当增加有关经济责任的内容。原有民事责任包括吊销营业执照、罚款等措施,并不能使经济主体受到警诫,应当在经济主体的资格上增加责任形式,从而在根本上解决市场秩序问题。例如,违反规定侵害公共利益,违法者取消市场进入的资格,最大程度上打击了违法动机。有学者提出经济责任应当独立于民事责任,可以分为行为责任、财产责任、信誉责任、管理责任。这样几种独特的责任形式就构成了一套完整的责任体系。

2. 促进法律责任的统一

现有的法律责任缺乏对经济管理主体的责任规定。经济管理主体大多是国家机关,经济调控过程往往是国家机关对经济主体进行管理与惩治。当管理机关出现违法行为时,却没有相关独立的经济法规去规制有关机关。经济责任中民事责任主要由被管理人承担,管理倾向于行政化,行政责任也由有关机关采取,导致很少有权利主体选择诉讼来维护自己利益,因此司法机关无法管制经济管理主体的行为。由此看出,增加经济管理主体的责任规定是必要的,可以赋予司法机关直接处理纠纷的权力。

(三)建立相关保障制度

为了达到建立经济公益诉讼的目的,广泛推行此种诉讼制度而使其具有普遍性,除了立法方面的完善,也要推行一系列的保障制度。没有经济公益诉讼的保障,即使有法律规定,也很难落实到实践中。公民个人被赋予提起经济公益诉讼的权利,但很少有人主动去维护公共利益。这不仅仅是个人自身原因,主要也受到程序繁杂、诉讼费用的影响。因此,要想从根本上解决诉讼的主动性问题,就要为公民创造一条方便、快捷的道路。可以设立在审判机关受理公益诉讼的专业通道,由专门的人员负责处理相关案件的程序;诉讼费用的问题可以由国家先行垫付,这样就解决了公民个人提起诉讼的前提。除此之外,公民也可以因提起公益诉讼而维护公共利益受到一些表彰与鼓励。在社区、街道进行普法教育,宣传新建的经济诉讼形式,对胜诉的公民给予一定的实质性奖励并广而告之,起到督促与鼓舞的作用。

(四)确立案件范围

1. 纳税案件

我国的税收应当取之于民、用之于民,在司法体制中应当规定与之相配套的制度。税收问题涉及的不仅仅是公民个人缴纳税款的问题,更重要的是纳税机关若不能以合法手段纳税、用税，必然会损害国家的财产利益，也会损害纳税公民集体的利益。因此，对纳税行为，不能仅仅在行政法中规定对违法行政行为提起诉讼的权利，也要对税款的用处予以监督，这样就为经济公益诉讼的建立提供了依据。

2. 保护国有资产案件

国有资产流失是近些年国家经济方面的重大问题，被不合理低价转让的现象非常普遍。然而公民对国有资产的问题的态度很冷淡，主要是人们认为与自身关联不大。针对此问题，国家可以在独立的诉讼程序中规定奖励制度，使公民获得真正的利益。在惩罚方式上，对管理人规定的制度不够严厉。国有资产的管理人做出有害于国有财产的行为，仅仅行政处分达不到惩治力度。赋予公民诉权，维护国家利益，才能起到对国有财产的进一步保护作用。

3. 反垄断案件

同上文国有资产的保护问题，反垄断执法中，行政程序同样不能对违法者起到威慑作用，应当在司法领域中加以规定。垄断行为下，市场竞争受到严格限制，市场的自由、公平的优点不能得到发挥，因而损害消费者的选择权，属于不特定多数人的权益，可以说损害了公共利益。划分市场，限制价格，对人民的消费权、知情权造成损害。在这样的行情下，经济公益诉讼应当将反垄断案件包括在内，规范垄断行为，惩治限制竞争的活动，限制经济主体的实力，防止不当行为造成市场经济的损害。

综上所述，本文已经在三个方面阐述了经济公益诉讼的概况、必要性以及构建方式，进一步明确了经济公益诉讼的重点案件范围，国家宏观调控无法完全规范市场秩序，经济法也不能完全发挥调整作用，当一系列问题出现的时候，构建经济公益诉讼是完善现代诉讼制度的重要步骤。

参考文献

1. 中国注册会计师协会. 经济法. 中国财政经济出版社,2019.

2. 财政部会计资格评价中心. 初级会计资格·经济法基础. 经济科学出版社,2019.

3. 财政部会计资格评价中心. 中级会计资格·经济法. 经济科学出版社,2019.

4. 杨紫烜. 经济法. 北京大学出版社,2015.

5. 刘文华. 经济法. 中国人民大学出版社,2017.

6. 黄河,王兴运. 经济法学. 中国政法大学出版社,2010.

7. 郭守杰. 东奥 2019 年注册会计师考试应试指导及全真模拟测试. 北京科学技术出版社,2019.

图书在版编目(CIP)数据

简明经济法教程/樊宏涛,罗文波主编. 一上海:上海财经大学出版社,2020.8
(高等院校经管类通用财经系列教材)
ISBN 978-7-5642-3572-7/F・3572

Ⅰ.①简… Ⅱ.①樊…②罗… Ⅲ.①经济法-中国-高等学校-教材
Ⅳ.①D922.29

中国版本图书馆 CIP 数据核字(2020)第 103195 号

□ 责任编辑 李志浩
□ 封面设计 张克瑶

简明经济法教程

主 编 樊宏涛 罗文波
副主编 凌立勤 张其秀

上海财经大学出版社出版发行
(上海市中山北一路 369 号 邮编 200083)
网 址:http://www.sufep.com
电子邮箱:webmaster@sufep.com
全国新华书店经销
江苏启东人民印刷有限公司印刷装订
2020 年 8 月第 1 版 2020 年 8 月第 1 次印刷

787mm×960mm 1/16 25 印张(插页:2) 517 千字
印数:0 001—2 500 定价:58.00 元